교사를 위한 필수 지식과 학습 전략

분수 지도법

교사를 위한 필수 지식과 학습 전략

분수 지도법

수전 J. 라몬 지음

이광호 · 김형원 옮김

KM 경문사

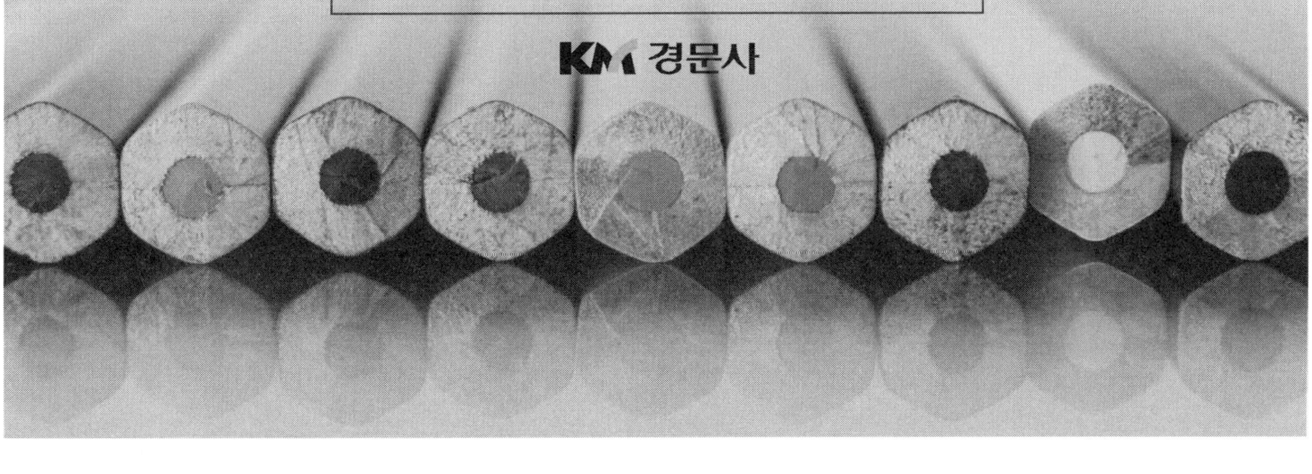

옮긴이 머리말

preface

많은 학생들에게 “분수의 나눗셈을 할 때 왜 나누는 수를 뒤집어서 곱하나요?”라고 물으면 대부분 “그냥, 그렇게 해야 답이 나오니까요.”, “그렇게 풀어야 한다고 공식처럼 외웠으니까요.” 또는 “잘 모르겠어요.”라고 답한다. 이러한 현상은 시간과 장소를 불문하고 지속적으로 나타난다. 왜 이러한 현상이 지속적으로 나타나고 있을까?

분수는 초등학교 수학에서 가장 이해하기 어려운 개념이다. 분수는 고도로 추상화되어 있으며 다양하고 복합적인 의미 즉, 전체-부분으로서의 의미, 측정으로서의 의미, 몫으로서의 의미, 비율로서의 의미, 연산자로서의 의미 등을 지니고 있기 때문이다. 따라서 이렇게 추상화되고 다양한 의미를 지닌 분수를 절차적으로만 지도해서는 학생들이 결코 그 의미를 이해하기 어려울 것이다. 이제 학교 현장에서는 분수 지도에 있어 기존의 방법을 고수하기 보다는 새로운 관점으로 지도하여 학생들의 어려움을 덜어 줄 필요가 있다. 즉, 절차가 아닌 개념적 이해를 통한 지도가 이루어져야 한다. 이 책은 그러한 개념적 지도를 위한 좋은 방안을 제시해주고 있다.

이 책의 지은이 라몬(Lamom)은 분수를 이해하기 위해서는 먼저 덧셈적 사고에서 곱셈적 사고로의 발전이 필요하다고 강조하고 있다. 분수는 덧셈적 사고를 통해서는 이해하기 어려우므로 분수지도 이전에 곱셈적 사고를 발달시키는 활동들을 많이 제공해야한다는 것이다. 하지만 정작 학교 수업에서는 이를 간과하고 넘어갈 때가 많다. 분수 학습 이전부터 곱셈적 사고를 증진시킬 수 있는 상황과 그러한 상황에 대한 논의도 이루어져야 할 것이다.

라몬은 분수 학습이 분할 활동에서 출발하여, 분수의 가장 기본적인 의미인 등분할이 ─ 분수는 등분할을 통하여 수로 나타낸 것이기 때문에 ─ 분수 학습의 전반에 영향을 준다고 강조하고 있다. 또한 단위화를 강조하면서 단위화를 통하여 분수의 의미 이해 및 분수 연산을 개념적으로 할 수 있음을 활동들을 통하여 보여주고 있다. 즉 그 동안의 수업에서 행해졌던 접근과는 다른 접근을 통하여 학생들에게 분수의 의미를 명확하게 이해할 수 있는 길을 제공해주고 있다.

이 책을 통하여 예비교사뿐만 아니라 수업 현장에서 교사들이 이러한 기초적이고 중요한 개념을 지도할 수 있는 능력을 배양하여 분수의 개념적인 이해를 지도하기 바란다. 또한 이를 통해 학생들은 분수의 의미를 절차적이기 보다는 개념적으로 이해하여 분수 연산도 할 수 있기를 기대해본다.

제3판 머리말

preface

분수를 이해하는 것은 유리수의 이해를 향한 여정의 시작이다. 학생들은 성장하고 경험하며 분수를 배움으로써 중학생 때까지 비례 추론을 할 수 있어야 한다. 이러한 비례 추론은 고등학교 수학과 과학 공부에 도움을 줄 뿐만 아니라 수학과 관련된 과학 분야에서 일할 때에도 도움이 된다. 때문에 분수, 비율, 그리고 이와 관련된 주제에 대한 개념적 이해가 되지 않았을 때 나타날 수 있는 손실은 헤아릴 수 없이 많다. 직접 또는 간접적인 이해보다 '행함'의 결과는 수학에 대한 태도, 학습에 대한 즐거움과 동기부여, 수학과 과학과 관련된 진로 선택, 성취감, 경력의 유연성, 심지어 일상의 단순한 현상의 일부를 온선히 감사할 수 있는 능력에 영향을 준다.

이러한 이유로 미국수학교사협의회(NCTM)는 〈교육 과정 및 평가 규준〉(1989, p.82)에서 "비례 추론은 어떠한 시간과 노력이 들더라도 그것의 주의 깊은 개발이 매우 중요하다"라고 강조했다. 중학교 때까지의 분수, 비, 그리고 유리수 이해에 대한 연구를 통해 볼 때 수학과 인간의 인지는 꽤 복잡하다. 비례 추론의 중요한 개념 구성 요소에 대한 의사결정을 할 수 있는 연구 기반 없이, 교과서는 무심결에 비율의 대수적 표현과 기호 조작을 강조하면서 비와 비율의 단순한 기계적 처리를 장려하는 접근을 한다. 비례 문제를 해결하기 위해 '동류항끼리 묶고 교차로 곱하여 나눈다'와 같은 규칙을 암기하게 한다. 대부분의 사람들에게 이러한 주문은 양과 그들의 관계에 대한 추론의 대체법일 뿐이다.

1999년, 교실에 유용한 아이디어를 주기 위해 필자의 종단연구를 이 책의 초판으로 출간하였다. 그 후 자신의 학생들을 위한 분수와 비율 지도를 설계하기 위해 그 책을 사용한 세계 각국의 교사들은 이 책이 실제로 아이들이 생각하고 문제를 해결하는 방법에 대한 믿을 만한 교재일 뿐만 아니라 교과지식에 대한 새로운 관점을 제시함으로써 교사와 학생들의 이해를 높인다는 것을 알게 되었다. 지난 12년 동안 필자는 연필과 지우개를 닳게 하는 단순한 연습이 아니라 분수를 통하여 교사와 학생 사이의 깊은 사고와 토론의 변화가 일어나는 많은 학급을 방문하고 가르쳤다. 분수 수업을 바꾸는 것은 이제 세계적인 실행연구 프로젝트이다.

교사와 학생의 작업이 복잡하다는 인식을 하면서 이 판은 아주 작게 나누어지고 단독적으로 묶인 많은 주제들을 포함하기 위해 기존의 경계를 넘나든다. 이 책은 수학 콘텐츠, 영역 내에서의 개념적 개발의 특성, 학생들의 선험지식과의 연결, 교수/추론 기술, 교실 활동, 다른 내용과의 연결성, 그리고 일상생활에의 적용 등 진정한 교수·학습에 통합된 모든 원소를 포함한다. 이 책에서 사용된 자료는 이미 학생들과 함께 사용했었으며, 학생들의 뛰어난 통찰을 확인할 수 있을 뿐만 아니라 문제를 해결하는 데 어느 부분에서 어려움을 겪었는지 알 수 있도록 학생들의 예시들을 제시하였다.

이 책은 수학교육 연구자 및 교육과정 개발자, 예비수학교사 및 현직수학교사, 그리고 수학 교사들의 수학 교수학적 연구에 관련된 사람들을 위한 것이다. 특히 곱셈적 사고 영역을 연구하고자 하는 대학원생을 위한 것으로 흥미로운 연구 영역의 내용과 이슈들을 소개해준다.

그리고 만약 분수 연산에 대한 모든 규칙을 없앤다면 우리는 무엇을 가르치고 학생들은 무엇을 이해해야 하는가에 대한 답을 알려준다. 또한 이 책은 수학의 실질적인 사고를 다루지만 독자에게 친숙하게 느껴지는 대화체로 기록하였다.

일상생활에서 의존해왔던 분수의 규칙과 절차를 포기하는 데 어려움이 있겠지만 일부러 그러한 것들 없이 분수의 연산을 해보도록 하는 것은 강력한 사고를 유발한다. 직접 문제를 해결한 후, 그 해결책을 다른 사람과 논의해보고 다른 사람이 제시한 해결책과 비교해보라. 성인뿐만 아니라 아이들의 풀이에서도 수학의 넓고 깊은 경험과 이해를 충족하는 다양한 추론을 보게 될 것이다. 동료나 학우들과 함께 오개념, 의견 불일치, 그리고 해결책에 대해 연구하면 학급에서의 토론을 더 잘 조화시킬 수 있을 것이다.

이 판에서는 주제의 연결성을 좀 더 투명하게 하기 위해 자료를 더 확장하고 재조직하였다. 이전 판에서 소개된 몇 가지 기능은 그대로 유지하였으며 몇 가지 새로운 기능을 추가 하였다.

- **학생들의 전략 :** 학생들의 풀이를 각 장에 제공한다. 이 판에서는 이전 판보다 더 많은 학생들의 작품을 제공한다.
- **활동 :** 각 장에서 설명해주는 사고 전략을 스스로 시도해 볼 수 있도록 좋은 활동들을 제공한다. 모든 활동들은 규칙이나 알고리즘 없이 오로지 추론만을 사용하여 해결하여야 한다. 이 판에서는 모든 장의 활동들을 더 확대했으며 실세계

에 적용되는 문제를 더 많이 포함시켰다.

- **MORE! 분수와 비율의 이해를 위한 지도** : 선택 문제에 대한 심층 토론을 포함하는 이 책은 분수와 비율 지도를 위한 귀중한 자료이다. 항상 의존해왔던 규칙을 사용하지 못하게 하면, 추론을 시작하는 데 어려움을 겪는다. 그러한 경향은 추론에 임하게 하기 보다는 문제를 해결하기 위해 수행해야 하는 연산을 하나하나 설명하기 위한 것이다. MORE는 이러한 어려운 과정에 대한 몇 가지 비계를 제공한다. 이 판은 해가 제공되지 않고 분수를 포함하는 좀 더 어려운 문제를 포함하는 보충 활동을 제공한다. 이 책에서 분수와 비율 지도의 각 장에 있는 자료와 관련된 교사 자격시험 준비를 위한 문제를 새롭게 제공한다. 교사의 분석을 위해 더 많은 학생들의 풀이를 추가 하였으며 주요 조작물을 위한 템플릿을 포함하였다.
- **교사를 위한 온라인 자료** : 웹 자료는 내용을 포함하는 교수요목 및 14주 대학 과정에 적합한 과제 등을 포함할 뿐반 아니라 예비교사 수업에서 강조해야 하는 아이디어에 대한 토론을 제공한다. 교사의 편의를 위해 웹 사이트에서는 교수와 시험지를 만들 수 있도록 복사를 하여 크기를 다시 조정할 수 있는 그래픽을 제공한다. 다음 사이트를 참고하여라.

  www.routledge.com/9780415886123

분수 수업을 바꾸기 위해 수 년 동안 나와 함께 일을 한 교장, 교사, 학부모 모두에게 감사드린다. 오래되고 비효율적인 교수 방법에 대한 이들의 불만과 차별화된 수학 교육을 위한 그들의 결정이 나에게 영감을 주었다. 지금은 성인이지만 4년 동안의 나의 초기 연구에 참여했던 많은 학생들의 무한한 에너지와 열정을 아직도 생생하게 기억한다. 최근에 그들 중 한 명이 다음과 같이 이메일을 보내왔다.

선생님의 수학적 추론으로 인하여 우리의 운명이 결정되었습니다. 저와 제 동생은 아직도 '봉투 밀기'를 하고 있습니다. 우리는 수학 및 컴퓨터 과학으로 학위를 받았으며 지금은 한 성공한 인터넷 회사에서 미래 지향적 기술을 개발하고 있습니다.

자신의 안락지대 밖으로 발을 딛는 것이 처음에는 어렵지만 궁극적으로는 가치가 있다. 진심으로 당신이 분수 및 비율의 세계로 여행을 시작하는 데 있어 이 책이 편안한 동반자 역할을 할 수 있기를 바란다.

차례 contents

제1장 비례 추론: 개요

학생 전략: 6학년

나무 위의 집에 관한 문제로 토의한 6학년 학생들의 반응을 각각 학생 A, B, C, D, E로 나타내었다. 먼저 스스로 문제를 해결해 보고 다른 사람에게 어떻게 추론했는지 설명하시오. 그리고 학생들의 반응을 수학적 추론의 세련된 정도에 따라 순위를 정하시오.

아래에 있는 남자는 위에 있는 아이가 말한 높이에 대하여 동의하지 않는다. 당신은 나무 위의 집이 얼마나 높다고 생각하는가? 당신의 추론을 설명하시오.

A	15피트. 타워가 내 바로 앞에 있고 그것을 올려다보면 15피트 정도 높이로 보일 것이기 때문이다.
B	높이는 9피트이다. 왜냐하면, K선생님께서 우리 연필의 황금색 부분이 약 1인치 정도라고 해서 그 부분을 계속 더했더니 9피트를 얻게 되었다.
C	약 18피트이다. 그 타워의 높이가 아래에 있는 남자 3명 정도의 높이라는 것을 알게 되었다. 그리고 타워 사다리의 8계단이 6피트에 해당한다는 것을 알게 되었고 8계단이 몇 개나 되는지 세어보았다.
D	내 생각에는 30피트 정도 되는 것 같다. 한 사람이 10피트라고 말했는데 그것은 말도 안 된다. 왜냐하면 타워 옆에 있는 사람의 키가 6피트이기 때문에 타워는 10피트보다 훨씬 클 것이다.
E	24피트, 내 엄지를 기준으로 측정해 보았다. 손가락으로 사람을 3번이나 측정했습니다.

1.1 들어가는 글 »

비례 추론은 너무 오랫동안 유리수의 개념과 맥락을 지니고 있는 특정 의미를 포괄하는 말로 여겨왔다. 비례 추론은 불명확하게 정의되어 있으며, 연구자들은 비례적으로 추론하는 사람의 특성을 연구하기보다는 어떤 학생이나 어른이 비례적으로 추론하지 않는 쪽을 더 연구해왔다. 적절한 교육적 목표 없이 그 주제의 목적을 달성하려는 교육은 불가능하다. 때문에 비례 추론은 분수 지도에서 목적을 달성하기 어려운 부산물로 남아 있었다. 초·중등학교 수학 교육과정은 유리수에 대하여 겨우 피상적으로만 처리하기 때문에 비례 추론의 출현은 운에 맡겨둘 수밖에 없었다. 그러나 대부분의 성인이 비례적으로 추론하지 않는다는 사실은 —90%를 넘을 것으로 예상한다— 이러한 추론 과정이 발달 과정 이상을 수반하고 비례 추론의 출현에 대한 적극적인 교수의 역할이 있어야 한다는 설득력 있는 증거가 된다.

비례 추론은 학생이 유리수 및 곱셈적 개념의 이해를 달성했다는 최고의 지표 중 하나이다. 한편으로는 초등 수학적 아이디어의 이해에 대한 척도이기 때문에 더 복잡한 개념의 기초가 되기도 한다. 이러한 이유로 비례 추론을 비례의 더 크고 포괄적인 개념과 구분할 필요가 있다. 비례는 물리 법칙—기계 활용, 힘, 렌즈의 물리학,

소리의 물리학—과 같은 주제의 영향을 받는 응용프로그램과 같은 역할을 한다. 이 책에서 사용하는 용어인 비례 추론은 비례에 기초한 맥락과 응용의 이해를 위한 전제 조건이 된다.

분명히 비례 추론 능력을 개발하지 못한 많은 사람들이 대수, 기하, 그리고 삼각함수의 규칙을 이용하여 비례 추론을 보완할 수는 있으나 결국 그러한 규칙들은 비례 추론을 이해하는 대체법이 되지 못한다. 그들은 중요하고 기초적인 원리를 비례에 의존하는 통계학, 생물학, 지리학 또는 물리학을 학습하는 데 있어 준비되지 못한다. 지속적으로 증가하는 전문 분야에서 수학을 직접적으로 이용하거나 효율성을 높이기 위해, 생명을 구하기 위해, 돈을 절약하기 위해, 또는 중요한 결정을 내리기 위해 수학적 모델링을 이용할 때 그들은 어려움을 겪게 된다.

이 책에서 비례 추론은 적절한 상황에서 일정 비율을 확대·축소하고, 간단한 정비례·반비례를 포함하는 상황에서 관계에 대한 주장의 정당성을 제공할 수 있는 능력을 나타낸다. 구어적으로 비례 추론은 관련 있는 다양한 두 양 사이의 불변 (상수) 관계가 존재하는 상황에서의 확대와 축소에 대한 추론이다. 추론이라는 용어에서 알 수 있듯이 추론은 기호 $\frac{a}{b}=\frac{c}{d}$ 사용 이외의 논쟁과 설명이 요구된다.

이 장에서 우리는 비례적으로 추론하는 것이 무슨 의미를 갖는지 알기 위해 몇 가지 문제를 검토할 것이다. 또한 분수 학습을 시작하는 3학년에서부터 분수 학습을 끝마치는 6학년까지, 4년 동안의 연구에서 비례 추론을 촉진하는 데 사용된 구조를 살펴볼 것이다.

1.2 비례상수 »

정비례 관계에 대한 수학적 모델은 비례상수 k를 갖는 $y=kx$ 형태의 선형함수이다. 따라서 y는 x의 상수 곱이다. 다시 말해 두 양이 일정 비율 $\frac{y}{x}=k$를 유지하며 변할 때 두 양은 비례적이다. 그뿐만 아니라 반비례 $k=xy$에 대한 수학적 모델에서 상수 k는 반비례 관계를 이해하는 데 중요한 역할을 한다. 그 중요성에도 불구하고 가르치는 데 있어 k는 몹시 도외시된다.

교수학적으로 말해 k는 간과되는 경향이 있다. 왜냐하면 이 비례적 관계를 포함하는 각 특정 맥락과 표상에서 그 모습이 변하기 때문이다. 문제 맥락에서 k는 자주 명시적으로 나타나지는 않지만 오히려 세부 사항에서 구조적인 요소가 된다. 기호에서 그것은 상수이다. 그래프에서는 기울기이다. 표에서는 한 항목과 그 전 항목 사이의 차이일 수 있다.

나무 정육면체의 개수	1	2	3	4	5	6
쌓은 높이	3	6	9	12	15	18

또는 동일하게 변하는 한 양에 대한 다른 양의 변화인 단위 비율이 될 수도 있다.

나무 정육면체의 개수	2	5	9	12	15
쌓은 높이	6	15	27	36	45

일반적인 비율 상황에서의 그것은 상수 비율이다. 독도법에서는 척도이다. 축소·확대 맥락에서 또는 그와 유사한 상황에서는 척도 인수이다. 판매세를 계산하거나 주사위를 굴리는 경우에 대한 확률을 논할 때는 백분율일 수 있다. 이러한 예들은 다른 맥락들을 찾아보고, 맥락에서 양적 관계를 분석하고, 기호, 표, 그리고 그래프로 그 관계를 표현할 필요가 있음을 보여준다. 우리는 어떠한 양이 관련되어 있는지, 어떻게 그것들이 함께 변하는지(공변), 비례상수가 무엇인지, 그리고 그 비례상수가 무엇을 의미하는지에 대한 생각 없이 단순하게 연산을 수행할 수 없다.

1.3 추론: 기계화를 넘어서 »

비례 추론은 탐지, 표현, 분석, 설명, 그리고 비례적 관계에 대한 주장을 뒷받침하는 증거를 제공한다. 추론을 할 때는 문장제에서 숫자를 뽑아 맹목적으로 규칙과 연산을 적용하기보다는 문제해결에서 우리가 일반상식을 사용하고 옳은 판단을 하며 사려 깊은 접근을 하도록 제안한다. 우리는 일반적으로 규칙·기반이나 기계화된 절차의 추론을 연상하기보다는 양들 사이의 관계를 의식적으로 분석하는 것을 요구하는 정신적 자유 유동 과정을 연상한다. 다음 문제들을 살펴보자.

(1) 쌀 한 포대는 40파운드이다. 동일한 크기의 쌀 세 포대의 무게는 얼마인가?
(2) 한 미식축구 선수의 무게가 225파운드이다. 세 선수의 무게는 얼마인가?
(3) 에디는 혼자서 3시간 동안 한 침실을 페인트칠 할 수 있고, 친구 제이크도 에디와 같은 속도로 칠할 수 있다. 만약 둘이서 이 침실을 페인트칠 한다면 시간이 얼마나 걸리겠는가?
(4) 내가 20달러어치 물건을 살 때 판매세로 1.20달러를 지불한다. 내가 50달러

어치 물건을 산다면 판매세는 얼마나 지불해야 하는가?

(5) 밥과 마티는 일정한 속도로 함께 운동장 도는 것을 좋아한다. 오늘 마티는 밥이 탈의실에서 나오기 전부터 운동장을 돌기 시작했다. 밥이 3바퀴를 돌 때 마티는 7바퀴를 돌았다. 밥이 12바퀴를 돌 때 마티는 몇 바퀴를 도는가?

다음은 이 문제에 대한 중학교 2학년 학생들의 풀이이다. 이 학생의 문제에 대한 접근 방식을 생각해보자.

메이슨	(1) $\frac{1\text{ bag}}{40\text{ p.}} = \frac{3\text{ b.}}{?\text{ p.}}$ $3 \times 40 = 120\text{p.}$ (2) $\frac{1\text{ f}}{225\text{ p.}} = \frac{3\text{f}}{?\text{ p.}}$ $3 \times 225 = 675\text{ p.}$ (3) $\frac{1\text{ man}}{3\text{ hrs}} = \frac{2\text{ men}}{?\text{ hrs}}$ $2 \times 3 = 6\text{ hrs}$ (4) $\frac{\$1.20\text{ tax}}{\$20} = \frac{?}{\$30}$ $\$1.20 \times 50 = 60$, $60 \div 20 = \$3$ (5) $\frac{\text{M: } 7\text{ laps}}{?\text{ laps}} = \frac{\text{B: } 3\text{ laps}}{12\text{ laps}}$ $7 \times 12 = 84$, $84 \div 3 = 28$

분명 무엇이 아니고 언제 적용이 안되는지를 아는 것은 개념 이해의 부분이 된다. (문제 (2)와 같이) 두 양은 관련이 없을 수 있다. 문제 (3)에서 사람 수가 증가하면 일을 하는데 필요한 시간은 감소하는 것처럼 한 수량과 다른 수량이 반비례 관계에 있을 수 있다. 또는 문제 (5)처럼 한 수량에서의 변화가 다른 수량에서의 변화와 비례적일 수 있다. 이 외의 많은 중요한 관계들은 비례 관계를 전혀 수반하지 않으므로 그 차이를 인식하는 것이 중요하다.

1.4 불변과 공변 »

수학에서 사고하고 연산하는 데 있어 가장 유용한 방법 중 하나는 몇 가지 기본적인 구조는 불변(변하지 않음)하면서 양이나 방정식의 변화를 수반하는 것이다. 비례 관계는 공변의 가장 단순한 형태의 일부를 포함한다. 한 양이 변할 때 다른 양 또한 첫 번째 양의 변화 방법과 정확하게 같은 방법으로 변하면, 두 양은 서로 연결되어 있으며 불변하는 세 번째 양이 존재한다. 여기서 변하지 않는 양을 비례상수라고 한다.

정비례에서는 수량의 변화 방향이 동일하다. 즉 둘 다 증가하거나 둘 다 감소한다. (상황분석에 있어 앞으로 ↑ ↑ 또는 ↓ ↓으로 나타내도록 하자.) 그러나 정비례에서 중요한 점은 두 수량이 같은 비율로 증가한다는 것이다. 즉, 하나가 두 배가 되면, 다른 것도 두 배가 된다. 하나가 다섯 배가 되면 역시 다른 것도 다섯 배가 된다. 이때 두 수량을 각각 x, y라 하면, "y는 x에 정비례한다" 또는 "y는 x에 따라 변한다"라고 한다. 관련된 두 양이 모두 증가하거나 모두 감소한다고 해서 그것들이 정비례한다는 의미는 아니다. 예를 들어, 사람은 나이가 많아짐에 따라 키가 커가지만 (↑ ↑), 이러한 관계는 같은 비율로 증가하지 않기 때문에 나이와 키는 정비례하지 않는다. 다음은 정비례와 관련된 문제이다.

> 세제 한 상자에 80컵의 분말이 들어 있고 한 번 세탁할 때마다 세탁기에 $1\frac{1}{4}$컵을 사용한다면, 한 상자를 가지고 몇 번 세탁을 할 수 있는가?

생각 세탁 한 번에 $1\frac{1}{4}$컵. 세탁을 많이 할수록 세제가 더 필요할 것이다(↑ ↑).

세탁 4번에 세제 5컵이 필요하다.
세탁 32번에 세제 40컵이 필요하다.
세탁 64번에 세제 80컵이 필요하다.

우리는 세탁과 세제의 양을 2배로 하거나 4배 또는 8배로 할 수 있다. 그러나 이 두 양은 항상 서로 같은 관계를 유지한다. 컵의 수(c)는 항상 세탁 횟수(d)의 $1\frac{1}{4}$배이다. 기호로 나타내면 $c = 1\frac{1}{4}d$이다. 5는 $1\frac{1}{4}$ 곱하기 4, 40은 $1\frac{1}{4}$ 곱하기 30, 80은 $1\frac{1}{4}$ 곱하기 64이다. 이 관계를 다른 식으로 생각하면 $\frac{c}{d} = 1\frac{1}{4}$이 된다.

반비례에서는 한 양이 증가하면 다른 양은 감소(↑ ↓)하지만 연관성을 보면 동시적으로 변한다. 하나는 특정 요소를 곱한 것이고 다른 하나는 그 요소의 역을 곱한 값이다. 그래서 한 양이 반이 되면 다른 양은 두 배가 된다. 만약 한 양(x)을 5로 나눈다면($\frac{1}{5}$을 곱해주는 것과 같음), 다른 양(y)은 5를 곱한 값이 된다. 이때 "y는 x에 반비례한다"라고 한다. 다시 말하지만 주의해야 할 것은 두 양이 반대 방향으로 변한다고 해서 반드시 반비례한다는 것을 의미하지는 않는다.

어떤 과수원에서 6명이 사과를 따는 데 4일이 소요된다. 과수원 주인이 8명을 고용한다면 얼마나 걸리겠는가?

생각 6명은 4일이 걸린다.

1명이 6명의 일을 한다면 24일이 소요된다.

1명이 할 일을 8명이 나누어 한다면 3일이 소요된다.

우리는 일하는 사람의 수를 늘리면 작업 시간은 줄어든다는 것을 알고 있다(사람 수 ↑, 작업 시간 ↓). 반대로 일하는 사람의 수를 줄이면 작업 시간이 늘어난다는 것 또한 알고 있다. 사과를 따는 사람의 수와 작업 시간은 서로 연관되어 변한다. 그러나 여기에는 또 하나의 불변량이 있다. 그것은 일을 하는 사람의 수와 관계없이 작업이 끝나야 하는 일수이다. 이 경우 사과 따는 일수는 24일이다. 이 불변량이 비례상수이며 이는 두 양, 즉 사과 따는 사람 수(p)와 일한 날(d)의 곱으로 나타낼 수 있다. 기호로 $p \cdot d = k$이다.

사과 따는 사람의 수	일한 날	사과 따는 일 수
6	4	24
8	3	24
1	24	24
4	6	24
2	12	24

비례를 이해한다는 것은 타당하거나 타당하지 않은 변환을 인식하는 것이다. 그 변환은 두 양이 정비례일 때 비율을 보존하거나 두 양이 반비례일 때 두 양의 곱을 보존하는 것이다.

1.5 k를 이용하여 비율 해결하기 »

비례상수를 이용하는 것은 비례 추론에 도움이 된다. 우리는 상수가 무엇인지에 대하여 생각해봐야 한다. 그것이 무슨 뜻인지 알아보는 방법 중 하나는 모든 양의 단위를 유지한 후 그 양의 단위들을 약분(cancel)하는 것이다. 예를 들어, 존이 1분에 30단어를 타이핑하고 종이 한 장을 타이핑하는 데 1.25시간이 소요된다고 했을 때 여기서 속도와 시간은 모두 변량이다. 사실상 우리는 속도(↑), 시간(↓)을 알고 있다. 그렇다면 상수는 무엇을 의미하는가? $\frac{30\text{단어}}{1\text{분}} \cdot 75\text{분} = k = 2250$단어이다. 따라서 여기서 k는 문서 전체에 쓰인 단어의 수이다. 사람 수를 달리하여 더 많은 사람들이 그 일을 한다면 보다 짧은 시간이 소요되겠지만 타이핑해야 하는 문서 전체의 단어 수는 변하지 않는다.

> 성조는 분당 40단어를 타이핑할 수 있고 문서를 타이핑하는 데 2.5시간이 소요된다. 일을 더 빨리 하기 위해 친구 동호가 도와주기로 하였다. 동호는 분당 25단어를 타이핑할 수 있다. 문서를 모두 타이핑하기 위해 두 사람이 함께 작업한다면 시간이 얼마나 소요되겠는가?

생각 우리는 타이핑 속도(↑)와 시간(↓)을 알고 있다. 우리는 정답이 2.5시간보다 짧다는 것과 동호가 성조보다 더 느리게 타이핑하기 때문에 1.25시간보다 오래 걸린다는 것을 알 수 있다(동호가 도운다고 해서 시간이 절반으로 줄어드는 것은 아니다).

이 문제를 두 가지 방법으로 해결해보자. (1) 비례상수를 사용하고, (2) 반비례를 이용한다.

(1) 상수는 무엇인가?

$$\frac{40\text{단어}}{1\text{분}} \cdot \frac{2.5\text{시간}}{1} \cdot \frac{60\text{분}}{1\text{시간}} = 6000\text{단어}$$

두 사람이 함께 일할 때의 비율은 무엇인가?

$$6000\text{단어} = \frac{65\text{단어}}{1\text{분}} \cdot T$$

$$T = \frac{6000\text{단어}}{1} \cdot \frac{1\text{분}}{65\text{단어}} \cdot 92.31\text{분} = 1.54\text{시간}$$

단위인 '시간'과 '분'은 수처럼 나눌 수 있다. $\frac{\text{시간}}{\text{시간}} = 1$이고 $\frac{\text{분}}{\text{분}} = 1$이다. 따라서 $\frac{40\text{단어}}{1\text{분}} \cdot \frac{2.5\text{시간}}{1} \cdot \frac{60\text{분}}{1\text{시간}}$에서 '시간'과 '분'들을 약분하여 40(2.5)

$= 100$과 같이 간단하게 나타낼 수 있다. 이것은 비례상수 $k = 100$임을 의미한다. 따라서 $65 \cdot T = 100$이고 $T = \frac{100}{65} = 1.54$시간이다.

(2) 속도와 시간을 각각 기호로 r, t라 하자. 정비례 상황에서 같은 양끼리 서로 나눈 값은 같다.

$$\frac{r_1}{r_2} = \frac{t_1}{t_2}$$

비율과 시간이 반비례하기 때문에 비율 중의 하나를 서로 바꾸면 된다.

$$\frac{r_1}{r_2} = \frac{t_2}{t_1}$$

$$\frac{\frac{40\text{단어}}{1\text{분}}}{\frac{65\text{단어}}{1\text{분}}} = \frac{t_2}{2.5\text{시간}}$$

이제 이를 이용하여 비례 문제를 해결한다. $\frac{40\text{단어}}{1\text{분}}$를 2.5시간에 곱하고 $\frac{65\text{단어}}{1\text{분}}$를 나눈다.

$$\frac{40\text{단어}}{1\text{분}} \cdot \frac{2.5\text{시간}}{1} \cdot \frac{1\text{분}}{65\text{단어}} = \frac{100\text{시간}}{65} = 1.54\text{시간}$$

1.6 곱셈적 사고 »

앞에서 다룬 세탁 문제와 사과 따기 문제를 보면, 변환에서 같은 범자연수의 양을 왜 곱하기나 나누기로 구성하는지 의문이 들 것이다. 더하기나 곱하기의 차이와 더하기나 곱하기에 해당하는 적절한 문맥을 이해하기 위해서는 수학적 성숙도가 필요하다. 비례 상황에서 변화에 대한 곱셈적 특성을 이해하는 것은 학생들에게 가장 어려운 작업 중 하나이다. 이러한 차이를 알지 못하는 학생들은 덧셈이 가장 편하기 때문에 덧셈적 변환을 무분별하게 적용한다.

덧셈의 과정은 학생들이 수 세기와 범자연수 연산의 경험에 익숙한 첨가, 합병, 분리, 제거를 수반하는 상황과 연결되어 있다. 곱셈의 과정은 축소, 확대, 비례, 제곱, 거듭제곱 및 공정하게 나누기와 같은 과정을 포함하는 상황과 연결되어 있다. 학생들은 양적 관계를 분석하고 곱셈적 상황과 상호 작용하면서 결국 덧셈적 변환이 적절하지 않은 이유를 이해한다. 하지만 이것은 많은 시간과 경험을 필요로 하고 학생이 내포량이라는 특정한 수량을 감지할 수 있을 때까지 발생하지 않는다.

내포량은 다른 두 양의 비교에 의해 형성된 새로운 양이고 문장제에서 항상 명시적이지는 않다. 다음 문제를 생각해보자.

> 8명을 위한 파티를 하기 위해 혼합 견과류 2파운드를 구입할 계획이었다. 그런데 마지막 순간에 총 10명이 오기로 했다는 것을 깨달았다. 당신은 몇 파운드의 혼합 견과류를 구입해야 하는가?

사람 수	혼합 견과류의 무게
8	2
10	?

10명이 8명보다 2명 더 많다는 것이 사실이지만, 2명이 더 많다고 해서 2파운드를 추가하는 것은 추가 인원에 대한 전체의 무게만을 생각한 것이며, 한 사람에게 할당되는 견과류의 무게를 생각하지 않았음을 말해준다. 여기서 덧셈적 변환은 사람당 $\frac{1}{4}$파운드를 제공하려는 원래 계획을 틀어지게 한다. 학생이 사람당 배분되는 혼합 견과류의 무게 안에 내재된 세 번째 양을 보기 전에는 이러한 상황을 분석할 수 없다는 것은 분명하다.

1.7 강한 추론을 위한 주요 요소 »

이 책의 목표는 유리수의 깊은 이해와 비례 추론 능력에 기여하는 사고 방법을 고취하기 위해 초등학교와 중학교에 걸쳐 이용되는 몇 가지 교육 방법과 자료를 공유하는 것이다. **비례 추론**이라는 용어는 초등학교 후반이나 중학교에서 간혹 나타나고 고등학교와 대학교 전반에 걸쳐 지속적으로 깊고 세련되게 성장하는 사고의 정교한 수학적 방법을 설명하는 데 사용된다. 이것은 다양한 초급 수준의 아이디어들을 통합하고 고급 수준의 수학적, 과학적 사고의 문을 여는 수학적 성숙이 특정 수준에 달성했다는 의미이다.

그러나 이야기는 분수와 함께 초등학교에서부터 시작한다. 단위를 파쇄하고 깨는 것이 요구되는 많은 실제적 맥락의 경험은 유리수 체계에 대한 기초를 제공한다. 전통적인 분수 교육이 특별히 효과적이지 않았기 때문에 연구자들에게 가장 주목을 끌었던 것 중의 하나는 어떻게 분수 지도가 유리수의 이해와 비례 추론의 장기적인 발전을 더 잘 촉진하게 할 수 있는지를 밝혀내는 것이었다. 깊은 수학적 내용, 학생들의 사고, 그리고 성인들의 사고를 분석함으로써 우리는 수업에서 다루어야 하는 중심 또는 핵심 아이디어들을 파악하기 시작했다. 이렇게 고도로 밀접한 관계에 있는 개념, 상황, 표상, 그리고 사고 방법을 다음 도표에 표시하였다.

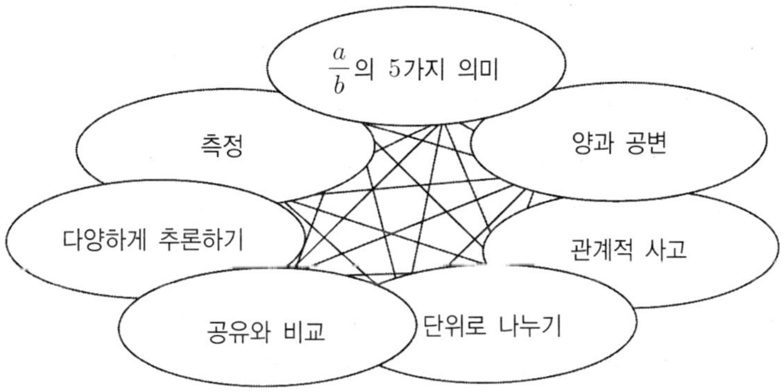

우리는 분명 지식 구성 과정의 복잡성을 과소평가하기를 원하지 않는다. 이러한 주제들은 필수 항목의 최소 집합만을 제시한 것이다. 이와 같은 주제들은 선형적인 순서라기보다는 망과 같은 방식으로 개발된다. 이러한 영역의 하나에서 학생들이 진보를 보일 때 망을 통한 반향이 있다. 이러한 주제들은 오랜 기간 동안 구축되며 수학적이고 과학적인 영역, 즉 초등학교부터 고등학교 연구의 전반에 걸쳐 반복되는 아이디어와 과정, 그리고 표상들의 중추가 되기 때문에 중심이라 불린다. 뒷장에서 이러한 아이디어를 확장할 것이다.

1.8 시작하기 »

비례 추론에 무엇이 수반되는지 알기 위해, 다음 두 문제 군들을 해결해보아라. 만약 비례 추론을 한다면 첫 번째 문제군인 10문제는 머릿셈만으로도 신속하게 답을 할 수 있을 것이다. 두 번째 문제군은 비례 추론 또는 비례 추론에 대한 비판적 사고의 방법이 필요한 더 실속 있는 문제로 구성되어 있다. 이러한 문제들이 비율을 이용하면 풀 수 있다는 것을 알기 때문에, $\frac{a}{b}=\frac{c}{d}$ 형태의 방정식을 사용하려 할 것이다. 그러나 이러한 기호를 사용하는 것은 추론이 아니다. 각 문제에 대해 생각하고 규칙과 기호를 사용하지 않고 해에 대해 설명해 보아라.

이 문제들을 머릿셈으로 해결하여라. 어떠한 계산도 하지 말고 답을 기록할 때만 펜이나 연필을 사용하여라.

1. 6명이 집 한 채를 짓는데 3일이 걸린다. 모든 사람이 같은 속도로 일을 한다고 했을 때 하루에 집 한 채를 지으려면 몇 명이 필요한가?
2. 초콜릿 6개의 값이 0.93달러이다. 초콜릿 22개의 값은 얼마인가?
3. 종태와 명희는 32개의 구슬을 가지고 있다. 종태가 명희보다 3배 더 많이 가지고 있다면 각각 몇 개의 구슬을 가지고 있는 것인가?
4. 종수는 옆집 아저씨네 잔디를 45분 만에 깎을 수 있다. 종수 동생은 같은 잔디를 깎는데 두 배의 시간이 걸린다. 둘이서 함께 잔디를 깎는다면 얼마나 걸리겠는가?
5. 교장 선생님은 지우개 싸움을 한 6명의 학생들에게 20분 만에 교실청소를 하라고 하였다. 그들은 화가 나서 함께 했던 3명의 이름을 더 지목했다. 교장 선생님은 그들을 추가하여 시간제한을 변경했다. 과연 교실정리를 위해 얼마나 시간을 주었을까?
6. 한 축구선수 몸무게가 120kg이다. 11명의 총 무게는 얼마인가?
7. 서희는 210,000원인 MP3 플레이어를 사려고 한다. 어머니께서는 서희가 2,000원 저금할 때마다 50,000원을 더 저금해주기로 하였다. 두 사람이 각각 얼마를 저금해야 MP3 플레이어를 살 수 있는가?
8. 어떤 회사에서 건물 보안 시스템을 설치하도록 9명을 보내면 96분 만에 설치한다. 오늘은 3명만이 같은 일을 해야 한다. 일을 끝내는 데 몇 시간이 걸리는가?
9. 한 오토바이는 1.30달러의 휘발유로 10분 동안 운행할 수 있다. 0.91달러의 휘발유로 얼마 동안 운행할 수 있는가?
10. 청담 학원은 학생 150명에 교사 18명의 비율을 자랑한다. 이 학원의 학생-교사 비율을 15 대 1로 조정하려면 교사는 몇 명이 되어야 하는가?

문제 해결이 끝나면 다른 사람과 자신의 추론에 대해 논의하여라. 다른 사람의 설명을 들으면서 각각의 문제를 해결하는 데 하나 이상의 방법이 있다는 것을 알게 될 것이다. 다음 문제군은 더 어렵다. 상당한 시간을 할애해야 할 수도 있으므로 5분 내에 해결되지 않는다고 포기하지 않길 바란다. 목적은 각각의 해에 대하여 추론하는 것임을 명심하기 바란다. 규칙을 적용하거나 비율 방정식(예: $\frac{a}{b}=\frac{c}{d}$)을 사용하여 문제를 해결하지 않기 바란다.

11. 어느 화창한 날 친구와 산책을 하다 전신주 근처에 앉아 약간의 휴식을 취하고 다시 출발하려 했으나 친구는 계속 앉아 있었다. 친구의 그림자를 보고 길이를 재어보니 당신의 키는 5피트인데 그림자의 길이는 8피트라는 것을 알게 되었다. 또 전신주의 그림자 길이가 48피트임을 알게 되었다. 당신은 실제 전신주가 얼마나 높은지 궁금해졌다. 전신주의 높이를 알 수 있는가?

12. 35m × 39m 크기의 사각형과 22m × 25m 크기의 사각형이 있다. 어느 사각형이 더 정사각형에 가까운가?

13. 두 기어 A와 B의 톱니가 서로 맞물려 돌아간다. 기어 A는 시계 방향으로 돌며 54개의 톱니가 있다. 기어 B는 시계 반대 방향으로 돌며 36개의 톱니가 있다. 기어 A가 5.5번 회전한다면 기어 B는 몇 번 회전하겠는가?

14. 브라운 씨는 자전거 타는 것을 좋아하며 현재 앨런타운, 빙엄턴, 그리고 체스터 중 한 곳으로 이사가려 한다. 그는 결국 빙엄턴을 선택했다. "다른 조건들은 모두 같았기 때문에 자동차 도로를 살펴보고 자전거를 타는 데 가장 조건이 좋았던 마을을 선택했습니다"라고 말하였다. 빙엄턴은 마을 A, B, C 중 어느 곳인가?

A : 자동차 12,555대에 넓이가 15km^{2}인 마을.

B : 자동차 2,502대에 넓이가 3m^{2}인 마을.

C : 자동차 14,212대에 넓이가 17m^{2}인 마을.

15. 콥 씨는 사과-크랜베리 주스를 만들어 판매하고 있다. A통에는 4큐브의 크랜베리 맛과 3큐브의 사과 맛을 물에 섞었다. B통에는 3큐브의 크랜베리 맛과 2큐브의 사과 맛을 같은 양의 물에 섞었다. 만약 당신이 크랜베리 맛이 더 강한 주스를 주문한다면, 그녀는 어떤 통의 주스를 주겠는가?

16. 짐의 어머니는 그녀의 사무실 책상에 가서 아버지의 사진과 그것의 확대된 사진을 가져오라고 하였다. 짐이 어머니의 사무실에 갔을 때, 크기가 다른 5개의 아버지 사진을 발견했다. 다음 중 어머니가 원하는 2개의 사진은 어떤 것인가?

① 9cm × 10cm ② 10cm × 12cm ③ 8cm × 9.6cm
④ 6cm × 8cm ⑤ 5cm × 6.5cm

17. 고양이 6마리가 6분 동안 6마리의 쥐를 죽일 수 있다면, 50분 동안 100마리의 쥐를 죽이려면 몇 마리의 고양이가 필요한가?

18. 2개의 같은 천칭을 탁자에 배치하여 천칭 균형을 잡아 추를 아래와 같이 추가하였다. 각 천칭은 어느 쪽으로 기울 것이라 생각하는가?

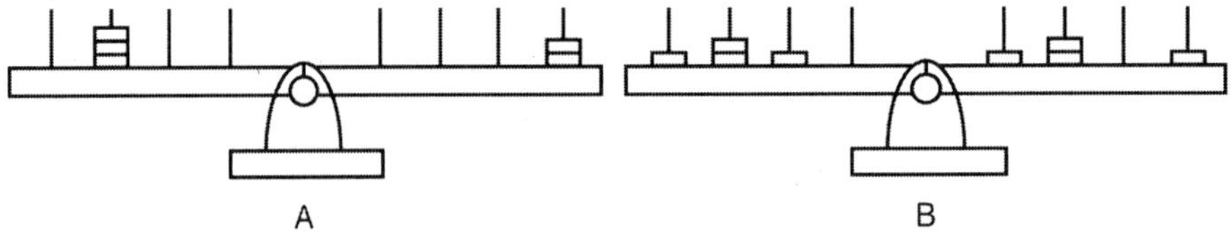

19. 남자의 $\frac{2}{3}$가 여자의 $\frac{3}{4}$과 결혼하는 마을에서 남성과 여성의 비율은 어떻게 되는가?

20. 한 카페에서 원두 두 종류를 혼합하여 자사 브랜드로 판매한다. 한 원두는 파운드당 8달러이고 다른 원두는 파운드당 14달러이다. 주인은 한 번에 50파운드를 혼합하고 파운드당 10달러로 판매하고 있다. 이때 원두는 각각 몇 파운드씩 필요한가?

첫 번째 시도에서 11~20번 문제를 모두 해결할 수 없다고 걱정하지 마라. 이 책을 끝까지 본다면 이러한 유형의 문제들에 대해 설명할 수 있을 것이다. 정기적으로 새로운 통찰을 적용해 보는 것은 좋은 생각이다. 이제 비례 추론이 무엇을 수반하는지에 대한 부분적인 느낌을 가지고, 이 장의 앞부분에 있는 학생들의 답변으로 돌아가 보자.

1.9 학생들 사고에 대한 분석 »

중요한 아이디어는 일정 기간 동안 발전하고 성숙되기 때문에, 학생들은 초등학교 초반부터 이 책에서 제시한 활동들에 대해 생각하기 시작해야 하며 중학교를 통해 모든 아이디어들에 관하여 지속적으로 토론하고 기록해야 한다. 실제 교실에서 아이들과 함께 이 책의 문제를 해결하면 다양하고 광범위한 응답을 끌어낼 수 있다는 것을 알게 될 것이다. 이 장 맨 처음의 나무 위의 집 문제는 그런 문제들 중 하나이다.

학생 C는 문제를 해결하기 위해 가장 정교한 논리를 사용했다. 나무 위의 집은 지상 18피트에 있다. 학생 A는 전혀 이유를 기재하지 못한 유일한 학생이다. A는 단지 탑을 올려다보았을 때를 추측한 것이라고 말했다. 학생 D는 사진에서 어떠한 단서를 뽑아내는 데 실패하였으며 아이와 남자가 말한 것에만 초점을 두었다. 불행하게도 이 학생은 잘못된 추론을 하고 있다. 그는 두 사람 중 한 사람의 말이 맞아야 한다고 생각하고 있어서, 만약 나무 위의 집에 있는 아이가 틀렸다면 땅 위의 남자가 맞을 것이라고 주장했다. 학생 B와 E는 모두 논쟁을 하기 위한 기초로 측정을 이용하였다. 남자의 키를 이용하여 측정한 학생 E는 3×6 = 18임을 안다면 올바른 답변을 했을 것이다. 또한 연필의 끝부분으로 측정한 학생 B는 아마 측정과 규모에 대한 몇 가지 오개념을 가지고 있을 수 있다. 이 학생은 사진에서의 1인치를 실거리에서의 1피트로 변환하였다. 반면, 학생 C는 높이를 얻기 위해 다음 세 가지 양을 사용하였다. 남자의 키, 사다리에서 계단의 총 개수, 그리고 남자의 키에 해당하는 계단의 수. 이 사고가 비례 추론에 가장 가깝다. 이러한 분석을 바탕으로 볼 때, 사고 수준을 낮은 단계에서부터 A-D-B-E-C 순으로 나타낼 수 있다.

나무 위의 집 문제는 좋은 평가 항목을 수반한다. 학기 초에 이 문제에 대해 학생들에게 묻고 다시 학기 말에 물어본다면, 학생들의 사고가 극적으로 변해 있음을 알 수 있을 것이다. 다양한 발달 단계에 있는 학생들의 반응을 분석하면 할수록, 그들의 사고에서 세련의 수준을 더 잘 파악할 수 있을 것이다. 결국 이 정보는 교육적 결정을 내리는 데(어떤 교수법을 쓸지 결정하는 데) 도움을 줄 수 있을 것이다. 그러니 추론을 할 때 그러한 추론이 좋은 추론인지를 인식하기보다 더 중요한 것은 어떻게 그러한 추론을 촉진할 것인지를 아는 것이다. 다음 장에서 우리는 강력한 추론을 증진하기 위한 활동을 검토할 것이다.

활동

01 키다리와 장다리에 대한 유명한 문제를 해결하시오.

> 장다리는 오른쪽 그림과 같이 생겼다. 그의 키를 재었더니 클립 6개의 높이와 같았다. 단추를 이용해서 키를 재었더니 단추 4개의 높이와 같았다.
> 장다리에게는 키다리 친구가 있다. 키다리 친구의 키를 재었더니 단추 6개의 높이와 같았다. 키다리의 키를 클립으로 잰다면 몇 개의 높이와 같은가?

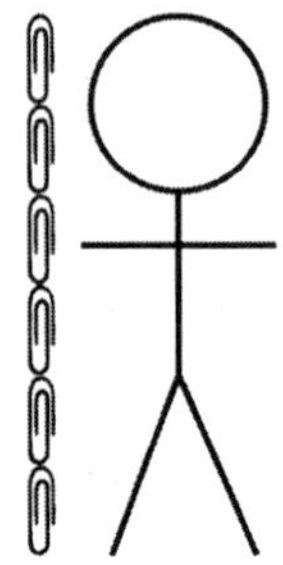

02 키다리의 차는 클립 15개의 길이와 같다. 단추로 이 차의 길이를 잰다면 몇 개의 단추가 필요한가? 이 차의 폭은 클립 $7\frac{1}{2}$의 길이와 같다. 이 차의 폭은 단추 몇 개의 길이와 같은가?

03 이중색상 달걀 회사는 갈색과 흰색 계란으로 계란 상자를 채우도록 당신을 고용했다. 계란 상자는 각각 다른 크기로 나온다. 당신의 작업은 모든 계란 상자를 A상자에 있는 것과 같은 비율로 갈색 계란과 흰색 계란을 채우는 것이다. 같은 비율이 되도록 B상자와 C상자에 색칠하시오.

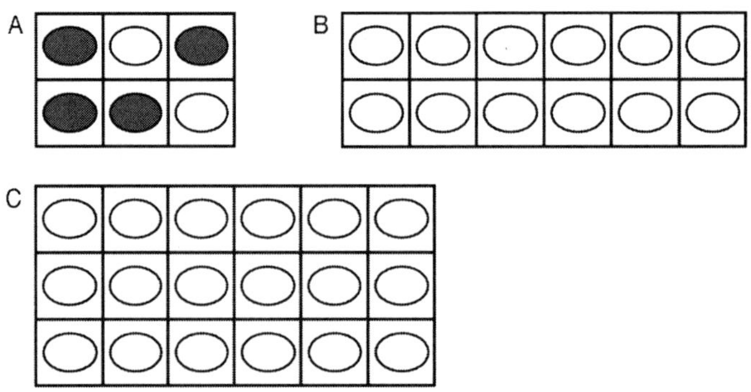

04 다음 각각의 경우에 가격이 비례적인지 아닌지를 결정하시오.

(1) 초록식료품은 토마토소스 6온스를 0.49달러에 팔고 토마토소스 15온스를 0.69달러에 팔고 있다.

(2) 타운마켓은 자사 브랜드 4파운드짜리 설탕봉지를 2.99달러, 5파운드짜리 설탕봉지를 3.75달러, 그리고 10파운드짜리 설탕봉지를 11.74달러에 팔고 있다.

(3) 산지직송 시장에서 딸기 1파운드(16온스)의 가격은 2.98달러이고 8온스 가격은 1.49달러이다.

(4) 1.69달러로 25개의 섬유유연제 시트, 2.99달러로 50개의 섬유유연제 시트, 그리고 5.99달러로 100개의 섬유유연제 시트를 살 수 있다.

(5) 조식 뷔페식당에서 12세까지의 아이들에게 1살씩 늘어날 때마다 0.89달러씩을 더 부가한다.

(6) 한 슈퍼에서는 12개 묶음의 탄산음료 1상자를 3.29달러에 팔고 3상자 묶음으로는 10.19달러에 판매한다.

05 6학년인 민수는 '키다리와 장다리 문제'에 대한 해를 아래와 같이 나타냈다. 민수의 전략에 대해 설명해 보아라. 민수가 기호적으로 비율을 나타내지는 않았지만, 비례를 이해하는 데 어떻게 나타내고 있는가?

민수	나는 내가 이해한 방법을 그려보았다. 그리고 키다리의 키는 9개의 클립과 같다는 것을 알았다. 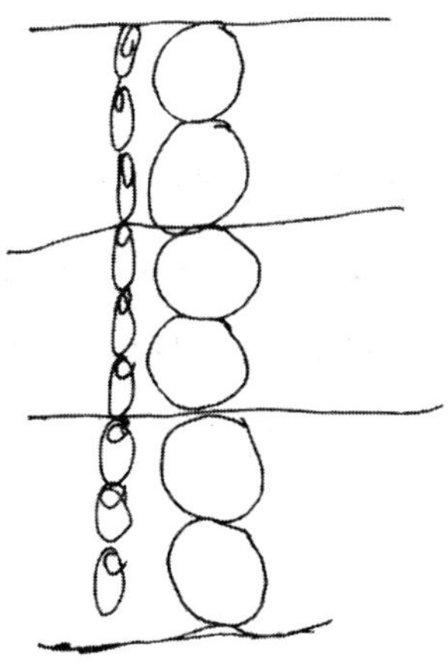

06 차에 있는 속도계는 무엇을 측정하는가? 당신이 60km를 여행을 한다고 가정하자. 여행 중 속도는 수시로 바뀔 것이다. 이때 여행 시간은 속도에 비례하는가?

07 6번의 상황에서 시간은 속도에 반비례하는가? 비례상수인 k는 무엇인가?

08 다음 주어진 각 상황에 대하여 방정식을 만드시오.

(1) 광원으로부터 오는 빛의 양(I)은 광원으로부터의 거리(D)의 제곱에 반비례한다.

(2) 물체의 힘(F)은 질량의 가속도(a)에 정비례한다.

(3) 두 물체 사이의 인력(뉴턴 방정식의 F)은 그들 사이 거리(D)의 제곱에 반비례한다.

(4) 전선의 저항(R)은 그 전선의 길이(L)에 정비례한다.

(5) 원통형 용기에서 액체의 질량(m)은 컨테이너의 반경(R)의 제곱에 비례한다.

(6) 몸(W)의 무게는 지구 중심에서의 거리(D)의 제곱으로 반비례한다.

09 8번의 각 상황을 가능한 정확하게 두 수량 사이의 관계가 정비례, 반비례, 또는 비례가 전혀 아닌지에 대해 설명하시오.

10 한 수족관에서는 대형 물고기의 먹이로 정어리를 공급받는다. 각 물고기에게 나누어 주는 정어리의 수는 물고기의 길이에 비례한다. 예를 들어, 약 65cm 길이인 루이는 점심으로 30마리의 정어리를 먹는다. 루이와 같은 탱크에는 97.5cm인 모와 32.5cm인 피핀이 있다. 세 물고기의 점심으로 얼마나 많은 정어리가 필요한가?

11 각각의 예에서 두 수량이 주어진다. 화살표와 낱말을 이용하여 그 수량들이 어떻게 변하는지 설명하고 두 양이 서로 관계가 없을 때는 NR로 표기하시오.

> **예** 한 프로젝트를 수행하는 사람들, 프로젝트를 완료 할 수 있는 시간
>
> **생각** ↓↑ 그리고 ↑↓. 프로젝트를 수행하는 사람이 적을수록 프로젝트를 완료하는 데 더 많은 시간이 소요될 것이다. 따라서 더 많은 사람들이 프로젝트를 수행한다면 그 프로젝트를 더 짧은 시간에 완료할 수 있다.

(1) 단위 비용, 총비용

(2) 연료탱크의 크기, 그 탱크를 채우는 데 드는 비용

(3) 피트 거리, 미터 거리

(4) 타이어의 직경, 이동거리의 연료 소비량

(5) 정사각형의 한 변의 길이, 정사각형의 넓이

(6) 할인 비율, 할인 금액

(7) 물건 가격, 물건에 붙인 세금

(8) 마을 인구, 시간

(9) 운전 시간, 평균속도

(10) 복권을 구입한 동료의 수, 당첨금 나누기

(11) 한 달의 작업 일 수, 한 달의 휴가 일 수

(12) 캔디 바의 가격, 내가 살 수 있는 캔디 바의 수

12 문제 11번에서 비례 관계인 것은 무엇인가?

13 문제 11번에서 반비례 관계인 것은 무엇인가?

14 16명의 남자들이 어떤 일을 24일 만에 끝낼 수 있다. 두 변수와 상수를 정하고 두 양이 어떤 관계에 있는지 기호로 나타낸 후 설명하시오. 비례 관계로 진술하시오.

15 1단계 : 막대 4개를 이용하여 아래와 같은 도형을 만들었다.

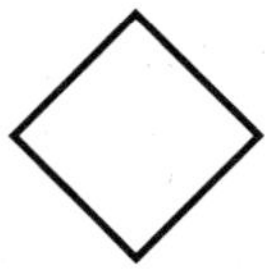

2단계 : 더 많은 막대를 이용하여 다음과 같은 도형을 만들었다.

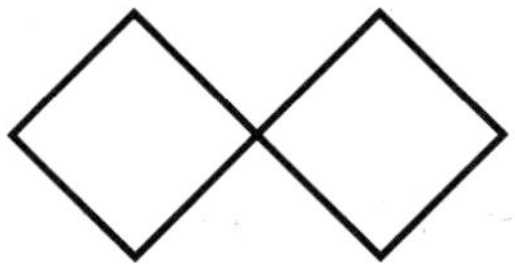

3단계 : 훨씬 더 많은 막대기를 이용하여 다음과 같은 도형을 만들었다.

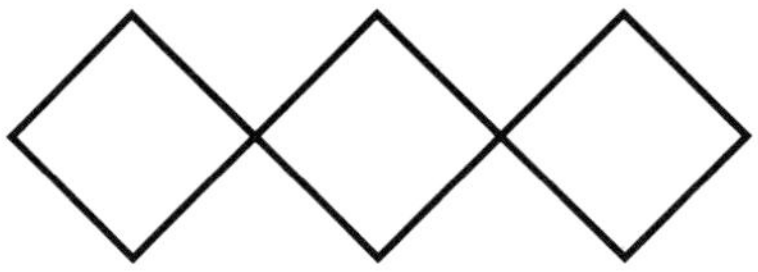

⋮

2개의 변수와 상수를 파악하여 그것들이 어떤 관계에 있는지 단어와 기호를 사용하여 설명하시오. 비례 관계로 진술하시오.

16 자동차 사고가 났을 때 경찰은 자동차의 스키드 마크(타이어가 미끄러진 자국)를 조사하여 차의 속도가 얼마였는지 밝혀낸다. 정지거리는 차량 속도의 제곱에 비례하기 때문이다. 예를 들어, 300피트 스키드 마크를 남긴 차의 속도는 77.46mph로 예상할 수 있다. 제한속도 50mph 구역에서 120피트의 스키드 마크를 남긴 차주에게 속도위반 딱지를 떼야 하는가?

17 번역가인 찰리는 350쪽의 책을 번역하게 되었다. 그가 이 책을 번역하는 데 70시간이 소요된다. 그의 아내 일레인은 시간당 4쪽을 번역할 수 있다. 두 사람이 함께 번역을 하면 일을 마치는 데 걸리는 시간은 얼마나 되는가?

18 다음 빈 칸을 채우시오.

(1) 한 물체가 일정한 속도로 이동한다. 이동한 거리는 ______에 비례하며, 비례상수는 __________이다.

(2) 원주(원 둘레의 길이) $C = \pi d$이다. _____은(는) _____에 비례하고 _____은(는) 비례상수이다.

(3) 자동차 연료 탱크를 채울 때, _____(은)는 _____에 비례하고 _____은(는) 비례상수이다.

(4) 당신은 식료품 가게에서 일한다. 당신이 지불 받을 금액은 _______에 비례하고 _________는 비례상수이다.

(5) 당신은 같은 종류의 캔디 바를 구입하려고 한다. 이때 _________은(는) _________에 비례하고 _________은(는) 비례상수이다.

(6) 센티미터를 미터로 변환하면, _________은(는) _________에 비례하고 _________은(는) 비례상수이다.

(7) 지도를 보고 두 도시 사이의 거리를 파악한다면, _____________은(는) _________에 비례하고 _________은(는) 비례상수이다.

19 수혁이는 72km 자전거 대회에 참가하였다. 그의 종주 기록은 다음과 같다.

거리(km)	12	24	36	48	60	72
시간	1	2	3	4	5	6

거리와 시간이 비례 관계인가? 비례상수는 무엇이며 그것은 어떤 의미인가?

20 한 고등학생이 다음과 같이 정비례와 반비례에 대하여 설명해주었다. 그의 설명이 도움이 된다고 생각하는가?

> 당신이 사과를 따서 바구니에 넣을 때 당신이 딴 사과의 개수는 바구니 개수와 정비례 관계이다. 반비례 관계는 약간 덜 분명하다. 반비례 관계는 하나가 커지면 다른 하나는 작아진다는 것을 의미한다. 분수를 생각해보자. 분모가 더 커지면 분수 자체의 크기는 더 작아진다.

제2장 분수와 유리수

학생 전략: 4학년

범자연수의 나눗셈에 대해 생각해보고 이 문제를 해결함으로써 학생들의 사고에 미칠 수 있는 영향에 대해 토의하시오.

학급에 15명의 학생들이 있다. 생일날 어머니께서 학급 학생들에게 나누어 줄 과자를 5파운드 만큼 만드셨다. 각 학생들은 과자를 얼마나 먹을 수 있는가?

에바	15/5 = 한 사람당 3파운드
메리 엘리자베스	5파운드는 충분히 큰 양이 아니라서 나는 단위를 온스(oz)로 바꾸었다. 16온스 = 1파운드 16온스×5 = 80온스(= 5파운드) $\begin{array}{r} 5 \\ 15\overline{)80} \\ \underline{75} \\ 5 \end{array}$ 모두에게 5온스씩 주고 나머지 5온스의 과자는 선생님께 드린다.

많은 사람들이 수학에 대해 두려움을 가지고 있다. 고등학생들은 필수과정 이상의 수학을 이수하기 주저한다. 그들은 수학을 접했을 때 '혼란'과 '막막함'을 느낀다. 대부분의 사람들이 직면하는 이러한 수학에 대한 생각은 처음 분수를 접한 초등학교 초기에서부터 시작된다. 3, 4학년 과정을 넘어서는 학생들은 그들이 알아야 하는 것들을 기억함으로써 과정을 통과할 수 있거나 더 나아가 높은 점수를 얻을 수 있었을 것이다. 그러나 그들은 곧 수학 수업에서 무엇이 진행되고 있는지 이해하지 못하고 걱정하게 된다. 이 단원에서 왜 분수가 이러한 수학적이고 심리적인 장애를 일으키는지 그 요인에 대해 살펴보고자 한다.

2.1 새로운 단위와 새로운 기호 체계 »

분수를 처음 접할 때, 수학적 내용은 질적으로 급격히 복잡해진다. 범자연수의 사칙연산에서 적용되었던 의미, 모델, 기호체계들은 갑자기 유용하지 않게 된다.

몇 개의 커다란 개념적 변화로 인하여 학생들은 분수를 배우는 데 어려움을 겪는다. 취학 전 아이들은 각각의 물건에 숫자의 이름을 붙이면서 수 세기를 배운다. 단위 '하나'는 항상 하나의 물건을 의미했다. 그러나 분수에서 단위 '하나'는 하나 이상으로 이루어지거나 몇몇 사물들이 모여 하나의 꾸러미로 구성된 합성단위를 의미할 때도 있다. 게다가 새로운 단위는 분할(똑같은 부분으로의 분할)이며 새로운 종류의 숫자는 그 단위의 부분을 나타낸다.

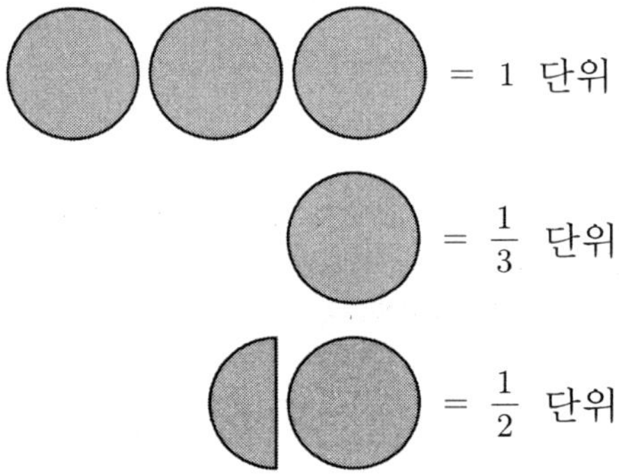

또한 각 상황별로 단위는 달라질 수도 있다.

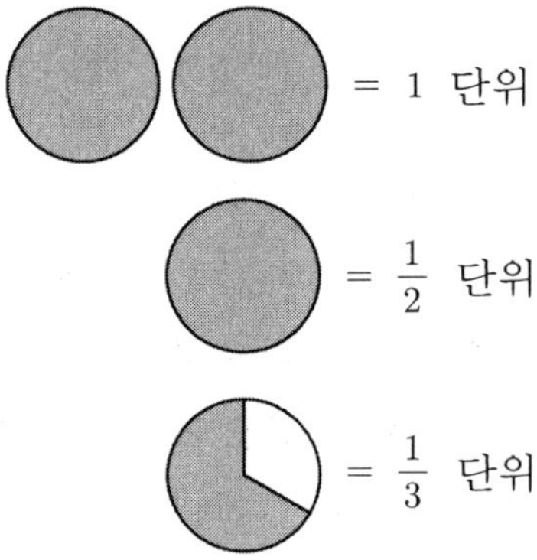

심지어 지각적 단서도 더 이상 믿을 수 없게 된다. 같은 양처럼 보이는 것이라도 항상 같은 이름을 갖지 않을 수 있다. 예를 들면 단위가 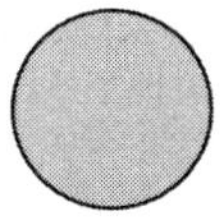 일 때, 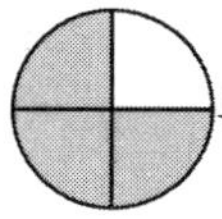 는 $\frac{3}{4}$ 이다.

단위가 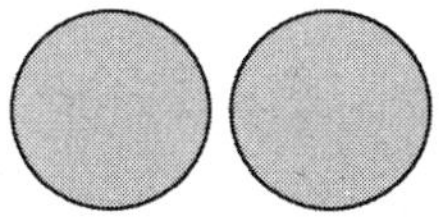 일 때, 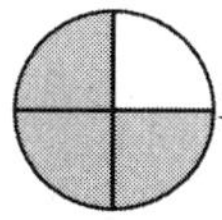 는 $\frac{3}{8}$ 이다.

즉, 어떤 단위의 부분을 의미하는 유일한 기호는 존재하지 않는다. 같은 양일지라도 다른 이름으로 불릴 수 있는 것이다. 예를 들면 같은 단위인 $\frac{1}{2}$, $\frac{2}{4}$, $\frac{6}{12}$ 그리고 $\frac{9}{18}$는 같은 양을 의미한다.

2.2 단위의 심리 »

분수를 공부할 때는 매우 많은 단위들이 있다. 만약 그 단위가 피자 1판이고 당신이 피자 1판 이상, 가령 3판을 산다면 당신은 1단위 피자 3판을 구입하는 것이다. 만약 당신이 3판의 냉동 피자가 들어있는 하나의 꾸러미를 산다면, 합성단위인 한 단위, 즉 하나(피자 3판이 있는 꾸러미)를 산 것이다. 당신은 이것들이 결국 모두 같은 양의 피자라고 주장할지도 모른다. 하지만 초기 분수 교육에서 학생들에게 의미,

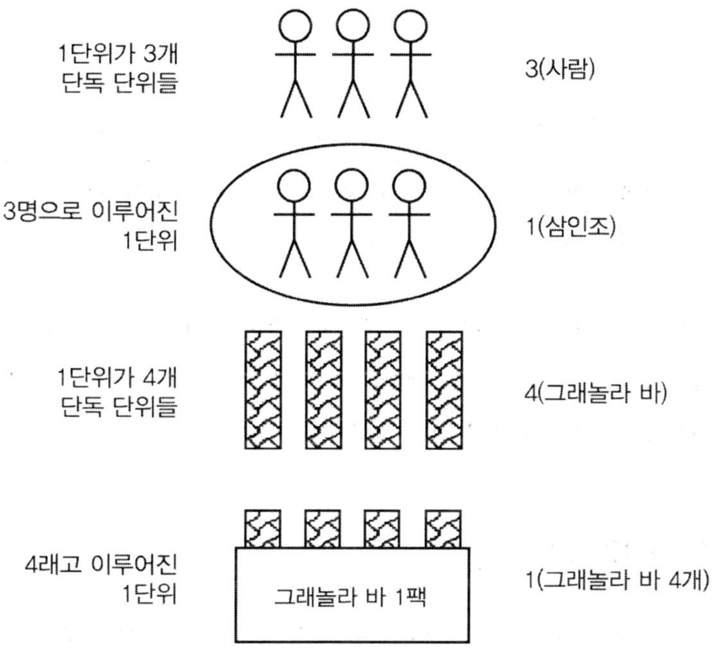

표기법, 연산을 이해하도록 돕기 위해 구체적인 예를 사용하면 분수의 의미를 받아들이는 방법이 다양해진다. 그러면 학생들은 이러한 차이점을 무시하여 종종 혼란에 빠지거나 오해를 하게 된다.

단위의 구조는 점점 더 복잡해진다. 예를 들어, 세 사람과 4개의 그래놀라 바를 비교해보자. 이것은 비율이라는 다른 단위를 만들어 낸다. 만약 우리가 세 사람을 1단위로 간주하고 그래놀라 바 4개를 또 다른 1단위로 여긴다면 비율은 단위와 단위를 비교하는 하나의 단위가 된다. 심리학적으로 말하자면 그래놀라 바 4개와 1단위(4개 묶음)는 다르며 그것들을 연산하면 각각 다른 결과를 만들어 낸다. 예를 들어 그래놀라 바에서 $\frac{1}{4}$을 구하는 방법들은 여러 가지가 있다. 만약 우리가 그래놀라 바(1단위) 4개 중에 $\frac{1}{4}$을 취한다면 결과는 다음과 같을 것이다.

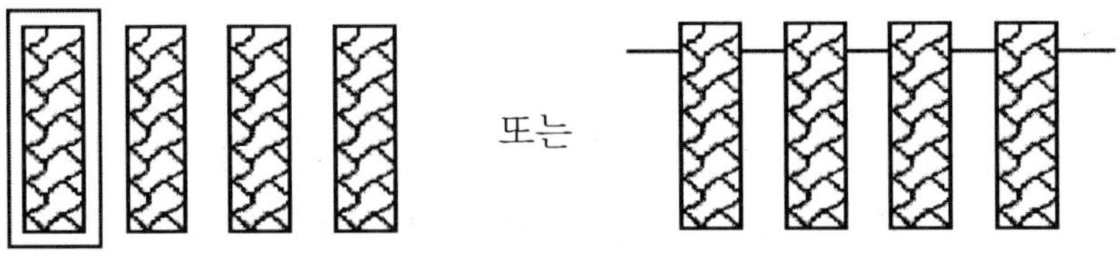

첫 번째 경우는 4개 중의 $\frac{1}{4}$ = 1개의 바이고, 두 번째 경우는 4개 바 각각의 $\frac{1}{4}$ = 4($\frac{1}{4}$-바)개이다. 4개 묶음의 그래놀라 바(1팩)의 경우를 생각해보자. 우리는 상자 하나를 열어 위와 같은 연산을 수행하거나 상자를 그대로 두고 다음과 같이 분할할 수도 있다.

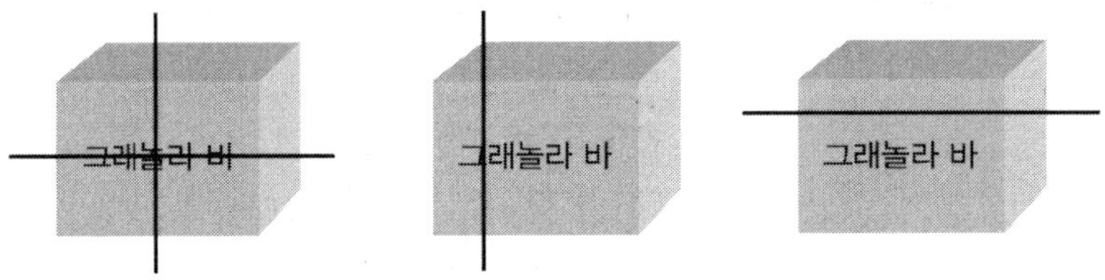

나중에 알겠지만 이러한 차이점은 학생들이 중요한 합성단위를 적용하는 데 매우 중요한 역할을 한다. 이것은 교사들에게 학생들의 사고와 그들의 중요한 분수 아이디어의 성장에 대한 커다란 통찰을 제공한다.

2.3 새로운 연산과 양 »

학생들은 범자연수를 공부할 때 주로 덧셈과 뺄셈을 연산을 했다. 그리고 이를 곱셈과 나눗셈의 연산에 대한 의미로 발전시켰다. 그러나 그것은 단지 주의 깊게 선택된 숫자와 라벨을 사용하여 신중하게 선택된 맥락에서만 가능했다. 분수를 도입하기 전까지 학생들은 곱셈과 나눗셈에 대해 매우 한정적인 이해만을 하였다. 곱셈과 나눗셈에 대한 연산의 진정한 이해는 학생들이 합성단위나 다수의 복합체로 구성된 단위를 구성할 수 있을 때에만 일어난다. 분수의 표기가 곱셈과 나눗셈으로 인해 생기는 복잡한 양을 표기하는 데 사용될 수 있기 때문이다.

예를 들어 '5개의 사탕'이나 '7피트'처럼 범자연수를 배울 때 '양'은 세기나 측정으로 얻는 단순한 라벨이다. 곱셈과 나눗셈 연산은 서로 다른 두 양 사이의 관계인 새로운 양을 종종 만든다. 게다가 새로운 양(관계)에 붙인 라벨은 그 관계를 이루는 원래 두 양의 어느 것도 아니다. 예를 들어 사탕 24개를 6개의 가방에 나누어 담는 것은 $\frac{\text{사탕 24개}}{\text{가방 6개}}$이거나 $\frac{\text{사탕 6개}}{\text{가방 1개}}$이다. 이때 우리는 원래의 측정법으로서는 측정되지 않는 새로운 양(사탕, 가방)을 가지게 된다.

또한 범자연수의 양은 물리적으로 표현될 수 있다. 학생들은 세기를 표현하기 위해 사낭의 그림을 그리거나 공, 장난감 블록 또는 칩을 이용할 수 있다. 그러나 한 가족당 2.5명 또는 한 시간에 12마일(mph)과 같은 관계를 타나내는 양은 쉽게 표현하거나 개념화되지 못한다.

라벨링에 관해 좀 더 복잡하게 생각하면, 간혹 두 양 사이의 관계를 나타내는 양이 이미 잘 알려진 하나의 라벨로 나타나기도 한다. 예를 들어 이동거리와 이동시간의 관계를 생각해보자. 이 2개의 독립체가 이루는 관계를 속도라 하고, 우리는 이에 대해 매우 친숙하다. 수업에서 속도나 다른 결합된 양을 다룰 때 그것을 구성하는 양에 대해 토의하는 것은 매우 중요하다. 많은 중학교 학생들조차 속도가 비교라는 것을 모른다.

2.4 범자연수 개념에 대한 방해 »

많은 학생들이 범자연수 연산의 곱셈에 대해 생각할 때 동수누가(같은 수를 여러 번 더하는 것)를 떠올리고, 나눗셈을 생각하는 과정에서는 등분을 떠올린다. 이 두 연산은 자연수 집합에서는 성립하지만 유리수에서는 결함이 있다. 다음 예를 살펴보자.

예 1 평균적으로 $52\frac{\text{mi}}{\text{hr}}$의 속도로 가는 차가 이동하는 데 3.4시간이 걸렸다. 이동한 거리는 얼마나 되는가?

$$52\frac{\text{mi}}{\text{hr}} \times 3.4\text{hr} = 176.8\text{mi}$$

예 2 평균 $51\frac{\text{mi}}{\text{hr}}$의 속도로 가는 차가 이동하는 데 가솔린 $1.5\frac{\text{gal}}{\text{hr}}$을 사용하였다. 차의 연비는 얼마인가?

$$51\frac{\text{mi}}{\text{hr}} \div 1.5\frac{\text{gal}}{\text{hr}} = -34\frac{\text{mi}}{\text{gal}}$$

이와 같은 예에서 동수누가나 등분은 더 이상 도움이 되지 않는다는 것을 알 수 있다. 범자연수에서 유용했던 사고가 이러한 상황에서 더 이상 유용하지 않기 때문에 이를 해결하기 위해서는 새로운 방법을 구성할 필요가 있다. 학생들이 적합한 연산을 결정하기 위해서는 양에 대해 생각해보고 그들이 서로 어떻게 관계되는지 생각하는 방법을 배워야 한다.

학생들은 분수를 접할 때 범자연수와 연관을 지으려 하고 친숙한 연산방법을 적용하려 하기 때문에 인지적 장애를 경험하게 된다. 범자연수를 배우면서 학생들이 개발했던 몇몇의 아이디어들은 후에 분수를 이해하고 연산하는 데 방해가 된다. 예를 들어 대부분의 학생들은 곱셈은 양을 더 크게 만들고 나눗셈은 더 작게 만든다. 그들은 다음과 같은 분수의 곱셈을 할 때 상당한 혼란을 겪는다.

- $\frac{2}{3} \cdot \frac{1}{4}$ ($\frac{2}{3}$로 시작해서 곱셈을 하였지만 그 결과는 $\frac{2}{3}$보다 작다.)
- $\frac{5}{8} \div \frac{1}{4}$ ($\frac{5}{8}$로 시작해서 나눗셈을 하였지만 그 결과는 $\frac{5}{8}$보다 크다.)

이 단원의 시작 부분에 나왔던 학생들의 학습결과를 보면 범자연수의 나눗셈에서 피제수(나누어지는 수)는 제수(나누는 수)보다 항상 컸다. 이러한 수의 개념은 나눗셈의 개념을 이해하기에 너무 협소하며 그들이 나눗셈을 통해 얻은 양에 라벨 붙이는 것을 어려워 하게 된다. 이 장의 앞에서 총명함을 보여주었던 소녀 마리 엘리자베스뿐만 아니라 모든 학생들은—심지어 가장 우수한 학생조차도—분수를 공부할 때 개념적인 장애를 경험한다.

이 외에도 문제는 많다. 예를 들어 범자연수의 연산에서 곱셈은 가환성을 가진다. 즉 3×4와 4×3의 결과는 같다. 그러나 양이 복잡해지면 많은 사람들은 단순한 교환법칙에 의문을 가지게 된다. 예를 들어 각각 5개의 사탕이 들어 있는 3개의 가방과 각각 3개의 사탕이 들어 있는 5개의 가방처럼 3(단위 5)과 5(단위 3)가 동치라고 보기는 어렵다. 만약 당신이 사탕을 좋아하는데 이 가방들 중에 어느 것이든 하나를 선택해도 만족하겠는가? 또한 시속 45마일로 3시간 동안 운전하는 것과 시속

3마일로 45시간 동안 운전하는 것은 매우 다른 여행이다. 그러므로 범자연수로 계산할 때 좀 더 명백했던 구조적 특징 중 몇몇은 더 추상적인 단계에서도 여전히 적용되긴 하나, 실제 맥락에 놓였을 때는 그것들을 인식하기 어려울지 모른다.

이미 언급된 문제에 덧붙여 이러한 사실들은 또 다른 문제를 야기한다.

- 분수는 2개의 숫자를 쓰지만, 사실 하나의 수를 의미한다.
- $7 > 3$이지만 $\frac{1}{3} > \frac{1}{7}$이다.
- 덧셈과 곱셈에 있어 새로운 법칙이 등장한다. 분수로 표현된 비율은 분수의 덧셈법칙을 따르지 않는다. 예를 들면, $\frac{1}{3} + \frac{2}{5} \neq \frac{3}{8}$.
- 범자연수에서의 곱셈 법칙은 여전히 유효하다. 예를 들면, $\frac{2}{3} \times \frac{4}{5} = \frac{8}{15}$.

2.5 용어의 문제 »

우리는 때때로 용어를 부주의하게 사용하는데 이것은 복잡한 주제에 대하여 의사소통할 때 추가적인 어려움을 야기한다. 분수라는 단어는 유리수를 의미할 때 쓰기도 하고 유리수 또한 분수를 의미할 때 쓰기도 한다. 분수는 교실 안팎에서 다양한 방법으로 사용된다. 여러 가지 뜻으로 사용되는 단어는 반드시 혼란을 초래한다.

분수(fraction)는 수학적 의미말고도 여러 가지 의미를 지닌다. 예를 들어 개발되지 않은 부지의 부분을 의미하기도 하며 교회에서 성만찬의 빵을 분할하는 것을 의미하기도 한다. "마을 주민의 일부(fraction)를 제외하고 모든 사람들이 대통령선거에 투표했다"에서의 일부(fraction)라는 말은 작은 부분을 의미한다. "주식이 부분적으로(fractionally) 올랐어"라는 말을 들을 때의 부분적으로(fractionally)라는 말은 1달러가 채 되지 않음을 뜻한다. 수학시간에 학생들이 부분에 대한 기술적인 정의를 배울 필요가 있다는 것은 그들에게 당혹스러운 일이다. 왜냐하면 그들은 일상적인 경험으로부터 그 단어가 '부분, 일부'를 뜻한다는 것을 이미 알고 있기 때문이다. 하나의 전체 단위 이상을 가리키는 $\frac{4}{3}$와 같은 분수는 부분(a little bit)이라는 의미가 더 이상 적용되지 않는다. 일상에서의 이 단어의 사용은 충분히 복잡하다. 그러나 이러한 다양한 의미로 사용되는 것이 수학수업에서 문제가 된다. 어떤 사람들은 분수(fraction)라는 용어를 전체와 비교되는 한 부분으로 사용한다. $\frac{b}{a}$와 같은 상징적인 형태의 숫자로 쓰기도 한다. 많은 사람들이 분수와 유리수를 섞어 사용하면서 혼란을 겪는다. 이러한 용어들은 바로잡아 사용해야 의사소통을 할 수 있다. 이에 우리는 수 전체의 집합에서 분수의 개념을 바로잡는 것부터 시작할 것이다.

2.6 수 집합의 발달 »

어린아이는 처음 세기를 할 때 1, 2, 3, 4 등을 말한다. 그래서 세는 것을 나타내는 다음과 같은 수의 집합 $\{1, 2, 3, 4, \cdots\}$을 기수(counting number)집합이라 한다 (C). 기수 1, 2, 3, 4, 5, ⋯는 "얼마나 많이?"라는 질문, 즉 "전체가 얼마인가?"라는 것에 대한 답을 할 때 사용된다.

어린아이가 좀 더 크면, '아무것도 없음'에 대한 개념을 이해할 수 있다. 그때까지 각각의 숫자들은 구체적인 사물들을 세는 데에 사용된다. 그러나 '0'은 공집합을 세는 방법이다. 즉, 0은 기수이고 비어 있는 집합(공집합)의 크기를 의미한다. (공집합은 $\{\ \}$, $\varnothing$으로 쓰이나 $\{\varnothing\}$은 아니다.) 범자연수(0, 1, 2, 3, 4, ⋯) 또한 많은 물체의 집합에서 물체들을 셀 때 사용되며 아무것도 없는 상태에 대해서도 사용된다.

0은 특별한 수이다. 이것은 양수와 음수를 나누지만 양수도 아니고 음수도 아니다. 하지만 짝수이다. 이것을 증명하기 위해, 짝수와 홀수가 번갈아 있다는 것을 알고 짝수인 6에서부터 거꾸로 세어 내려가 보자. 2가 나왔을 때 다음 수는 홀수이기 때문에 0이 짝수라는 결론을 내릴 수 있다.

⑥ 5 ④ 3 ② 1 ⓪ −1 −2 −3 −4

왜 이렇게 다양한 수의 집합이 있는지 이해함으로써 이전 집합을 확장하여 어떤 성질을 얻을 수 있는지 깨달을 수 있다.

범자연수 집합 W는 0과 C를 포함한다.

$$W = \{0, 1, 2, 3, 4, 5, \cdots\}$$

집합 W는 특별한 성질을 가지고 있다. 그 집합의 어떤 원소에 더하더라도 그 원소가 변하지 않는 원소 0을 가진다.

$$e + 0 = e$$

분수의 집합(F)은 범자연수를 포함하고 $\frac{a}{b}$ 형태로 나타내며 이때 $b \neq 0$이다. 이 집합의 특별한 점은 곱셈에 관한 역원을 가진다는 것이다. 즉, F의 모든 원소에 대하여, 곱하여 1이 되는 F의 원소가 존재한다.

$$e \cdot \frac{1}{e} = \frac{e}{e} = 1$$

정수집합(Z)은

$$\{\cdots, -3, -2, -1, 0, 1, 2, 3, \cdots\}$$

으로 나타낼 수 있으며, 덧셈에 관한 역원을 가진다.

$$e + (-e) = 0$$

마침내 분수와 그의 덧셈에 대한 역원을 결합하여 유리수 집합(Q)을 얻는다. 분수의 집합에서 모든 유리수는 b가 0이 아닌 조건에서 $\frac{a}{b}$ 형태로 나타난다. 차이점은 Q가 음의 분수를 포함하는 것이다. 유리수는 "얼마나 많은가?"라는 물음에 대한 답으로 사용된다. 이것은 측정과 관련된다. 일반적으로 하나의 양이 다른 양과의 관계 속에서 얼마나 많은지를 측정하는 것이다. 집합 Q는 분수와 정수가 혼합된 덧셈에 대한 모든 성질과 곱셈에 대한 모든 성질을 가진다.

왜 성질에 대해 아는 것이 중요한가? 그 이유는 다음과 같다.

- 소위 분수를 약분 또는 통분하는 것은 분수에서 곱셈에 대한 역원의 성질을 따른다.
- $2 \cdot \frac{1}{2} = 1$이기 때문에 $\frac{4}{6} = \frac{2 \cdot 2}{2 \cdot 3} = \frac{2}{3}$이다.
- 암산을 하기 위해 F의 덧셈과 곱셈 성질을 결합할 수 있다.

$$3\frac{1}{2} \cdot 2\frac{1}{4} = 6\frac{3}{4} + 1\frac{1}{8} = 7\frac{7}{8}$$

- 불필요한 계산을 하지 않기 위해 성질들을 이용할 수 있다. 계산하지 않고도 답을 구할 수 있다.

$$\left(5 \cdot \frac{1}{5}\right)\left(-\frac{3}{5}\right) + \left(-\frac{5}{3} + \frac{5}{3}\right)\left(\frac{3}{7}\right) = -\frac{3}{5}$$

따라서 집합에 대한 특별한 성질을 아는 것은 추론과 암산을 할 때 부각될 것이다.

2.7 분수의 종류 »

시간이 흐르면서 분수는 많은 성장을 해왔다. 초기의 분수는 $\frac{1}{2}$, $\frac{1}{3}$, $\frac{1}{4}$, $\frac{1}{5}$, …과 같이 모두 정수의 역수였다. 오늘날 이런 분수를 단위분수라고 부른다. 시간이 지나 상분수(vulgar fraction)나 보통분수(common fraction)가 사용된다. 오늘날 우리가 사용하는 분수는 분자는 동일한 부분의 수를 의미하고 분모는 전체를 구성하는 부분이 얼마나 되는지를 말해주는 $\left(\frac{1}{2}, \frac{3}{4}, \frac{5}{6}, \cdots\right)$과 같은 분수이다. 그 후에 특정 분수들이 인지된다. 분수의 분모가 10의 배수(10, 100, 1000, …)일 때 이를 십진분수(decimal fraction)라고 불렀다. 마침내 자연수와 소수부분을 반점이나 온점으로 분리하여 12,57 또는 12.57로 표기했는데 이러한 것을 오늘날 간단히 소수라고 한다. 몇몇 나라들은 온점 대신에 여전히 반점을 사용한다.

• 1.345의 의미

$$1(\text{전체}) + 3(\text{전체의 } \frac{1}{10}) + 4(\text{전체의 } \frac{1}{100}) + 5(\text{전체의 } \frac{1}{1000})$$

또 다른 특별한 분수는 분모가 항상 100인 경우이다. 예를 들어 $\frac{75}{100}$, $\frac{30}{100}$과 같은 경우이다. 100 중 75나 100당 75로 표기하던 것을 75%로 표기한다. 우리는 100을 의미하는 라틴어 **센텀**(centum)에서 유래한 **백분율**(percent)을 사용한다.

초등학교 교과서에서는 전통적으로 소수와 백분율을 수학 교육과정과 분리해서 사용하였지만 십진법과 백분율은 사실 그 자체의 표기법을 가진 특별한 종류의 분수이다. 분수 교육의 초기부터 학생들이 어떤 형태로든 자신을 표현하도록 권장해야 한다고 주장하는 몇 가지 이유가 있다. 학생들은 일상에서 분수보다 소수와 백분율을 더 많이 접한다. 알다시피 각 맥락을 통해 학습하는 것은 복잡하고 긴 과정이다. 그래서 학생들이 소수와 백분율을 훨씬 뒤늦게 배워야 한다고 하는 주장은 학생들의 경험을 막아버리는 어설픈 변명에 불과하다. 가장 설득력 있는 사실은 3학년 연구에서 몇몇 학생들이 이미 소수나 백분율로 양을 나타내기 좋아한다는 것이다. (이 책에서 그들의 학습결과를 볼 수 있다.)

2.8 분수는 무엇인가? »

오늘날 분수는 두 가지 다른 의미로 사용된다. 첫째, 분수는 숫자이다. 둘째, 좀 더 추상적인 의미로 분수는 수이다.

첫째, 분수는 $\frac{a}{b}$와 같이 특정한 형식인 두 부분으로 구성된 기호이다. 분수라는 단어의 의미는 숫자를 쓰는 형식을 의미하고, 표기법, 기호, 숫자로서 두 정수 사이에 막대가 있는 것을 가리킨다.

둘째, 분수는 음수가 아닌 유리수이다. 전통적으로 학생들은 정수를 배우기 훨씬 이전에 분수를 배우기 때문에 a와 b는 범자연수로 한정된다. 이것은 유리수의 부분집합일 뿐이다.

분수에서 위의 숫자는 분자, 아래 숫자는 분모이다. 숫자의 순서는 매우 중요하다. 분수는 두 숫자의 순서쌍이기 때문에 $\frac{3}{4}$과 $\frac{4}{3}$는 같지 않다. 0은 분자에서는 사용 가능하지만 분모에서는 쓸 수 없다. 또한 $\frac{a}{b}$ 형태로 표기된 수들은 모두 분수이다.

$$\frac{-3}{4},\ \frac{\pi}{2},\ \frac{\sqrt{4}}{2},\ \frac{-12.2}{14.4},\ \frac{\frac{1}{2}}{\frac{1}{4}}$$

그러나 모든 분수가 둘째의 의미로 사용되는 것은 아니다. 그래서 표기를 의미할 때는 **분수 형식**이라 하고 음수가 아닌 유리수를 의미할 때는 **분수**라고 말하자.

2.9 유리수 »

사람들은 종종 분수와 유리수를 동의어로 사용하는 실수를 저지르지만 이 둘은 매우 다른 수의 집합이다. 유리수와 관련한 중요한 차이점은 다음을 통해 알 수 있다.

(1) 모든 유리수는 분수 형식으로 표기한다.

$$\frac{3}{4},\ \frac{\sqrt{4}}{3}(\text{보통 } \frac{2}{3}\text{로 표기함}),\ \frac{2.1}{4.1}(\text{보통 } \frac{21}{41}\text{로 표기함})$$

$$\text{그리고 } \frac{\frac{1}{2}}{\frac{1}{4}}(\text{보통 } \frac{2}{1}\text{로 표기함})$$

이들은 모두 분수이며 유리수이다.

(2) 분수 형식으로 표기된 모든 수가 유리수인 것은 아니다.

$\frac{\pi}{2}$는 분수의 형식을 띠고 있지만 유리수가 아니다.

(3) 각각의 분수가 다른 유리수와 부합되는 것은 아니다.

$\frac{2}{3}, \frac{6}{9}, \frac{10}{15}$과 같이 세 분수의 각각에 부합되는 각기 다른 유리수는 없다. 한

명의 여성이 누군가에게는 엄마, 누군가에게는 아내, 누군가에게는 이모 등으로 불리듯이 이 세 분수는 같은 유리수를 표현하는 다른 형태의 표기법이다. 하나의 유리수가 모든 동치분수가 되는 것이다.

(4) 유리수는 분수로 표기될 수 있고 다른 형태로도 표기될 수 있다.
유한소수는 유리수이다. 반복되는 무한소수는 유리수이다. 끝나지 않는 십진법의 수도 유리수이다. 백분율은 유리수이다. 반복되지 않는 무한소수는 유리수가 아니다. 비와 비율은 유리수이다.

2.10 수로서의 분수 »

수로서의 분수를 말할 때 우리는 유리수를 염두에 두고 말한다. 분수를 수로 이해하기 위해서는 예를 들어 $\frac{1}{4}$이 각각의 그림에서와 같이 상대적으로 같은 양을 의미한다는 이해를 수반해야 한다. 하지만 그림과 관련된 양에 대해서는 하나의 유리수만이 존재한다. 우리가 그것들을 $\frac{1}{4}$, $\frac{4}{16}$, $\frac{3}{12}$, $\frac{2}{8}$로 부르는지가 중요한 것은 아니다. 우리가 분수를 하나의 숫자로 이해하기 위해서는 분수를 상징하는 두 부분에 초점을 두기보다 기호가 수반하는 양에 초점을 두어야 한다.

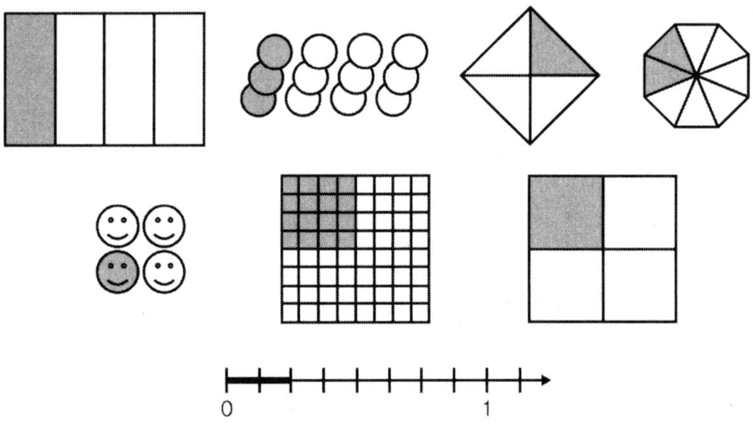

각 조각의 크기나 색깔, 모양, 배열, 또는 물리적인 특징에 상관없이 각 그림은 상대적으로 같은 양과 같은 유리수를 나타내고 있다. (심리학적으로 교육의 목적을 위해 분수와 그림을 연결지을 때 어떤 분수와 어떤 그림을 연결지어야 하는지는 중요한 사안이다. 예를 들어 여러분은 첫째 그림을 $\frac{2}{8}$나 $\frac{4}{16}$로 말하지는 않는다.)

2.11 분수, 비와 비율 »

비는 두 양의 상대적인 크기를 수반하는 하나의 순서쌍이다. 이 정의로부터 부분-전체 분수는 비이다. 그러나 모든 비가 부분-전체의 비교는 아니다. 비는 같은 집합의 두 부분(부분-부분 비교)의 측정값을 비교하거나 다른 두 양의 측정량일 수 있다(예를 들어 주스와 물). 비는 '~당' 양으로서 자주 사용된다. 예를 들어 한 시간당 마일, 한 가방당 들어 있는 사탕은 모두 비이거나 또한 다른 양의 비교이다.

비와 비율의 차이는 조금 더 복잡하다. 우리가 아주 특정한 상황을 이야기할 때 우리는 비를 말한다. 그러나 비를 좀 더 많은 상황에 적용한다면 그것은 비율이다.

예 1 나는 햄버거 가게에서 시간당 8달러를 받았다. $\frac{8\text{달러}}{1\text{시간}}$는 비율이다. 왜냐하면 내가 1시간을 일했는지 3시간을 일했는지, 또는 40시간을 일했는지에 적용했기 때문이다.

예 2 만약 내가 40km의 속도로 3시간 동안 운전하여 목적지에 갔다가 50km의 속도로 같은 거리를 돌아오면 나의 평균속력은 $\frac{240\text{km}}{5.4\text{시간}} = 44.4\text{km}$이다. 44.4km는 이러한 특별한 상황에 적용되는 비이지 비율이 아니다.

이 책의 말미에서 우리는 비와 비율에 대해 알아보고 부분-전체 비교로부터 그들의 차이에 대해 좀 더 자세히 알아볼 것이다. 그러나 지금은 시작 단계이기 때문에 우리에게 실제적인 맥락에서 부분-전체 비교와 비(부분-부분 비교)에 대해 논의하는 것은 시기상조이다. 일상생활에서 우리는 이러한 두 개념을 차별화하지 않고 사용한다. 앞의 두 예는 지불에 대한 비율과 평균속력을 말한다. 기술적으로 이것은 비(비율)이지만, 전형적으로 분수 표기를 이용하여 사용된다. 불행하게도 이것이 교육을 복잡하게 만드는 또 다른 관례이다. 이 두 비교의 차이점에 대해 논해야 할 때 우리는 분수 기호를 이용하여 부분-전체 비교를 나타낼 것이고 콜론 기호($a:b$)를 이용하여 비를 나타낼 것이다.

예 1 김 선생님의 교실에는 12명의 여학생과 13명의 남학생이 있다.

(1) 여학생은 전체에 대해 얼마를 차지하는가? $\frac{12}{25}$

(2) 남학생은 전체에 대해 얼마를 차지하는가? $\frac{13}{25}$

(3) 남학생에 대한 여학생의 비는 무엇인가? $12:13$

(4) 여학생에 대한 남학생의 비는 무엇인가? $13:12$

예 2 문 선생님 반의 여학생과 남학생의 비는 $3:2$이다. 부분-전체 비교가 가능한가?

이것은 교실에 5명의 학생만이 있다는 것을 의미하는가? 아니다. 30명의 여학생과 20명의 남학생, 또는 18명의 여학생과 12명의 남학생이 있을 수 도 있다. 교실에 얼마나 많은 학생이 있는지를 알 수 없기 때문에, 부분-전체 비교를 할 수 없다.

예 3 창수는 오렌지 원액 2캔과 물 3캔을 섞어 오렌지 주스를 만들려한다. 민수는 물 5캔과 오렌지 원액 4캔을 섞어 오렌지 주스를 만들려고 한다. 이러한 상황은 다양한 정보를 제공한다.

(1) 각각의 방법에서 물에 대한 원액의 비는 무엇인가? 창수의 비는 2 : 3, 민수의 비는 4 : 5이다.

(2) 각각의 방법에서 물은 얼마를 차지하는가? 창수의 방법에서 물은 $\frac{3}{5}$을 차지하고 민수의 방법에서는 물이 $\frac{5}{9}$를 차지한다.

(3) 비 1 : 2가 나타내는 것은 무엇인가? 민수의 오렌지 원액에 대한 창수의 오렌지 원액의 비는 2 : 4이거나 1 : 2가 된다.

(4) 오렌지 주스에서 원액이 차지하는 부분은 얼마인가? 창수의 방법에서는 $\frac{2}{5}$이고 민수의 방법에서는 $\frac{4}{9}$이다.

(5) 민수의 물에 대한 창수의 물의 비는 무엇인가? 3 : 5이다.

2.12 의미에 대한 다양한 출처 »

범자연수에서 분수로 넘어가면서 기호에 대한 의미를 담는 상황의 다양성과 복잡성은 크게 증가한다. 분수는 다양한 다른 의미를 가지지만 기호로 나타낼 때는 결국 같아 보인다. 분수의 덧셈, 뺄셈, 곱셈 또는 나눗셈을 위해 알고리즘을 사용할 때, 물리적인 의미와 맥락은 없다. 그러나 깊은 이해와 분수 감각으로부터 자연스러운 분수 연산을 하도록 가르치기 위해서 우리는 분수 기호의 저변에 깔려 있는 의미의 출처인 넓은 범위의 현상들에 대해 이해할 필요가 있다.

서로 많이 다르지만 상호 연관된 아이디어와 해석들을 통해 유리수를 이해할 수 있다. 안타깝게도 분수 교육은 전통적으로 유리수에서 부분-전체 비교라는 단 하나의 해석에 초점을 두었으며 이후에 기호적 조작을 위한 알고리즘만을 소개해왔다. 이것은 매우 복잡한 구조(유리수 체계)에 대한 학생들의 이해가 작고 불안정한 기반 위에서 흔들릴 수 있다는 것을 의미한다. $\frac{a}{b}$를 연산자로서, 몫으로서, 그리고 비나 비율로서 해석할 수 있는 다른 해석 방법들을 가르쳐오지 못했다. 이후 우리는 이런 것들에 대한 해석을 해볼 것이다.

유리수에 대한 좀 더 성숙한 이해는 기호를 조작하는 것 이상을 의미한다. 이것은 그러한 기호에 의해 만들어진 다양한 상황과 연결할 수 있어야 한다는 것이다. 부분-전체 비교는 수학적으로나 심리학적으로 다른 의미와 별개가 아니지만, 교육에서 그런 아이디어를 간과함으로써 학생들이 부분-전체 분수에 대한 이해를 어렵게 하며 이러한 수 체계에 의존하는 유리수 체계, 실수, 복소수, 그리고 다른 모든 고등 수학적 사고와 과학적 사고에 대한 기반을 약하게 한다.

나는 분수를 유리수의 하나의 해석인 부분-전체 비교라는 단독적인 해석에 반대한다. 부분-전체 비교만을 분수에 대한 의미로 가르쳐왔기 때문에 분수와 부분-전체 분수가 같은 의미로 통용되어왔던 것은 당연하다. 그러나 이제 우리는 부분-전체 해석만을 강조하는 제한적인 교육이 유리수에 대한 개념을 약하게 한다는 것을 안다. 또한 교사들도 연산자, 측정자, 비 그리고 몫으로서 의미인 대안적인 의미가 있다는 것을 깨닫기 시작했다. 부분-전체 비교는 나른 해석과 대등한 입장이지 분수와 같은 의미를 지닌 특별한 장점을 갖는 해석이 아니다.

2.13 분수 $\frac{3}{4}$에 대한 다양한 해석 »

분수가 생겨나게 된 활동인 부러지는 것과 깨지는 것은 유리수 체계를 통찰할 수 있는 실제 상황의 연결과 의미들에 대한 풍부한 자료를 제공해준다. 분수 기호의 의미를 정말로 알고 있는지에 대한 복잡하고 풍부한 아이디어를 얻기 위해 $\frac{3}{4}$에 대한 여러 가지 해석을 다음 예들을 통해 살펴보자. 이러한 해석들은 모든 가능성을 다루진 않지만 우리가 일상에서 유리수 $\frac{3}{4}$을 생각할 때, 그 의미에 대한 몇 가지 미묘한 차이를 보여준다.

예 1 민수는 어머니에게 45분 내에 집에 도착할 것이라고 말했다.

여기서 $\frac{3}{4}$은 1($\frac{3}{4}$-시간)을 의미한다.

예 2 민서는 크기가 같은 둥근 모양의 과자(초콜릿 과자, 당밀 과자, 코코넛 과자)

3개를 가지고 있었다. 그녀는 각 과자를 4개로 등분하고 한 조각씩을 먹었다. 그녀는 과자의 $\frac{3}{4}$을 먹었지만 그녀가 나누어 먹은 양은 결국 3($\frac{1}{4}$-과자)이다.

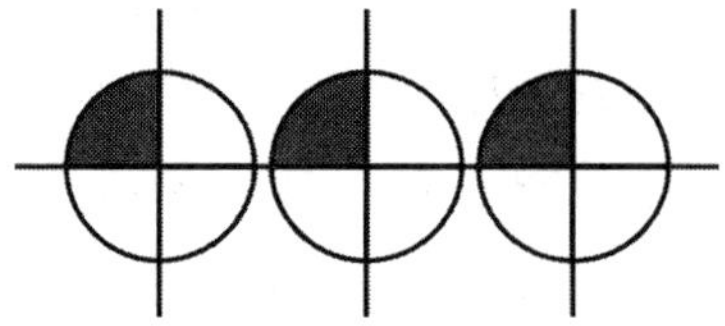

예 3 한 상자에 컵케이크가 3개씩 들어있다. 당신이 상자를 열지 않고 4등분하여 그 중 한 부분을 먹었다고 가정해보자. 당신은 컵케이크의 $\frac{3}{4}$을 먹었지만 결국 먹은 양은 $\frac{1}{4}$(3-개포장)만큼이다.

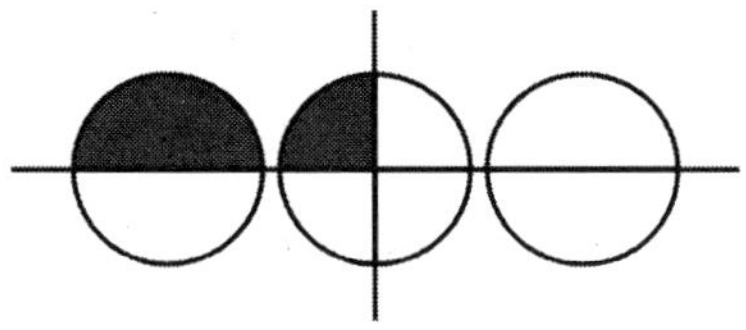

예 4 문 선생님의 역사반에는 3명의 남학생마다 4명의 여학생이 있다. $\frac{3}{4}$의 의미는 3 : 4 또는 3명의 남학생에 대한 4명의 여학생의 비를 의미한다.

예 5 12명의 남성과 남성의 $\frac{3}{4}$인 여성이 모임을 가졌다. 여기서 $\frac{3}{4}$은 여자에 대한 남자의 수를 의미한다.

예 6 민희가 종수에게 돈이 얼마나 있는지 물었다. 종수는 주머니에 손을 넣어 100원짜리 동전 7개와 50원짜리 동전 1개를 꺼냈다. 종수는 1,000원의 $\frac{3}{4}$, 즉 750원을 가지고 있었다.

예 7 정민이네 남성용품점은 75%할인 행사를 했다.
이 가게에서는 표기된 가격의 $\frac{3}{4}$, 즉 75%를 할인하였다(1,000원마다 750원 할인).

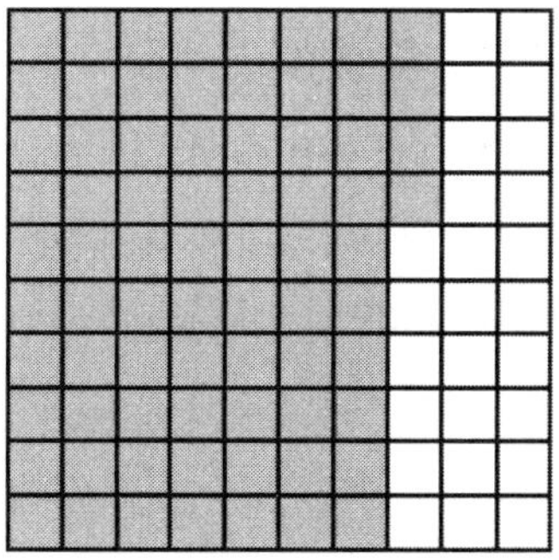

예 8 제니가 버스 터미널에서 25센트짜리 동전 4개를 넣을 때마다 3개의 토큰이 나온다.

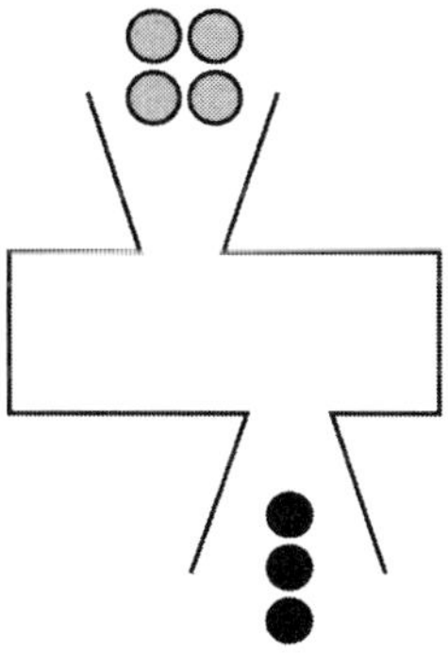

여기서 $\frac{3}{4}$은 4개에 대한 3개의 교환을 의미한다.

예 9 테드의 서랍장에는 12개의 파란 양말과 4개의 흰 양말이 있고 그는 이미 왼쪽에 파란색 양말을 신고 있다. 테드는 서랍장에서 양말 하나를 꺼냈을 때 왼쪽과 같은 색일 경우가 얼마나 될지 문득 궁금해졌다. 서랍장에는 16개의 양말 중 12개가 파란색이었다. $\frac{3}{4}$은 그가 파란색 양말을 선택할 가능성을 의미한다.

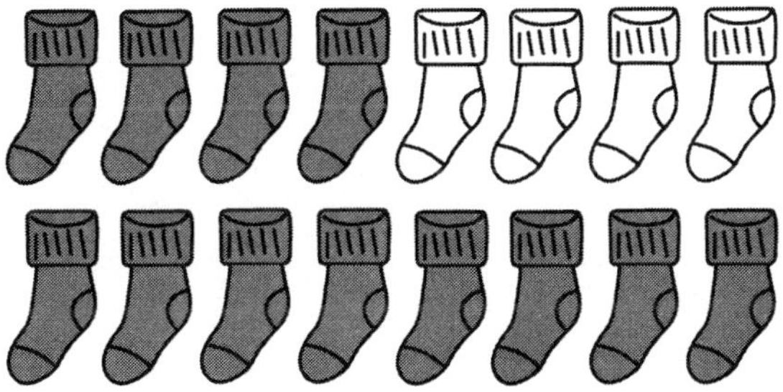

이것들은 $\frac{3}{4}$에 관한 아주 적은 예이다. 예는 더 많을 수 있다. 하지만 이러한 예들은 분수 기호가 세상의 의미, 다양한 해석, 표현, 그리고 사고와 연산의 방법과 연관되어 있다는 사실을 설명해준다. 학생들이 분수에 대한 대안적 의미를 이해하도록 돕기 위해 우리는 유리수가 다양한 개념을 아우르는 지식의 복잡한 부분의 일부라는 것을 알아야 한다.

활동

01 반복 덧셈으로 쉽게 해결할 수 없으면서 곱셈으로 풀기에 적합한 문제를 두 가지 만드시오.

02 몫이 나누는 수와 나누어지는 수와 다른 나눗셈 문제를 만드시오.

03 몫이 나누어지는 수보다 항상 작아지지 않는 나눗셈 문제를 만드시오.

04 곱하는 수보다 곱셈의 해가 항상 커지지 않는 곱셈 문제를 만드시오.

05 다음의 공통점은 무엇인가?

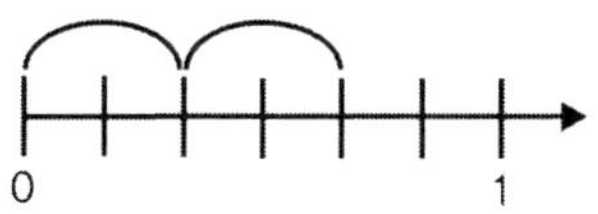

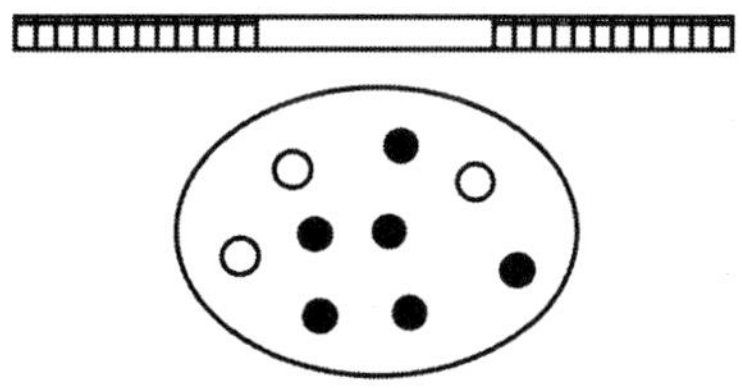

06 피자를 단위로 사용하여, 다음에 해당하는 부분을 그림으로 나타내시오.

(1) $1\left(\frac{3}{8}\text{-피자}\right)$

(2) $3\left(\frac{1}{8}\text{-피자}\right)$

(3) $1\frac{1}{2}\left(\frac{1}{4}\text{-피자}\right)$

07 0은 자릿수인가? 수인가? 숫자인가? 이에 대해 설명하시오.

08 다음을 집합의 표기법으로 나타내시오.

(1) 양수 전체

(2) 음수가 아닌 정수

(3) 양수가 아닌 정수

(4) 짝수 전체

09 다음이 유리수임을 보이시오.

(1) -6 (2) 0 (3) $2\frac{1}{3}$ (4) 0.68 (5) 54

10 다음 합을 소수로 나타내시오.

(1) $3+\frac{1}{1000}$

(2) $2+\frac{3}{10}+\frac{4}{1000}$

(3) $\frac{5}{100}+\frac{8}{10000}$

(4) $1+\frac{1}{10}+\frac{2}{10000}$

11 왜 분수는 '같다'라고 하기보다 '동치이다'라고 하는가?

12 다음 중 학생들에게 어떤 약어를 쓰도록 가르쳐야 하는가? mph, $\frac{\text{mi}}{\text{hr}}$ 또는 mi : hr. 그리고 선택한 이유에 대해 말하시오.

13 두 그림은 상대적으로 같은 양을 나타낸다. 이것이 무슨 의미인지 설명하시오.

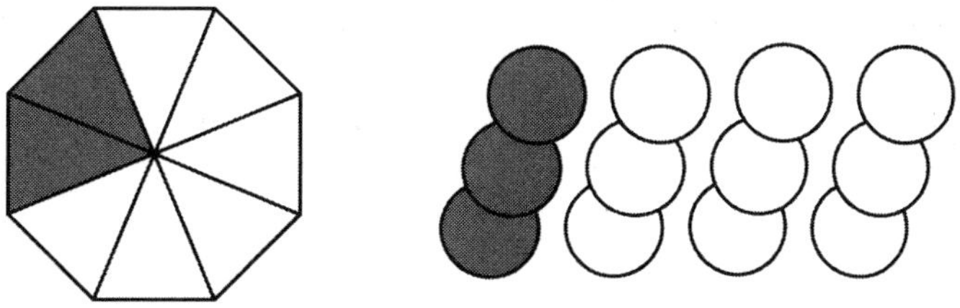

14 묶음 양에 대하여 아는 만큼 쓰시오.

15 "예" 또는 "아니오"로 대답하시오. 만약 대답이 "아니오"라면 그 이유를 설명하기 위한 예를 드시오.

(1) 모든 분수는 유리수인가?
(2) 모든 유리수는 분수인가?
(3) 범자연수는 모두 분수인가?
(4) 범자연수 모두 유리수인가?
(5) 정수는 유리수인가?
(6) 기수는 모두 범자연수인가?
(7) 0은 정수인가?
(8) 0은 유리수인가?
(9) 대분수는 모두 분수인가?
(10) 대분수는 모두 정수인가?
(11) 대분수는 모두 유리수인가?
(12) 모든 음수는 유리수인가?
(13) 모든 범자연수는 유리수인가?
(14) 모든 범자연수는 음수가 아닌 정수인가?

16 다음 중 어느 것이 -4와 같은가?

(1) $\frac{-8}{-2}$ (2) $\frac{8}{-2}$ (3) $\frac{-4}{1}$ (4) $\frac{4}{-1}$

(5) $\frac{-8}{2}$ (6) $-\frac{8}{-2}$ (7) $-\frac{-8}{-2}$

17 다음 수들을 보고 답하시오.

$-4.2 \quad 15 \quad -6 \quad -\frac{1}{8} \quad 0 \quad 5\frac{2}{3} \quad \frac{-4}{3} \quad -3\frac{2}{3} \quad \sqrt{8} \quad 564 \quad -32$

(1) 범자연수를 고르시오.

(2) 유리수를 고르시오.

(3) 정수를 고르시오.

(4) 자연수를 고르시오.

(5) 정수를 고르시오.

(6) 기수를 고르시오.

(7) 유리수를 고르시오.

18 다음을 평균속도(mph)로 나타내시오.

(1) 4마일 가는 데 15분이 걸린다.

(2) 1마일당 3.75분이 걸린다.

(3) 4시간에 230마일을 간다.

(4) 10분에 14마일을 간다.

(5) 초당 10피트씩 움직인다.

19 다음 수를 확장된 표기법으로 나타내시오. 예를 들어 30.205는 다음과 같이 나타낼 수 있다.

$$3(10)+2\left(\text{전체의 } \frac{1}{10}\right)+5\left(\text{전체의 } \frac{1}{1000}\right)$$

(1) 204.05

(2) 3.0006

(3) 0.3051

(4) 1045.0602

20 소수 0.0000001과 0.01에 대해 생각하시오. 학생들에게 이 두 수의 상대적인 크기를 비교하라고 했을 때 생기는 문제는 무엇인가?

21 어떤 교실의 남학생에 대한 여학생의 비는 2 : 3이다. 12명의 여학생이 이 교실에 있다. 이 교실에 대한 다음 물음에 답하시오. (알 수 없을 때는 U로 나타내시오.)

(1) 교실에 학생이 몇 명 있는가?

(2) 여학생의 수를 분수로 나타내시오.

(3) 여학생에 대한 남학생의 비는 얼마인가?

(4) 남학생의 수를 분수로 나타내시오.

제3장 상대적 사고와 측정

학생 전략: 6학년

다음 문제에 대한 학생들의 반응에 대해 논의해보자. 어떤 반응이 옳은가? 서로 어떻게 다른가? 추론의 세련된 정도에 따라 다음 반응들을 순서지으시오.

이전에 나무 A는 8피트였고 나무 B는 10피트였다. 현재 나무 A는 14피트이고 나무 B는 16피트이다. 어떤 나무가 더 많이 자랐는가?

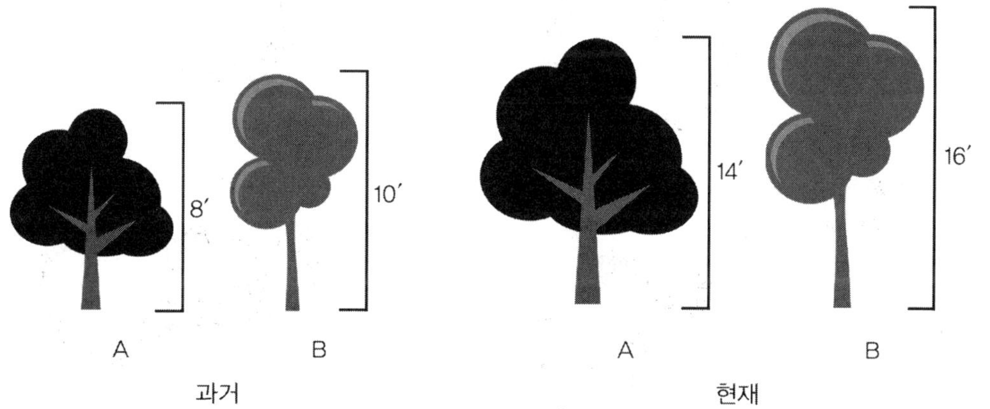

로버트	두 나무 모두 6피트로 같은 양만큼 자랐다. 나무 B는 예전이나 지금이나 나무 A보다 2피트 크다.
댄	나무 A는 이전 크기의 75%만큼 자랐다. 나무 B는 이전 크기보다 약간 덜 자랐다(높이의 60%만큼).
피제이	나무 B가 더 높긴 하지만 더 많이 자랐다는 뜻은 아니다. 지금 보기에 나무 B가 나무 A보다 높지만 이전에도 나무 B의 키가 더 컸으므로 더 많이 자랐다는 것은 아니다. 나무 B는 더 많이 자란 것이 아니다. 단지 키가 더 클 뿐이다. 나무 A가 나무 B보다 더 크지는 않지만, 나무 A가 더 많이 자란 것처럼 보인다.
피터	나무 B는 16피트까지 자랐으니까 더 많이 자랐다. 그것은 나무 A보다 더 많이 자란 것이다.

3.1 변화에 대한 두 가지 시각 »

다음의 상황들은 비율 추론(절대적 변화와 상대적 변화를 분석하는 능력)에 필요한 가장 중요한 사고의 유형을 나타낸다.

> 조는 뱀 두 마리를 키우고 있다. 이 두 마리의 이름은 슬리더와 슬림이다. 현재 슬리더의 길이는 4피트이고 슬림의 길이는 5피트이다. 조는 2년 후에 두 뱀이 완전히 성장할 것이라 생각한다. 완전히 성장했을 때 슬리더는 7피트, 슬림은 8피트가 될 것이다. 2년 뒤에 두 마리의 뱀은 같은 양만큼 성장했다고 할 수 있는가?

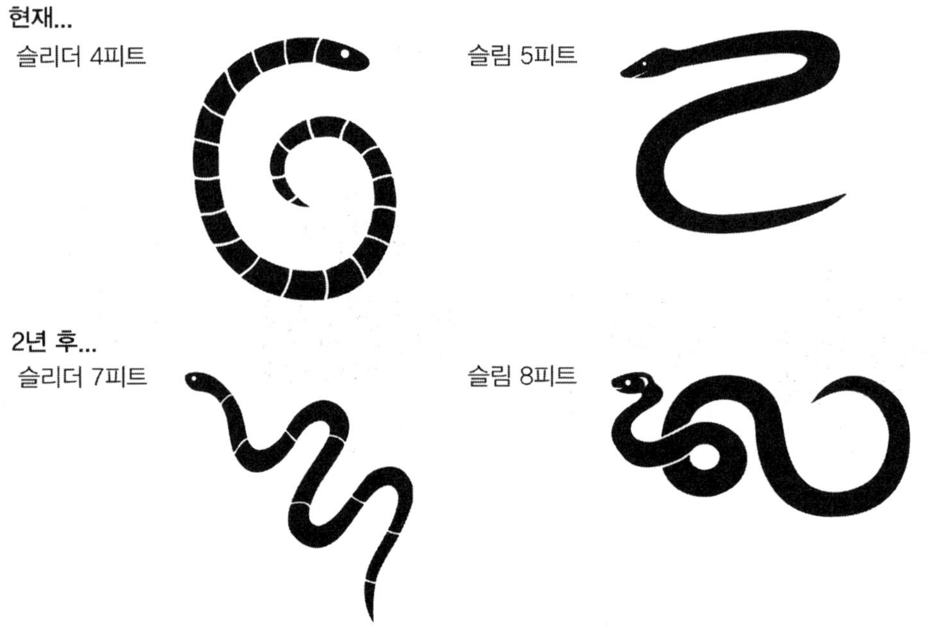

분명히 누군가는 두 뱀이 같은 양만큼 성장했다고 답할 것이다. 왜냐하면 두 마리 모두 원래 길이에서 3피트씩 더 성장했기 때문이다. 즉, 절대적인 성장(즉, 다른 어떤 것과 관계없는 독립적인 실제적 성장)의 양을 고려한다면 두 뱀은 똑같이 성장한 것이다. 변화에 대한 이러한 관점은 '얼마나 더해질 것인지'에 초점을 둔다. 그러나 또 다른 관점은 현재 길이에 대한 각 뱀의 기대 성장과의 관계에 초점을 둔다. 예를 들면, 슬리더는 3피트 또는 현재 길이의 $\frac{3}{4}$이 더 성장할 것이다. 슬림은 3피트 또는 현재 길이의 $\frac{3}{5}$만큼 성장할 것이다. 다음 2년 동안 어떤 뱀이 더 많이 성장할지 현재 길이에 대한 상대적인 성장을 고려한다면 $\frac{3}{4}$이 $\frac{3}{5}$보다 크기 때문에 슬리더가 슬림보다 더 많이 성장한 것이라고 할 수 있다. 그러므로 비교적인 또는 상대적인 관점에서 보면 두 뱀의 성장량은 같지 않다는 것이다.

상대적인 관점에서 슬림과 슬리더가 같은 양만큼 성장했다고 가정해보자. 두 뱀이 완전히 성장했을 때의 길이는 얼마일까? 슬림은 지금 길이의 $\frac{3}{4}$만큼, 즉 $3\frac{3}{4}$피트만큼 자랄 것이다. 그러므로 슬림이 완전히 성장한다면 $8\frac{3}{4}$피트로 자라있을 것이다. 여기서 슬림의 새로운 길이를 구하려면 더하는 것이 아니라 곱해야 한다는 사실을 알아야 한다. 이러한 이유로 상대적 사고를 곱셈적 사고라고도 한다. 절대적 사고는 덧셈적 사고이다.

슬리더와 슬림의 문제는 학생들이 분수를 이해할 수 있기 전에 받아들일 필요가 있는 가장 기본적인 관점을 강조하고 있다. 학생들은 서로 다른 두 관점(실제적 성장과 상대적 성장 또는 절대적 변화와 상대적 변화)에서의 변화를 이해할 수 있어야 한다. 그 차이점이 서로 맞고 틀리다는 것은 아님을 꼭 알아야 한다. 두 관점 모두가 유용하다. '더 많이'라는 말에는 두 가지 의미가 있으며 학생들이 그 두 가지 의미를 모두 알아두길 바란다.

상대적 사고는 절대적 사고보다 더 추상적인 사고를 요하며 우리는 상대적 사고를 통해 좀 더 복잡한 양들을 만든다. 정보화 시대에서 학생들은 감각적인 인식 자료(지각에 기반한 자료로부터 얻은 이해)의 포화에 익숙하다. 그러나 수학에서의 이해는 종종 감각 자료를 이용한 추상적인 사고를 필요로 한다. 이러한 추상적 사고는 개념형성으로 되는 것이지 지각으로 되는 것이 아니다. 예를 들어 다음의 사고 실험을 생각해보자.

- 8명이 탈 수 있는 엘리베이터에 5명이 타고 있다.
- 이 5명이 야구경기장에 있다.
- 똑같은 5명이 2인승 스포츠카에 있다.

각 문장에서 혼잡한 정도가 조금씩 다름을 느낄 것이다. 보통 각 문장에서 말하는 세 양이 5명으로 같다고 생각하겠지만, 여러분은 공간의 크기에 대한 개념으로 비교를 해야 한다. 여러분은 머릿속으로 두 가지 양을 비교하기 위해 새로운 양, 밀도 측정방법 등을 고려하게 된다.

3.2 상대적 사고와 분수의 이해 »

초기 분수 지도에서 상대적 사고는 매우 중요하다. 분수 지도에서 상대적 사고는 여러 가지 중요한 개념의 이해를 수반한다. 이러한 것들은 다음을 포함한다.

- 조각 크기와 조각 수의 관계
- 같은 단위로 분수를 비교하기 위한 요구
- 분수의 의미: 똑같이 5개로 나눈 것 중의 3개는 위의 예에서 혼잡한 정도의 개념을 전달하는 것과 같은 방법으로 양에 대한 개념을 전달한다.
- 분수의 크기
- 동치분수들 간의 관계: 예를 들면, 분수 $\frac{3}{5}$은 단위가 4등분되었을 때$\left(\frac{12}{20}\right)$나 2등분되었을 때$\left(\frac{6}{10}\right)$나 상대적인 양은 같다.

3.3 곱셈적 사고 촉진하기 »

이 장 맨 처음의 나무 문제를 보면 학생들이 익숙하던 덧셈적 사고에서 상대적 사고로 변하는 것이 얼마나 어려운지를 알 수 있다. 피제이의 반응을 보면 심지어 절대적 사고의 대안으로 상대적 관점을 인식하고 있더라도 학생들이 상대적 관점에서 서술하는 것이 얼마나 어려운지를 알 수 있다. 로버트는 이 상황에서 전혀 상대적으로 사고하지 못한다. 댄은 처음 나무의 크기에 비해 나무가 성장한 양을 비교하기 위해 백분율을 이용하였다. 피터는 또 다른 절대적인 사고의 종류를 보이고 있다. 그는 마지막 결과만을 생각하고 이전에 나무 B가 나무 A보다 더 컸다는 사실을 전혀 고려하지 않고 있다.

모둠 학습을 통해 뱀 문제나 나무 문제를 토의하게 하는 것은 상대적 사고를 촉진하는 데 도움이 된다. 대부분의 3학년 학생들이 절대적인 사고를 하지만 한 학급에서 1 ~ 2명 정도는 출발점이 큰 차이를 만든다는 것에 대해 눈치를 채고 좋은 토의를 이끌어 가기도 한다. 그러나 어떤 문맥에서 학생들이 상대적 사고를 시작할지 예견하는 것은 어렵다. 심지어 학생들이 관계적 사고를 시작한다 하더라도 단지 제한된 상황에서일 것이다. 학생들이 다양한 상황에 상대적으로 사고하는 데는 시간이 걸린다. 그래서 학생들에게 다양한 문맥에서 절대적-상대적 사고를 선택할 많은 기회를 주는 것이 중요하다.

학생들은 여러 상황에서 곱셈적 사고가 필요한 상황을 구별하는 것을 가장 어려워한다. 학생들이 그동안 배워온 말에는 곱셈적 사고를 표현할 말이 없어 특히 힘들어한다. 범자연수 관계를 논할 때 쓰는 말도 상황에 따라 다른 의미를 갖는다. 예를 들면, 두 길이를 비교하는 문제에서 "어떤 것이 더 클까?"라고 물을 때는 덧셈적 또는 상대적 사고가 더 적절하다. 하지만 넓이 문제나 확장 문제에서 "어떤 것이 더 클까?"라고 묻는다면 곱셈적 사고가 필요하다. 다시 말하면 기존의 말에 새로운 의미를 부여하는 것과 적절한 연산(덧셈이든 곱셈이든)을 연결하는 문제가 어렵다는 것이다.

질문할 방법들에 대해 눈을 뜨고 두 가지 형태의 질문을 하기 위해 모든 기회를 이용해야 한다. 하나는 학생들이 덧셈적으로 생각하도록 하는 것이고 또 다른 하나는 그들에게 다른 양과의 관계 속에서 한 양에 관해 생각하도록 하는 것이다. 다음 그림에 대한 예를 살펴보자.

예 1 절대적 또는 덧셈적 사고를 유발하는 발문

(1) 클린트와 마커스 중에서 누가 더 과자를 많이 가지고 있는가?

(2) 클린트는 마커스보다 얼마나 더 적게 과자를 가지고 있는가?

(3) 마커스는 클린트보다 얼마나 더 많이 과자를 가지고 있는가?

(4) 두 친구가 갖고 있는 과자는 모두 몇 개인가?

예 2 상대적 또는 곱셈적 사고를 유발하는 발문

(1) 클린트의 과자를 마커스의 과자만큼 쌓으려면 몇 번 쌓아야 하는가?

(2) 1다스를 기준으로 할 때 클린트는 과자를 얼마나 가지고 있는가?

(3) 두 친구는 초콜릿 칩 과자를 3개씩 가지고 있다. 두 친구는 각자의 과자에 비해 초콜릿 칩 과자를 몇 %씩 가지고 있는가?

(4) 마커스가 매일 1개씩 과자를 먹는다면 몇 주 동안 먹을 수 있는가?

(5) 과자 6개가 1상자라면 두 친구가 갖고 있는 과자는 각각 몇 상자인가?

(6) 마커스와 클리트는 과자를 모두 꺼내어 점심시간에 친구 3명과 함께 똑같이 나누어 먹었다. 각 친구들은 과자를 얼마나 먹었는가?

초기 분수 활동에서 피자와 관련된 문제는 단골로 등장한다. 학생들은 '얼마나 많이, 즉 전체 피자에 대한 비율'보다 '몇 조각'에 초점을 두는 경향이 있다. 조각의 수를 찾는 것은 그저 개수를 세는 문제이지 학생들이 전체와의 관계를 고려한 초월적 사고를 촉진하는 데는 도움이 되지 않는다. '얼마나 많은 피자'라고 물어야 '원래 피자의 양에 대한 부분'으로 답을 찾을 수 있고 이런 질문이 상대적 사고를 촉진한다.

예 1 피자 한 판을 똑같이 8조각으로 잘랐다. 3명이 2조각씩 먹었다.

(1) 사람들은 총 몇 조각을 먹었는가? 6조각.

(2) 그 사람들은 피자를 총 얼마나 먹었는가? 피자의 $\frac{3}{4}$.

예 2 토마스는 지난주 3일간 휴가를 갔다.

(1) 그는 며칠 동안 일했는가? 4일.

(2) 그는 1주일의 얼마를 일했는가? 일주일의 $\frac{4}{7}$.

이것은 단순한 낱말놀이가 아니다. 상대적 사고를 하기 위해서는 우리가 곱셈적 사고에 해당하는 이야기를 하기 위해 사용하는 단어 속에서의 미묘한 차이에 해당하는 관점의 인지적 변화가 필요하다. 상대적 사고 활동은 학생들에게 이전에 '더 많이'와 같은 덧셈적 개념과 관련지어왔던 특정 용어의 적용범위를 확장할 수 있는 기회를 제공한다. 비록 대부분의 학생들이 '더 많이'라는 낱말을 덧셈, 뺄셈의 신호로 생각할지라도, 그 말은 비율적 또는 관계적 의미를 지닐 수도 있다.

3.4 '더 많이'의 두 가지 의미 »

우리말에는 절대적인 비교와 상대적인 비교(또는 덧셈적 비교와 곱셈적 비교)를 명확하게 구별하는 말이 없다. 그냥 간단히 "어느 것이 더 많아요?"라고 말한다. '더 많다'는 실제로 두 가지 의미가 있고 우리는 이 두 의미를 확실히 알아야 한다. 덧셈이나 곱셈 연산 모두에 '더 많이'라고 일상적으로 쓰는 것이나 '더 많이'라는 말을 덧셈과 곱셈에 동등하게 적용하는 것은 적절하지 않다.

만약에 학생이 절대적으로 사고하는지 상대적으로 사고하는지 평가하려고 한다면 보는 방향에 따라 답이 달라질 수 있는 모호한 질문을 하는 것이 좋다. 예를 들면 한 가족의 소녀의 수에 대한 질문(이 장의 활동 1번 참고)은 모호하다. 명백히 덧셈적 반응은 옳고 대부분의 학생은 모든 가족의 소녀의 수는 같다고 대답할 것이다. 그러나 한 학생이 상황을 다르게 보는 다른 방법을 제안하고 그 관점을 설명할 수 있다면, 그 학생은 상대적으로 사고한다는 것을 분명하게 알 수 있다. 만약 어떤 학생도 상대적으로 사고하지 않는다면 “어느 가족의 소녀의 수에 대한 비율이 더 큰가?”와 같은 상대적 관점의 질문을 제시할 수 있다. 어떤 학생의 제안이나 교사의 유도질문에 의해 제기되는 이러한 문제는 학급의 토의 문제가 되어 절대적 사고를 하는 학생들이 새로운 방법으로 상황을 볼 수 있도록 해준다.

때때로 학생들은 옳지 않은 덧셈적, 뺄셈적 전략을 쓴다. 이러한 전략들은 좋은 수(나누기 쉬운 배수)나 단위분수가 없을 때 가장 자주 나타나고, 이는 주어진 분수나 비율을 비교하기 위한 적절한 절차를 밟지 못한다. 따라서 이러한 옳지 않은 전략들을 다음과 같은 복잡한 맥락에서 연구하였다.

다음 사과주스 A와 B 중 어느 것의 사과 맛이 더 진한가?

사과 농축액 3컵
물 5컵

사과 농축액 5컵
물 7컵

분수를 비교하는 절차 없이 이 문제를 풀고 4학년 학생 5명이 쓴 다음 전략들을 분석하시오. 특히 각 학생들이 덧셈적(절대적) 전략을 썼는지 곱셈적(상대적) 전략을 썼는지 결정하시오.

엠마	B, 왜냐하면 사과 농축액이 3컵이 아닌 5컵이기 때문이다.
토니	맛이 똑같이 진할 것이다. 왜냐하면 각각 물을 2컵씩 더 넣었기 때문이다.
에드	똑같다. 왜냐하면 B가 물도 2컵 많고 사과 농축액도 2컵 더 많기 때문이다.
샘	A, 왜냐하면 B보다 물이 적게 들어있기 때문이다.
에이프릴	각 병에서 사과 농축액 3컵, 물 4컵을 덜어내면 B에는 여전히 사과주스가 남아있기 때문에 B가 더 진하다.

이 질문에 답하기 위해 각 학생들은 어떤 연산을 이용하였는가? 학생들은 상대적

인 사고를 하고 있는가? 학생들이 쓴 답을 보면 모두 옳지 않다. 어떤 학생도 상대적인 사고를 하지 못했다. 이런 반응은 복잡한 상황이 주어졌을 때 어린 학생들에게서 매우 흔히 발견된다. 그러나 이 학생들이 상대적인 사고를 하지 않는다고 결론짓기는 어렵다. 왜냐하면 상대적인 사고는 '모 아니면 도'가 아니기 때문이다. 아마도 다른 유형의 문제에서는 이해했지만 복잡한 상황에서는 아직 이해할 수 없는 것일지도 모른다. 예를 들어, 학생들은 복잡한 문제를 다룰 수 있기 오래전에 소년, 소녀 문제(이 장의 활동 1번 참고)의 요점을 이해할 것이다. 이런 까닭으로 상대적 사고를 촉진하는 여러 상황을 비교하는 것이 중요하다.

3.5 측정의 중요성 »

측정은 인간 활동의 중요한 영역을 차지한다. 인간은 항상 만물의 측정에 골몰한다. 측정의 단위와 방법은 과학에 필수적이다. 측정은 수학의 출발점이다. 범자연수를 공부할 때 측정활동은 가장 단순한 형식(이산, 분리된 물체를 세는 것)으로 등장한다. 그러나 학생들이 양의 유리수를 공부할 때의 초점은 이산량의 측정에서 연속량의 측정으로 바뀐다.

학생들의 이해에 대해서 논할 때 측정의 행위와 측정 그 자체의 차이를 구별하는 것이 중요하다. 다른 말로 하면 학생이 측정의 행위를 꽤 정확하게 할 수 있다고 하더라도 (측정의 단위를 고른다거나 중복이나 누락 없이 측정의 단위를 치환하는 것 등) 학생들이 측정의 원리를 학습했다고 장담할 수 없다. 다시 말하지만 이것은 말장난이 아니다. 오히려 학생들이 유리수의 개념을 배울 준비가 되어 있다는 암시가 담긴 중요한 구별이다. 측정의 개념은 유리수와 곱셈적 추론의 이해에 큰 역할을 한다. 사실 모든 유리수의 해석은 측정에서 올지도 모른다.

- 분수는 부분과 부분이 속해 있는 전체와의 곱셈적 관계를 측정한다.
- 비는 상대적인 크기를 측정한다.
- 속력과 같은 비율은 움직임의 수량화이다.
- 몫은 m명이 n개의 물체를 똑같이 나누어 가졌을 때 한 사람이 갖고 있는 양을 측정한 것이다.
- 연산자는 어떤 양의 이전 상태에서 지금 상태로 변한 측정이다.
- 측정으로서 유리수는 길이나 넓이와 같은 속성을 유리수로 직접 수량화한 것이다.

반대로 비를 이용하여 어떤 측정도 생각해낼 수 있다. 야드나 파운드 같은 표준 단위로 측정할 때 실제로 하고 있는 일은 무엇인가? 6미터라는 길이의 측정은 실제로는 1미터에 비교해서 얼마나 긴지를 보여주는 비이다. 우리는 명확하게 비교할 수는 없지만 6미터의 길이 측정은 실제로는 $\frac{6\text{미터}}{1\text{미터}}$를 의미한다.

분수는 전적으로 측정을 의미하고 측정은 분수를 의미한다.

예 1 10%의 할인은 얼마나 절약을 할 수 있는지를 측정한 것이다.

예 2 1시간에 5마일, 즉 $\frac{5}{1}$는 1시간 동안 얼마나 멀리 여행할 수 있는지를 측정한 것이다.

예 3 $\frac{1}{4}$은 친구 3명과 사탕을 나누어 가질 때 내가 가질 수 있는 사탕의 양을 측정한 것이다.

이 모든 관계는 측정을 이해하는 것이 힘들고 어려운 것임을 보여준다. 측정을 이해하는 것은 단기간에 이루어지는 것이 아니지만 아주 많은 시간이 걸리는 일은 아니다. 더구나 측정을 가르치는 것은 측정하는 방법을 가르치는 것 이상을 수반한다. 시계, 돈, 무게 등의 측정은 분수 개념과 분수어로 들어가는 훌륭한 시작점이다. 또 측정은 도구가 아닌 그 자체가 학습의 대상이 되야 한다.

측정을 이해하기 위해서는 3가지 주요 원리(보상의 원리, 근삿값의 원리, 귀납분할 원리)를 깊게 이해해야 한다.

3.6 보상의 원리 »

이 원리는 측정에서 작은 단위를 쓸수록 어떤 측정한 값이 커진다는 것을 말하고, 반대로 쓰려고 하는 측정의 단위가 클수록 같은 양을 수치화할 때 그 수가 작아진다는 것을 말한다. 예를 들어 만약에 미터 자를 써서 방의 길이를 잰다면 작은 길이의 자를 이용하는 것보다 측정하는 횟수가 적을 것이다. 만약 어떤 일정한 길이를 센티미터로 잰다면 그 결과는 킬로미터로 잰 것보다 훨씬 큰 숫자가 될 것이다.

예 1 만약 12개짜리 달걀 상자를 산다면, 여기서 6개의 달걀은 그 상자의 $\frac{1}{2}$일 것이다. 만약 18개짜리 달걀 상자(측정단위가 12개에서 18개로 커졌음)를 산다면, 6개의 달걀은 그 상자의 $\frac{1}{3}$일 것이다.

예 2 일반적으로 인간의 수명은 96세라고 생각하지만, 주로 100만 년을 수명 단위로 생각하는 고생물학자에게 96년은 찰나일 것이다.

예 3 기약분수로 나타내는 것, 즉 약분하는 것은 큰 조각을 사용하는 것을 의미한다. 예를 들어 같은 영역을 잴 때 $\frac{1}{5}$조각을 쓰는 것보다 $\frac{1}{10}$조각을 쓰는 측정이 조각 수를 더 많이 필요로 한다. 그래서 조각의 수를 가능한 한 가장 작은 수로 줄이는 것이다.

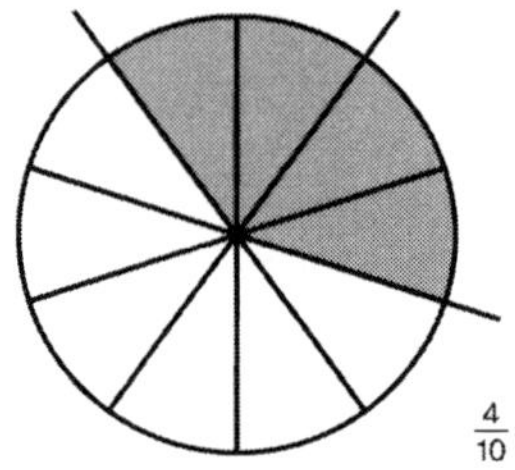

$\frac{4}{10}=\frac{2}{5}$

3.7 근삿값의 원리 »

측정은 항상 근삿값이다. 즉, 각 상황에서 필요한 정확성에 따라 측정할 수 있다. 얼마나 정확해야 하는지는 보통 상황에 따라 다르다. 만약 바닥에 카펫을 깔려고 방의 길이를 측정한다면 양탄자를 살 때보다 더 정확한 측정값을 알아야 할 것이다. 만약 복용할 약의 양을 측정한다면 아이스티를 탈 때 필요한 물의 양을 측정하는 것보다 훨씬 정확하게 측정해야 할 것이다.

예 1 일반적으로 상수 π를 나타낼 때 근삿값인 3.14를 많이 쓴다. 캔에 들어가는 액체의 양을 대략적으로 계산할 때 보통 $\pi=3.14$를 이용할 것이다. 그러나 병을 치료하기 위해 고주파의 교류전류를 사용한다면 의료기기를 다루는 엔지니어들은 더 정확하게 측정해야 한다.

예 2 당신이 어떤 사람에게 나이가 25세라고 말할 때 당신은 근삿값을 이용한 것이다. 좀 더 정확하게 말하면 당신의 나이는 25세 2개월 11일 13시간 정도일 것이다. 하지만 누가 이 정도로 정확한 나이를 필요로 하겠는가?

이런 예는 '근삿값의 원리'를 이해하는 것이 측정을 근삿값으로 이해하는 것보다 상위의 개념임을 보여준다. 학생들은 여러 가지 정확성이 요구되는 상황에서 측정해 보는 충분한 경험이 필요하다. 만약 측정을 할수록 더 정확한 값을 얻을 수 있다면, 측정값을 구하는 것을 언제 그만두어야 할지 알 수 있겠는가?

3.8 귀납 분할의 원리 »

어떤 측정이든 단위를 계속 작게 해서 필요한 만큼 정확하게 잴 수 있다. 단위를 작게 나누려면 분수가 필요할 것이다. 그리고 아무리 가까운 두 분수라 하더라도 그 사이에는 무한히 많은 분수가 있다. 이것이 일반적으로 '유리수의 밀도'라고 불리는 분수의 고유한 특성이다. 이 분수는 측정의 근삿값을 더욱 정확하게 만들어준다. 이 생각은 고차원적인 수학을 암시하는 강력한 아이디어이다. 예를 들어 할 수 있는 만큼 더욱더 가까운(정확한) 값을 얻는 아이디어는 미적분의 핵심이다.

예 1 수영대회에서 시간을 잰다고 생각해보자. 만약 100m 배영 경기의 기록을 시간의 단위로 잰다면 선수들의 기록을 구별할 수 없을 것이다. 만약 분의 단위로 기록을 잰다고 해도 여전히 각 선수의 기록을 정확히 측정할 수 없을 것이다. 만약 기량이 아주 뛰어난 선수들이 출전했다면, 초의 단위를 쓴다고 하더라도 승자를 구별할 수 없을 것이다. 상금이 크고 대단한 선수들이 출전하는 큰 대회에서는 (예를 들어 올림픽 같은) 초의 $\frac{1}{10}$이나 $\frac{1}{100}$과 같은 단위로 선수의 기록을 측정해야 할 것이다.

예 2 인치 자로 다음 그림과 같은 금속조각의 길이를 재야 한다고 생각해보자. 가능한 한 정확하게 이를 측정하려고 시도해야 한다. 그 길이는 $1\frac{7}{16}$과 $1\frac{8}{16}$ 사이니까, 아마도 $1\frac{15}{32}$일 것이다.

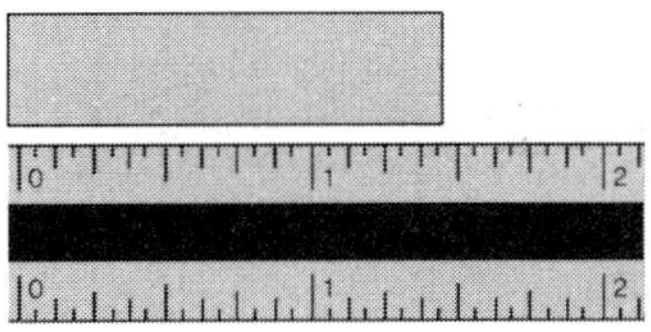

수학에서 분할은 집합이나 단위를 중복이나 빠짐이 없는 부분으로 나누는 것이다. 분수와 측정에서 분할이라는 말을 쓸 때는 같은 크기의 더 작은 부분이 필요하다는 뜻이다. 분할에서는 어떤 측정의 근삿값이든 더 정제되어야 하고 더 정확해야 한다. 예를 들어 갤런보다 쿼터, 컵보다 테이블스푼 등으로 액체의 양을 더 정확하게 측정할 수 있다. 분할이 측정의 정확성에 영향을 미치는지 확인해보자.

만약 측정을 더 정밀하게 해야 하는데 쓰고 있던 단위로는 정밀하게 측정할 수 없다면 새로운 측정단위를 도입한다. 새로운 단위를 도입하려면 기존의 단위를 같은 수의 부분단위로 쪼개야 한다. 그리고 더 작은 단위를 새로운 단위로 써서 남은 부분을 측정한다. 그래도 여전히 정밀하게 측정해야 할 부분이 남았다면 쓰던 단위의 복사본을 더 이상 쓰지 않고 원래 단위로 돌아가서 더욱 작은 부분단위로 분할을 하고 더욱 작은 단위로 계속 측정한다.

예 1 만약 유량계의 바늘이 $\frac{1}{2}$과 $\frac{1}{4}$의 사이에 있다면 유량계에 숫자가 적혀 있든 그렇지 않든 기름 탱크에 기름이 $\frac{3}{8}$ 정도 남았다고 판단할 수 있다.

예 2 우리는 시간을 말할 때 한 시간 단위로 분할하여 말한다. 1분은 1시간을 60개로 똑같이 나눈 단위이다. 1초는 1시간을 3600개로 똑같이 나눈 단위이다.

예 3 우리가 기름을 살 때, 1갤런의 가격은 1달러를 100개로 나눈 단위(센트)와 1센트를 똑같이 10개로 나눈 단위로 매겨져 있다. 예를 들어 기름의 가격은 1갤런당 2.83달러 $\frac{9}{10}$센트이다.

예 4 1쿼터 또는 0.25달러는 1달러를 똑같이 4개로 나눈 단위이다.

예 5 미국에서 채소나 과일의 무게를 잴 때 1파운드를 온스라는 단위로 분할한다.

측정 단위의 귀납 분할을 이해하는 것은 작은 조각으로 쪼개는 것 이상을 수반한다. 각 단위의 이름은 어떻게 짓는가? 서로 다른 크기의 단위를 어떻게 연결시키는가? 우리에게 필요한 단위는 얼마나 작아야 하는 것인가? 더 큰 단위로 측정할 수 있는가? 분수의 덧셈을 할 때, 예를 들어 $\frac{5}{6}+\frac{3}{8}$의 경우 더욱 작은 단위인 $\frac{1}{48}$을 생각할 수 있다. 이 단위는 적절하다. 최소공배수의 개념은 어떤 문제를 해결하는데 필요한 정제 수준에 대한 감각뿐만 아니라 귀납분할의 원리도 필요하다.

3.9 더 추상적인 양의 측정 »

초등학교 고학년이나 중학교 교육과정에 보면 학생들은 기울기, 속력, 밀도 등과 같은 속성에 직면하게 된다. 현재 수학과 교육과정 어디에도 간단한 숫자 세기나 측정 이상의 정량화를 필요로 하는 특성에 대한 내용이 없기 때문에 이런 속성은 학생들에게 어려울 수밖에 없다. 측정을 이해한다는 것은 어떤 측정은 숫자 세기나 직접적인 측정이 적절하지 않다는 것을 아는 것이다. 예를 들어, 대부분의 학생은 오렌지주스의 농도 또는 엘리베이터의 복잡한 정도를 어떻게 측정해야 하는지 생각해 본 적이 없다. 이러한 특성은 직접 잴 수 있는 것이 아니다. 즉, 이런 측정에는 두 양들 사이의 관계를 정의해줄 새로운 양이 필요하다.

학생들은 이런 특성들 즉 색의 명도, 신맛의 정도, 둥근 정도, 오렌지 주스의 농도, 엘리베이터의 복잡한 정도 등을 분석하고 이들을 어떻게 측정할지에 대한 토의와 정당화에 참여할 시간이 필요하다. 다음 서로 다른 농도로 만들어진 두 종류의 오렌지 주스 문제를 생각해보자.

> 오렌지 주스 A와 B는 다음과 같이 물과 오렌지 농축액의 혼합으로 만들어졌다.
>
> A
>
> 
>
> 오렌지 농축액 3컵
> 물 2컵
>
> B
>
> 
>
> 오렌지 농축액 3컵
> 물 3컵
>
> 학생들이 다음 물음에 대해 토의하도록 하시오.
>
> (1) 어떤 오렌지 주스의 오렌지 맛이 더 진한가?
> (2) 어떻게 오렌지 주스의 농도를 측정할 수 있는가?
> (3) 어떤 주스가 다른 주스보다 더 많은 양의 액체가 들어갔다는 사실은 중요한가? 왜 그러한가? 또는 왜 그렇지 않은가?
> (4) 각각 물과 오렌지 농축액의 비가 3 : 4, 3 : 5, 3 : 2인 서로 다른 오렌지 주스 3개를 생각해보자. 어떤 오렌지 주스의 오렌지 맛이 가장 진하고 옅은지 순위를 매길 때 이 숫자들을 어떻게 쓸 수 있는가?

음료수의 오렌지 농도를 측정하는 여러 가지 방법이 있다. 어떤 학생들은 조사를 통해 오렌지 농축액 3컵이 똑같이 들어갔지만 A에는 B보다 물이 덜 들어갔기 때문에 A가 훨씬 진하다고 말할 수 있을 것이다. 각 단지에 들어간 오렌지 농축액과 물의 양을 모두 고려하고 있기 때문에 이런 대답은 좋은 추론이라 할 수 있다. 그러나 오렌지 주스 문제를 모두 해결한 것은 아니다. 둘째 질문의 목적은 문제에 주어진 특정한 수에 의존하지 않고도 답을 찾는 것이다. 오렌지 농도의 측정은 실제로 비율 $\frac{\text{오렌지 농축액의 컵 수}}{\text{물의 컵 수}}$ 또는 $\frac{\text{물의 컵 수}}{\text{오렌지 농축액의 컵 수}}$이다. 셋째 질문은 더 어린 학생들에게 수수께끼이다. 액체의 양(A의 5컵 대 B의 6컵)이 정답을 구하는 데 어떤 영향을 주는가? 정답을 말하자면 혼합물 전체의 양은 혼합물의 농도에 어떤 영향도 주지 않는다. 예를 들면 '오렌지 농축액 3컵+물 2컵'의 주스 5개를 만들어 거대한 단지에 5개의 주스를 모두 부어 넣어도 이 거대한 단지의 농도는 처음에 만든 주스 어느 하나의 농도와 같다.

그러나 비율을 구한다면 여기에서 끝나지 않는다. 비율에 대한 해석이 필요하다. 여러 가지 비가 주어졌을 때, 각 오렌지 주스의 농도를 구할 때 그 비를 어떻게 이용할 수 있는가?

첫 번째 비율 $\frac{\text{오렌지 농축액의 컵 수}}{\text{물의 컵 수}}$를 살펴보자. 만약에 물이 하나도 없다면 (3 : 0) 혼합물은 가장 진한 농도일 것이다. 여기에 물을 부어 넣는다면 $\frac{3}{1}=3$, $\frac{3}{2}=1.5$, $\frac{3}{3}=1$ 등 계산된 비의 값이 점점 작아지고 오렌지의 농도는 옅어진다. 그러므로 구한 비율이 낮을수록 오렌지의 농도는 옅어진다. (반대로 구한 비율이 높을수록 물의 양이 많아지므로 오렌지의 농도가 옅어진다.)

결과는 항상 같아야 한다. 오렌지 주스의 농도를 측정하기 위해서 두 가지 이상의 방법으로 비교해야 하며 결과를 해석할 때는 비에 따라 해석해야 한다. 이미 비가 정해져있다면 사고와 이해, 해석은 자의적으로 바뀔 수 없다.

3.10 다른 전략 »

비율은 어떤 속성의 단위가 다른 속성의 1단위에 대응되는 것을 나타낸다. 비율은 1시간에 움직인 거리를 마일로 나타내기도 하고 물건당 가격을 나타내기도 한다. 비율은 범위가 넓기 때문에 '비율'과 '비'는 구별되어야 한다. 즉, 여러 단위를 고려해야 할 때 비율을 쓴다. 마지막 문제에서 알아본 비율 구하기 전략은 단위 비율을 구했을 때 해결된다. 다음과 같이 혼합된 블루베리 주스 A, B를 살펴보자.

A

블루베리 농축액 5컵
물 4컵

B

블루베리 농축액 2컵
물 3컵

$\frac{\text{블루베리 농축액 5컵}}{\text{물 4컵}}$의 비율을 계산해서 $\frac{1.25}{1}$라는 단위 비율을 구할 수 있다. 이는 A에 물 1컵당 $1\frac{1}{4}$컵의 블루베리 농축액이 들어 있다는 뜻이다. B의 비율을 구해보면 $\frac{\text{블루베리 농축액 2컵}}{\text{물 3컵}}=\frac{0.66}{1}$이라는 단위 비율을 구할 수 있다. 이는 물

1컵당 블루베리 농축액이 $\frac{2}{3}$컵 들어 있다는 뜻이다. 이런 비율을 쓰면 주스 A의 블루베리 맛이 더 진하다는 것을 명확하게 알 수 있다.

또 다른 유용한 전략은 쌍으로 세거나 연결하는 전략이다. 어린 학생들(유치원이나 초등학교 저학년)도 쌍으로 셀 수 있다. '쌍으로 세기'는 마음속으로 기수의 두 집합들을 조직하는 것을 뜻한다. 다음 예를 보면, 25센트짜리 동전의 개수가 1부터 커지면 5센트짜리 동전의 수는 5씩 커진다. 25센트짜리 동전 3개는 5센트짜리 동전 몇 개와 바꿀 수 있을까?

1에 대해 5

2에 대해 10

3에 대해 15

이러한 다양한 전략은 복잡한 문제를 해결하는 데 이용될 수 있다. 문제를 해결할 때 두 주스에서 블루베리 2와 물 3을 동시에 측정할 수 있다. 그 후 동시 측정된 것을 제거하고 무엇이 남는지 분석하자.

다음과 같이 각 주스의 내용물을 다시 써보았다.

B B B B B   B B

W W W W   W W W

이제 두 주스에서 주스 B의 내용물(2B와 3W)을 측정하자.

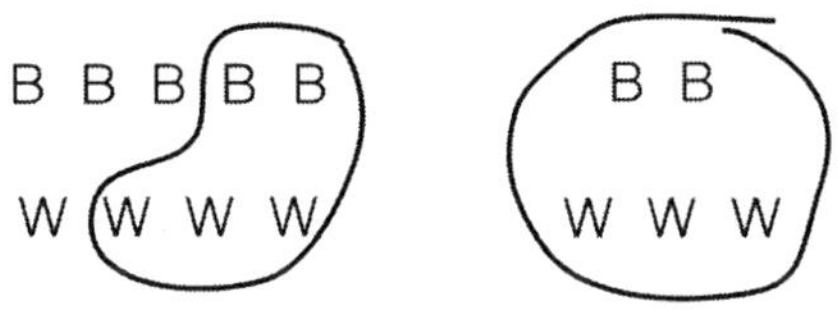

각 주스에서 주스 B에 있는 혼합물의 양만큼씩 제거했다. 무엇이 남아 있는지 보아라. 만약 주스 A와 주스 B의 농도가 같다면 주스 A에 남아 있는 3B는 $4\frac{1}{2}$W에 대응되어야 한다. 그러나 이러한 경우가 되지 못한다. 주스 A는 블루베리를 희석하는 물의 양이 주스 B보다 많이 적다. 주스 A는 더 진한 블루베리 맛이 필요하다. 다시 말하지만, 이 모두가 해석에 달려있다.

또 다른 전략을 쓰기 전에 주스 A와 B의 블루베리 농축액과 물을 비교해보자. 주스 A의 블루베리 농축액은 주스 B의 블루베리 농축액의 $2\frac{1}{2}$배이다. 그러나 주스

A의 물은 주스 B의 물의 $2\frac{1}{2}$배보다 적다. 그래서 주스 B의 블루베리가 더 많이 희석되었고 주스 A의 농도가 더 진하다.

예 1 블랜드 회사에서는 옷감을 염색한다. 갈색 염색약의 양과 물의 양을 다르게 계량하여 이들을 섞어 진한 갈색에서 베이지색까지 갈색의 농담을 다양하게 만들어낸다. 판매원이 아래와 같이 2가지 선택을 제안한다. 더 진한 갈색의 옷을 원한다면 어떤 혼합물을 골라야 할까?

A 혼합물

B 혼합물

이 문제를 풀려면 다음의 분수의 크기 비교 문제를 해결해야 한다. 다음 두 분수 $\frac{5}{11}$와 $\frac{2}{5}$ 중 어느 것이 더 큰가? 일반적으로 중학생들은 분수의 크기 비교 문제에서 낮은 성공률을 보인다. 그러나 연구에 의하면 학생들이 문제 해결 또는 토의 학습을 거치면(이 장에서 지금까지 언급한 대로) 더욱더 성공적이 된다. 여러 가지 실생활의 정황이 담긴 이러한 문제가 실생활 내용 하나 없는 단순하고 계산적인 분수의 크기 비교 문제보다 학생들이 성취하기에 더욱 성공 가능성이 높기 때문이다. 다음은 6학년 학생의 풀이이다.

제레미	A 혼합물 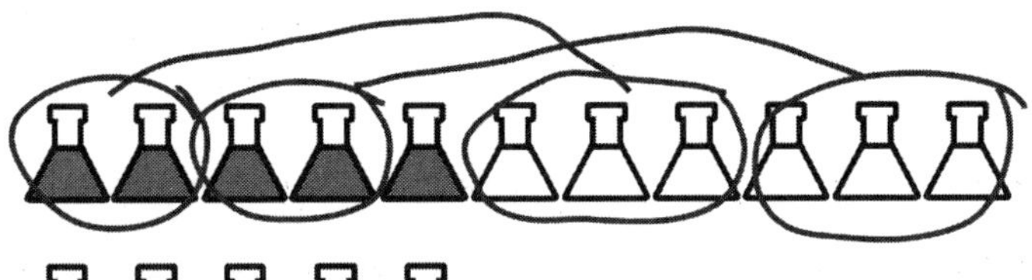 B 혼합물  A 혼합물에서 B 혼합물의 구성요소만큼 덜어냈다. B 혼합물과 같은 양만큼 한 번 더 덜어냈다. 그러자 A 혼합물에 갈색이 남았다. 그래서 A 혼합물을 선택했다.

흥미로운 점은 제레미가 분수보다 비를 선호했다는 점이다. 제레미는 혼합물 A에서 2B : 3W를 찾아냈다. 비를 이용하여 푼 점은 분명히 인정한다. 그러나 이것은 어

떠한 혼란도 없이 부분-전체 비교와 비로 왔다 갔다 하는 것을 보여준다. 제레미의 방법은 이 장의 앞에서도 언급된 것처럼 4학년 학생들이 한 것과 비슷하다. 4학년 학생 중에서는 어떤 학생도 아직 상대적인 비교를 하지 못했다. 분명히 중학생이 될수록 측정 개념은 개발되고 심화된다. 그렇기 때문에 학생들이 분수 학습을 하는 동안 측정에 계속 초점을 맞추어야 한다. 측정 방법이나 측정 그 자체를 구체적인 학습으로 정하기보다는 차라리 여러 가지 문제 해결을 통해 측정의 이해가 심화되도록 가능한 많은 기회를 주어야 한다.

활동

01 어느 가족에 소녀가 더 많은가?

존의 가족

킹의 가족

02 아래의 각 상자 안에는 흰 달걀과 갈색 달걀이 담겨져 있다. 어떤 상자에 갈색 달걀이 더 많다고 할 수 있는가?

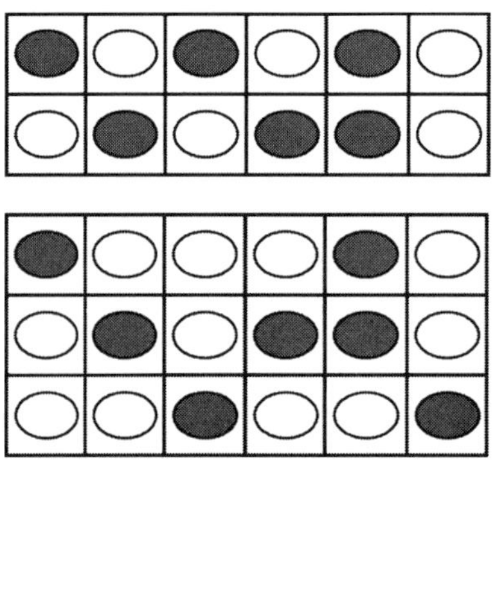

03 어떤 상자에 갈색 달걀이 더 많은가? 알맞게 풀었는가?

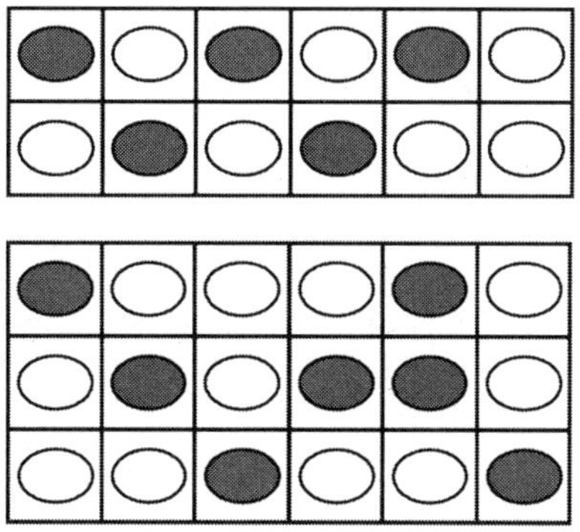

다음의 이 문제에 대한 버트의 풀이 방법이다.

버트	나는 아래와 같이 6개를 한 상자로 만들었다. 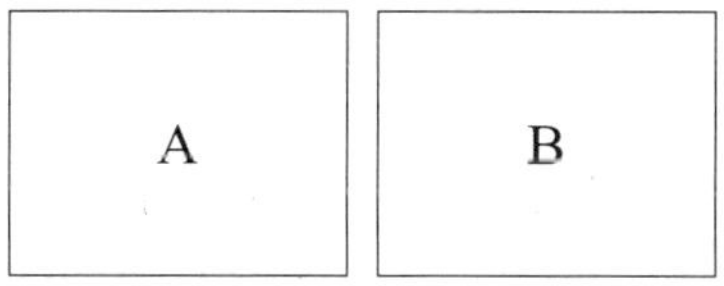 그리고 A, B에 갈색 달걀을 각각 $2\frac{1}{2}$개씩 넣었다. 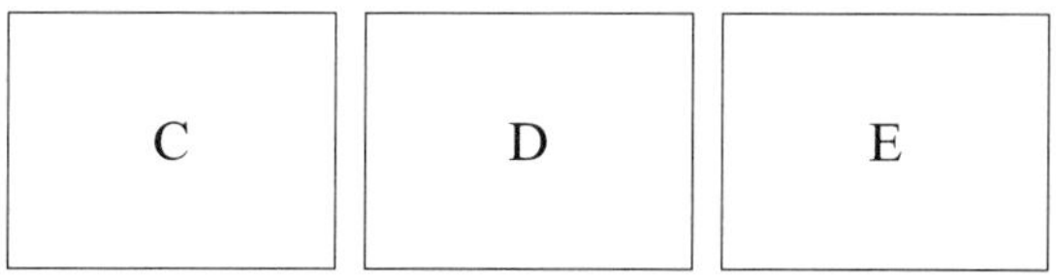 C, D, E에는 갈색 달걀을 각각 $2\frac{1}{3}$개씩 넣었다.

04 모양과 크기가 서로 같은 두 피자가 있다. B에는 얼마나 많은 피자(색칠된 부분)가 있는가? B에 있는 피자에서 A에 있는 피자만큼을 손님에게 몇 번이나 제공할 수 있는가?

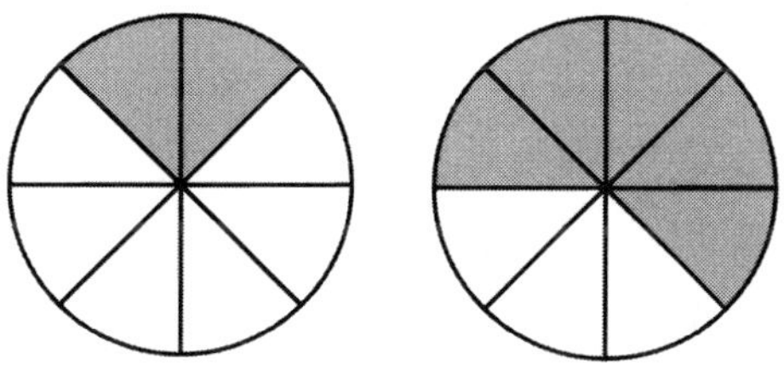

A　　　　B

05 댄과 타샤는 심부름을 하기 위해 10시에 집에서 출발했다. 댄은 집에서 우체국까지 2마일, 우체국에서 세탁소까지 3마일, 세탁소에서 집까지 1마일을 걸었다. 타샤는 집에서 약국까지 2.5마일, 약국에서 빵집까지 1.5마일, 빵집에서 집까지 3마일을 걸었다. 둘 다 오후 12시 30분에 집에 도착했다. 두 사람이 걷는 것 외에 심부름하는 데 걸린 시간은 무시하자. 누가 더 많이 걸었는가? 누가 더 빨리 걸었는가? '많이'와 '빨리'를 묻는 두 질문 중 어느 것이 상대적 사고를 자극하는 발문인가?

06 당신이 좋아하는 가게 중 하나가 세일을 하고 있는데 그 가게에 갈만한 가치가 있는지 고민하는 중이다. 어떤 물건을 2달러 할인한다는 것과 20% 할인한다는 것 중 어떤 것을 알고 가는 것이 더 도움이 되는가?

07 무어빌딩에는 엘리베이터가 2개 있다. 각 엘리베이터의 문은 같은 시간에 열린다. 사람이 덜 붐비는 엘리베이터를 타려고 한다. 엘리베이터 A에는 6명이, 엘리베이터 B에는 9명이 타고 있다. 어떤 엘리베이터를 탈지 어떻게 결정할 것인가?

08 어느 날 저녁 한 레스토랑에 5명이 A 테이블에 앉아 있고 7명이 B 테이블에 앉아있는데 A, B 테이블의 사람들은 다음 그림과 같이 음료를 주문했다. 그 후에 종업원은 한 테이블을 바라보며 “맥주 마시는 분들!”이라고 외쳤다. 어떤 테이블을 지칭하는 것인가?

A 테이블:

B 테이블:

09 다음은 8번 문제에 대한 리사의 풀이 방법이다. 알맞게 풀었는가?

리사	 A: 콜라 하나는 루트 맥주의 2/3와 대응된다. B: 콜라 하나는 루트 맥주의 3/4과 대응된다. A 테이블의 콜라가 더 강하다. 왜냐하면 루트 맥주에 대응시켰을 때 B 테이블보다 더 적기 때문이다.

10 각 상황에 대하여 절대적(덧셈적) 사고를 요하는 질문과 상대적(곱셈적) 사고를 요하는 질문을 하시오.

(1) 크리스는 1통에 17개가 들어 있는 껌을 샀다. 크리스와 친구 3명이 각각 2개씩 씹었고 나머지는 아껴두었다.

(2) 4명이 1상자에 6캔이 들어있는 콜라를 샀다. 각각 1캔씩 마시고 나머지는 냉장고에 넣어두었다.

(3) 피자를 똑같이 8조각으로 나누었다. 3명이 각각 2조각씩 먹고 나머지는 집으로 가져갔다.

(4) 토마스 씨는 지난달에 3일 쉬었으며 쉬지 않은 날에는 매일 일했다.

(5) 스티브는 달걀 1다스를 샀다. 그 중 3개는 갈색이었고 나머지는 흰색이었다.

11 8명의 친구와 파티를 계획 중인데 견과류 2파운드를 사려고 한다. 만약 파티에 참여하는 사람이 10명이라면 견과류는 몇 파운드를 사야 하는가? 다음 학생들의 풀이를 분석하시오. 어떤 학생이 가장 생산적인 전략을 썼는가?

데니스	음, 8-6=2 그래서 10-6=4
그랜트	내가 생각하기에 8 2 9 3 10 4 이것은 패턴이다.
캐틴	아마 2씩 더하면 될 것이다. 그래서 8+2=10, 2+2=4이다.
마크	아마 이렇게 될 것이다. [4사람 1파운드] [4사람 1파운드] 그래서 3파운드와 약간을 추가하여 살 것이다.

12 A 그릇에 설탕 10티스푼과 식초 8티스푼을 넣고 섞었다. B 그릇에는 설탕 8티스푼과 식초 6티스푼을 넣고 섞었다. 어떤 그릇의 식초 맛이 더 진한가?

13 다음과 같은 크기의 직사각형 3개가 있다. 어떤 직사각형이 가장 정사각형 같은가?

$114 \times 99 \qquad 455 \times 494 \qquad 284 \times 265$

14 3학년인 타이는 9가 5보다 크기 때문에 $\frac{1}{9}$이 $\frac{1}{5}$보다 크다고 말했다. 타이는 어떤 측정원리에 대한 이해가 부족한 것인가? 그리고 타이를 어떻게 가르칠 것인가?

15 프레드가 전화로 피자를 주문하고 있다. 다음 그림을 보고 프레드의 말을 해석하시오. 프레드는 어떤 측정원리에 대한 이해가 부족한 것인가?

16 인도 잉크회사는 검정염색약 3통과 물 1.5통을 섞는다. 미드나이트 잉크회사는 검정염색약 2통과 물 1통을 섞는다. 어떤 잉크의 검정색이 더 진한가? 이 잉크의 검정색의 진하기를 측정하는 방법을 자세히 써보시오.

17 톰과 친구 3명은 톰의 가방 속의 과자를 나누어 가지기로 했다. 제니와 친구 4명은 제니가 가지고 온 과자를 나누어 가지기로 했다. 선생님이 둘 중 한 모둠에 들어가야 한다고 하였다.

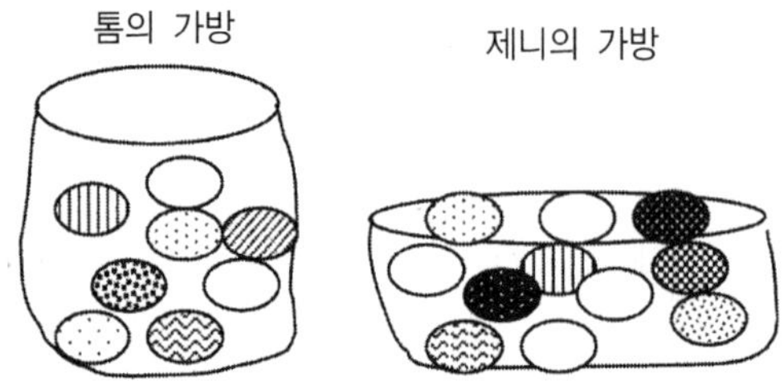

(1) 어떤 모둠이 여러분에게 더 좋은가?

(2) '더 좋다'는 어떤 뜻인가?

(3) '더 좋은' 모둠이 무엇을 뜻하는지 측정하는 방법을 찾으시오.

18 장애 아이가 있는 한 가족이 현관문에 휠체어가 드나들 수 있도록 경사로를 만들려고 한다. 어떤 경사로는 땅에서 5피트 높고 다른 경사로는 땅에서 2피트 높다. 어떤 경사로가 더 가파른가?

19 어떤 동물이 하루에 더 많이 먹는가? 먹는 양이 가장 적은 것에서 가장 많은 것 순서로 나열하시오.

무게: 187.5kg
먹는 양: 6.99kg

무게: 99mg
먹는 양: 100mg

무게: 563.6kg
먹는 양: 11.3kg

무게: 6096kg
먹는 양: 227kg

무게: 10g
먹는 양: 11g

무게: 4200kg
먹는 양: 185kg

20 다음 막대의 끝을 보면 인치 자의 0에 맞추어져 있다. 다음 물음에 답하시오.

(1) 인치 자로 잰다면 막대 길이로 가장 가까운 값은 얼마인가?

(2) 1/2인치 자라면 가장 가까운 값은 얼마인가?

(3) 1/4인치 자라면 가장 가까운 값은 얼마인가?

(4) 1/8인치 자라면 가장 가까운 값은 얼마인가?

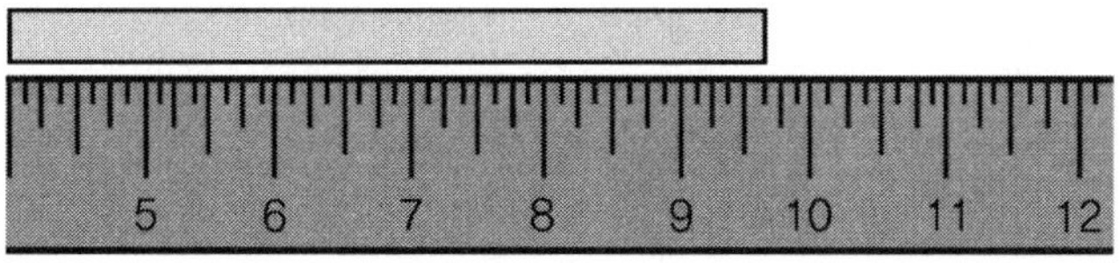

21 이 도형의 넓이는 1제곱인치이다. 넓이가 $\frac{2}{3}$제곱인치인 도형을 그리시오.

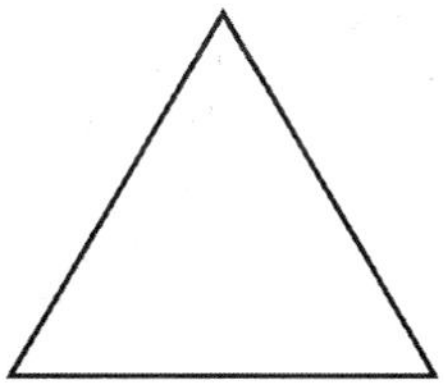

22 벌새 먹이를 제조하는 설명서에는 빈 병에 A와 같은 비율로 빨간 액체와 설탕을 섞으라고 알려준다. 그런데 이번에 새를 더 많이 유인하도록 시험 삼아 B와 같은 비율로 섞어 보았다. 어느 것의 설탕이 더 진한가?

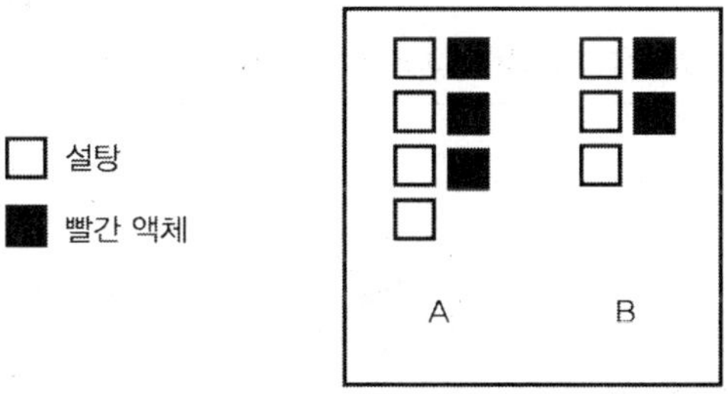

23 다음 오렌지 주스를 오렌지의 농도가 적은 것부터 많은 순서대로 나열하시오. 왜 그렇게 정했는지 이유를 쓰시오.

A 주스 농축액 2컵 물 3컵	B 주스 농축액 1컵 물 4컵	C 주스 농축액 3컵 물 5컵	D 주스 농축액 4컵 물 7컵

24 다음과 같은 2개의 초코릿 칩 과자가 있다. 과자를 맛보지 않고 초코맛이 더 진한 과자를 고르는 방법에 대해서 설명하시오.

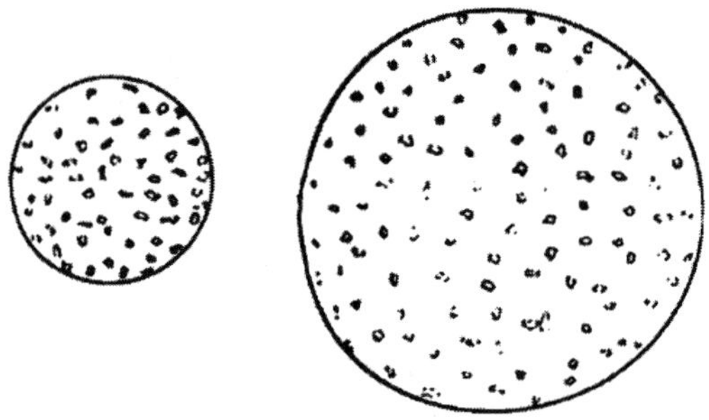

다음은 5학년 학생들의 풀이 방법이다. 이를 분석하시오.

<table>
<tr><td>토니</td><td>각 과자에서 한 입 먹을 만큼만 이렇게 표시한다.
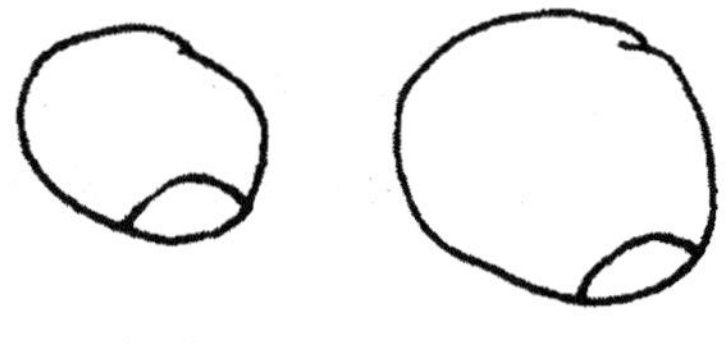
그리고 표시한 한 입에 있는 초콜릿 칩의 수를 센다.</td></tr>
<tr><td>메리</td><td>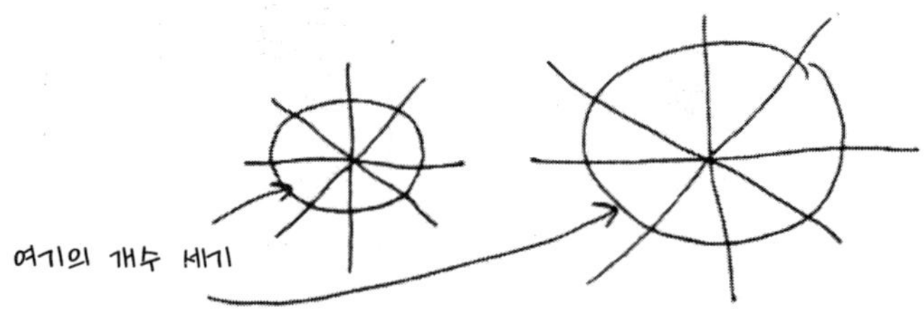

표시한 부분의 초콜릿 칩의 수를 센다. 구한 초콜릿칩의 수를 8배한다. 그러면 전체 과자에 대한 초콜릿 칩의 수를 구할 수 있다.</td></tr>
</table>

짐	각 과자의 넓이를 구한다. 그리고 각 과자의 초콜릿 칩의 수를 센다. 넓이가 더 넓은 것에 초콜릿 칩이 더 많아야 한다. 만약에 그렇지 않다면 넓이가 작은 것이 더 초콜릿이 많을 것이다.

25 스스로 이 문제를 해결하시오. 그리고 다음 학생들의 반응을 분석하시오. 혼합물 A와 B 중에서 어느 것이 더 진한 오렌지 맛을 갖고 있는가?

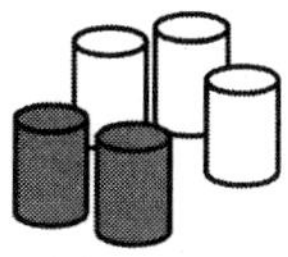

A 혼합물 재료

오렌지 주스 2캔
레본 수스 3캔

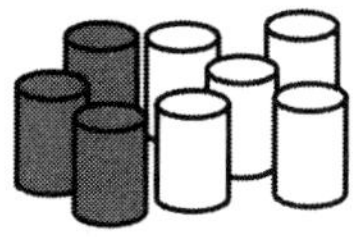

B 혼합물 재료

오렌지 주스 3캔
레몬 주스 5캔

이티	O-Y Y O-Y 1-1처럼 2:2 Y가 하나 남음 O-Y O-Y YY O-Y 1-1처럼 3:3 그러나 여기는 Y가 2개 남음 따라서 A에 오렌지가 더 많이 들어있다.
엠에스	두 혼합물에서 같은 양만큼 제거해보았다. B에는 아직도 오렌지가 1개 남아 있었다. 그래서 B의 오렌지 맛이 더 진하다. 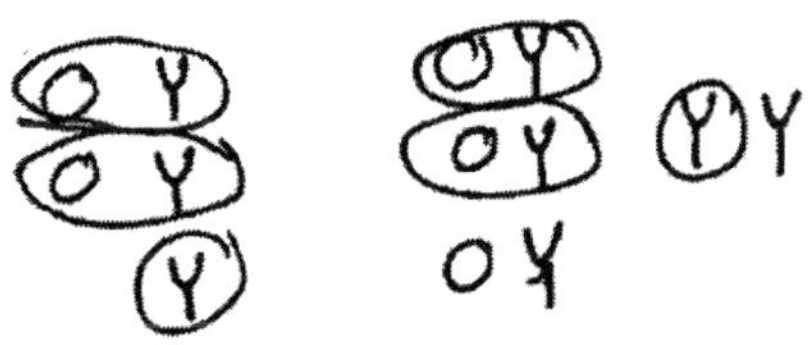

아르	혼합물 3:5에서 2:3을 제거해보았다. 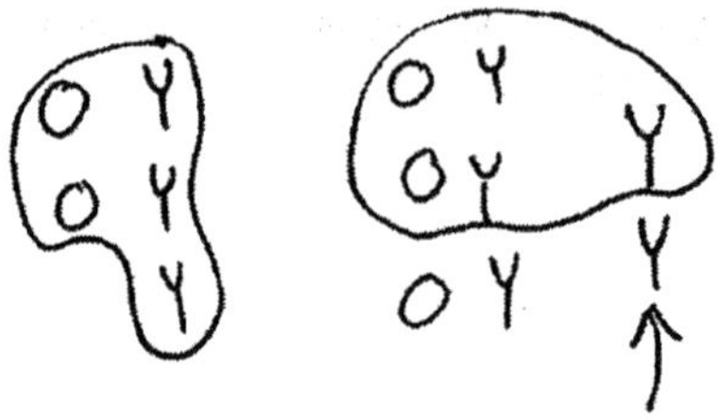 B에 남아있는 내용물을 살펴보면 오렌지 주스 1캔과 레몬 주스 2캔으로 레몬 맛이 더 강하다.

26 덧셈적 또는 곱셈적 절차가 확장되고 있는가? 다음의 문제를 풀어보시오. 이 문제를 풀려면 x, y축을 표시할 모눈종이가 필요할 것이다.

> 좌표평면에 직사각형이나 정사각형이 되도록 꼭짓점들을 그리고 이름을 붙인 뒤 이 꼭짓점들을 연결하시오. 각 꼭짓점들의 x좌표와 y좌표 각각에 2를 더해 새로운 꼭짓점들을 그리시오. 새로 그린 꼭짓점들을 연결해서 도형을 완성하시오. 다음에는 원래 꼭짓점들의 x좌표와 y좌표 각각에 2를 곱하여 새로운 꼭짓점들을 그리시오. 또 다시 새로 그린 꼭짓점들을 연결해서 도형을 완성하시오. 이 도형들을 보고 어떤 결론을 얻을 수 있는지 설명하시오.

제4장 양과 공변

학생 전략: 6학년

먼저 문제를 풀어보고, 6학년 학생 4명이 제시하는 양 중에서 어떤 것이 이 상황에 적절한지 알아보시오.

소년이 들판의 한쪽 끝부터 다른 쪽 끝까지 운전을 할 때, 두 바퀴는 같은 거리를 지나게 될까?

토마스	뒷바퀴는 뒤에 있기 때문에 조금 더 지나가야 한다.  이것이 더 지나야 하는 양이다.
앤지	큰 바퀴가 더 멀리 간다. 왜냐하면 완전히 도는 데 더 오래 걸리기 때문이다.
피트	앞바퀴가 더 작으므로 더 많이 돌아야 하고 그래서 그것이 더 많은 거리를 지날 것이다.
스티브	큰 바퀴가 더 많이 간다. 왜냐하면 이것이 더 빨리 돌기 때문이다.

4.1 학생의 비형식적 지식을 기반으로 »

이 장에서 우리는 '양', 서로 다른 '양'의 관계, 그리고 연결된 '양'이 같이 변하는 공변에 대해 논의하고자 한다. 여러분은 '양'과 '변화'에 대하여 학생들과 이야기할 때 아마 놀랄 것이다. 이 주제는 초등학교 교육과정에서 도외시되는 주제 중 하나이며, 학생들은 '양'과 '변화'에 대하여 이야기할 때 어디에 초점을 두어야 할지 그리고 어떻게 표현해야 하는지 모른다.

이 장은 두 가지 의미를 가지고 있다. 첫째로 학생들은 아주 많은 경험과 직관적인 지식을 가지고 있다는 것이다. 가능하다면 언제든지 그런 지식을 만들어주는 것이 좋다. 학생들이 '양'과 '변화'에 대해서 추론하지 못하는 것이 아니다. 아무도 학생들에게 '양'과 '변화'에 대해 생각해 볼 기회를 주지 않은 것뿐이다. 둘째는 이 책에 소개되고 있는 많은 효과적인 사고 방법들은 시각적이고, 구두적인 활동에 기초를 두고 있다는 것이다. 당신은 초등학교와 중학교에 있는 많은 최신 자료들을 도입할 필요가 없다는 것을 알게 될 것이다. 몇 가지 주제와 그에 따른 어려움에 대해서 알게 된다면, 수학 수업에서 '양'과 '변화'에 대해서 질문을 하게 될 것이다.

4.2 수량화하지 않은 양 »

양(quantity)은 — 그 양이 실제로 수량화되든 안 되든 — 어떤 사물을 측정할 수 있는 특성이다. 예를 들어, 당신은 가족 2명의 키를 측정해보지 않아도 누가 더 큰지 알 수 있다. 한 명이 다른 사람의 옆이나 근처에 서 있을 때, 누가 더 큰지 알 수 있다. 만약 당신이 뉴욕에 산다면, 두 도시 사이의 거리를 측정하지 않아도 필라델피아가 LA보다 더 가깝다고 확신할 수 있다. 수량화하지 않은 양을 연결시키는 것은 중요한 추론 중 하나이다. 몇 가지 예시를 살펴보자.

예 1 어제 몇 명의 친구들과 과자를 나누어 먹었다. 오늘은 어제보다 더 적은 과자를, 더 많은 친구들과 나누어 먹어야 한다. 그렇다면 어제 받은 과자보다 더 많이 먹게 되는가? 적게 먹게 되는가? 아니면 같은 양만큼 먹게 되는가?
당신은 더 적게 먹게 될 것이라는 사실을 알고 있다. 물론 사람의 수와 과자의 수를 세서 수량화할 수 있다. 그러나 사람의 수나 과자의 수를 굳이 세지 않더라도 위 질문에 대답할 수 있다. 이러한 질문은 2개의 비('어제의 과자 : 사람'의 비와 '오늘의 과자 : 사람'의 비)에 대한 생각을 유도한다.

예 1에 대해서 다시 생각해보자. 당신은 모든 사람이 어제 받은 것보다 더 많이 받을 것이라고 말할 수 있다. 반대로 더 많은 사람이 더 많은 과자를 나누어 먹었다고 가정해보자. 우리는 이 상황에 대해서 판단을 내릴 수 없다. 답을 결정할 수 없는 또 다른 상황을 생각해 볼 수 있는가?

학생들은 선행지식과 경험에 근거하여 추론하기 때문에, 이런 종류의 추론을 매우 쉽게 한다. 사실 과자의 수와 사람의 수를 수량화하지 않고 '과자 : 사람'의 비를 생각해보도록 했을 때, 총 9개의 서로 다른 상황들이 있다는 것을 알 수 있다. 이 중 2개는 결과를 결정할 수 없고, 7개는 결정이 가능하다.

한 사람당 과자 양의 변화			
	사람 수의 변화		
과자 수의 변화	+(증가)	−(감소)	0(고정)
+(증가)	?	+	+
−(감소)	−	?	−
0(고정)	−	+	0

이것은 아주 유용한 사고 방법이다.

예 2 $\frac{3}{4}$과 $\frac{2}{7}$, 어느 것이 더 큰가?

주어진 분수를 과자와 사람으로 바꾸어 생각해보자. 어제 우리는 3개의 과자를 네 사람과 함께 먹었다. 오늘 우리는 더 적은 과자를 더 많은 사람과 나누어 먹는다. 물론 각 개인은 더 적은 양을 먹게 될 것이다. 따라서 $\frac{2}{7} < \frac{3}{4}$.

변하지 않는 것과 더불어 변하는 것을 분석하는 과정은 수학에서 뿐만 아니라 일상생활에서도 매우 유용하다. 이는 뻔하고 겉핥기 수준의 정보를 알아차리는 것과는 달리, 매우 강력한 추론을 할 수 있게 한다.

예 3 슈퍼마켓에서 A, B, C 세 사람이 다음과 같이 스프, 빵, 우유를 샀다. 이 물건들 각각의 가격은 얼마인가?

A는 스프 2개, 빵 1개, 우유 2개를 샀고 8달러를 지불했다.
B는 스프 2개, 빵 1개, 우유 1개를 샀고 6.50달러를 지불했다.
C는 스프 3개, 빵 2개, 우유 1개를 샀고 9.50달러를 지불했다.

A와 B의 주문을 살펴보자. 무엇이 변하고, 무엇이 변하지 않았는가? A는 B보다 우유 1개를 더 샀고, 1.50달러를 더 지불했다. 그 외에는 모두 같다. 따라서 우유 1개가 1.50달러임을 알았다.

이번엔 B와 C의 주문을 살펴보자. 무엇이 변하고, 무엇이 변하지 않았는가? B의 주문을 보면 스프 2개, 빵 1개가 5달러임을 알 수 있다. C의 주문을 보면 스프 3개, 빵 2개가 8달러임을 알 수 있다. 따라서 스프 1개와 빵 1개는

3달러이다.

이제 B의 경우를 보자. 만약 스프 1개와 빵 1개가 3달러이면, 스프 1개는 2달러일 것이다. 어떤 경우를 보더라도, 우유 1개가 1.50달러, 스프 1개가 2달러이므로 빵 1개가 1달러임을 알 수 있다.

예 4 다음과 같은 양동이 세트 A와 B에 동일한 양의 액체를 담을 수 있다.

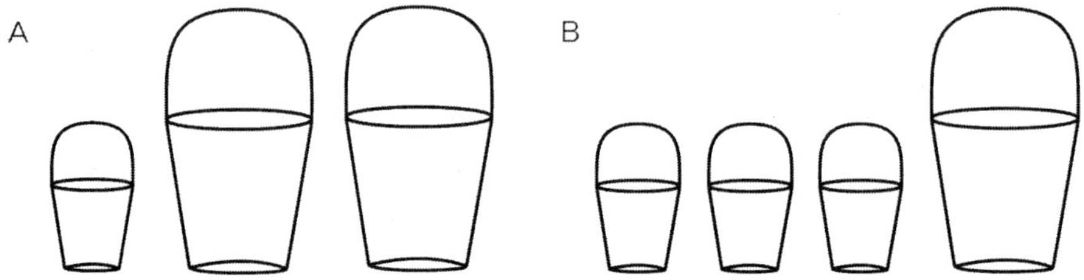

표면적으로 보면, 이 말은 사실에 대한 단순한 언급처럼 보인다. 그러나 스스로에게 "2개의 세트 사이에 변한 것과 변하지 않은 것은 무엇인가?"라는 질문을 던진다면, 그 말을 더 깊게 이해할 수 있으며 추가적인 정보를 얻을 수 있다. A와 B에 큰 양동이 1개, 작은 양동이 1개가 있음을 알 수 있다. 각 세트의 같은 부분을 무시해보자. 두 세트의 부피가 같다는 것을 알고 있기 때문에 큰 양동이에 들어가는 액체의 양은 작은 양동이 2개에 들어가는 액체의 양과 같음을 알 수 있다. 만약 두 세트를 비교할 때 무엇이 변했고 무엇이 변하지 않았는지를 계속 생각한다면, 문제 해결에 도움을 주는 분명한 정보를 놓치지 않게 될 것이다.

일반적으로 학생들에게는 답이 숫자로 표현되지 않는 질문과 주어진 말에서 추가적인 정보를 얻기 위해 더 깊은 생각을 요하는 질문, 그리고 양과 어떻게 각각의 양이 서로 관련이 되는지를 생각하게 하는 질문 대해서 더 많은 경험이 필요하다.

예 1 한 학급의 $\frac{2}{9}$가 여자이다. 이 학급에는 여자가 많은가? 남자가 많은가?

예 2 우리 학교에는 여자보다 남자가 2배 많다. 우리 학교에는 여자가 많은가? 남자가 많은가?

4.3 수량화할 수 있는 특징 »

유리수를 기호로서 다루기 전에, 학생들에게 현실 상황에서 이루어지는 양의 관계를 토론해보도록 하는 것은 매우 중요하다. 관계에 대한 공부는 시각적인 수준에서 시작하며, 어휘력 발달과 관계에 대한 이야기의 양에 대한 분석 후에 분명해지고 확장될 수 있다. 또한 관계를 가시적이고 말로써 분석하게 하는 것은 학생들에게 뻔하고 표면적인 수준에서의 관찰을 뛰어 넘을 수 있게 하며, 왜 그것이 그렇게 되고 어떠한 방법으로 되는지에 관하여 더 생각할 수 있게 만든다. 관계에 대한 추론은 기호로서의 지도보다 한참 전에 발생하기 때문에, 어떤 상황에 처음 부딪혔을 때 학생들은 단지 수를 알아내고 맹목적으로 다루는 것 이상으로 해야 할 것들이 있음을 알아야만 한다. 우리가 학생들에게 양 사이의 관계에 대하여 생각해보라고 하지 않아도, 학생들은 양이 무엇인지에 대한 감각을 가지고 있다고 확신하는 것이 중요하다.

나는 많은 학생들이 문제를 읽을 때 반드시 양에 초점을 맞추지는 않는 것을 발견하였다. 학생들이 어떤 상황을 인지하는지 알아내기 위해서 몇 명의 중학생에게 다음 상황에 대해 생각해보도록 하였다.

> 여러분이 집 앞에서 출발하여 자전거를 타고 거리를 내려가고 있다. 이때 무엇이 변하는가?

서로 다른 많은 대답이 나왔고, 그것들 중 일부는 다음과 같다.

- 나무들이 지나간다.
- 나는 집에서 멀어졌다.
- 내 자전거 페달은 위아래로 움직인다.
- 내 자전거 바퀴는 돌아간다.
- 나는 친구의 집을 지나간다.

학생들이 수량화할 수 있는 특징에 초점을 둘 수 있도록 지침이 더 필요했다. 나는 측정될 수 있는 변화들에 대해 생각해보라고 했다. 그 후 학생들은 다음과 같이 말했다.

- 집으로부터 나는 얼마나 멀리에 있는가?
- 땅으로부터 내 발이 얼마나 높이 그리고 얼마나 낮게 있는가?
- 내가 얼마나 빠르게 가는가?

- 바퀴가 한 바퀴 돌 때 몇 개의 보도를 지나가는가?
- 친구의 집으로 가기 위해 시간이 얼마나 걸리는가?

우리는 원주, 속도, 거리, 시간과 같은 양에 대하여 이야기할 수 있다. 시간이 지난다고 해서 우리가 무엇에 관하여 이야기하는지 학생들이 알고 있다고 가정할 수 없다. 학생들이 무엇을 생각하는지 확인하는 것은 매우 중요하다.

표면적으로는 선생님들과 학생들이 이런 상황에 대해서 논의하는 데 어려움이 없는 듯 보였지만, 사실은 논의에 있어 몇 가지 어려움이 있다는 것이 밝혀졌다. 그 이유는 학생들(심지어 많은 성인들도)이 물리적인 묘사와 양(측정 가능한 특징)을 구분하는 데 어려움이 있다는 점이다.

예 1 물이 수도꼭지에서 욕조로 떨어지고 있다. 무엇이 변화하는가?
물리적인 묘사: 욕조가 채워지고 있다.
측정 가능한 양: 물의 양(부피)

예 2 콩나무 줄기 꼭대기에서 잭이 거인 옆에 서있다.
물리적인 묘사: 거인이 잭보다 더 크다
측정 가능한 양: 높이

중요한 점은 학생들에게 그림에 대하여 단순히 묘사를 하도록 하는 것은 양적인 추론을 촉진시켜주지 못한다는 것이다. 학생들이 측정을 위해 어떠한 시도조차 하지 않아도, 양에 대해 토론하는 것은 무엇이 측정 가능한 특징인지를 알게 해준다. 묘사와 양에 대한 구분을 아는 것은 문제 상황을 수학적으로 접근하기 위한 필수적인 단계이다. 누구나 그림을 보고 거인이 잭보다 크다는 것을 알 수 있다. 두 인물의 키를 측정하는 것은 수학을 사용해서 이 주장을 증명하는 것이다.

이 장 처음에 제시된 트랙터 문제에 대한 학생들의 응답은, 그들이 적절한 양을 구별하는 데 어려움이 있으며 마음속으로 무엇이 일어났는지를 조직화하는데 어려움이 있다는 것을 입증한다. 학생들이 이 토론에서 제시한 모든 양에 대하여 생각해 보자.

- 바퀴 사이의 거리
- 각각의 바퀴가 이동한 거리
- 바퀴가 도는 빠르기
- 각각의 바퀴가 한 번 도는 데 걸리는 시간
- 바퀴의 원주

• 바퀴가 도는 횟수
• 큰 바퀴가 도는 횟수에 대한 작은 바퀴가 도는 횟수

학생들은 질문에 대답하기 전에 이 상황에서 어떤 양이 적절한지에 대해 토론하고 자신의 주장을 정당화할 필요가 있었다. 이것은 수업 시간에 오래 걸릴 수 있지만, 학생들이 이 상황을 깊이 있게 분석하는 것은 매우 중요하다. (덧붙이자면, 두 바퀴는 모두 같은 거리를 움직인다.)

4.4 그림 속 비례 관계를 토론하는 것 »

비례에 대한 초기 이해는 심지어 걷기를 배우기도 전에 시각적 수준에서 발생한다. 우리는 모델에 대한 규모, 신뢰도, 관점 등에 대한 정보를 시각적인 자료에 의존한다. 초등학교 저학년 시기에 학생들이 분석에 대해 더 분명하고 열린 마음을 가지게 함으로써, 이런 직관적인 지식의 기초를 다지는 데 도움을 줄 수 있다. 비례에 대해 생각하고 이야기하기 위한 학생들의 언어를 발달시키기 위해 그림을 사용할 수 있다. 또한 늘이고, 줄이고, 확대하고, 왜곡하고, 비례에 맞고, 비례에 맞지 않고, 일정 비율로 그리는 등의 생각을 교실 토론에서 다룰 필요가 있다.

우리는 비례라는 말을 여러 가지 방식으로 사용하고 있으며, 학생들이 이러한 모든 사용 방법들에 대해 이해하는 것이 중요하다. 예를 들어, 누군가가 "학급에서 여학생의 비율이 어떠한가?"라고 물었다면, 그것은 그 학급의 여학생이 어느 정도인지 또는 몇 분의 몇인지를 묻는 것이다. 만약 어떤 질병의 수가 급속하게 확산됐다는 것은 그저 질병이 크게 증가했다는 것이다.

학생들이 기호 $\frac{a}{b}=\frac{c}{d}$를 보기 전에 비례라는 말의 기초를 익히는 데 사용할 수 있는 몇 가지 다른 비교들이 있다. 첫째는 사물의 그림을 그 사물의 외형, 즉 실물과 비교하는 것이다. 우리가 어떤 사물이 비례적으로 그려져 있다고 이야기하는 것은 실물과 그 물체의 그림 사이에 관계가 있다는 것을 의미한다. 즉 물체에 대응하는 부분에 대해서, 그려진 크기와 실제 크기 사이의 비는 모두 같다.

만약 실제로 5피트의 키에 2.2피트의 팔 길이를 가지고 있는 사람을 초상화로 그릴 때, 그 사람의 키를 3피트로 그리면 그의 팔을 2.2피트로 그리면 안 된다. 2.2피트로 그린다면 그 초상화는 비례가 맞지 않을 것이다. 전문적으로 말하면, 비례가 되기 위해서는 실제 사람의 모든 치수와 초상화에서 대응하는 모든 치수 사이의 비가 같아야 한다. 비례는 캐리커처에서 중요한 역할을 맡는다. 유명 작가의 다음 스

케치에 대하여 당신은 뭐라고 이야기하겠는가? 이 남자는 비례에 맞게 그려졌는가? 왜 그 작가는 비례에 맞지 않게 그렸는가? 이 왜곡에 대해서 그림을 그린 작가는 뭐라고 말할까?

비례의 둘째 중요한 의미는 하나의 물체 안에서의 관계(내부 비례)에 관한 것이다. 예를 들어, 이 직사각형의 비례를 파악해보라는 문제가 있다고 가정해보자.

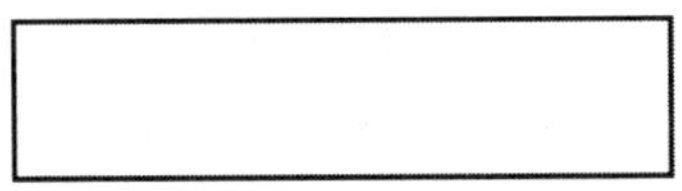

이것은 직사각형의 치수들(가로, 세로)을 서로 관련지어 파악하라는 것을 의미한다. 실제 측정 없이도 이 직사각형의 가로 길이를 시각적으로 세로 길이에 대비해봄으로써, 가로 길이에 세로 길이가 약 4개 있다는 판단을 내릴 수 있다. 즉, 이 직사각형은 가로가 세로의 약 4배 정도 된다고 이야기할 수 있으며, 가로의 길이에 대한 세로의 길이의 비가 1 : 4라고도 말할 수 있다.

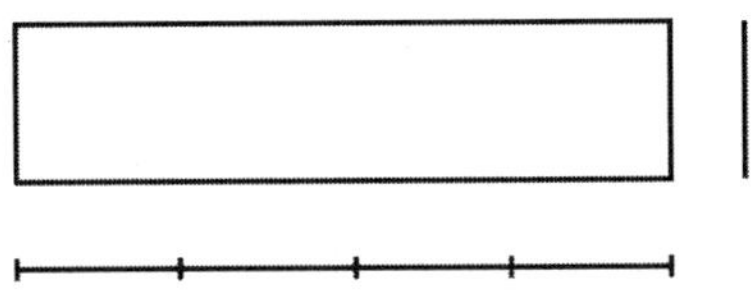

마지막으로 우리는 학생들이 각 물체의 크기에 대한 상대적인 다른 물체의 크기를 이야기할 수 있기를 바란다. 학교에 입학할 때, 학생들은 비례에 대한 감각이 잘 발달되어 있다. 예를 들어, 다음과 같이 토끼와 곰의 두 스케치를 나란히 두었다고 해서 학생들은 속지 않는다. 그들은 이 동물의 크기가 실제 크기가 아니라는 것을 알고 있으며, 이 스케치가 상대적인 크기로 그려져 있지 않다는 것도 안다. 학생들은 이 그림들 자체가 실제 동물을 표현하는 그럴싸한 모델이라는 사실에 대해 암묵적으로 이해하고 있다. 또한 두 그림을 볼 때 실제 동물이 서로 나란히 서 있는 장면을 표현하는 그림이 아니라는 것도 내재적으로 이해하고 있다.

이에 대한 학생들의 첫째 반응은 아마 "동물들이 서로 다른 크기로 줄어들었다" 또는 간단하게 "동물들이 올바르게 표현되지 않았다"일 것이다. 즉, 이는 학생들이 비례에 대해 생각하고 의사소통을 하는 데 사용할 어휘를 발달시킬 수 있다는 것이다. 두 동물은 실제와 다른 크기로 줄여서 그려졌다.

- 곰 그림을 실제 곰보다 더 작게 그렸다.
- 토끼 그림을 실제 토끼보다 더 작게 그렸다.
- 곰과 토끼는 상대적으로 비례가 맞지 않다.

컴퓨터는 크기 설명을 매우 쉽게 보여준다. 두 물건을 서로 비례가 맞게 그린 그림은 서로 다른 효과를 주기 위해서, 각 물건을 다른 비율로 축소시킴으로써 변할 수 있다. 절대적인 크기, 상대적인 크기, 종횡비에 대해서 수에 관련된 정보해석을 하는 것은 학생들이 스스로 컴퓨터 이미지를 이용해 크기를 조절하는 실험을 함으로써, 변화에 대한 언어뿐만 아니라 그 용어에 대한 깊은 이해를 획득하는 데에도 도움이 된다.

4.5 변하는 관계들을 시각화하고, 말로 표현하고, 기호화하기 »

나중에 접하게 될 비례 추론을 준비하는 것은 학생들에게 상황을 보고, 수량화할 수 있는 중요한 특징을 식별해내며, 양의 변화 유무를 알아내고, 혹시 변화한다면 변화의 방향을 알아차리는 능력을 발달시키는 데 도움이 된다.

학생들에게 변화 관계에 대해서 말로 표현하게 하고, 화살표를 사용하여 각 수량의 변화를 표현하게 하는 것은 효과적이다. 나는 학생들이 각각의 양이 변하는 관계에 대해 신중하게 생각하지 않는 경향이 있음을 발견했다. 학생들은 두 가지 양이 함께 증가하거나 감소한다고 생각하는 경향이 있다. 상황에 대해 설명하도록 하는 것은 그들로 하여금 양에 좀 더 집중할 수 있게 해주며, 화살표 개념은 나중에 추론을 위한 도구로 제시할 것이다.

예 1 풍선이 하늘로 올라가는 모습을 보는 아이 사진이 있다. 사진은 정적이지만, 학생들은 과거의 경험을 통해 이 상황에서 발생할 변화들을 상상할 수 있다. 풍선은 높게 하늘 멀리 이동하며, 멀어지면서 크기는 점점 작아진다.

(1) 어떤 양이 변했는가? 풍선의 높이와 풍선의 크기

(2) 풍선의 양적 관계에 대해 진술하시오.

풍선이 하늘로 높이 올라갈수록, 더 작게 보인다.

(3) 화살표 표기법: 풍선의 높이↑ 겉보기 크기↓

예 2 3명의 아이가 캔디 바를 먹고 있는 그림이 있다. 또 다른 2명의 아이들이 근처에 서 있다. 그림의 제목은 '사탕 나누어 먹기'이다.

(1) 어떤 양이 변했는가? 어린이의 수와 어린이 1명당 먹게되는 사탕의 양

(2) 사탕의 양적 관계에 대해 진술하시오.

공유하는 학생이 많을수록 각자가 먹게되는 사탕은 적다.

(3) 화살표 표기법: 어린이의 수↑ 어린이 1명당 먹게되는 사탕의 양↓

학생들은 증가-증가 상황인지, 증가-감소 상황인지, 감소-증가 상황인지 등을 쉽게 말하는 습관이 있다. 나중에 이러한 언어와 표기법은 보다 강력한 아이디어로 확장될 수 있으며, 그 기준이 세분화될 수 있다. 그 예로 모든 증가-증가 상황이 같은 종류가 아니라는 것을 학생들이 확인할 수 있다.

풍선과 캔디 바에 대한 상황 안에는 **공변**이 있다. 이는 연결된 양이 함께 변한다는 뜻이다. 물론 변하는 양이 항상 관련이 있는 것은 아니다.

예 어제 야구 연습에서 존은 10번 중 3번의 안타를 쳤다. 3일을 연습한 후 결과는 어떻게 달라지는가?

위 예에서의 상황을 증가-증가 상황이라고 말하기 어려우며, 학생들은 자신의 경험과 상식을 사용하여 관계가 있는 양과 관계가 없는 양을 구별할 필요가 있다.

4.6 공변과 불변 »

양과 양의 관계, 그리고 공변에 대한 모든 논의에서 중점은 어디에 있는가? 학생들은 시각 활동, 구두 활동, 그리고 토론을 통해 좀 더 추상적인 어떤 개념(양의 불변)을 준비할 수 있다. 대부분의 초기 수학적 추론과 과학적 추론의 형태는 그것이 논리이든, 연산이든, 기하학이든, 혹은 물리적 추론이든, 매우 간단한 양적인 불변성의 원리에 기초를 두고 있다. 간단하게 다음과 같이 말할 수 있다.

"시공간 내에서 부분의 배열이나 형태 또는 위치가 어떻게 변하든지 간에, 전체의 양은 그대로 유지된다."

간략해 보이지만 불변성의 원칙은 가르치기 매우 어렵다. 불변성은 마음의 선험적 지식도 아니고 단순한 경험적 관찰 같은 것도 아니다. 이것은 추상적인 개념이며, 학생들이 그 수준에 도달하기까지의 시간은 각자 다르다. 이것은 많은 유리수 개념과 관련이 있다. 몇 가지 예를 들어보자면 상대적인 양이 같음을 보여주는 동치, 비율에서 4가지 양 사이의 관계 등이다.

불변성을 설명하는 가장 좋은 방법 중 하나는 구조적인 관계로 보는 것이다. 이는 상황에서 즉각적으로 분명하게 드러나지 않으며, 오히려 잘 보이지 않는다. 우리는 상황 속으로 들어가 해석해야 한다. 예를 들어 다음과 같은 경우를 생각해보자.

예 흰색 12개, 검은색 24개, 총 36개의 칩을 다음과 같이 배열하자.

○○○○ ○○○○ ○○○○
●●●●●●●● ●●●●●●●● ●●●●●●●●

이제 칩을 다시 배열하자.

○○○ ○○○ ○○○ ○○○
●●●●●● ●●●●●● ●●●●●● ●●●●●●

무엇이 변했는가? 두 경우에서 흰색 칩과 검은색 칩의 수는 동일하다. 오직 칩의 배열이나 그룹만이 변화하였다. 흰색과 검은색 칩의 수와 더불어 무엇이 불변성을 유지하는가(변하지 않는가)? (이 부분이 우리가 좀 더 깊이 생각하고, 근본적인 관계를 고려해볼 필요가 있는 부분이다.) 2개의 배열 모두 흰색 칩 1개당 검은색 칩이 2개씩 있다. 이런 일정한 관계를 비(흰색 1 : 검은색 2)로 표현할 수 있다.

더 어린 학생들에게 관계적인 유사성을 생각하게 해주는 또 다른 방법은 그림을 이용한 유추와, 말로 하는 유추를 사용하는 것이다. 지능검사, 대학입학시험, 또는 다른 표준화 된 시험에서 다음과 같은 유추를 보았을 것이다.

(1) 개가 털로 덮여 있다면, 새는 무엇으로 덮여 있는가? 이를 종종 '개 : 털 :: 새 : ?'라고 쓴다.

(2) 빵 : 오븐 :: 도자기 : ?

(3) 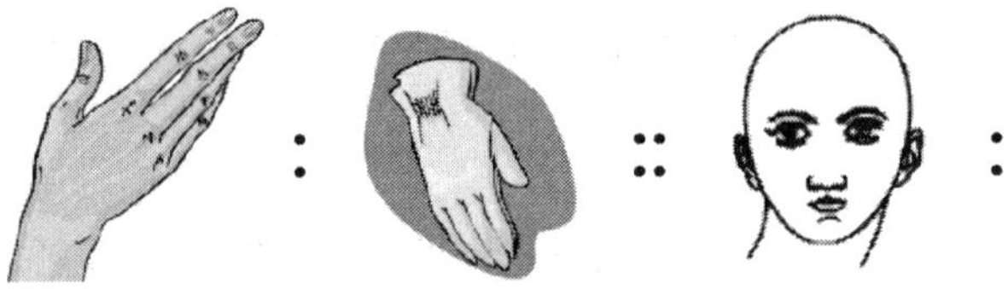 ________

(4)  ________

(5)  ________

유추에 대한 분석은 관계에 대한 공부의 대안이 되며, 더 추상적인 방법을 제공해준다. 유추에서는 첫 번째 용어 쌍에서 관계가 나타나며, 두 번째 쌍에서의 목적은 이와 비슷한 관계를 전달하기 위해 누락된 항을 찾아내는 것이다. 역사적으로, 심리학자와 수학자들은 모두 유추에서의 추론과 비에서의 추론 사이에는 긴밀한 관계가 있다고 주장했다. 그리고 만약 학생이 유추에서 관계적 유사성을 이해하지 못한다면 비례에서의 모든 관계를 이해하지 못할 것이라고 하였다.

학생들과 함께 유추를 논의할 때, 그들이 종종 자신의 반응으로부터 유도되는 관계를 설명한다는 사실은 중요하다. 이러한 이유는 학생들이 종종 관계적 유사성에 대해 생각하지 않고 단순한 연상으로 유추를 완성시키기 때문이다. 예를 들어, 위에서 언급한 세 번째 문제에서 학생들은 '머리카락'이라고 말할 수 있다. 이는 일반적으로 머리에서 머리카락을 연상할 수 있기 때문이다. 이 반응은 손과 장갑 사이의 관계를 고려하지 않고 생각된 것일 수도 있다. 손과 장갑 사이의 연결 그리고 머리와 손 사이의 연결을 설명하는 관계는 각 쌍의 첫 번째 용어가 각 쌍의 두 번째 용어에 의해 '보호되며 따뜻하게 유지된다'는 것이다.

4.7 퀴즈네어 막대 »

그림 외에 다른 구체적인 자료, 예를 들어 퀴즈네어 조각 또는 퀴즈네어 막대와 같은 자료들은 관계에 대한 논의를 위해 사용할 수 있다. 몇몇 사람들은 조작물이 수학적인 도움을 주는지에 대해 의문을 가지고 있으며, 이로 인해 수학교실에서의 조작물 사용을 꺼려한다. 그러나 다른 어느 것들보다 상업용 교구 책자에서 오래된 역사를 가진 두 가지 도구가 있다. 이 두 가지 도구는 사고하는 데 도움이 되는 매우 가치 있는 것들이다.

퀴즈네어 막대와 패턴 블록(나중에 살펴보도록 하자)은 학생들이 분수와 비례의 관계에 대해 자세히 알아볼 수 있게 해주는 훌륭한 도구이다. 퀴즈네어 막대는 밝은 색상의 나무나 플라스틱 입체 도형 등으로 되어 있다. 퀴즈네어 막대는 수에 대한 상징으로 훌륭한 비례 모델이며, 1cm(흰색)에서 10cm(주황색)에 이르는 길이로 눈금이 매겨져 있다. 길이는 숫자와 동일한 특성을 지닌다. 노란색 막대(막대 5)는 빨간색 막대와 녹색 막대를 합한 것(3+2)과 같고, 막대 8은 막대 4 길이의 2배이다. 분수는 2조각에 대한 비교, 즉 순서쌍으로 비교할 수 있다.

분수 지도에서 막대가 3차원이라는 것은 중요하지 않다. 중요한 것은 막대의 길이이다. 따라서 쉽고 저렴하게 인쇄용지를 가지고 퀴즈네어 막대처럼 생긴 조각으로 잘라 이용할 수 있어 모든 학생들이 이 도구를 쉽게 사용하게 할 수 있다. 교사의 편의를 위해, 'MORE[1]'라는 버전에는 패턴이 포함되어 있다. 이런 좋은 도구도 교사가 얼마나 오래, 얼마나 많이 사용해야 하는지를 항상 결정해야만 한다. 마치 몇몇 똑똑한 사람들이 모든 방법을 알지만, 특정 도구만을 가지고 버터를 바르는 것이 비효율적인 것처럼, 특정 도구만을 가지고 학생들을 가르치는 것도 유용하거나 시간대비 효율적이라고 말할 수 없다. 좋은 가이드라인은 다음과 같다. 만약 교사인 당신이 도구 사용 방법을 알기 위해 두꺼운 책을 읽거나, 어떻게 작동하는지를 알기 위해 세미나를 가거나, 온라인 강의를 듣는다면, 당신은 수학보다 도구에 대한 설명으로 귀중한 수업시간을 낭비하게 될 것이다. 모든 교수·학습 도구는 한계를 가지고 있으며 우리는 이를 분별력 있게 사용해야 한다.

1) 'MORE' 버전은 학생들의 활동, 교구활용 템플릿, 일상생활에의 적용을 강조하는 것들을 포함하여 이 책의 상당량을 확장하고 재조직하였다.

퀴즈네어 막대를 분수 교육에서 사용하는 가장 큰 이유는 퀴즈네어 막대가 분수의 전체와 부분 관계라는 개념과, 전체와 부분의 실제 크기를 보여주는 것이 아니라는 점을 잘 구현하고 있기 때문이다. 막대는 우리가 단위를 정하고, 그 단위와 막대를 비교할 때까지는 내재적인 값을 가지지 않는다.

- 검은색(7)이 기본단위로 지정되어 있는 경우라면, 라임 녹색(3)과 검은색(7)은 $\frac{3}{7}$을 나타낸다.

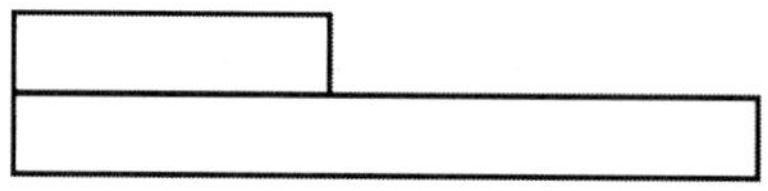

- 노란색(5)이 기본단위로 지정되어 있는 경우라면, 라임 녹색(3)과 노란색(5)은 $\frac{3}{5}$을 나타낸다.

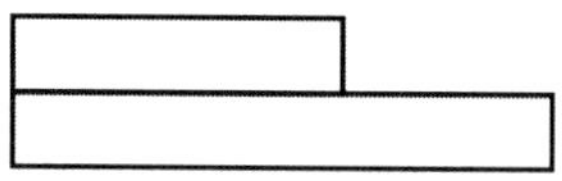

예 1 자홍색 막대와 짙은 녹색 막대 사이의 관계가 빨간색 막대와 자홍색 막대의 관계와 같은가?

여기에 표시된 대로 막대를 나열해보자.

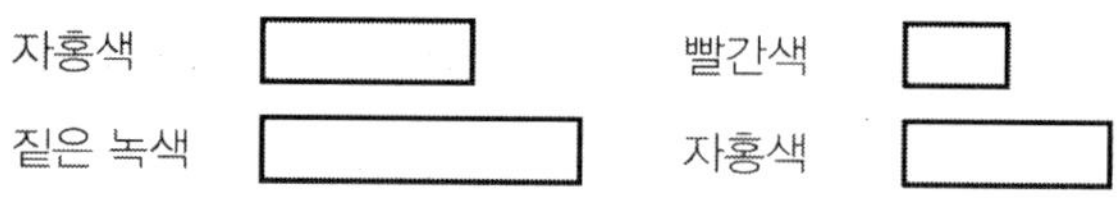

빨간색이 자홍색의 반 정도 되는데 반해, 분명 자홍색은 짙은 녹색 길이의 반보다 더 많다.

예 2 자홍색과 파란색 막대의 관계는 빨간색과 노란색 막대 사이의 관계와 같은가?

여기에 표시된 대로 막대를 나열해보자.

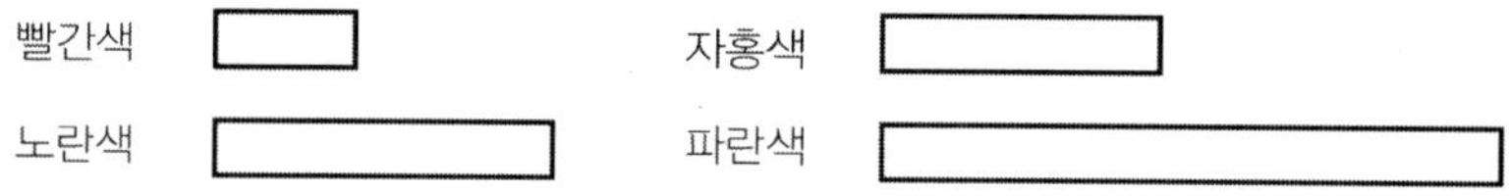

이 관계를 알아보기 위해, 단위 길이가 되는 흰색 막대를 나열해보자. 그러면 자홍색이 빨간색의 2배이지만, 파란색이 노란색의 2배가 되지 않음을 확인할 수 있다. 이제 비교되고 있는 분수나 비에 이름 붙여줄 수 있다. 우리는 동치분수가 동일한 관계를 보여준다는 것을 알기 때문에, $\frac{2}{5} \neq \frac{4}{9}$라 이야기할 수 있다.

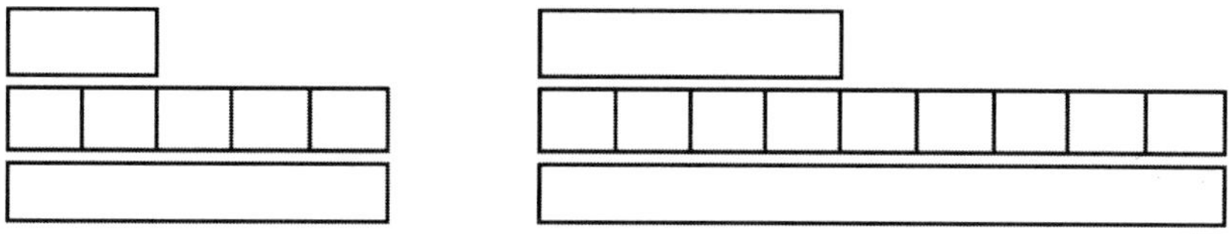

비록 문제들이 구체적인 형태로 제시되었다 하더라도 이 문제들은 고차원의 곱셈적인 사고를 포함한다. 이 문제에서 관계는 비례에서의 관계와 거의 닮아 있다. 첫 번째 문제에서 각각의 막대 쌍 내부의 관계를 검토하는 데 사용된 방법과, 각 쌍에 대응하는 원소 사이의 관계(전항과 전항, 후항과 후항)를 검토한 방법에 주목해보자. 비율에 있어서, 비 내부의 쌍과 비 사이의 쌍은 동일하지만, 서로 필요조건은 아니다.

4.8 배율 계수 »

크기 조정에 대해 이야기할 때, 배율이라는 용어를 들을 가능성이 있다. 배율은 어떤 '양'을 곱하는 수이다. 여기서 축척은 덧셈적인 방법이 아니라 곱셈 연산을 통해서 크기를 변화시킴을 의미한다. 첫째 장에서 우리는 두 양이 서로 비례한다는 것이 어떤 의미인지를 논의했다. 비례한다는 것은 비례상수를 가지고 있거나 $\left(\frac{y}{x}=k\right)$, 또는 동일한 의미로 하나가 다른 하나의 상수 곱이라는 것을 의미한다($y=kx$). 비례상수는 두 양이 연계된 방식으로 공변하거나 또는 변화하는 방법을 실제로 묘사해준다. 이에 대해 생각하다보면, 축소 혹은 확대는 정비례하게 양이 변화하는 것이라고 생각할 수 있다. 따라서 배율은 새로운 개념이 아니라 정비례 상황에서의 비례상수이다. 배율은 한쪽이 다른 한쪽보다 크거나 작을 때 두 대상 간의 변화를 보여준다. 대부분 배율은 이전 상태의 양에 대한 현재의 양의 관계를 의미한다.

만약 당신에게 모래 더미가 있다고 하자. 폭풍으로 인해 모래 더미가 더 쌓였다. 변화하기 전에는 동일한 양이라고 이야기하지만, 지금은 "이전보다 두 배만큼 많이 있다"라고 말할 수 있다. 바람이 모래를 조금 날려 보낼 수도 있으며, 그때 당신은 "이제 절반만큼만 있다"라고 말할 수 있다. 두 배만큼(곱하기 2) 또는 절반만큼(곱하기 0.5)은 양을 이전 상태와 연관시킨다. 이때 2와 0.5를 **배율**(scale factor)이라고 한다.

때때로 **축척비**(scale ratio)라는 용어를 보게 된다. 배율은 나누어진 비이다. 비가 나누어지지 않았을 때, 이를 축척비라고 한다. 2 : 1이라는 비는 분수 형태로 쓰면 $\frac{2}{1}$

또는 '2 나누기 1'이다. 그러므로 배율이 2라는 것은 2:1이라는 비와 같다. 마찬가지로 배율이 0.5라는 것은 1:2라는 비에 해당한다.

4.9 닮음 »

다음은 사람들이 일반적으로 알아볼 수 있는 두 물체의 그림이다. 이 물체가 무엇이라고 생각하는가?

왜 이러한 그림에 집중해야 하며, 보이는 것에 대해 추측해야 하는가? 이 그림은 왜곡되었다. 이 그림은 원래 대상과 비례가 맞지 않게 크기가 조절되었다.

어떤 물체의 모든 치수를 원래 대상과 비례되게 축소하거나 확대할 때, 우리는 그 물체가 '**닮았다**'고 이야기한다. 닮은 물체는 동일한 모양을 가지고 있어야 한다. 즉, 하나가 다른 하나보다 크거나 작기만 해야 한다. 하나의 물체는 축소되거나 확대되어, 다른 물체의 정확한 복제가 될 수 있다. 즉, 원래 대상과 수정된 대상은 **합동**(congruent)이다(같은 모양, 같은 크기). 불행히도 닮음이라는 수학적인 용어 사용은 일상적인 용어 사용과 일치하지 않는다.

이 보트들은 닮았다.

이 용들은 닮았다.

이 토끼들은 닮지 않았다.

인류는 크기가 큰지 작은지, 또는 실제 사물인지, 혹은 실제 사물의 몇 가지 특징만을 갖고 있는 사진이나 모델인지를 인식할 수 있는 능력이 내재된 것처럼 보인다. 예를 들어, 아주 어린 학생들도 앞의 스케치가 토끼의 모델이라는 것을 안다. 학생들은 이 모두를 토끼라고 부를 것이다. 하지만 암묵적으로, 이 그림이 실제 토끼의 특징 — 생명, 움직임, 털, 크기 등 — 을 가지고 있지 않으며, 심지어 각각의 그림들의 추상의 정도가 다르게 그려져 있다는 것을 이해하고 있다.

닮음이라는 용어는 일상생활에서 어떤 유사성을 보이는 것을 의미할 때 사용된다. 그러나 수학적으로 말해서, 닮음이란 더 엄밀한 개념이다. 불행히도, 우리는 닮음이라는 수학적 개념의 어려움을 과소평가하는 경향이 있다. 이는 우리가 일상생활의 언어로 닮음의 의미를 알고 있다고 생각하기 때문에, 그리고 동시에 표준적인 교과서의 정의가 믿을 수 없을 정도로 매우 간단하기 때문이다. 둘이 동일한 모양일 때 두 물체는 닮았다. 실제로 우리가 학생들과 이야기를 하면 동일한 모양을 갖고 있다는 것이 무엇인지에 대하여 학생들 스스로 개념을 발달시키고 있다는 것을 알게 된다. 또한 학생들의 사고를 더 신중하게 탐구하기 위해 주의하지 않으면 닮음에 대한 그들의 무정의 용어가 가르치는 데 방해가 된다는 것을 알게 된다. 예를 들면, 8살 학생이 앞의 토끼를 관찰한 후 다음과 같이 말했다. “이 그림들은 닮았다. 왜냐하면 그것들은 모두 같은 토끼 모양이기 때문이다.”

수학적 닮음은 단지 두 물체를 관찰하는 것 이상을 필요로 한다. 수학적 닮음은 양과 관계를 잘 살펴보아야 한다. 이 장의 앞부분에서 우리는 유추에 대해 이야기했다. 유추의 양쪽 부분이 같은 관계일 때, 우리는 그 부분이 닮았다고 말한다. 하지만 관계는 잘 드러나지 않는다는 것을 기억하자. 또한 두 변수가 함께 변할 때, 상수 비를 발견하는 것은 단순한 지각만으로는 힘들다. 주어진 정보에서 비는 명시적이지 않다. 따라서 닮음은 규정하기 어려운 개념이다. 학생들은 잘 드러나지 않는 양적인 관계를 내면에서 찾을 필요가 있다. 이제 닮음을 이해하기 위해 필요한 곱셈적인 관계들에 대해서 이야기해보자. 다음 두 직사각형은 닮았는가?

두 직사각형의 내적인 관계를 생각해보자. 첫째 직사각형에서 가로와 세로의 비를 비교하여 $9:6=3:2=1.5:1$을 얻을 수 있다. 둘째 직사각형에서 가로와 세로의 비를 비교하여 $4.5:3=1.5:1$을 얻을 수 있다. 두 비를 모두 나누어 우리는 $W:H=1.5$를 얻을 수 있다. 그래서 우리는 직사각형이 닮았다는 사실을 알게 된다.

아니면 두 직사각형 사이의(between) 관계를 생각해봄으로써, 동일한 결론에 도달할 수 있다. 직사각형의 가로를 비교하면 $9:4.5=2:1$이라는 식이 얻어진다. 직사각형의 세로를 비교하면 $6:3=2:1$라는 식이 얻어진다. 이 직사각형은 $W_1:W_2=H_1:H_2=2$라는 식이므로 서로 닮았다.

이 수가 의미하는 것은 무엇인가? $9:6$과 $4.5:3$은 각각의 직사각형 내에서 가로와 세로를 비교한 비이므로, 내적인(within) 비나 내부(internal) 비라고 부른다. 그것들은 또한 종횡비라고도 불린다(이 장의 뒤쪽에서 더 자세히 다루도록 한다). 두 비를 나누면, 두 비는 1.5로 같으며, 이것은 직사각형이 비례함을 의미한다. 1.5는 각 직사각형의 가로와 세로의 관계식에서 비례상수이다. ($W=1.5H$)

각각의 비 $9:4.5$, $6:3$는 두 직사각형의 대응하는 값을 비교한 것이므로, 그것들은 사이의(between) 비로 불린다. 두 비를 나누면, 두 비의 값은 2이다. 따라서 두 직사각형은 비례한다. 2는 배율이다. 배율이 수치의 모든 값에 동시에 연산된다는 사실을 아는 것이 중요하다. 만약 세로는 그대로이고 가로만 축소 또는 확대된다면, 우리는 원본과 닮지 않은 왜곡된 모습을 보게 된다. 또한 배율 2는 두 직사각형 각각의 가로와 세로 사이의 관계식에서 비례상수이다. ($W_1=2W_2$, $H_1=2H_2$) 아니면 $4.5:9$, $3:6$이라는 비를 사용할 수 있다. 이 경우에는 배율은 $\frac{1}{2}$이 된다.

동치의 비가 만들어지는 방법과 상관없이, 비례상수는 배경에 숨어있는 특별한 관계다. 비례상수가 주어진 정보에 명시적으로 나타나지 않는다는 점에 주목하자. 뿐만 아니라 사용하고 있는 비, 배율, 비례상수를 해석하는 것은 항상 중요하다.

분수의 곱에 대하여 생각하는 것은 배율을 해석하는 데 도움이 될 수 있다. 만약 당신이 1(곱셈의 항등원)을 곱한다면, 곱한 결과는 변하지 않고 그대로이다. 만약 1보다 작은 분수를 곱한다면, 결과는 더 작아질 것이다. 만약 1보다 큰 수를 곱한다면, 원래의 양보다 더 커질 것이다.

예 1 배율 0.8을 직사각형 A에 적용해보자.

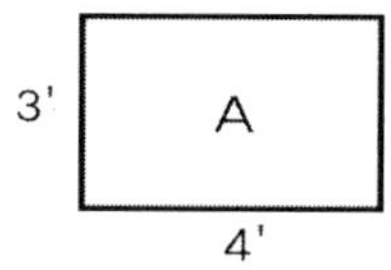

B는 A와 닮았고, 배율이 1보다 작기 때문에 B는 A보다 작다. B의 세로는 $3(0.8) = 2.4$(피트)이고, B의 가로는 $4(0.8) = 3.2$(피트)이다.

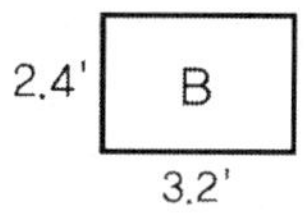

예 2 건축가를 통해 직사각형 모양의 수영장을 설치하려고 한다. 그가 설치하려는 수영장의 형태는 모두 닮음이다. 먼저 당신에게 크기가 8(피트)×20(피트)인 모델을 보여준다. 사용할 수 있는 공간은 너비가 6피트밖에 되지 않는다. 길이는 어떻게 되는가?

수영장이 닮음이라는 사실을 알고 있으므로, 구매할 수영장(P)은 기존 모델(M)의 축소된 형태가 될 것이다. 우선, 축척을 알기 위해 너비의 길이를 사용해보면,

$$8 : 6 = 4 : 3 \text{ 또는 } 6 : 8 = 3 : 4.$$

다른 방법으로도 구할 수 있다. 하지만 이 축척이 무엇을 의미하는지 생각해봐야 한다.

$M_{\text{너비}} : P_{\text{너비}} = 4 : 3,\ M_{\text{너비}} = \frac{4}{3}P_{\text{너비}}$ (모델이 구매할 수영장보다 너비가 넓다.)

$P_{\text{너비}} : M_{\text{너비}} = 3 : 4,\ P_{\text{너비}} = \frac{3}{4}M_{\text{너비}}$ (구매할 수영장이 모델보다 너비가 좁다.)

구매할 수영장의 길이를 얻기 위해 모델의 길이에 $\frac{3}{4}$라는 배율을 적용해보고자 한다.

$$\frac{3}{4} \cdot 20 = 15$$

따라서 구매할 수영장의 길이는 15피트가 될 것이다.

예3 라미는 수영장을 사려고 한다. 수영장은 모두 같은 모양이다. 상점에는 6(피트)×8(피트) 크기의 수영장보다 큰 수영장들이 있었다. 만약 라미가 가로 길이가 10피트인 수영장을 사려고 한다면, 그것의 세로 길이는 얼마가 되는가?

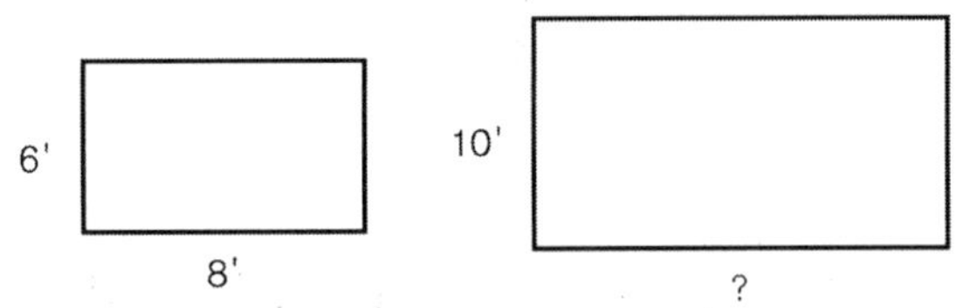

학생들이 닮음이라는 개념을 어떻게 다루는지 확인해보자. 4, 5, 6학년 학생들이 예 3을 해결해 보았다. 이를 분석해 보시오.

론 (4학년)	12피트일 것이다. 왜냐하면 10=6+4이기 때문에 ? = 8 + 4이니까 ?는 12피트이다. 만일 믿지 못하겠다면, 8 − 6 = 2이고 12 − 10 = 2니까 확인해보면 된다. 그래서 이것은 틀림없이 맞을 것이다.
잰 (5학년)	$\frac{6}{8}=\frac{3}{4}$ $\frac{3}{4}\cdot 10=\frac{30}{4}=7\frac{1}{2}$피트
에드 (6학년)	$6\times 1\frac{2}{3}=6+4=10$ $8\times 1\frac{2}{3}=8+\frac{16}{3}=8+5\frac{1}{3}=13\frac{1}{3}$피트

학생들이 자연수를 다룰 때, 덧셈은 어떤 것을 크게 만드는 방법 중 하나이다. 아이들이 닮음 개념을 이해하는 데 가장 어려운 점은 동일한 크기 또는 커지는 것이 덧셈이 아니라, 곱셈이라는 사실이다. 직사각형의 가로와 세로에 같은 양을 더하는 것은 직사각형을 크게 만들지만, 각 변에 서로 다른 분수만큼 더했기 때문에, 한 변이 다른 한 변보다 더 늘어나게 된다. 이것은 론의 풀이에서 확인할 수 있다. 6에 4를 더하는 것은 직사각형의 높이를 $\frac{2}{3}$만큼 증가시키지만 8피트에 4피트를 더하는 것은 8의 $\frac{1}{2}$만큼 증가시킨다. 론의 풀이로부터 그에게 덧셈적인 사고가 얼마나 뿌리 깊게 자리 잡고 있는지 알 수 있다. 그는 각 변에 동일한 양만큼 더함으로써 직사각형의 크기를 키울 수 있다고 생각했을 뿐만 아니라, 그가 옳다는 것을 증명하기 위해 또 다른 덧셈적인 주장까지 찾아냈다. 6학년 에드는 6에 $1\frac{2}{3}$를 곱했다는 사실을 알고, 다른 변에도 같은 배율로 올바르게 곱했다. 5학년 잰은 첫 번째 직사각형의 가로와 세로의 비를 비교하고 $\frac{3}{4}$을 얻었다. 하지만 잰은 길이를 알기 위해 $\frac{3}{4}$을

어떻게 사용해야 할지 몰랐다.

4.10 간접 측정 »

우리는 이미 기울기, 속도, 음료수의 농도 등 직접 측정할 수 없는 양을 측정하는데 있어서 비와 비례의 역할의 중요성에 대하여 이야기했다. 비는 사실 '양'을 표현하는 측정량 중 하나이다. 비(특히, 닮은 삼각형에서의 비)는 당신이 측정할 수 없을 때, 물체의 물리적 측정값을 얻기 위해 사용될 수 있다. 예를 들어, 깃대나 나무, 큰 빌딩의 높이를 측정하는 것은 매우 어렵다. 줄자를 가지고 잴 수 없으며 구하고자 하는 정보를 얻을 수 없으므로, 그것을 구하기 위한 간접적인 방법이 필요하다. 닮은 삼각형은 물체 높이의 근삿값을 찾을 수 있게 해준다. 다음 그림에서 작은 다람쥐가 나무 옆에 서 있고, 이 나무의 높이가 얼마나 큰지를 알고 싶어 하는 상황에 대해서 이야기해보자.

이 작은 다람쥐는 키가 18인치이다. 다람쥐의 (지표면에 있으므로) 뒤꿈치부터 그림자 끝까지의 그림자를 측정했고, 그 길이가 3피트임을 알았다. 또한 나무의 그림자도 측정했다. 나무 맨 밑부분부터 그림자 끝까지의 길이를 측정했더니 27피트였다.

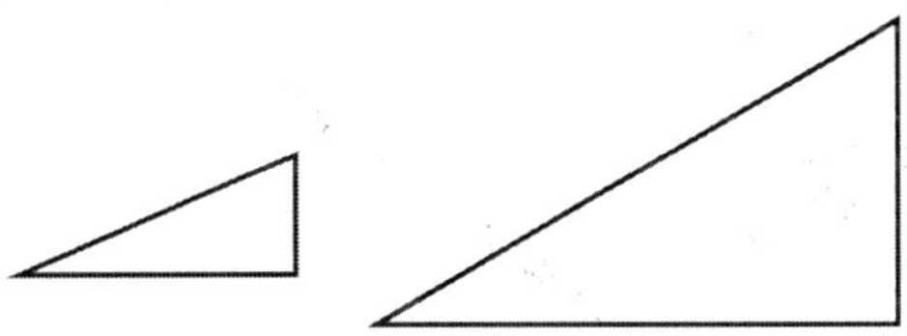

닮음꼴 삼각형으로 나타낼 수 있는 상황이 되었다. 축척은 얼마인가? 나무 그림자가 다람쥐의 그림자와 어떠한 관계가 있는가? 축척은 $\frac{27}{3}=\frac{9}{1}$이다. 따라서 배율 9를 얻었고, 이는 나무 그림자의 높이가 다람쥐의 그림자의 길이의 9배이므로, 나무의 높이는 다람쥐의 9배임을 의미한다.

$$H = 9(1.5) = 13.5(\text{피트})$$

4.11 닮음 판별 »

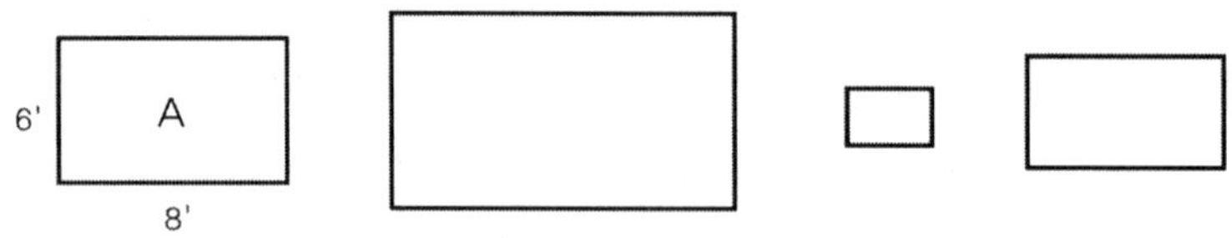

직사각형 A와 닮은 모든 직사각형은 가로와 세로의 비가 $8:6=4:3$인 내적인 비를 가지고 있다. 어떤 직사각형이 A보다 크든 작든, 만약 그 직사각형이 A와 닮았다면, 가로와 세로의 비는 $4:3$이 될 것이다. 분명 더 큰 또는 더 작은 직사각형을 만들 때마다 배율은 달라지겠지만, 가로와 세로의 비는 $W:H=4:3$으로 같을 것이다.

비디오 산업에 종사하는 사람들은 이 비를 자주 사용하기 때문에, 이 비에 이름을 붙였다. **종횡비**(aspect ratio)는 이미지의 세로에 대하여 가로의 길이를 비교한 것이다. 우리가 이미 토론한 이 용어는 비디오 산업에 종사하는 사람들이 내적인 비교를 위해 그들 내부에서 쓰는 용어이다.

A보다 크기가 축소되거나 커진 직사각형 모두를 A와 같은 족(族, family)으로 생각해볼 수 있다. 수학에서는 이러한 족을 **동치류**라고 한다. 그 직사각형 모두를 표현할 수 있는 비는 종횡비 $4:3$이다. $4:3$의 동치류는 $3.2:2.4$, $5:3.75$, $13.33:10$, $8:6$, 그밖에도 여러 가지로 나타낼 수 있다. 이 동치류의 그래프는 다음과 같다. 이 그래프는 직선이며 모든 임의의 두 점 사이의 기울기가 $\frac{4}{3}$라는 것에 주목해보자. ($4:3$ 또는 $\frac{4}{3}$는 1.33임을 기억하라.)

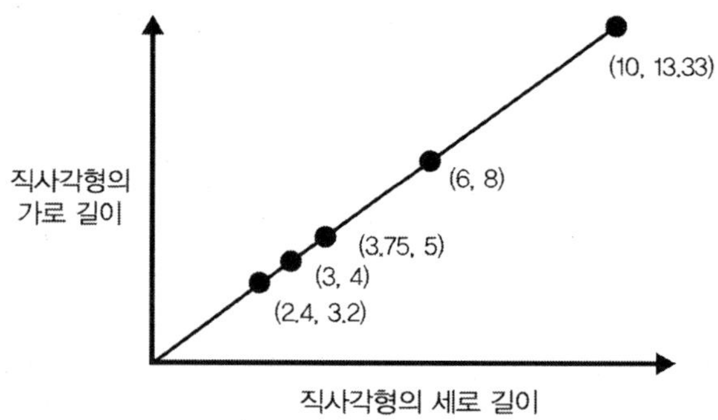

예 다음 중 A와 닮은 직사각형은 어느 것인가? (단위는 피트이다.)

① 4×6　　② 6×10　　③ 8×12　　④ 2×3

이 문제에 대해 확인할 수 있는 여러 방법이 있다. 우리는 각 직사각형의 종횡비를 구할 수 있다. 새로운 직사각형을 만들기 위해 A의 각 치수에 같은 배율을 곱해서 직사각형들을 확인해 볼 수 있다. A와 다른 직사각형들 간의 축척을 구할 수 있다. 그러나 닮은 직사각형들을 확인하기 위해 그래프를 사용하고자 한다. 가장 작은 것부터 가장 큰 것까지 크기에 따라 놓고, 직사각형의 가로(W)는 y축에, 직사각형의 세로(H)는 x축에 표시해서 직사각형을 놓아보자.

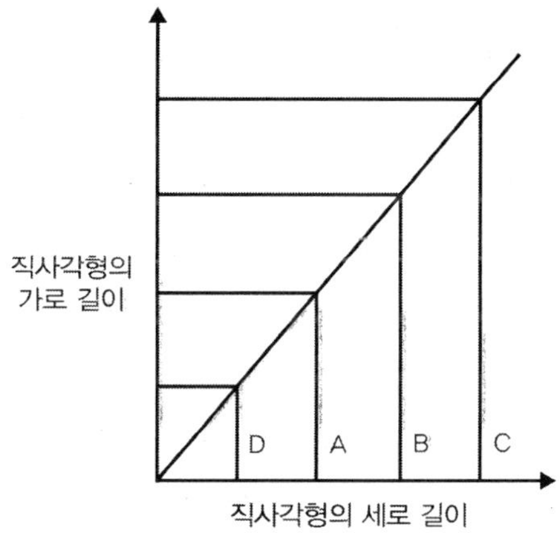

원점 (0, 0)을 지나면서 가장 큰 직사각형의 오른쪽 위 모서리를 지나는 직선을 그려보자. 이 직선은 종횡비 $W:H$를 나타낸다. 우리는 이 4개의 직사각형 중 3개의 비가 같음을 알 수 있다. 비 $3:2$, $6:4$, $12:8$은 모두 동치류에 속한다. $10:6$의 비는 다른 동치류에 속한다. 따라서 ①, ③, ④가 닮았다.

컴퓨터로 닮은 물체를 만드는 것은 매우 쉽다. 클립아트 하나를 마이크로소프트 워드에 삽입한다. 그 그림의 크기를 조정(축소 또는 확대)하여라. 그 메뉴에는 옵션을 체크할 수 있는 다음과 같은 상자가 있을 것이다.

□ 종횡비 유지(또는 잠금)

만약 이 상자에 체크가 되어있다면, 아래와 같이 하트의 크기를 조정할 수 있으며 이때 만들어진 작거나 큰 모든 하트는 원본과 닮음이 된다. 만약 이 상자가 체크되어 있지 않다면, 종횡비는 보존되지 않을 것이며 하트 그림은 크기를 수정할 때 왜곡될 것이다.

4.12 실물 크기의 모형과 통통한 사람 »

종횡비, 축척, 닮음은 설계와 관련된 많은 직종에서 중요하다. 예를 들어, 실물 크기의 원형을 만들거나 실물 크기로 테스트하는 것은 제조업자, 건축가, 디자이너 등에게 비용 효율이 낮다. 유니버셜 스튜디오를 방문해본다면, 실물 크기의 물체를 만드는 것이 비현실적일 때 영화산업에서 어떻게 축척 모형을 사용했는지 확인할 수 있다. 실제 빌딩보다 더 크게 킹콩을 만든다면 킹콩의 크기가 어떨지 상상해보라. 디즈니-픽사와 마텔이 자동차를 1 : 55 사이즈로 축소해서 만들지 못했다면 학생들은 라이트닝 맥퀸, 매터, 샐리(애니메이션 영화 '카'에 나오는 자동차 캐릭터들의 이름)를 주머니에 가지고 다닐 수 없었을 것이다.

가장 일반적인 —하지만 잘못 이해되고 있는— 확대 또는 축소의 사용은 비디오 산업에 있다. 홈비디오에서 가장 일반적인 종횡비는 4 : 3(또는 1.33 : 1 또는 표준형)과 16 : 9(또는 1.78 : 1 또는 와이드스크린) 2개이다.

4 : 3 스크린은 옛날 프로그램에서 잘 작동되고, HDTV 프로그램은 16 : 9 스크린에서 잘 작동되지만, 당신이 가지고 있는 텔레비전 스크린에 매치가 잘 안 되는 포맷을 가진 프로그램을 볼 때에는, 모든 것이 꽤 이상하게 보일 것이다. 통통하게 보이거나, 스크린에 그림이 채워지지 않은 검은 공간이 생긴다. 스크린의 이미지 왜곡과 이상함은 4 : 3 직사각형이 16 : 9 직사각형과 닮지 않았기 때문에 발생한다. 비디오 포맷이 스크린 포맷에 부합하지 않을 때마다 문제가 발생한다. 선택은 비를 유지하거나 그림을 왜곡시키는 것이다.

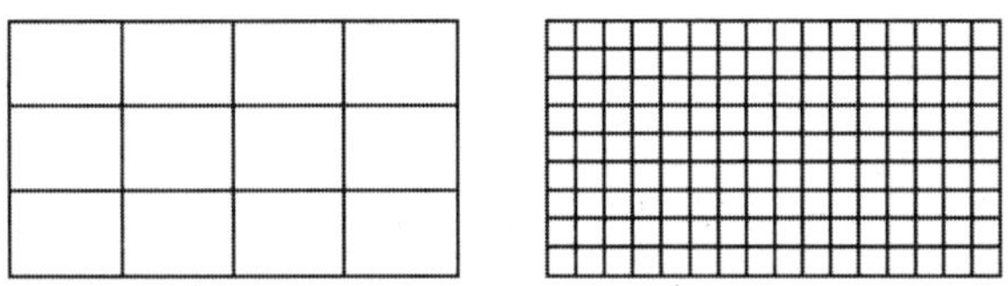

4:3 16:9

이것이 어떻게 작동하는지 살펴보자.

4 : 3 텔레비전에 적합한 비디오를 16 : 9 텔레비전으로 본다고 가정해보자. 우리는

4 : 3 이미지의 4를 4배 더 크게 만들 필요가 있다. 배율 4를 사용하면, 4 : 3 직사각형이 16 : 12가 된다. (즉, 4(4 : 3) = 16 : 12.) 만약 16 : 12 비디오를 16 : 9 스크린에 상영하면, 긴 세로가 작은 세로 안으로 구겨지게 되어 사람이 통통해 보이거나 부은 것처럼 보이게 된다.

다른 방법은 4 : 3 이미지의 3을 3배 더 크게 만드는 것이다. 배율 3을 사용하면, 4 : 3 직사각형은 12 : 9 직사각형이 된다. (즉, 3(4 : 3) = 12 : 9.) 12 : 9 이미지를 16 : 9 스크린에 상영하면, 가로를 다 채울 수 없고 이미지의 양쪽에 검은 공간이 생기지만, 종횡비가 유지되고 원본과 닮은 이미지이기 때문에 적어도 그림은 정상적으로 보인다.

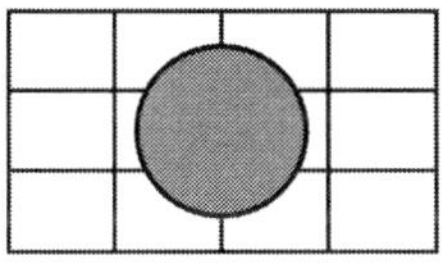
4:3

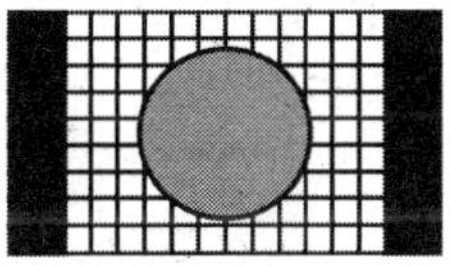
종횡비(16:9) 유지
검은 막대가 있음

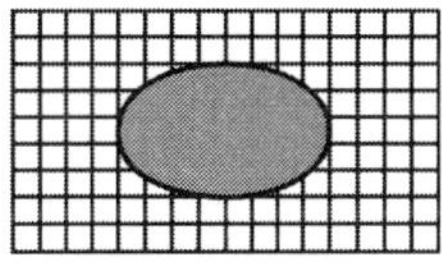
종횡비(16:9) 유지 안 됨
물체 왜곡

이제 16 : 9 이미지를 4 : 3 표준 스크린에 맞추는 것을 가정해보자. 배율 $0.25 = \frac{1}{4}$을 사용할 수 있다. 16 : 9 이미지를 4 : 2.5로 바꾼다. (즉, $\frac{1}{4}(16 : 9) = (4 : 2.5)$.) 이 미지는 원본과 닮겠지만, 사용되지 않은 스크린의 높이를 채우기 위해 검정 막대가 그림의 위아래에 채워질 것이다. 다른 방법은 배율 $\frac{1}{3}$을 사용하는 것이다. $\Big($즉, $\frac{1}{3}(16 : 9) = (5.33 : 3)$.$\Big)$ 이 경우에는 이미지가 스크린에 비해 길 것이고 이미지의 양옆이 잘려나갈 것이다.

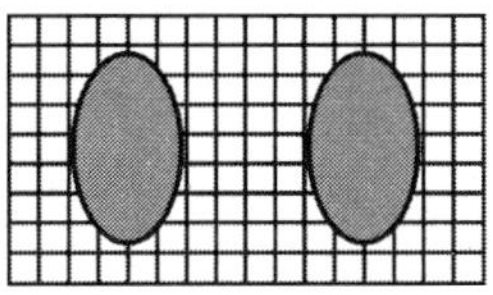
16:9

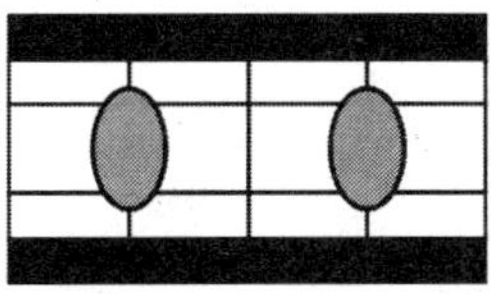
종횡비(4:3) 유지
가로 막대 있음

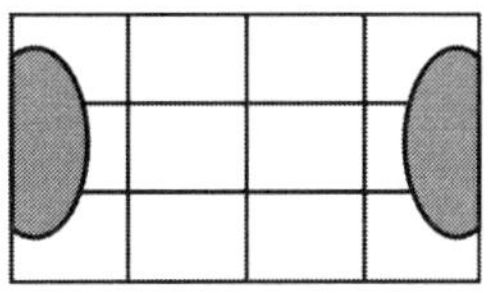
종횡비(4:3) 유지 안 됨
옆이 잘림

이 모든 것이 수학이다! 나는 텔레비전 스크린 수학이 중학교 학생들에게 흥미로운 ―아니, 눈을 못 떼게 하는― 주제가 된다는 것을 발견하였다. 학생들은 왜 TV 이미지들이 이상하게 보이는지 부모님에게 설명하기를 매우 좋아한다.

활동

01 다음 캐리커처를 묘사해보자. 캐리커처와 실물의 차이점이 무엇인가? 왜 이 사람을 비례에 맞지 않게 그렸는지 그 이유와 관련된 몇 가지 추측하시오.

02 한 피자 전문점은 야간학교를 홍보하기 위해 체육관에 지름이 3피트인 피자를 만들었다. 그리고 학부모, 교사, 학생들에게 다음 그림에서 보이는 몫만큼 나누어 주었다. 그들이 이 피자를 분배한 방법에 대하여 당신은 무엇을 이야기할 수 있는가?

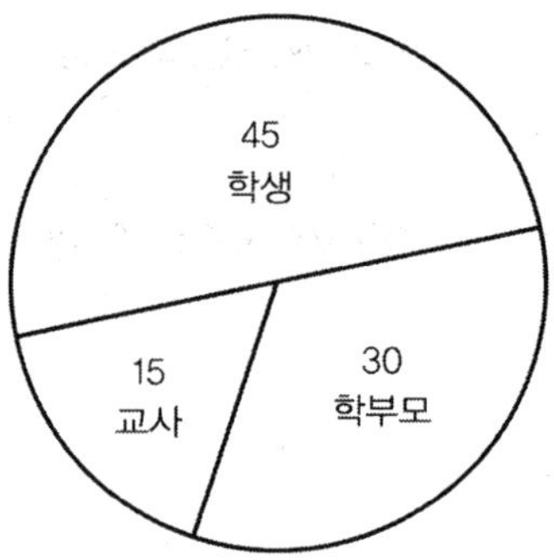

03 각각의 경우에서 그것들이 기초로 하고 있는 가능한 반응과 관계를 토론하시오.

(1) 사진 : 틀 :: 야드 : ?
(2) 기린 : 목 :: 포큐파인(동물의 종류) : ?
(3) 음식 : 몸 :: 비 : ?
(4) 자동차 : 가솔린 :: 요트 : ?
(5) 수액 : 나무 :: 피 : ?
(6) 샌드위치 : 소년 :: 당근 : ?
(7) 배 : 나무 :: 감자 : ?
(8) 나무 : 잎 :: 책 : ?
(9) 지휘자 : 열차 :: 선장 : ?
(10) 결혼 : 신부 :: 장례식 : ?

04 퀴즈네어 막대를 사용하여 각각의 쌍에서의 관계가 같은지 다른지를 결정하고, 당신의 결론에 대한 이유를 진술하시오. (막대는 추가 사용이 가능하다.)

(1) 노랑 : 하양, 주황 : 초록
(2) 하양 : 초록, 초록 : 짙은 초록
(3) 짙은 초록 : 파랑, 초록 : 자홍
(4) 갈색 : 주황, 자홍 : 노랑
(5) 초록 : 파랑, 하양 : 빨강

05 이 직사각형들의 세로에 대한 가로의 비율을 판단하시오.

(1) 
(2) 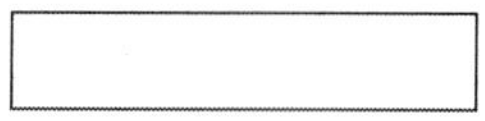
(3) 
(4) 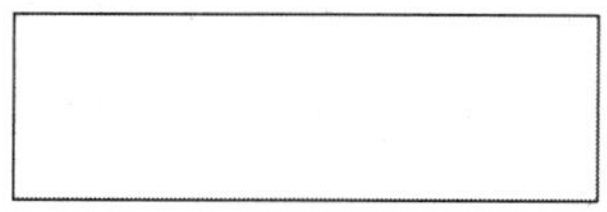

06 당신의 무릎만큼 오는 작은 강아지가 네 발로 서 있다고 해보자. 만약 당신이 키가 8피트이고, 여전히 강아지의 크기가 당신의 무릎까지 온다면, 강아지가 섰을 때의 키는 얼마인가?

07 퀴즈네어 막대의 주어진 쌍은 관계를 정의한다. 가능한 한 적은 막대를 사용하여 같은 관계를 나타내는 두 번째 쌍을 완성하라.

(1) 하양 : 노랑, 자홍 : ?

(2) 빨강 : 자홍, 검정 : ?

(3) 노랑 : 빨강, 주황 : ?

(4) (주황+빨강) : 갈색, 초록 : ?

(5) 짙은초록 : (주황+자홍), 초록 : ?

08 다이앤은 매일 달리기를 한다. 다음과 같은 진술문 (1)~(5)가 주어졌을 때, 그녀의 오늘 달리기 속도에 대하여 판단하시오. 변하는 양과 변하지 않는 양에 대하여 생각하시오.

(1) 그녀는 어제와 동일한 거리만큼 달렸는데 시간이 적게 걸렸다.

(2) 그녀는 어제와 동일한 시간만큼 달렸는데 더 적은 거리를 달렸다.

(3) 그녀는 어제보다 적은 시간동안 달렸는데 더 많은 거리를 달렸다.

(4) 그녀는 어제와 동일한 시간동안 달렸는데 더 많은 거리를 달렸다.

(5) 그녀는 어제보다 적은 시간동안 달렸는데 더 적은 거리를 달렸다.

09 각각의 상황에 대하여, 변하는 양을 작성하시오.

(1) 당신이 당신 차의 연료탱크에 가스를 채우고 있다.

(2) 당신은 밀워키에서 시카고까지 차로 여행하고 있다.

(3) 당신은 몇 개의 신용카드로 물건을 구매하고 있다.

(4) 당신은 스쿠버다이빙을 하고 있다.

(5) 당신은 욕조에서 물을 빼내고 있다.

10 각 상황에서 어떤 양이 변하고 어떤 양이 변하지 않는지 말하시오.

(1) 나는 잔돈 교환기 옆에 서 있고 두 사람이 다가와서 그것을 사용했다. 한 남자가 50센트 동전을 넣었고 10센트짜리 동전 4개와 5센트짜리 동전 2개를 받았다. 한 여자는 1달러 지폐를 넣었고 10센트짜리 동전 8개와 5센

트짜리 동전 4개를 받았다.

(2) 첫 번째 그림을 복사기에 넣었다. 두 번째 그림은 그 결과물이다.

(3) 위스콘신 지도에는 매디슨에서 밀워키 국립공원 사이의 거리가 약 4인치, 또는 80마일이다. 그린베이와 매디슨 사이의 거리는 약 6.5인치, 또는 130마일이다.

(4) 내 방의 길이를 인치로 측정했더니 144인치가 나왔다. 피트로 측정을 했더니 12피트가 나왔다.

(5) 한 국수 가게의 가격은 다음 그림과 같다.

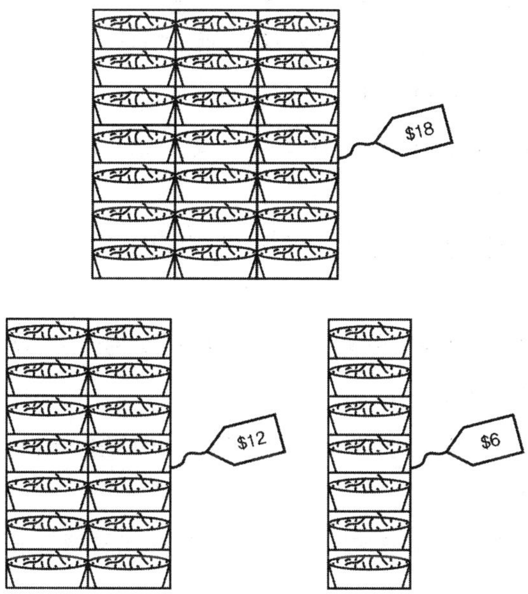

11 (1) 스튜 요리에는 당근의 $\frac{4}{3}$만큼의 콩이 필요하다. 스튜 요리에는 콩이 더 많은가? 당근이 더 많은가?

(2) 짐의 키는 테드의 키의 $\frac{2}{3}$이다. 누가 더 큰가?

(3) 강아지를 키우고 있는 사람 수의 반이 고양이를 키우고 있는 사람의 수이다. 강아지를 키우고 있는 사람이 더 많은가? 고양이를 키우고 있는 사람이 많은가?

(4) $\frac{1}{2}$리터의 주스가 3달러이다. $\frac{2}{3}$는 3달러보다 비싼가? 싼가?

(5) 야간학교에 3학년 자녀를 두고 있는 엄마들의 $\frac{3}{5}$과 3학년 자녀를 두고 있는 아빠들의 $\frac{2}{3}$가 선생님을 찾아왔다. 이 상황에 대해 당신은 무엇을 이야기할 수 있는가?

12 2개의 관련된 양을 화살표를 사용하여 변화의 방향(↑ 또는 ↓)을 나타내시오. 그리고 빈칸을 채우시오. 가능하다면 그 이유도 말하시오.

(1) 8명이 2시간 동안 집 한 채를 청소한다. 2명이 그 집을 청소한다면 (   ) 시간이 걸릴 것이다.

(2) 게임을 15번 하는 데 30달러가 든다면 게임을 3번 하는 데는 (   )달러가 들 것이다.

(3) 골프 1게임을 하는 데 4시간이 걸린다면 3게임을 하는 데는 (   )시간이 걸릴 것이다.

(4) 존은 10살이다. 엄마는 존의 나이의 3배이고 벤이 12살이라면 엄마의 나이는 (   )살이다.

(5) 6명이 2시간 동안 1야드를 갈퀴질 한다면 2명은 (   )시간 동안 갈퀴질해야 한다.

(6) 1개의 물건을 구입할 때 6% 세금을 지불했다면 5개의 물건을 구입할 때는 (   )% 세금을 지불할 것이다.

(7) 세 사람은 30분 동안 저녁을 먹는다. 같은 양을 9사람이 먹으면 (   )분이 걸릴 것이다.

(8) 2명이 30분 동안 하나의 경로로 종이를 배달했다. 6명이 같은 경로로 배달하면 (   )분이 걸릴 것이다.

13 '과자와 아이'의 방법을 사용하여 다음 분수를 비교하시오.

(1) $\frac{4}{9}, \frac{4}{8}$　(2) $\frac{2}{7}, \frac{5}{7}$　(3) $\frac{4}{5}, \frac{5}{3}$　(4) $\frac{3}{7}, \frac{2}{5}$

(5) $\frac{3}{5}, \frac{3}{7}$　(6) $\frac{2}{9}, \frac{1}{10}$　(7) $\frac{3}{7}, \frac{4}{9}$

14 트렌트 선생님의 과학수업에서는 학생들이 한 책상에 3명씩 앉는다. 어느 날 오전 휴식시간에 선생님께서 각각의 책상 위에 2개의 캔디 바를 올려두시고 학생들에게 그것들을 나누라고 말씀하셨다. 그리고 "그러나 그 전에, 4개의 책상을 붙이고 함께 나누세요"라는 말을 덧붙이셨다. 만약 당신이 사탕을 좋아한다면, 책상을 붙이기 전에 사탕을 나누는 것이 좋겠는가? 책상을 붙이고 함께 나누는 것이 좋겠는가?

15 밥의 빵집에서 판매하는 2가지 메뉴는 다음과 같다. 밥은 빵과 도넛에 각각 얼마의 요금을 매겨야 하는가?

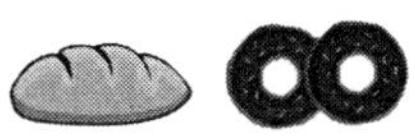

$6

$9

16 곰과 기차의 가격을 구하시오. 무엇이 변하고, 무엇이 변하지 않았는지에 대하여 생각하시오.

$80

$76

17 헬맷과 럭비공의 가격을 구하시오.

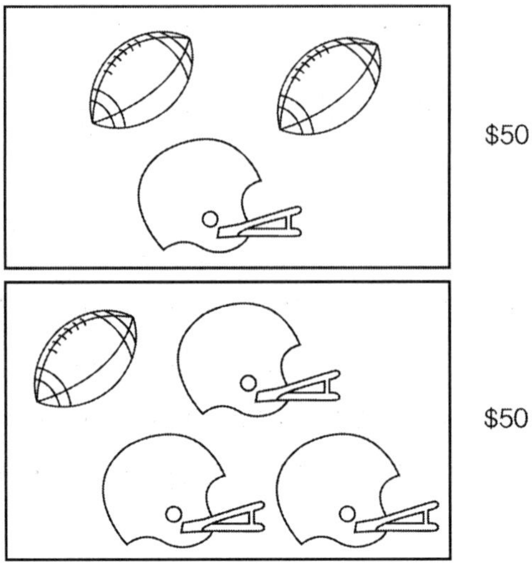

18 내 컴퓨터는 가로와 세로의 비가 2.51 : 2.44 인 그림을 보여주고 있다. 당신은 이것을 보고 무엇을 이야기할 수 있는가?

19 다음 직사각형을 모델로 사용했을 때, 이 직사각형과 비례하면서 $8\frac{1}{2}$(피트) $\times 11$(피트) 크기의 종이 위에 만들 수 있는 가장 큰 직사각형은 어떤 것인가? 어떠한 축척을 이용하였을 때 가장 큰 직사각형을 만들 수 있는가?

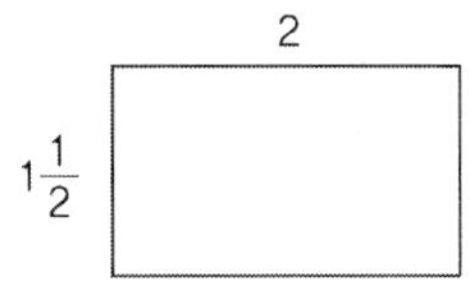

20 오른쪽 그림은 영화 '공룡의 땅'에 나왔던 공룡의 $\frac{1}{20}$배 크기의 조형물이다. 영화 속 공룡의 키는 얼마인가?

21 A에서 작은 정사각형은 1×1이다. B의 길이는 A 길이의 2배이다. A 넓이의 확대 요인은 무엇인가?

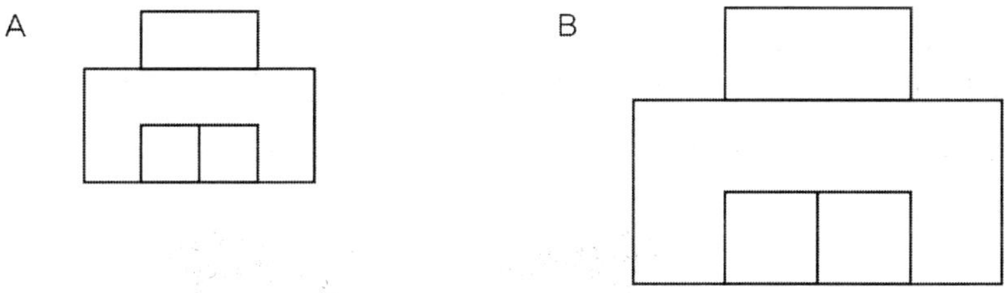

22 미터 자를 사용하여 실제 크기가 제시된 다음 물체를 그려라. 1m를 1cm로 줄인 축척을 사용하시오.

(1) 테니스 코트: 6m × 11.5m

(2) 종이 한 장: 0.25m × 0.45m

(3) 데스크탑: 1.75m × 1.1m

23 다음 증기선을 현재 크기의 2배로 그리시오. 이것은 $\frac{1}{4}$인치 눈금종이에 그린 것이다. 당신은 $\frac{1}{2}$인치 모눈종이를 사용하여 각각의 선을 큰 격자 위의 올바른 위치에 그리면 완성할 수 있다.

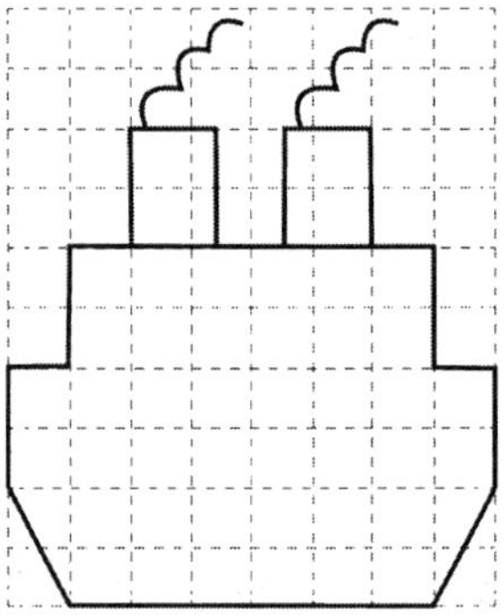

24 23번과 같은 원리로 이 나비를 축소하여 그리시오. $\frac{1}{2}$인치 모눈종이에 나비를 본뜨고, $\frac{1}{4}$인치 눈금종이에 상응하는 부분을 축소하여 그리시오.

25 24번에서 축척은 얼마인가? 우선 그림 속 나비의 몸길이를 확인하시오. 그리고 당신이 만든 축소 버전의 나비 몸길이를 확인하시오.

26 다음 중 서로 닮은 직사각형을 찾으시오.

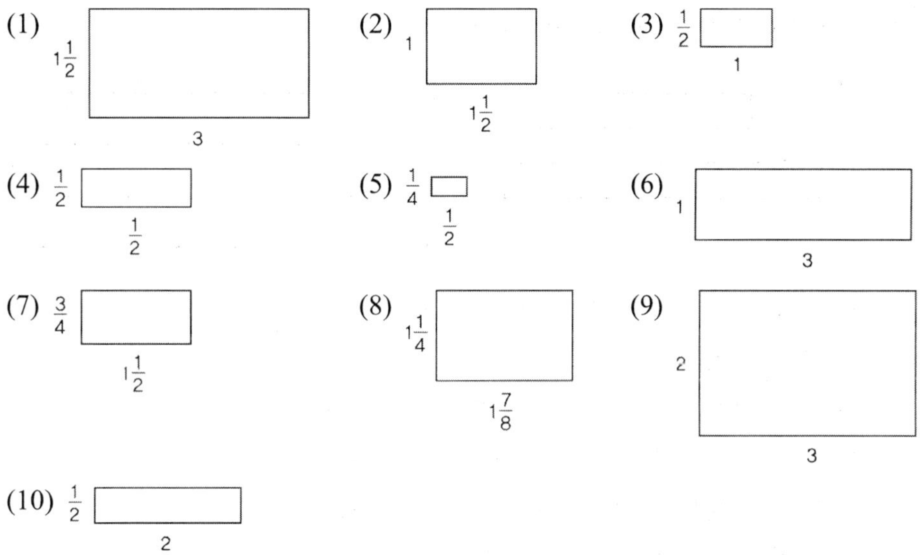

27 어떤 삼각형이 닮음인지 아닌지 결정하기 위하여 우리가 사용했던 직사각형과 비슷한 테스트를 고안하시오. 당신의 테스트는 어떻게 구성되어 있는가?

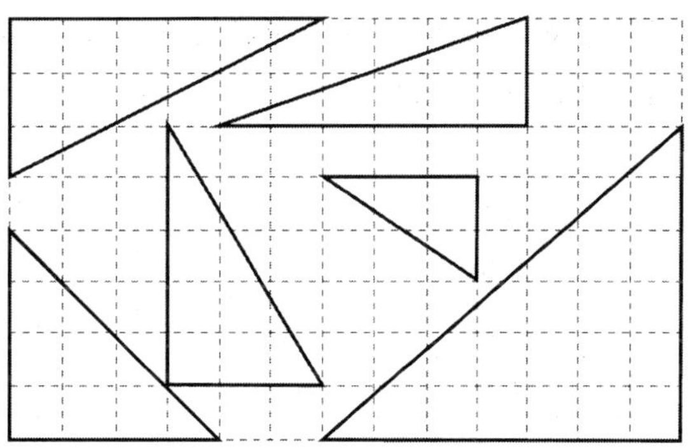

28 8인치 정사각형이 2인치 정사각형으로 줄었다.

(1) 두 정사각형의 변의 관계는 어떠한가?

(2) 축척은 얼마인가?

29 다음 A와 B를 보고 물음에 답하시오.

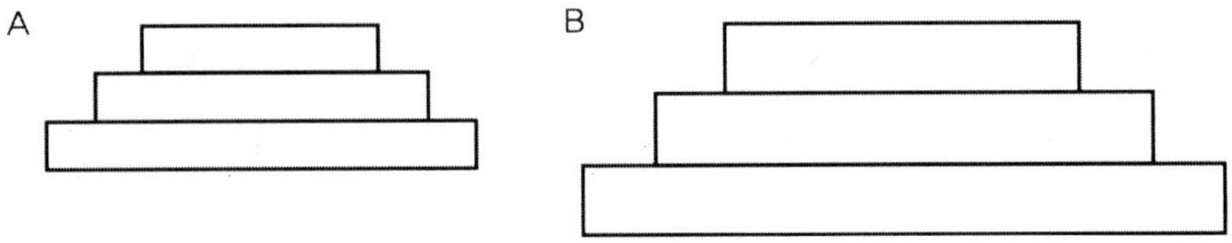

(1) A에 대한 B의 관계를 서술하시오.

(2) 축척은 얼마인가?

(3) 확대 과정에서 직각은 어떠한 변화가 일어났는가?

(4) 세로 부분은 어떠한 변화가 일어났는가?

(5) 가로 부분은 어떠한 변화가 일어났는가?

(6) 넓이는 어떠한 변화가 일어났는가?

(7) 대응하는 길이의 비는 얼마인가?

(8) 확대 또는 축소의 효과에 대하여 당신이 일반화할 수 있는 것은 무엇인가?

30 (1) 다음 피자가게 메뉴를 이용하여 어떤 크기의 치즈 피자가 가장 사기 좋은지를 판단하시오. 단, 모든 피자는 원 모양이다.

크기	지름	가격(원)
스몰	10	6800
미디엄	12	8500
라지	14	12600
자이언트	20	28000

(2) 피자의 크기에 따라 가격이 비례하는가?

31 주어진 축적을 사용하여 이것이 그려지기 전의 길이를 각각 구하시오.

(1) 축척: $\frac{1}{14}$

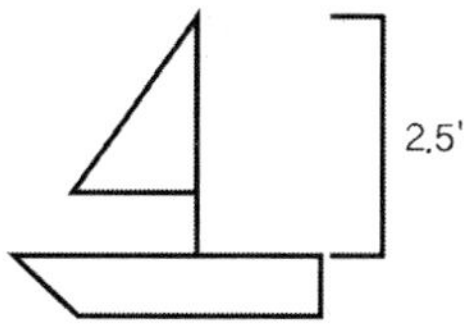

(2) 배율: 25

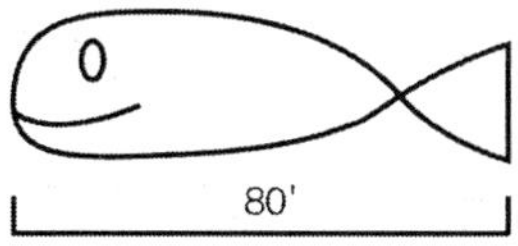

(3) 배율: 4.5

32 (1) 가로와 세로의 비가 6 : 5인 텔레비전에 맞추기 위한 비디오 포맷을 만들었다고 가정해보자. 가로와 세로의 비가 12 : 8인 텔레비전에서 그것은 어떻게 보이는가?

(2) 15 : 8 포맷의 비디오를 만들었다고 가정해보자. 가로와 세로의 비가 4 : 2인 텔레비전에서는 어떻게 보이는가?

(3) 16 : 12 포맷의 비디오를 만들었다고 가정해보자. 가로와 세로의 비가 8 : 6인 텔레비전에서는 어떻게 보이는가?

33 텔레비전으로부터 사람이 앉아야 하는 최적의 거리와 관련된 권고가 있다. 어떤 권고는 당신과 텔레비전 사이의 거리에 대한 텔레비전 스크린 크기의 비가 1 : 4.5가 되어야 한다고 한다. 이 권고를 기초로 다음 질문에 대답하시오.

(1) 32인치 텔레비전으로부터 얼마나 멀리 앉아야 하는가?

(2) 60인치 텔레비전으로부터 얼마나 멀리 앉아야 하는가?

(3) 만약 텔레비전이 있는 방이 당신과 텔레비전 사이의 거리가 최대 16피트까지밖에 되지 않는다면, 당신이 사용할 수 있는 텔레비전의 크기는 무엇인가?

34 다음 두 사다리꼴은 닮음이다. A'B', C'D', A'D'의 길이를 구하시오. (힌트: 길이를 알고 있는 대응변을 사용하여 축척(혹은 배율)을 찾아내고, 이것이 4개의 변 모두에 적용됨을 기억하시오.)

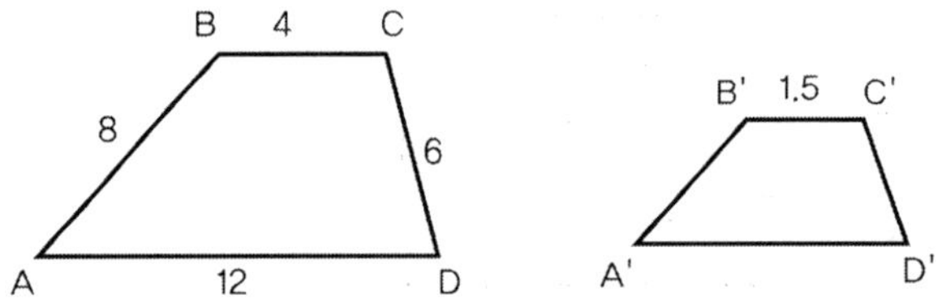

35 다음 두 삼각형은 닮음이다. A'C'과 B'C'의 길이를 구하시오.

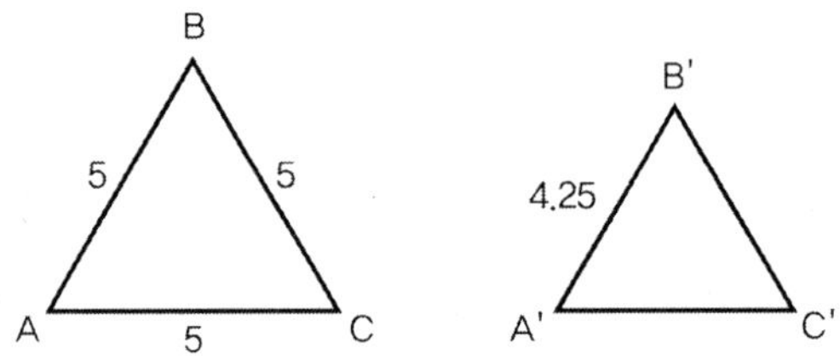

36 주어진 정보를 기초로, 밑줄 친 부분을 구하시오. 비례식을 만들지 말고 생각하시오.

(1) 어떤 지도의 축척이 3인치 = 10마일이다. 지도에서 측정한 것이 7.5인치이면 실제 길이는 ______마일이다.

(2) 어떤 모형의 축척이 1인치 = ______피트이다. 모형이 7인치이면 실제 길이는 14피트이다.

(3) 어떤 지도의 축척이 2인치 = 6마일이다. 지도에서 측정한 것이 ______인치이면 실제 길이는 24마일이다.

(4) 어떤 모형의 축척이 6mm = 12m이다. 모형이 72mm이면 실제 길이는 ______m이다.

(5) 어떤 지도의 축척이 3cm = 5km이다. 지도에서 측정한 것이 ______cm이면 실제 길이는 2.5km이다.

37 아래 그림에서 오른쪽 고양이는 왼쪽 고양이의 축소된 것인가?

다음은 이 문제에 대한 6살 아이의 대답이다. 이를 분석하시오.

에밀리	맞아. 첫 번째 고양이가 두 번째 고양이로 줄어들었어.

제5장 비례 추론

학생 전략: 4학년

다음 질문에 대한 학생들의 반응을 분석하시오.

(1) 단위는 무엇인가?

(2) 각 학생들은 단위에 대해 어떻게 생각하는가?

짐은 피자 두 판을 주문했다. 다음 색칠된 부분은 그가 먹은 양이다. 그는 피자의 얼마나 먹었는가?

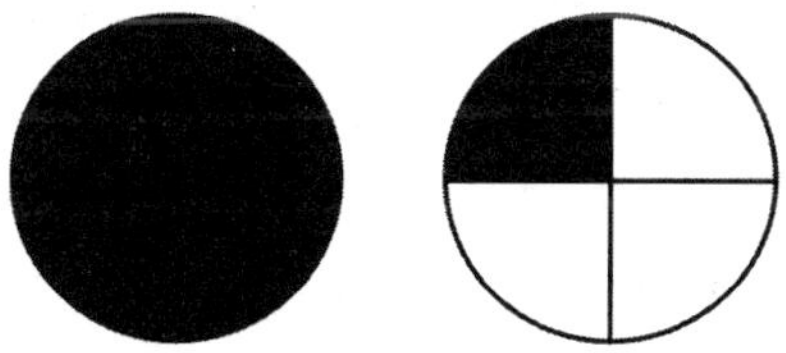

크리스틴	5/4, 왜냐하면 1/4조각의 5개가 색칠되었기 때문이다.
진	5/8, 왜냐하면 8개의 조각 중 5개가 색칠되었기 때문이다.
톰	1개 그리고 한 입
조	5/8가 되어야 한다. 왜냐하면 5/4는 불가능하다. 전체 조각보다 더 가질 수 없다.

5.1 단위 »

분수 문제를 논의하려면, 먼저 단위가 있어야 한다. (단위는 '전체' 또는 '전체 단위'로 부른다.) "얼마만큼?"이라는 질문에 답하려면 물건의 양을 알기 위해 측정 단위를 사용할 필요가 있다. 단위는 초기의 측정 아이디어와 밀접한 관련이 있다. 동일한 양의 물건을 다른 크기의 측량 컵으로 측정하는 경우 측량 단위 크기에 따라 측정되는 개수는 작거나 커진다.

모든 분수는 '단위'에 따라 달라진다. 예를 들어, 만일 내가 당신에게 현재 과자가 얼마나 있는지 가르쳐주지 않고 과자의 절반만큼을 주겠다고 말한다면 당신은 과자를 얼마나 가지게 될지 알 수 없다. 그러나 성인에게 $\frac{1}{2}$에 해당하는 그림을 그려보라고 한다면 대부분은 다음과 같이 그릴 것이다.

그들은 당황스러운 얼굴로 나를 볼 것이다. 불행하게도 분수 지도 시 단위에 대한 충분한 강조를 하지 않기 때문에 피자 1판, 과자 1개, 또는 그밖의 어떤 것의 1개와 같이 사람들은 단위에 대한 틀에 박힌 관점을 가지게 된다.

분수에서 단위가 꼭 하나일 필요는 없다. 범자연수에서 '1'은 1개의 사물을 의미한다. 분수에서 '1'은 어떤 분할(또는 조각)이 있기 전에 가지고 있던 전체의 양을 의미한다. 즉, 사물의 전체의 모음, 단일한 실체로써 간주되는 그룹, 또는 고려 대상에 포함되는 모든 것이 '1'을 의미하게 된다. 모든 분수는 상대적인 양이다. 즉, 분수는 단위와 비교해서 얼마나 가지고 있는지를 말해준다.

예 1 단위가  라면, 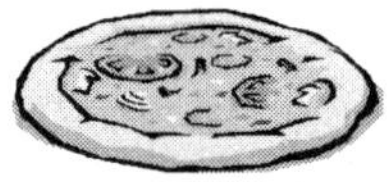 은 $\frac{1}{3}$을 나타낸다.

예 2 단위가 □□ 라면, □□□□□ 는 $2\frac{1}{2}$을 나타낸다.

초기 분수의 지도에서 학생들에게 필연적으로 나타나게 되는 '단위'와 '기초적인 변환들'에 대한 중요성은 과소평가 되어서는 안 된다. 초기 분수 지도에서 학생들은 단위가 새로운 문맥마다 달라진다는 점과 스스로에게 항상 "단위는 무엇인가?"를 질문해야만 한다는 점을 익힐 필요가 있다. 이러한 시작점(문제가 전체적인 의미를 가지게 되는 기준점)을 찾지 못하는 학생들은 보통 부적절한 가정을 하게 된다. 예를 들어, 범자연수 연산에서처럼 단위를 하나의 실체로 가정한다. 많은 학생들이 단위의 중요성을 이해하지 못하기 때문에 분수 감각이나 분수 추론 능력을 전혀 발전시키지 못한다.

이 장의 시작 부분에서 4학년 학생들의 반응은 모든 학생들에게 분수가 얼마나 어려운지를 잘 설명해준다. 학생들은 특히 "단위가 무엇인가?"라는 질문에 어려움을 겪는다. 진은 먹어버린 양을 이용 가능한 전체 양과 비교해야 한다는 점을 이해하는 듯하지만 나머지 학생들은 단위가 피자 한 판을 넘을 수도 있다는 관점을 취하려 하지 않았다. 톰은 분수로 대답하려 하지 않았다. 크리스틴과 조는 짐이 5조각을 먹었다는 것을 알았다. 하지만 그들은 5조각을 4조각과 비교(단위가 피자 한 판이라는 의미)해야 하는지 8조각과 비교(단위가 피자 두 판이라는 의미)해야 하는지에 대해 확신을 가지지 못했다. 조는 수를 이해하려고 노력했지만, 여전히 혼란스러워 한다. 조의 정확한 표현은 아마 다음과 같을 것이다. "$\frac{5}{4}$는 불가능하다. 왜냐하면 당신은 주문한 것보다 더 많이 먹을 수 없기 때문이다."

다음 문제를 스스로 해결해보고, 학생과 교사의 응답을 분석하시오.

맥도날드 씨는 농구 팀원 6명에게 피자를 사주었다. 그들은 각각 라지 사이즈 치즈 피자와 페퍼로니 피자 한 판씩을 주문했고, 각각 12조각으로 잘랐다. 7명이 각 피자를 1조각씩 먹었다면, 총 얼마만큼의 피자를 먹은 것인가?

존	그들은 피자의 $\frac{14}{24}$를 먹게 된다.
샐리	피자의 $\frac{14}{12}$조각을 먹게 된다.
앤디	14조각을 먹는다.

이때 선생님은 존이 분모를 더하고 있다고 말해 주었다.

이 문제에서 맥도날드 씨와 농구 팀원들은 두 판의 라지 피자를 먹는다. 이때 한 판을 12조각으로 잘랐으므로 단위는 두 판의 피자 또는 24조각으로 구성된다. 각 사람이 각 피자의 1조각씩을 먹었다면 전체 24조각 중 14조각을 먹었다는 것을 의미한다. 존은 정답이다.

샐리는 단위를 확인하지 못했다. 샐리는 피자 한 판 또는 12조각이 단위라고 생각했다. 그래서 그녀는 피자의 $\frac{14}{12}$ 또는 $1\frac{1}{6}$을 먹었다는 것으로 결론을 냈다. 이것은 그들이 가진 피자보다 더 많은 피자를 먹었다는 의미이다. 주문한 피자의 $1\frac{1}{6}$은 $2\frac{1}{3}$판의 피자가 된다. 그러나 그들은 피자 두 판만 샀다.

앤디는 질문에 대한 대답을 하지 못했다. 이 문제는 구매한 피자의 얼마만큼을 먹었는지 묻고 있다. 앤디는 "피자를 몇 조각 먹었는가?"에 대한 답을 한 것이다. 앤디는 단지 피자 조각을 셌을 뿐이다. 이것은 세는 것과 관련된 문제가 아니다. '얼마만큼'이라는 질문은 그들이 주문한 것과 그들이 먹은 것을 비교해서 대답해야함을 말한다.

교사 역시 단위가 무엇인지 확신하지 못하고 있다. 만약 교사가 존이 분모를 더했다고 생각한 것이라면, 교사는 단위를 피자 한 판 또는 12조각이라고 생각하고 있다는 것이다. 교사는 존이 $\frac{7}{12}+\frac{7}{12}$이라고 잘못 더해서, $\frac{14}{24}$라는 틀린 답을 얻었다고 생각하고 있다.

5.2 암시적으로 정의된 단위 »

분수 문제에서 단위를 결정하는 것이 개인적인 해석의 문제가 되어선 안 된다. 초기 분수 지도에서 분수의 의미는 그 분수가 사용되는 상황으로부터 유도되며 각각의 상황에서 단위는 암시적이거나 또는 명시적으로 정의해야 한다. 학생들에게 제시하는 문제는 단위를 명확하게 제시하거나 약간의 추론만으로도 단위를 결정할 수 있도록 충분한 정보를 주어야 한다. 전통적인 교과서에서 널리 사용되는 몇 가지 분수 문제들은 학생들에게 혼란을 주며 단위가 중요하지 않다는 인상을 줄 뿐 아니라 단위를 개인의 선택 문제라고 생각하게 만들기도 한다. 다음과 같은 문제는 단위가 명확하게 제시되고 있지 않기 때문에 좋은 분수 질문이라 할 수 없다.

예 다음 그림은 어떤 분수를 표현한 것인가?

이에 대해 몇 가지 답을 말할 수 있다.

- 각 점이 단위라면 5이다.
- 각 열이 단위라면 $2\frac{1}{2}$이다.
- 비로 해석하는 경우에는 $\frac{5}{3}$ 또는 $\frac{3}{5}$이다.
- 한 세트(4개의 점)가 단위라면 $1\frac{1}{4}$이다.

단위를 명시적으로 또는 암시적으로 제시할 수 있어야 한다. 단위를 명시적으로 정의하는 경우 단위가 무엇인지 초기에 명확하게 말할 수 있어야 한다. 단위를 암시적으로 정의하는 경우에는 단위가 무엇인지 즉각적으로는 알 수 없지만 단위를 알 수 있는 충분한 정보를 제공한다.

예1 존과 그의 친구들은 피자 두 판을 주문하여 각각 8조각으로 똑같이 잘랐다. 그들이 13조각을 먹었다면, 남아 있는 피자의 양은 얼마인가?

단위는 피자 두 판 또는 16조각이라고 명시적으로 정의하고 있다.

피자의 $\frac{3}{16}$이 남게 된다.

예2 레나에게 사탕이 4개 남아 있다. 현재 남아 있는 사탕이 원래 가지고 있던 사탕의 $\frac{2}{3}$라면, 그녀가 원래 가지고 있었던 사탕은 몇 개인가?

●●●●는 $\frac{2}{3}$이며, 우리는 단위를 찾을 필요가 있다.

●●●●가 $\frac{2}{3}$라면, ●●는 $\frac{1}{3}$이 된다.

●●가 $\frac{1}{3}$이라면, ●●●●●●은 $\frac{3}{3}$ 또는 1이 된다.

5.3 다양한 종류의 단위 사용 »

학생들은 서로 다른 단위의 사용법을 익혀야 한다. 학생들이 보는 것들이 모두 둥근 피자라면 피자를 세 등분으로 나누어야 할 때도 둥근 피자를 사용하려고 할 것이다. 이 경우 왜 직사각형 피자를 사용하지 않을까? 학생들은 그들이 어떤 표상을 선택하더라도 정답에 영향을 끼치지 않는다는 사실을 알아야 한다. 다양한 종류의 단위를 사용해야 하는 또 다른 이유는 직사각형 피자를 똑같은 크기의 피자 세 조각으로 나누는 것과 딱딱한 사탕 묶음을 똑같은 크기의 세 그룹으로 나누는 것이 심리학적으로 다르다는 점에 기인한다. 여러 가지 종류의 단위는 많은 학생들에게 도전의식을 제공해 줄 수 있다. 종종 학생들의 사고에 영향을 주는 요인들 중에서 그 학생이 모든 조각을 고려할 수 있는지의 여부와 관련되어 있는 경우가 있다. 예를 들어 컵케이크 묶음 포장은 껌 묶음 포장과 동일하지 않다. 따라서 학생들의 경험을 제한하지 않는 것이 중요하다. 문제 난이도는 다음과 같은 종류의 단위들을 문제에 사용함으로써 다양해질 수 있다.

• 하나의 연속적인 개체, 예를 들어 파이 한 판

• 하나 이상의 연속적인 개체

• 하나 또는 그 이상의 연속적인 개체(천공이 있거나, 분할된 경우)

• 이산적인 개체(분리된 것들, 별개의 부분들), 예를 들어 딱딱한 사탕들의 집합

• 전형적인 특정한 방법으로 배열된 이산적인 개체, 예를 들어 상자 안의 계란이나 초콜릿

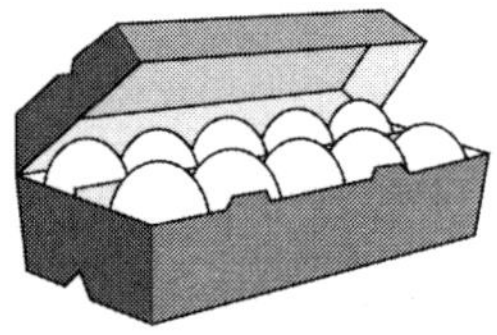

• 복합 단위들, 내부에 배수의 개체를 가지고 있는 단일 패키지로 구성된 단위. 예를 들어 컵 케이크 묶음 포장 한 상자와 껌 한 통

5.4 상향식 추론과 하향식 추론 »

단위들을 암시적으로 정의할 때 우리는 특정한 과정(상향식 추론과 하향식 추론)을 사용해야 하는 좋은 기회를 가질 수 있다. 추론 과정은 몇몇의 분수에서 단위로 향하는 **상향식 추론**(reasoning up)과, 다시 단위에서 다른 분수로 향하는 **하향식 추론**(reasoning down)을 수반한다. 그 이름에서 내포하고 있듯이 이것은 정신적인 작업이지 연필로 써서 하는 작업이 아니다. 우리는 학생들이 큰 소리로 말할 수 있도록 격려해야 한다. 여기에 몇 가지 예시가 있다.

예 1 무당벌레의 $\frac{4}{5}$=  마리가 나무 위에 있다. 나무에는 무당벌레가 몇 마리 있는가?

8마리= $\frac{4}{5}$ 이므로 2마리= $\frac{1}{5}$. 따라서 10마리= $\frac{5}{5}$ 또는 1.

예 2 어떤 것의 $\frac{3}{4}$은  이다. 그 양의 $1\frac{1}{2}$은 얼마인가?

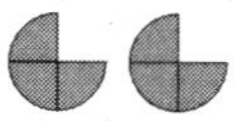

6조각이 $\frac{3}{4}$ 이라면 2조각은 $\frac{1}{4}$ 이다. 그리고 8조각은 $\frac{4}{4}$ 또는 1이다.
그러면 은 1이고, 따라서 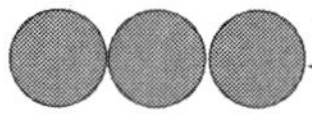은 $1\frac{1}{2}$ 이다.

이 추론 과정에서 전략이 있다는 점에 주목하자. 분수에서 시작하여 단위 분수를 거쳐 단위를 찾고 마침내 목표인 분수로 나아간다. 이것이 **비례 추론**(proportional reasoning)이다. 학생들이 이 작업을 성공적으로 해결하는 데에는 오랜 시간이 걸리지 않으며 비례 추론은 초기 분수 지도의 유용한 사고 방법을 확립시키는 데 도움을 준다. 우리는 나머지 장 전체에 걸쳐 상향식 추론과 하향식 추론을 계속 사용할 것이다. 여러분은 이 과정이 매우 편안해질 때까지 소리 내어 추론해보아야 한다. 정답을 말할 수 있을지라도 그 과정에 목적이 있음을 기억하자.

패턴 블록은 단위 학습에서 전통적인 모델이었던 피자 모델의 대안이 될 수 있으며 상향식 추론과 하향식 추론에 도움을 준다. 패턴 블록은 색채가 화려한 나무블록으로 교실 전체에 맞춰 세트로 사기에는 다소 비싸다. 플라스틱으로 된 것은 좀 덜 비싼 편이다. 그러나 분수 활동은 오직 2차원(넓이 모델)만 필요하기 때문에 퀴즈네어 막대의 경우처럼 카드 더미에서 조각들을 잘라 사용하는 것이 효율적인 대안이 될 수 있다. 이 장에서는 MORE에서 제공하는 다음과 같은 패턴 블록 조각들을 사용할 것이다.

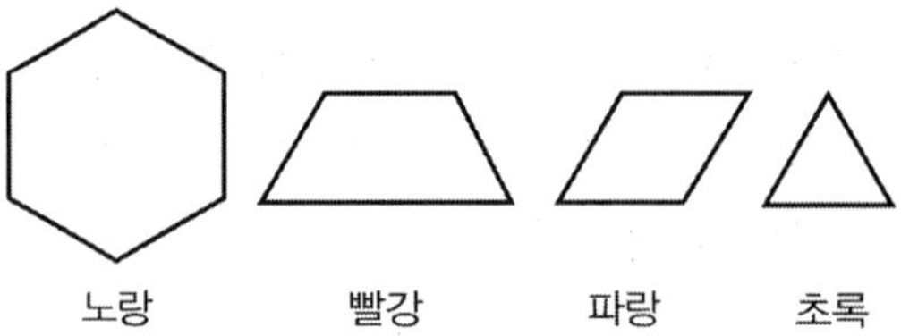

예 1 만약 빨간색 조각이 1을 나타낸다면 다른 조각들의 값은 얼마인가?

빨간색 조각이 $\frac{3}{3}$이므로 우리는 3개의 초록색 조각으로 빨간색 조각을 덮을 수 있다. 따라서 초록색 조각의 값은 $\frac{1}{3}$이다. 2개의 초록색 조각으로 파란색 조각을 덮을 수 있다. 그러므로 파란색 조각의 값은 $\frac{2}{3}$이다. 빨간색 조각은 1이고 2개의 빨간색 조각으로 노란색 조각을 덮을 수 있으므로 노란색 조각의 값은 2가 된다.

예 2 2개의 노란색 조각이 1을 나타낸다면 다른 조각들의 값은 얼마인가?

4개의 빨간색 조각으로 노란색 조각을 덮을 수 있으므로 빨간색 조각의 값은 $\frac{1}{4}$이다. 6개의 파란색 조각으로 노란색 조각을 덮을 수 있으므로 파란색 조각의 값은 $\frac{1}{6}$이다. 2개의 초록색 조각으로 파란색 조각을 덮을 수 있으므로 초록색 조각의 값은 $\frac{1}{12}$이다.

5.5 단위와 단위화 »

약간의 사고 실험을 해보자. 콜라 24캔을 소재로 한 문제를 상상해보자. 어떤 장면이 머릿속에 그려지는가?

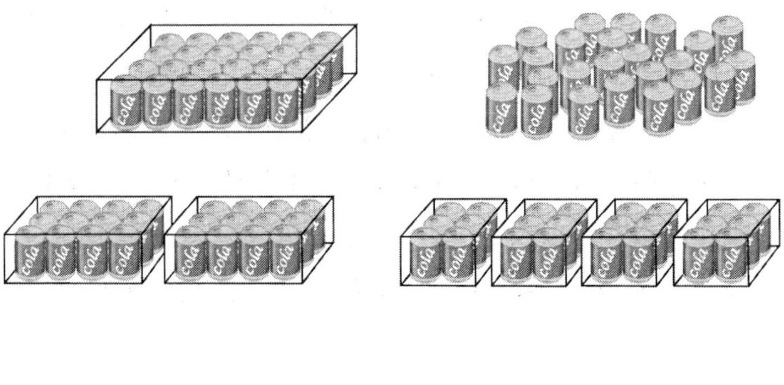

캔으로 가득 찬 큰 상자를 생각했는가? 또는 24개 각각의 콜라 캔을 떠올렸는가? 아니면 12캔 묶음의 두 상자를 생각했는가? 그것도 아니면 6캔 묶음의 네 상자를 생각했는가? 이 모든 것이 합리적인 답이 될 수 있다. 당신은 그것을 24개 각각의 캔, 2상자(12캔 묶음), 4상자(6캔 묶음), 아니면 1상자(24캔 묶음)로 생각할 수 있다.

분명히 교실에서 각각의 학생들이 머릿속으로 그리고 있는 상자의 형태는 잘못된 의사소통의 원인이 될 수 있다. 학생들은 교사가 생각하고 있는 것처럼 시각화하지 않을 수도 있다. 학생들이 24캔을 담은 상자를 똑같게 생각할 수도 있지만 각 개인들은 그들에게 가장 익숙한 방식으로 양을 선택해서 생각할 수도 있다.

단위화(unitizing)는 주어진 양을 어떻게 생각하는지에 따라 머릿속으로 묶음을 구성하는 과정이다. 이것은 주관적인 과정이며 자연스러운 것이다. 모두가 그렇게 한다. 만약 우리가 특정 '양'에 대해 어떻게 생각하는지 다른 사람에게 전달하는 방법을 모른다면 의사소통의 부재가 일어날 수 있다. 교사가 20명 내외의 학생들에게 콜라 상자를 소재로 분수 문제를 소개하는 상황을 상상해보자. 학생들은 부모님이 일반적으로 사다주던 방식으로 콜라를 묶어서 생각할 것이다. 한 4학년 교실에서 이와 비슷한 사건을 관찰했었다. 교사 크리스는 다음과 같은 문제를 냈었다.

> 스티브는 마르시스의 파티에 콜라 한 상자를 가져왔지만 친구들이 대부분 물을 마셨다. 결국 스티브는 가져온 콜라의 4분의 3을 집으로 다시 가져와야 했다. 그가 집으로 가져온 콜라는 얼마인가?

크리스의 학생들은 콜라 문제를 해결하려 하였고, 토의 시간에 세 가지 의견이 나왔다.

짐	나는 3이라고 생각해.
에이프릴	그것은 18이야.
조이	그는 $1\frac{1}{2}$을 집으로 가져갔어.

여러분이 이에 대한 토론을 중재한다고 가정해보자. 뭐라고 말하겠는가?

이 문제는 단위를 명시적으로 콜라 한 상자라고 구체화했다. 그 상자에 대해 여러분이 생각하고 있는 묶음의 크기에 따라 값은 같지만 서로 다른 답변이 있을 수 있다. 짐, 에이프릴, 조이는 모두 그들의 반응에서 제대로 (단위에 대한) 라벨을 붙이지 못했으며 라벨을 붙이기 위해서 다시 생각해야 한다. 그러나 그들이 24캔에 대해 말하고 있다는 것을 안다면 문제에 대해 정확하게 생각할 수도 있다. 단위 1, 즉 1상자를 같은 값이지만 다른 형태로 사용했을 수 있다. 짐은 상자가 6개 묶음의 네 상자로 구성되어 있다고 생각하고 있었다. 이 경우 6개 묶음의 세 상자라는 응답은 옳은 것이다. 에이프릴은 상자가 24캔 각각으로 구성되어 있다고 생각하고 있었다. 이 경우 18캔은 상자의 $\frac{3}{4}$이다. 만약 조이가 상자를 12캔 묶음의 2상자로 생각하고 있었다면 $1\frac{1}{2}$(12캔 묶음)도 옳은 응답이다. 올바로 단위를 붙인다면 그들은 3상자(6캔 묶음), 18캔, $1\frac{1}{2}$상자(12캔 묶음)이라고 응답했어야 한다.

5.6 단위화 표기법 »

단위화는 자연스러운 과정이다. 가르칠 때 이러한 사실을 인지하고 단위화를 효율적으로 사용하는 편이 더 나을지도 모른다. 만약 학생들에게 '묶음'을 어떻게 하는지 혹은 양에 대해서 어떻게 생각하는지 표현할 수 있는 표기법을 가르쳐 준다면 모두가 같은 방식으로 표현함으로써 더 이상 이런 자연스럽고 유용한 과정을 억누르지 않아도 된다. 다음과 같이 각 그룹의 묶음의 크기를 괄호에 넣고 묶음의 개수를 포함시켜 표현하는 것은 편리하다.

묶음의 개수(묶음의 크기)

예 1 계란 24개를 생각해보자.

계란 24개 = 2(다스) = 4(6개 묶음) = $1\frac{1}{3}$(18개 묶음) = 12(쌍)

예 2 크레용 32개를 생각해보자.

$$\text{크레용 } 32\text{개} = \frac{1}{2}(64\text{개 상자}) = 2(16\text{개 상자}) = 16(\text{쌍}) = 64(\text{크레용 } \frac{1}{2}\text{개})$$

각각의 경우에서 '양은 그대로 유지된다'는 점에 주목하자. 단지 생각하는 방법이 달라졌을 뿐이다. 서로 다른 방식으로 묶었지만 양에 대한 각각의 진술들을 자세히 살펴보면 모두 같은 양(계란 24개 또는 크레용 32개)을 의미한다는 것을 알 수 있다. 명시적으로 표현했기 때문에 우리는 계란을 어떻게 묶었는지 정확하게 말할 수 있으며 양이 전혀 변하지 않았다는 사실을 확인함으로써 어떻게 표현했는지에 관계없이 이 표현이 옳은지 그른지 확인할 수 있다.

5.7 단위화 과정에서의 유연성 »

우리는 궁극적으로 학생들이 주어진 어떤 양이라도 유연하게 생각하기를 원한다. 이러한 사고는 서로 다른 크기 조각으로 양을 개념화할 수 있다는 장점이 있다. 우리가 해결해 나가는 문맥에 따라서 양을 특정 방법으로 묶는 것이 다른 방식으로 묶는 것보다 더 편리할 수 있다. 유연하게 사고하고 어떻게 하는 것이 가장 좋은 방법인지 명확하게 선택하거나 예상할 수 있는 사람은 한 가지 방법으로만 해결할 수 있는 사람에 비해 이로운 점이 있다. 다음의 몇 가지 예시가 이것이 무엇을 의미하는지 말해준다.

예 1 과일 가게에서 키위를 3개에 0.67달러에 판다. 9개의 키위를 사려면 얼마가 필요한가?

만약 키위 1개를 기준으로 생각하면 키위 1개의 가격을 22.3333⋯센트라고 계산할 것이다. 그리고 9개의 키위 가격을 알기 위해서 9를 곱해야 한다. 만약 9를 곱하기 전에 반올림을 한다면 9라는 지수에 의해서 반올림 오류가 확대된다. 이 경우에는 키위 3개를 한 묶음으로 생각하는 것이 확실히 쉬울 것이다. 우리가 9개의 키위를 3개 묶음으로 생각한다면 9개의 가격은 0.67달러 곱하기 3이며 정확히 2.01달러가 된다.

예 2 24캔이 들어있는 콜라 한 상자를 4명 또는 2명에게 나누어 주고 있다. 각각 몇 캔을 나누어 주면 되는가?

4명의 사람들에게 나누어 준다면 상자가 네 상자(6개 묶음)로 구성되었다고 생각하는 편이 더 편리하다. 만약 2명에게 나누어 준다면 한 번에 한 캔씩 나누어 주겠는가? 한 개의 캔을 사용하는 것이 문제될 것은 없다. 그러나 여러분이 네 상자(6개 묶음) 또는 두 상자(12개 묶음)를 사용한다면 각자의 몫을 더 빠르게 측정할 수 있으며 집으로 가져가기에도 더 편리할 것이다.

수학에서 한 가지 이상의 크기로 묶음을 생각할 수 있는 능력은 종종 수학적 추론에 편리성, 단순성, 속력 그리고 세련됨을 더하곤 한다. 교과서는 이러한 유연성을 촉진시켜주지 못한다. 사실 그들이 학생들에게 연습하도록 요구하는 몇 가지 절차는 단위 사용에 대한 유연성의 발달에 반하게 작용한다. 또 다른 사고실험을 해보자. 계산기 혹은 연필이나 종이 없이 슈퍼마켓에서 다음과 같은 결정을 해야 할 상황에 직면해 있다고 상상해보자. 여러분은 어떻게 하겠는가? 더 읽어나가기 전에 생각해 보자.

예 16온스 바이트 상자의 가격은 3.36달러이고 12온스 바이트 상자의 가격은 2.64달러이다. 어느 시리얼을 사는 것이 최선의 선택인가?

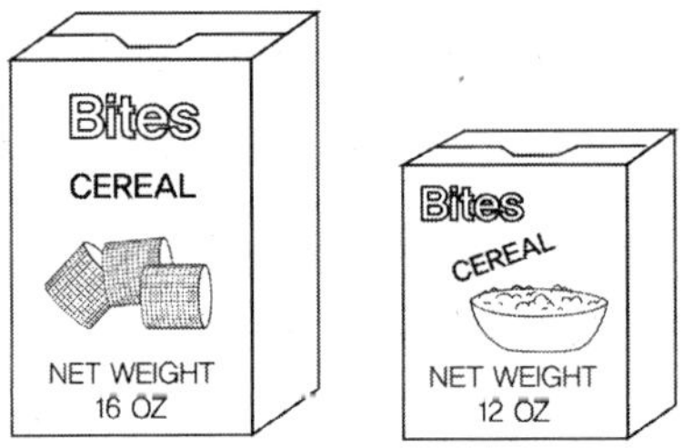

몇몇의 교과서는 학생들에게 **최선의 선택 문제**에 대해 단위를 어떻게 책정하여 사용해야 하는지 보여준다. 교과서는 학생들에게 16온스 바이트의 1온스에 대한 가격을 찾기 위하여 3.36달러를 16으로 나누라고 한다. 그리고 12온스 바이트의 1온스에 대한 가격을 찾기 위하여 2.64달러를 12로 나눈다.

연구를 통해서 성인들이 몇 가지 다른 해결책을 찾을 가능성이 높다는 것이 밝혀졌다. **단위 방법**(unit method) 즉, 각 시리얼의 1온스 가격을 비교하는 방법은 실제 슈퍼마켓에서 성인들이 드물게 사용하는 방법이다. 대부분의 사람들은 머릿속에서 두 자리의 제수로 나누는 것을 어렵게 느끼기 때문에 계산기와 연필 그리고 종이 없이 가격을 비교하기 위해 다른 방법을 개발한다.

성인들의 가장 일반적인 전략은 각각의 양을 4온스 묶음으로 생각하는 것이다. 왜냐하면 한 자리 제수를 사용하여 나누는 것이 더 쉽기 때문이다. 즉, 대부분의 성인들은 4상자(4온스)로 16온스를 또는 3상자(4온스)로 12온스를 생각한다. 따라서

16온스 상자에서 4온스의 가격은 3.36달러 ÷ 4 = 0.84달러이고 12온스 상자에서 4온스의 가격은 2.64달러 ÷ 3 = 0.88달러이다.

5.8 학생들의 생각 »

4학년 학생들에게 '최선의 선택 문제'를 풀게 하였다.

> 자전거 여행을 갈 때 팩으로 된 주스를 사가려 한다. 나는 사과 맛도 좋아하고 오렌지 맛도 좋아한다. 오렌지 주스 1팩의 양(12온즈)은 사과 주스 1팩의 양(8온즈)보다 많으며, 가격은 1.70달러이다. 사과 주스의 1팩의 가격은 1.10달러이다. 어느 것을 사는 것이 최선의 선택인가?
>
> 
>

이 문제에 대한 학생들의 대답은 다음과 같다. 이를 분석해 보시오.

대런	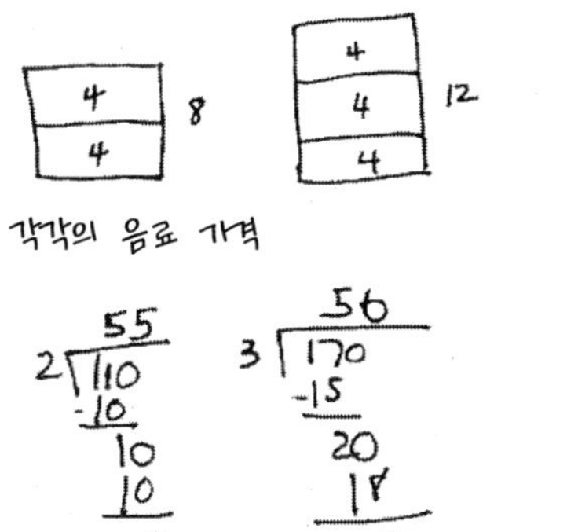
에이미	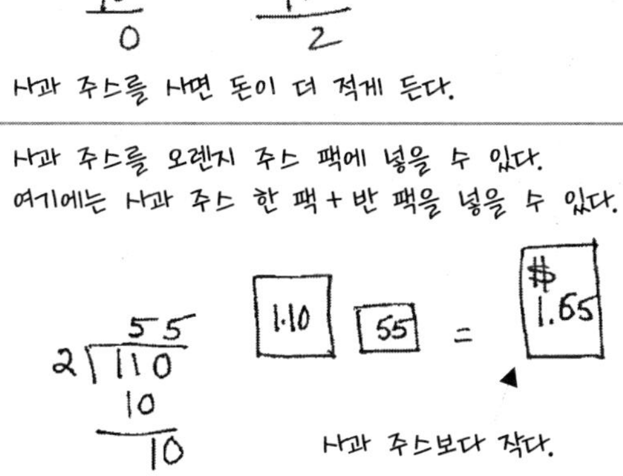

마가렛	사과 주스 한 모금의 가격 13 8)110 -8 30 -24 6 오렌지 주스 한 모금의 가격 14 12)170 -12 50 -48 2

학생들에게 맹목적으로 절차를 따라가게 하는 것이 아니라 학생들 스스로 추론하는 능력을 발달하도록 만들고 싶다면 '단위 가격'을 찾는 연습은 효과적이지 않다. '최선의 선택 문제'에서 사고의 유연성을 발달시키는 데 도움을 주기 위해서는 곱셈 해결 전략을 촉진시키고 어느 전략이 가장 쉽고 빠르며 합리적인 것인지에 대해 토의하도록 해야 한다. 계산기, 연필, 그리고 종이가 없는 조건에서 시리얼 문제를 4온스로 생각하는 것이 머릿속으로 해결하기 더 쉬웠다. 키위 구입 문제의 경우 키위를 3개씩 묶는 것이 더 훌륭했다. 왜냐하면 3개씩 묶음으로써 순환 소수의 문제를 피할 수 있기 때문이다. 이렇게 유연한 재조직(regrouping)을 촉진시켜야 하는 이유는 학생들이 '단위 방법'을 접하기 오래전(보통 중학교의 '비' 학습 단원)에 자연스럽게 단위화(그것을 이렇게 부르지 않을지라도)를 사용한다는 점에 있다. 학생들이 해결하고자 하는 주스 문제는 좋은 예시가 된다.

마가렛은 '단위 가격' 방법을 사용했다. 즉 마가렛은 각 시리얼의 1온스 가격을 소수를 무시하고 표현했다. 우리는 이 학생이 가격을 비교하는 방법에 대해 전혀 배우지 않았다고 생각할 수 있으며 마가렛의 전략은 그녀 스스로의 선택이었다. 대런과 에이미도 직관적이었으며 궁극적으로는 세련된 전략을 사용했다. 대런은 각 음료수가 4온스의 배수를 나타낸다는 것을 알아차렸다. 그의 '작은 음료'는 확실히 4온스이다. 그는 8온스 주스에서 4온스 2묶음을, 12온스 주스에서는 4온스 3묶음을 보았다. 근본적으로 그는 위에서 언급된 성인들의 방법을 사용했다. 에이미는 오렌지 주스 1팩이 사과 주스 1팩의 $1\frac{1}{2}$만큼이라는 것을 알아차렸다. 이러한 사실은 그녀가 사과 주스의 가격에 $1\frac{1}{2}$을 곱할 수 있게 했다. 대런의 전략과 에이미의 전략은 모두 유용하고 올바른 직관적인 전략이다.

5.9 단위화를 촉진시켜주는 교실 활동 »

단위화는 분수 특히 분할하기와 동치를 이해하는 데 필요한 몇 가지 과정들에서 중요한 역할을 한다. 더 유연하게 사고할 수 있는 학생들은 좀 더 빨리 동치의 개념을 배우며 몫으로서의 분수에 대한 이해를 촉진시킨다.

학생들의 직관적인 지식을 형성하고 단위화의 유연성을 촉진시킬 수 있는 몇 가지 방법들이 있다. 첫 번째 방법은 교실에서의 구술 추론 활동으로 학생들에게 같은 양에 대해 동치의 표현들을 만들어 보게 하는 것이다. 이런 **자유 창작**(free production) 활동은 학생들의 사고를 유연하게 만들어 준다. 학생들이 이런 활동에 참여함에 있어서 몇 가지 중요한 점이 있다.

1. 학생들은 자연수의 관점에서 생각하는 경향이 있다. 전통적이지 않은 묶음의 관점(학생들이 가게에서 찾아볼 수 있는 포장과는 다른)으로 생각하면서 묶음이 분수가 되는 양을 만들어 보자. 편리함에 대해서는 걱정하지 말자. 우리는 항상 가장 작은 용어로 분수를 표현해야 한다. 유연한 사고에 초점을 맞추는 것이 더 중요하다.
   - 콜라 한 상자 = 24캔 = 2(12캔 묶음) = 4(6캔 묶음) = 12(2캔 묶음) = 3(8캔 묶음)
   - 콜라 한 상자 = $48(\frac{1}{2}$ 캔$) = 72(\frac{1}{3}$ 캔$)$
   - 한 상자 = $1\frac{1}{2}$(16개 묶음) = $2\frac{4}{10}$(10개 묶음) = $\frac{1}{2}$(48개 묶음)
   - 계란 18개 = $1\frac{1}{2}$(다스) = $3(\frac{1}{2}$ 다스$) = 6(\frac{1}{4}$ 다스$) = 4\frac{1}{2}$(4개 묶음)
2. 콜라 상자와는 달리 잘 알려지지 않은 방식의 몇 가지 묶음의 양을 사용한다.
   - 신발끈 23개 = $11\frac{1}{2}$(쌍) = $46(\frac{1}{2}$ 신발끈$) = \frac{23}{24}$(24개 묶음) = $5\frac{3}{4}$(4개 묶음)
   - 초코 바 1개 = 12(블록) = 6(2블록 묶음) = 3(4블록 묶음) = 2(6블록 묶음)

5.10 시각적인 활동들 »

단위화, 시각화, 그리고 동치분수는 공생 관계이다. 이런 추론들을 소리 내어 말하게 함으로써 학생들은 점차 더 편안하게 시각적 변화에 대처하게 되고 추론하는 능력이 향상되며 규칙을 따르지 않고도 동치분수를 명명할 수 있게 된다. 다음 단위화 활동은 넓이 모델 즉 같은 사이즈로 하위 분할되어 있지 않은 직사각형의 넓이를 다룬다. 넓이 조각들에는 크기에 따라 소, 중, 대 정사각형과 소, 중, 대 직사각형으로 나누어 진다. 이것은 시각적 활동이며 학생들에게 크게 소리 내어 추론할 수 있게 만들어야 한다.

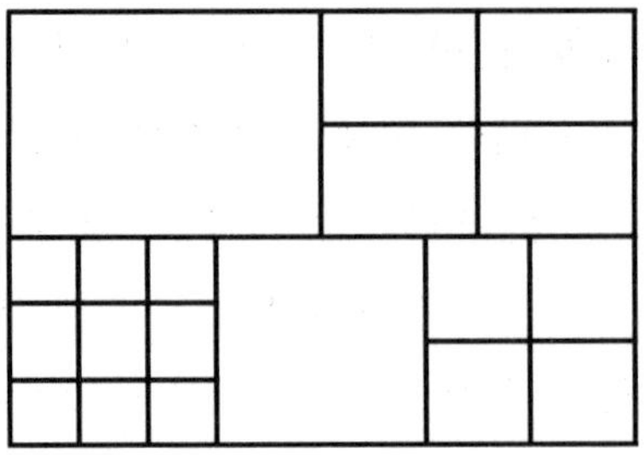

다음은 정사각형과 직사각형의 넓이를 분수 부분과 연관지어 이야기할 수 있도록 도움을 준다.

- 대 직사각형은 전체 넓이를 차지한다.
- 중 직사각형은 왼쪽 위 모서리의 직사각형을 나타낸다.
- 소 직사각형은 오른쪽 위 모서리의 직사각형을 나타낸다.
- 대 정사각형은 대 직사각형의 아래쪽 절반 세 부분 중 중간을 나타낸다.
- 중 정사각형은 오른쪽 아래 모서리의 정사각형을 나타낸다.
- 소 정사각형은 왼쪽 아래 모서리의 정사각형을 나타낸다.

예 1 다음 예들에 대한 학생들의 풀이를 살펴보고, 학생들이 사각형 모양(소, 중, 대 정사각형과 소, 중, 대 직사각형)을 식별할 수 있는지 확인해 보시오.

(1) $\frac{1}{8}$을 어떻게 확인할 수 있는지 말하시오.

샘	대 직사각형의 오른쪽 위의 절반인 중 직사각형을 보세요. 소 직사각형 중 하나는 $\frac{1}{8}$임이 틀림없어요. 왜냐하면 대 직사각형에는 중 직사각형이 4개가 있고 중 직사각형 안에 4개가 더 들어가 있기 때문이에요. 그것은 대 직사각형의 위쪽 절반에 중간 직사각형 8개가 있다는 것을 의미해요. 오, 이런! 아래 부분을 깜박했네요. 거기 아래에 8개가 더 있어야 해요. 따라서 그들 중 하나는 사실 $\frac{1}{16}$일거에요. 그러므로 중 직사각형 2개를 함께 붙여서 위에 4개, 아래에 4개를 갖게 돼요. 그래서 2개의 소 직사각형이 $\frac{1}{8}$이에요.

(2) $\frac{1}{3}$을 어떻게 확인할 수 있는지 말하시오.

자스민	대 직사각형의 아래쪽 절반을 보세요. 대 정사각형은 $\frac{1}{3}$을 나타내요. 왜냐하면 아래 절반에 3개가 들어가기 때문이에요. 아이코! 나는 샘과 같은 실수를 했어요. 대 정사각형은 $\frac{1}{6}$이 되어야 해요. 왜냐하면 대 직사각형에는 위쪽 절반 부분에 3개가 있고, 아래 절반 부분에 3개가 있으니까요. 대 정사각형과 모든 소 정사각형을 함께 보세요. 그것이 대 직사각형의 $\frac{1}{3}$일거예요.

점 그림은 또 다른 단위화 활동이다. 다시 말하지만 크게 소리 내어 말하게 하는 것이 시각화나 추론만큼 중요하다.

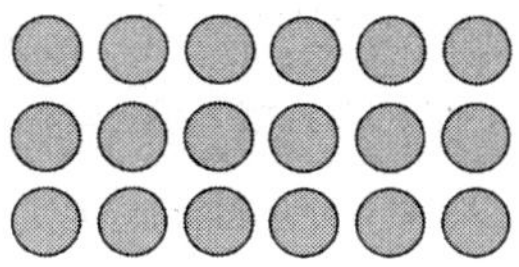

예 2 위 그림에 대한 다음 예들을 살펴보고 학생들의 풀이에 대해서도 살펴보시오.

(1) $\frac{1}{3}$을 어떻게 확인할 수 있는지 말하시오.

레이첼	1 (2개의 세로줄) = $\frac{1}{3}$
댄	1 (가로줄) = $\frac{1}{3}$

(2) $\frac{1}{9}$을 확인하는 방법을 말하시오.

코리	1 (2개의 점) = $\frac{1}{9}$

(3) $\frac{1}{36}$을 확인하는 방법을 말하시오.

리사	나는 점을 반절로 잘라서 생각해야 한다. 그러면 1(점 $\frac{1}{2}$개) = $\frac{1}{36}$

5.11 비의 표로 추론하기 »

암시적으로 분수 문제가 주어질 때 우리는 단위에 이르기 위해 상향식 추론과 하향식 추론 과정을 사용해왔다. 이 추론 과정은 학생들에게 매우 자연스럽다. 연구를 통해 비례 문제 해결 시 학생들이 **구축 전략**(building up strategy)을 사용한다는 증거가 거듭 제시되었다. 이러한 전략으로 학생들은 비의 관계를 규명하며 덧셈을 사용해서 다른 비로 확장하기도 한다.

예 2개의 지우개의 가격은 29센트이다. 6개의 가격은 얼마인가?
2개에 29센트이므로 2개에 29센트를 더하면 4개에 58센트, 또 2개에 29센트를 더하면 6개에 87센트이다.

'구축 전략'은 자발적으로 학생들이 사용하며 많은 상황에 적용되는 직관적인 전략 중 하나이다. 하지만 정확한 정답을 주는 덧셈 전략을 계속해서 사용하는 것이 곱셈 전략을 보장해 줄 수 있는지는 의문스럽다. 학생들이 두 양 사이의 관계에 초점을 두는가? 학생들이 상응하는 피자의 수와 사람의 수가 동일한 관계를 공유한다는 것을 알게 되는가? 대부분의 학생 인터뷰에서 그렇지 않다는 것이 밝혀졌다. '구축 전략'을 통해 학생들은 종종 각각의 양의 초점을 서로 분리하곤 한다. 덧셈 전략의 성공이 반드시 탐구를 촉진하는 것은 아니며 더 능률적인 전략을 채택하게 만들지도 않는다. 또한 덧셈 전략이 비례 추론이라고 해석되어서도 안된다.

초기 분수 지도 후에 학생들의 추론 과정을 계속해서 형성하게 해줄 다음 단계를 살펴보자. 교사는 비율을 해결하기 위한 알고리즘을 학생들에게 가르치기 보다는 —학생들이 추론할 수 있는 기회를 매우 떨어트리는 결정— 상향식 추론과 하향식 추론의 과정을 권장하는 것이 매우 강력하고 바람직한 사고의 방법이라는 것을 믿어야 한다. 적절한 시간에 학생들은 상향식 추론과 하향식 추론을 통해서 결국 알고리즘을 도출해 낼 것이다. 결과가 같을지라도 추론에 참여한 학생들은 문제를 해결하기 위해 머리를 쓰는 과정에서 전략적 계획, 수 감각, 자신감 등을 발달시켰다는 점에서 차이가 있다.

초기에 학생들은 '절반으로 나누기'와 '2배하기'에 의존하여 많은 단계를 거쳐서 문제를 해결할지도 모른다. 하지만 학생들이 몇 가지 전략들을 발달시켜 가면, 문제를 해결하기 위한 단계의 수는 점차 줄어들게 된다. 추론 경험이 더 많을수록 사용해야 할 곱셈의 크기가 얼마나 커야 하는지 더 잘 예상할 수 있게 된다. 점차 어려운 문제를 해결해 나가면서 주어진 양을 목표하는 양으로 어떻게 바꾸어야 하는지 미리 계획하고 전략을 짜기 시작한다. 그들은 범자연수처럼 분수와 소수에도 점차 능숙해진다. 단계의 수가 적어진다는 것은 그들이 좀 더 진보했다는 것을 의미한다. 더 세련되고 더 전략적인 추론들은 결국 좀 더 적은 단계를 지향하게 되며 결국 학생들은 전통적인 알고리즘을 사용해서 비례를 풀 수 있게 된다.

학생들이 관계에 대해 점차 생각하고 더 효율적인 해결을 할 수 있도록 그 질문이나 양의 구조 그리고 수 등을 다양화 하는 것이 좋다. 여기에는 여러 방법들이 있다.

• 양이 모두 감소하는 문제를 제공하라.
• 양이 모두 증가하는 문제를 제공하라.
• 반비례 관계에 있는 문제를 제공하라.
• 학생들이 자연수 연산에 의지하지 않도록 분수가 불가피한 문제를 제공하라.
• 덧셈과 뺄셈, 곱셈과 나눗셈의 조합이 해법에 들어갈 수 있는 문제를 제공하라.
• '2배'나 '2등분'만으로는 해결할 수 없는 문제를 제공하라.

만약 3판의 피자를 9명에게 제공한다면 108명에게는 몇 판의 피자를 제공해야 하는가? 이 문제에 대한 다음 학생들의 풀이를 생각해보자. 의도적으로 여러 학년에서 학생들을 선택했기 때문에 풀이가 조금씩 정교해지는 것을 볼 수 있을 것이다.

션 (3학년)	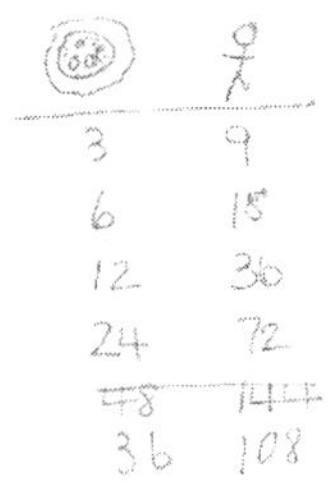
아만다 (4학년)	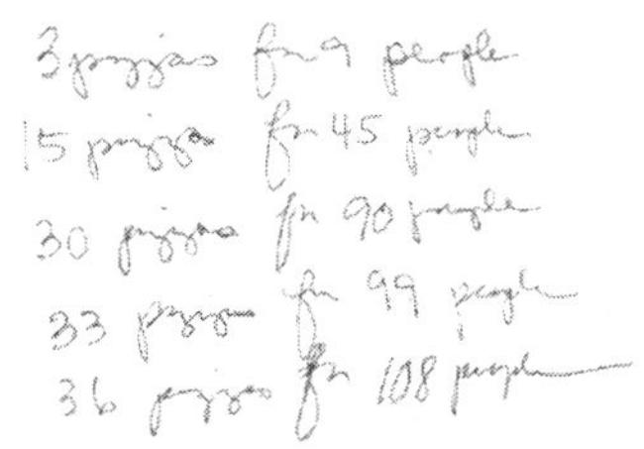
제니 (5학년)	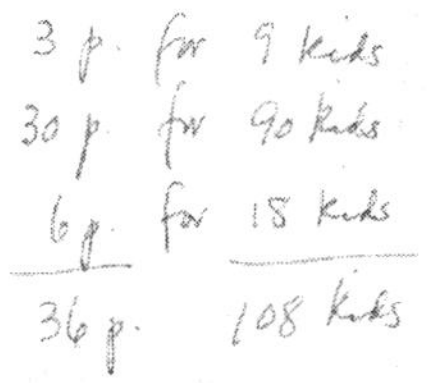

나이가 많아질수록 해결 단계의 수가 줄어들었으며 그들은 점차 커다란 도약을 할 수 있었다.

학생들의 풀이는 그들이 상향식 추론과 하향식 추론을 통해 경험을 쌓아나가면서 점차 전략이 능률적으로 변한다는 것을 보여준다. 3학년인 션은 목표 숫자(108명의 사람들)를 넘어가는 것을 깨달을 때까지 수를 계속해서 2배하였다. 그 후에 다시 108을 만들기 위해 조합할 수 있는 수를 찾았다. 4학년인 아만다는 한 단계 적은 방법을 사용하였다. 아만다는 처리 과정에서 목표 숫자를 더 예리하게 인식한 것처럼 보인다. 그녀는 먼저 지수 5를 사용하였다. 이것은 그녀가 9에서 108로 가려면 큰 도약이 필요하다는 것을 알고 있음을 시사한다. 그리고 곧바로 2번의 덧셈을 하였다. 그녀는 목표 숫자의 영역 안에 있었다. 5학년인 제니는 더 적은 단계를 보여주었다. 그녀는 지수 10으로 시작하였다. 이것은 그녀가 확장에 필요한 크기에 대해서 더 좋은 감각을 가지고 있음을 시사한다. 6학년 학생들은 이 문제를 하나의 단계로 해결한다. 사람의 수가 12배 많기 때문에 12배 많은 피자, 즉 36개의 피자가 필요하다고 말할 것이다.

5.12 문제 유형 »

비례 추론을 해야 하는 문제는 기본적으로 두 가지 종류가 있으며, 학생들이 이 두 가지 종류 모두에 대해서 추론한다는 점은 중요하다. 첫 번째는 '비교 문제'이다. 비교 문제에는 두 가지 비의 형태가 4개의 양으로 주어진다. 이는 두 비의 값이 같은지 또는 한쪽이 더 큰지 작은지를 확인하는 것이다.

예 1 트럭이 $1\frac{1}{2}$시간에 126마일을 달릴 수 있고 승용차가 $1\frac{3}{4}$시간에 135마일을 달릴 수 있다면 어느 자동차의 평균속력이 더 빠른가?

에릭 (4학년)

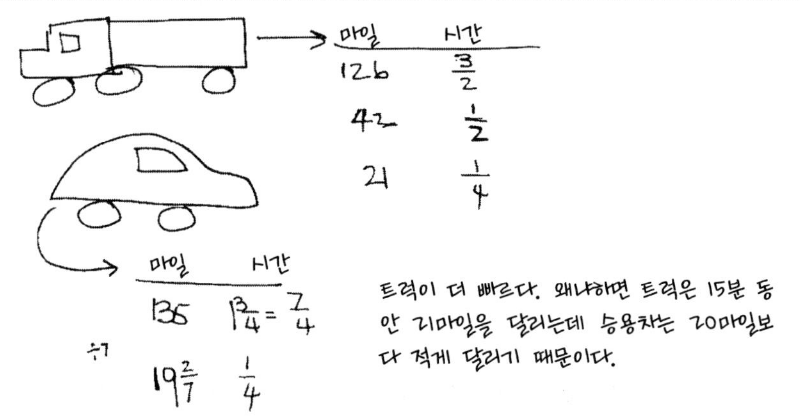

예 2 지난 토요일 오후 스미스 가족은 스타 극장에 갔다. 가족 6명이 10달러를 지불하고 영화를 봤다. 웨스트 가족은 영화를 보려고 오딧세이 극장에 갔다. 가족 4명이 7달러를 지불하고 영화를 봤다. 어느 극장의 영화 가격이 더 저렴한가?

콜린

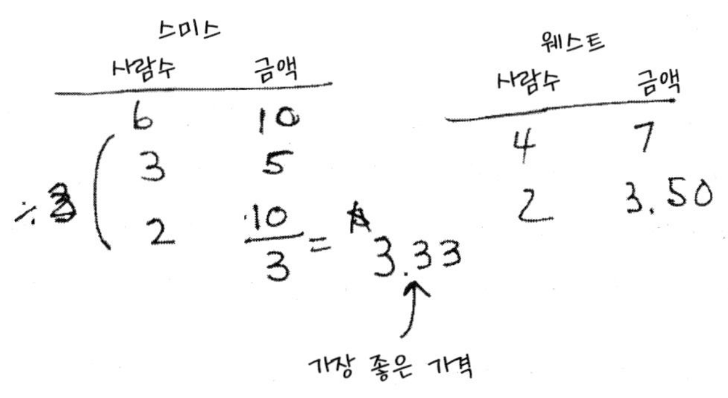

두 번째 종류의 문제는 3개의 양이 주어지고 네 번째 양이 제시되지 않는다. 우리는 이러한 문제를 '미지수 문제'라고 부른다.

예 1 만약 태양빌딩에서 창문을 청소하기 위해 4명이 3일 동안 일을 해야 한다면, 같은 일을 8명이 할 때는 얼마나 걸리겠는가?

조 (4학년)

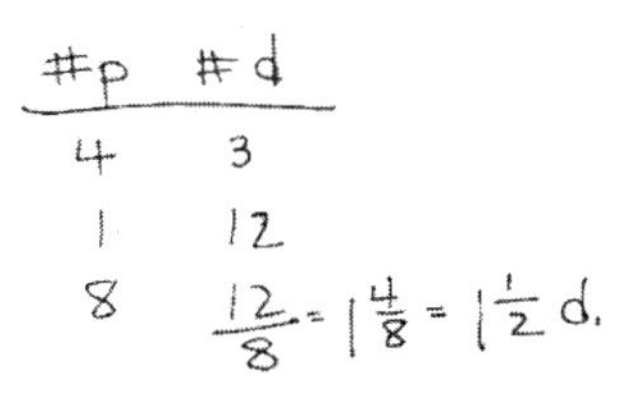

예 2 아베는 방과 후에 식료품점에서 아르바이트를 하여 일주일 동안 3.50달러를 번다. 그렇다면 2년 동안 얼마의 돈을 벌 수 있겠는가? (52주 = 1년)

빌 (4학년)

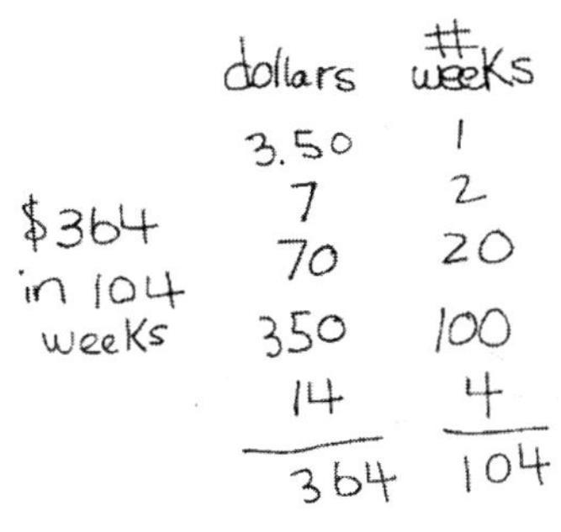

5.13 비 대조표 »

앞 절에서 에릭, 콜린, 조, 빌은 2개의 세로줄 배열을 사용하여 문제를 풀었다. 어떤 사람들은 '비 대조표(ratio table)' 또는 '비례 대조표(proportion table)'라고 알려져 있는 수평적인 배열을 사용하기도 한다. 이것은 선호의 문제이다. 두 가지 모두 문제를 푸는 데 있어 편리한 도구이다. 비 대조표를 사용한 몇 가지 풀이를 살펴보자.

예 1 파티를 위해 7명에게 3판의 피자를 제공한다고 하였다. 350명에게는 몇 판의 피자가 필요한가?

서로 모양은 다르지만 값이 같은 2개의 대조표가 있다. 두 가지 양에 똑같은 연산을 했다는 점에 주목하자. 화살표 표시는 연산에 대한 기록이다.

× 100 → ÷ 2

피자 수	3	300	150
사람 수	7	700	350

× 5 → × 10

피자 수	7	35	350
사람 수	3	15	150

예 2 마크는 학교 수업이 끝나면 운동을 하고 아버지 가게에서 일을 돕는다. 지난주에 그는 38시간의 자유 시간을 가졌으며 아버지 가게에서 일하는 데 25시간을 보냈다. 이번 주에는 지난주와 같은 비율로 가게에서 일하는 데 시간을 보냈으며, 그 시간은 $17\frac{1}{2}$시간이었다. 마크는 이번 주에 몇 시간의 자유 시간을 가졌는가?

÷ 2, ÷ 5

자유 시간	38	19	$\frac{38}{5}$	26.6
근무 시간	25	$12\frac{1}{2}$	5	$17\frac{1}{2}$

비 대조표를 만드는 데는 여러 가지 방법이 존재한다. 학생들이 서로 다른 대조표를 만들고 발표를 하게 하며 그들의 전략을 논의해보게 하는 것이 좋다. 만약 학생

들이 올바르게 연산했는지를 확신할 수 없다면 대조표 안의 모든 비의 값이 같다는 것을 확인해 볼 수 있다. 예를 들어 예 2에서는

$$\frac{38}{25}=\frac{19}{12.5}=\frac{7.6}{5}=\frac{26.6}{17.5}$$

으로 모든 비의 값이 같다. 비 대조표(또는 2개의 세로줄 접근)의 적절한 사용은 목표 양에 도달하기 까지 동치의 비를 만들기 위해 곱셈, 나눗셈, 덧셈, 뺄셈 연산을 조합함으로써 체계적으로 학생들의 풀이를 조직할 수 있게 해준다. 하지만 이것은 시행착오의 과정이 아니다. 좀 더 진보한 계획이 필요하다.

예 3 자갈 35파운드의 가격은 150달러이다. 18파운드만 필요하다면 얼마를 지불해야 하는가?

먼저 35파운드를 18파운드로 만들기 위한 계획을 짜는 데 도움을 줄 수 있는 수와 연산에 대해 알고 있는 것들을 사용할 것이다.

$$35\div5=7,$$
$$7+7=14$$

그러나 또 다른 4파운드가 필요하다.

$$7\div7=1$$
$$1\times4=4$$
$$7+7+4=18$$

다음과 같이 계획을 세울 수 있다.

$$35\rightarrow7\rightarrow1\rightarrow4,\ 18=7+7+4$$

이제 이를 실행해보자.

÷5 ÷7 ×4

파운드	35	7	1	4	$7+7+4=18$
달러	150	30	$\frac{30}{7}$	$\frac{120}{7}$	$60+\frac{120}{7}=77\frac{1}{7}=77.14$

여러분의 풀이와 학생들의 풀이에서 찾아볼 수 있는 유용한 전략들은 다음과 같다.

(1) 2, 5, 10, 100을 곱하거나 나누는 연산을 가능한 많이 사용하여라. (그것들은

다루기 매우 쉽기 때문이다.)

(2) 가장 마지막 단계까지 정확한 답(분수)을 사용하여라. 소수로 바꾸는 것은 반올림 오류를 만든다. 소수로 변환된 양에 연산을 수행할수록 오류의 양은 증가한다.

(3) 분수로 시작했다면 분모에 있는 수를 곱하여 범자연수로 만들 수 있다.

(4) 때때로 목표 양을 지나칠 수도 있으며 돌아가기 위해서 다시 나눗셈이나 뺄셈을 한다.

(5) 배수와 약수를 현명하게 사용하라. 만약 5가 있고 2를 원한다면 2를 만들기 위해 5를 2배해서 10을 만든 다음 5로 나누는 것이다.

이것이 완벽한 전략은 아니다. 학생들을 지도할 때 학생들이 전략적으로 대조표를 만들 수 있게 도와주어야 한다. 전략을 직접적으로 가르칠 수는 없다. 비 대조표는 개인적인 사고 과정을 기록하는 개별적인 구조이다. 그럼에도 불구하고 교사가 효과적인 과정을 모델로 제시하거나 교실에서 학생들의 전략을 논의할 수 있게 한다면 다른 학생들이 지름길을 찾거나 도약할 수 있는 계기를 만들어 줄 수 있다. 그리고 그들은 그 전략들 중 일부를 자신의 풀이에 녹여낼 것이다.

5.14 난이도 높이기 »

세 가지 양을 포함하는 몇 가지 문제들을 풀어보자. 힌트는 서로 다른 2개의 양을 바꾸는 동안 계속해서 다른 1개의 양을 일정하게 하는 것에 있다. 다음 예를 살펴보자.

예 1 8명의 남자가 5.5시간 동안 목재 9개를 자를 수 있다고 한다면 3명이 3개의 목재를 자르는 데 얼마나 걸리겠는가?

남자의 수	목재의 수	걸린 시간	비고
8	9	$5\frac{1}{2}=\frac{11}{2}$	주어진 값
8	3	$\frac{11}{6}$	남자의 수 일정, 나머지 양 ÷ 3
24	3	$\frac{11}{18}$	목재 일정, 남자의 수 × 3, 시간 × $\frac{1}{3}$
3	3	$\frac{88}{18}=4.8$	목재 일정, 남자의 수 ÷ 8, 시간 × 8

소수를 포함하고 있는 비 대조표는 소수를 배운 후에 학생들이 소수의 속성을 이해하는 데 도움을 주기도 한다.

예 2 컵케이크 15개의 가격은 3.36달러이다. 컵케이크 38개의 가격은 얼마인가?

컵케이크	가격	비고
15	3.36	주어짐
30	6.72	×2
5	1.12	÷6
3	0.672	30÷10
38	8.512	30+5+3

따라서 컵케이크 38개의 가격은 8.51달러이다.

예 3 치즈의 가격은 파운드당 4.25달러이다. 낸시는 파티를 하기 위해 몇 개의 덩어리를 골랐다. 무게를 재보았더니 12.13파운드였다. 낸시는 얼마를 지불해야 하는가?

	파운드	가격	비고
a	1	4.25	주어짐
b	10	42.50	a×10
c	2	8.50	a×2
d	0.1	0.425	a÷10
e	12.1	51.425	b+c+d
f	0.05	0.2125	d÷2
g	0.01	0.0425	f÷5
h	0.03	0.1275	g×3
i	12.13	51.5525	e+h

따라서 51.55달러를 지불해야 한다.

5.15 관계 분석 »

대수를 준비하는 중학교 1학년 그리고 2학년 학생들에게 비례의 구조적 관계는 더욱 주의를 기울여서 분석할 수 있게 해야 한다. 양의 종류에 따라 세로줄을 만들고 주어진 3개의 양과 미지의 값을 적절한 곳에 기입해라. 각 세로줄 내에서 하나의 칸은 다른 칸의 배가 되는 값이다. 첫 번째 값을 두 번째 값으로 변화시키는 배율을 찾아내라. 세로줄을 살펴보고 두 양의 종류와 관련된 함수, 즉 규칙을 발견해라. 여러분은 이것이 곧 비례적인 진술이라는 것을 알게 될 것이다. 다음 문제에서 비례상수는 0.065이다. 또한 사용한 양이 변하더라도 그 양에 관계없이 판매세의 비율은 $6\frac{1}{2}$%로 일정하다는 것을 알게 될 것이다.

예 20달러를 썼더니 판매세로 1.30달러가 부과되었다. 50달러를 썼다면 판매세로 얼마가 부과되는가?

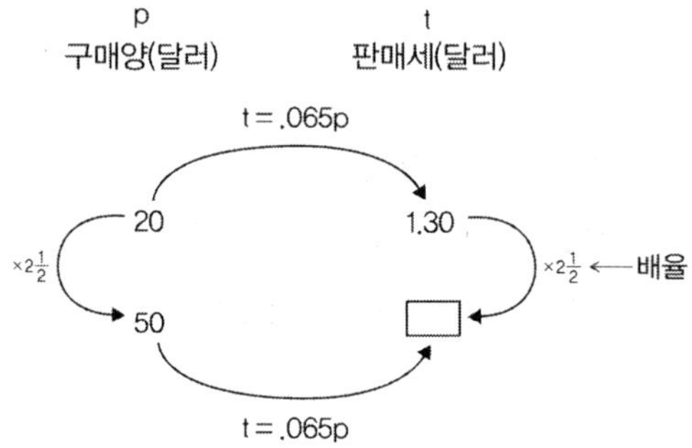

판매세는 구매한 양과 관련되며 곱셈적 방식으로 증가한다. 만약 20달러를 소비했다면 지불해야 하는 판매세는 5달러를 소비했을 때의 4배이다. 비슷하게 50달러를 구입했을 때 지불해야 하는 판매세는 20달러를 구입했을 때의 2.5배가 된다. 두 가지 양 모두 증가시키거나 감소시키는 지수를 **배율**(scale factor)이라고 부른다.

비례 관계에서 우리는 항상 한 종류의 양이 다른 종류의 양과 관련되는 규칙을 찾을 수 있다. 판매세는 구매하는 양에 따라 변하기 때문에 판매세 문제를 해결할 수 있으며 돈을 얼마나 지불하든지에 상관없는 규칙을 가지는 관계로 표현할 수 있다. 이를 **함수**(function)라고 부른다. 이러한 규칙은 어떤 양을 알게 되었을 때 다른 양을 어떻게 찾을 수 있는지 말해준다. 비례 관계에서 규칙은 항상 같다.

$$\text{양 B} = \text{상수} \cdot \text{양 A}$$

예 만약 4명이 일을 하는 데 3시간이 걸렸다면, 3명이 같은 일을 하면 얼마나 걸리는가?

일을 끝내는 데 더 많은 사람들이 일하면 더 적은 시간이 걸린다는 것을 안다. 따라서 사람 수가 증가하면 작업시간은 감소한다. 일하는 사람이 2배로 증가하면 시간은 절반이 될 것이다. 일하는 사람이 3배로 증가하면 작업을 끝내는 데 걸리는 시간은 $\frac{1}{3}$로 줄어들 것이다. 이것은 **반비례 관계**(inversely proportional relationship)라고 알려져 있다. 반비례 관계에서 하나의 양은 다른 양을 반대 반향으로 바꾼다. 2개의 배율이 있으며 그것들은 역수이다. 두 양의 곱은 상수이다. 위 예의 경우,

$$(\text{사람의 수}) \cdot (\text{시간의 양}) = 12$$

이다. 따라서 두 양과 관련된 함수 $h = \frac{12}{m}$로 나타낼 수 있다.

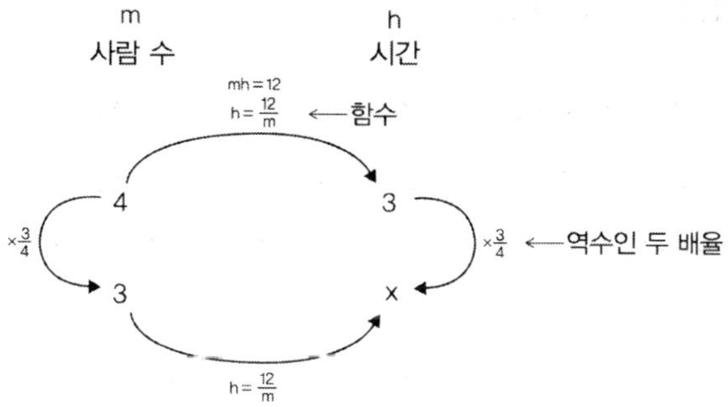

5.16 백분율 »

백분율는 항상 분모가 100인 분수(십진 분수)이다. 그래서 30%는 100당 30 또는 '100점 만점에 30' 또는 $\frac{30}{100}$을 의미한다. 이 장에서 논의해 온 추론 과정은 백분율에 대해서 생각해보는 데 유용하다. 특정한 비례를 나타내고자 할 때 절대적인 수보다 백분율을 사용한다. 즉, 학생들의 30%가 결석했다고 말한다면 30명의 학생들이 결석했다는 것을 의미하지 않는다. 이는 분수 $\frac{\text{결석생 수}}{\text{전체 학생 수}}$를 만들어 분모가 100이 될 때까지 확대한 것을 의미한다. 100은 친숙한 척도이기 때문에 100을 사용해서 결석생들의 비율에 대한 생각을 제공할 수 있다.

백분율은 일상 생활 곳곳에 존재한다. 백분율은 특히 거리나 돈의 측정과 관련해서 매우 빈번하게 사용되기 때문에 어린 나이에도 백분율을 이해하고 사용한다. $\frac{1}{2}$은 1달러의 반절, 또는 0.50달러이다. 그리고 $\frac{50\text{센트}}{100\text{센트}}$는 1달러의 50%를 나타낸 것이다. 1쿼터는 1달러의 $\frac{1}{4}$이고 0.25달러이다. 그리고 100센트 중 25센트는 1달러의 25%이다. 우리는 오랜 기간 연구하는 데 분수와 소수 그리고 백분율을 전혀 분리하지 않았으며 개별적인 교수 주제로 다루지도 않았다. 대신에 학생들이 할 수 있는 한 다양한 방법으로 양을 표현하도록 권장했다. 일부 학생들은 실제로 백분율의 관점(이 장의 마지막에 나오는 브라이언의 풀이 참고)으로 생각하기를 좋아한 반

면 다른 학생들은 소수로 나타내기를 더 좋아하였다. 따라서 그들이 생각했던 강력한 아이디어를 끊지 않는 것이 중요하다. 우리 교사들은 학생들이 배우길 원하는 것들에 대해서 생각하고 있어야 하지만, 학생들이 만들 개념이나 그들이 만들어갈 때를 예측할 수는 없다. 우리는 언제든지 좋은 생각이 나올 때마다 그것들을 인식하고 격려할 수 있어야 한다.

5.17 교수적 과제로서 백분율 »

대부분의 교과서에서 백분율은 분수를 배우고 나서 다룬다. 초등학교 교육과정에서 백분율을 늦게 다룬다는 점과 백분율을 장의 범위 내로 한정지으려는 시도들은 학생들이 백분율을 이용하여 상향식 추론과 하향식 추론을 하는 것을 배울 시간이 충분하지 않음을 의미한다.

이것은 학생들의 초기 경험과 직관 형성을 저해하며 후에 백분율을 가르치는 데 필요 이상으로 힘들게 만든다. 중학교와 고등학교에서 우리는 1% 규칙과 10% 규칙을 이용하여 백분율을 어림하기 위한 활동지, 동일한 백분율을 찾기 위한 규칙, 동일한 수에 백분율을 적용하기 위한 절차 그리고 수백 개의 신중하게 배열된 백분율 문제를 담은 문서들이 필요하다. 이는 모두 추론에 의해 자연스럽게 성취될 수 있는 규칙을 통해 가르칠 수 있도록 설계되어야 한다. 이러한 활동지가 목표로 하는 절차는 좋은 수 감각을 지닌 누군가에게는 자연스러울 수 있으나 수 감각이 규칙에 의해 가르쳐질 수 있는지는 의심스럽다.

분수 지도를 통해 상향식 추론과 하향식 추론을 격려할 때 백분율에 대한 추론을 쉽고 자연스럽게 한다. 학생들이 추론 기법들을 사용하기 시작한 후에는 그들의 머리로 답을 더 빨리 얻을 수 있기 때문에 음영이 있는 격자로 된 백분율은 별 도움이 되지 않는다. 학생들이 이용하는 접근에는 두 가지가 있으며 그것들은 모두 확대와 축소에 근거를 두고 있다.

(1) 첫째 전략은 주어진 진술을 이해하고 주어진 것으로부터 미지의 것을 추론하는 것이다.
(2) 둘째 접근은 몇 가지 잘 알려진 기준을 선택하고 상향식, 하향식 추론을 하는 것이다.

두 접근 모두 다음 절에 설명되어 있다. 만약 이것을 머릿속으로 할 수 없다면 비 대조표를 활용해서 추론 과정을 기록할 수 있다.

5.18 백분율로 추론하기 »

예 1 $32 = 40$의 _______%

주어진 식 '40점 만점에 $32 = \frac{32}{40}$'에서부터 시작하여 분모가 100이 되도록 확장할 것이다.

32	64	16	80
40	80	20	100

$\frac{32}{40}$는 $\frac{80}{100}$ 또는 80%와 동치이다.

다른 방법: 이미 알고 있는 a%(예를 들면 50%)로 시작하여 80%를 추론한다.

20은 40의 50%라는 것을 안다.

4는 40의 10%이다.

12는 40의 30%이다.

따라서 32는 40의 80%이다.

예 2 ________의 35% = 21?

주어진 식 '$35\% = \frac{35}{100}$'에서부터 시작할 것이다. 그리고 분자가 21이 될 때까지 확대하거나 축소시킬 것이다.

35	7	21
100	20	60

다른 방법: $21 = 35\%$에서 시작하여 전체가 100%에 이를 때까지 높이거나 줄인다.

21은 35%이다.

42는 70%이다.

3은 5%이다.

$70\% + 35\% - 5\% = 100\%$이므로 60은 100%이다.

예 3 30은 80의 _______%이다.

$\frac{30}{80}$으로 시작하여 $\frac{x}{100}$까지 높이거나 줄일 것이다.

30	15	$7\frac{1}{2}$	$37\frac{1}{2}$
80	40	20	100

따라서 $\frac{30}{80} = 37\frac{1}{2}\%$.

다른 방법: 이미 알고 있는 $a\%$(50%)에서 시작하여 30까지 높이거나 줄인다.

40은 80의 50%이다.

20은 80의 25%이다.

10은 80의 $12\frac{1}{2}\%$이다.

따라서 30은 80의 $37\frac{1}{2}\%$이다.

활동

01 다음 중 분수 문제에서 단위가 될 수 있는 것은 무엇인가?

(1) 

(2) 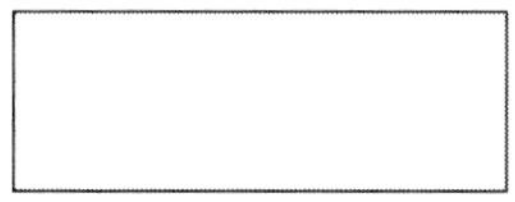

(3) 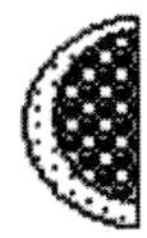

(4) 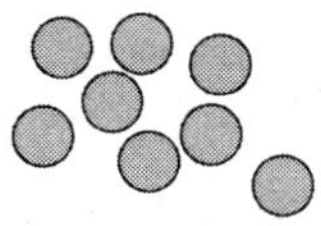

(5) 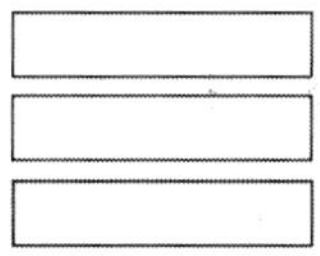

(6) 

02 다른 방식으로 답을 얻을 수 있더라도 상향식 추론과 하향식 추론을 사용해서 각 문제를 풀어보시오. 목표는 답이 아니라 추론 과정이다.

(1)  $= 1\frac{1}{3}$, $\frac{2}{3}$는 별이 몇 개인가?

(2) 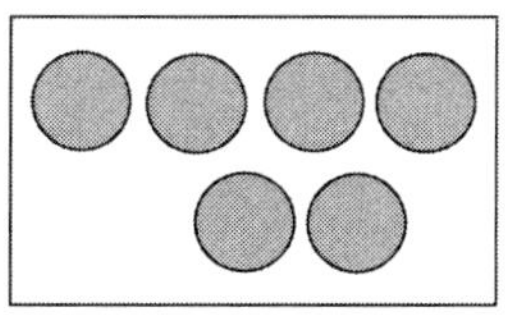 $= \frac{3}{5}$, $\frac{1}{2}$은 원이 몇 개인가?

(3) 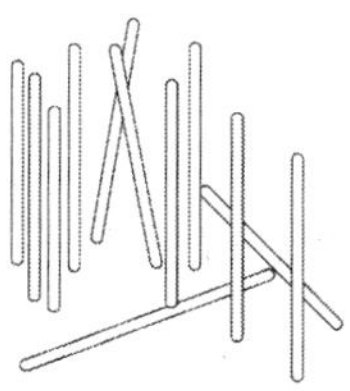 $= 1\frac{1}{3}$, $\frac{5}{9}$는 막대기가 몇 개인가?

(4) 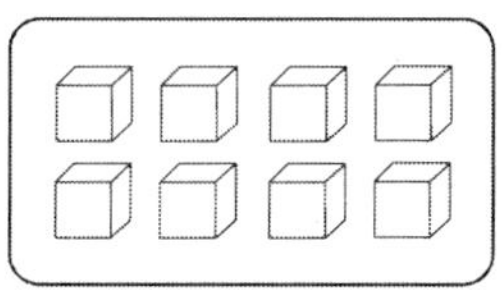 $= 2\frac{2}{3}$, 2는 정육면체가 몇 개인가?

(5) 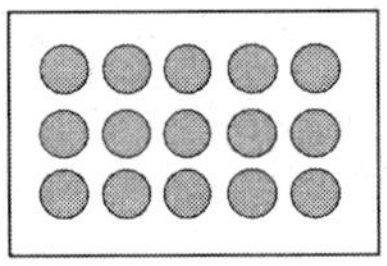 $= \frac{5}{6}$, $1\frac{1}{2}$은 원이 몇 개인가?

(6) 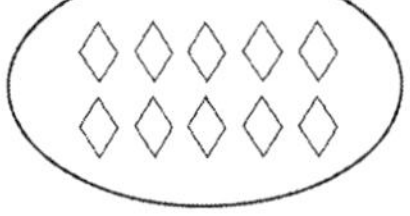 $= 1\frac{1}{4}$, $\frac{3}{8}$은 마름모가 몇 개인가?

03 다음 문제에 대한 학생들의 답을 분석하시오.

비제이와 리스는 야구 카드 한 팩을 샀다. 비제이는 한 팩의 $\frac{3}{8}$을 가졌고, 리스는 $\frac{5}{8}$를 가졌다. 비제이는 15장의 카드를 가져다. 팩에는 몇 장의 카드가 있었겠는가?

피터 (5학년)	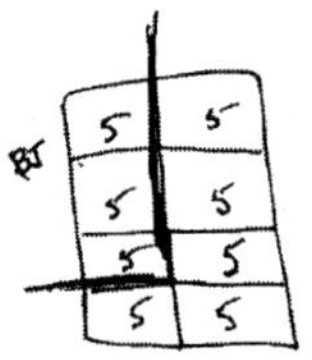 한 팩에 40장
롭 (5학년)	$\frac{3}{8}$ = 15 cards $\frac{1}{8}$ = 5 cards $\frac{2}{8}$ = 10 cards 15 + 15 + 10 = 40

04 프랭크는 피자 12조각을 먹었다. 데이브는 15조각을 먹었다. 데이브는 "내가 너보다 $\frac{1}{4}$만큼 더 먹었어"라고 말했다. "아니야. 나는 너보다 $\frac{1}{5}$만큼 덜 먹었어"라고 프랭크가 말했다. 이 둘은 왜 논쟁하는 것인가?

05 이 그림의 색칠된 부분은 $3\frac{2}{3}$를 나타낸다. 4개의 작은 직사각형은 얼마를 나타내는가?

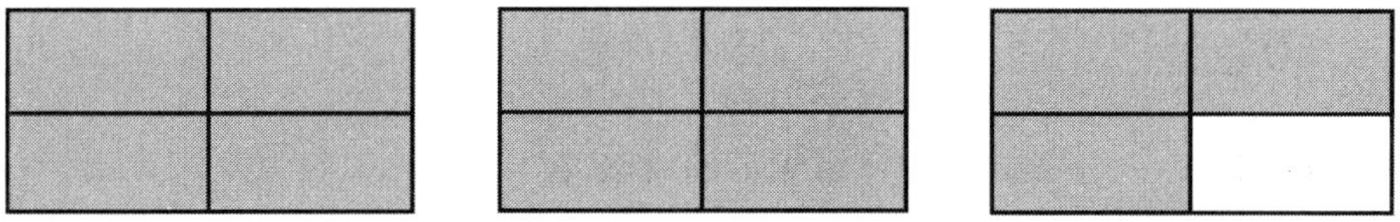

06 다음 그림의 잘못된 점이 무엇인가? 같은 크기의 블록들을 활용해서 조각내지 않고 어떻게 이 분수들을 올바르게 표현할 수 있는가?

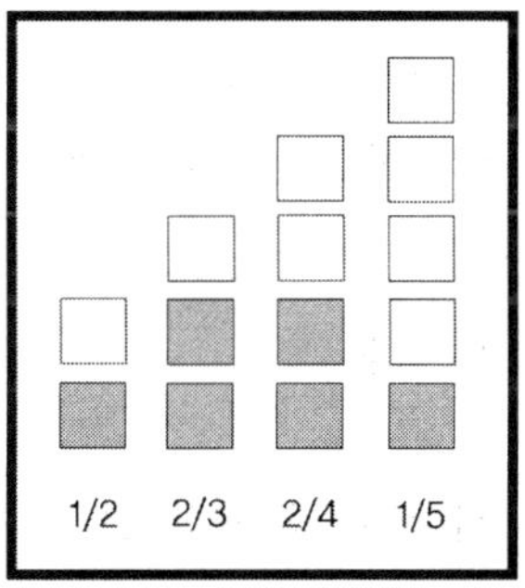

07 다음 그림에서 색칠된 부분의 양을 말하시오.

(1) 단위가 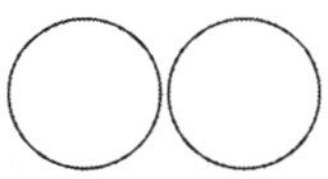일 때

(2) 단위가 일 때

(3) 단위가 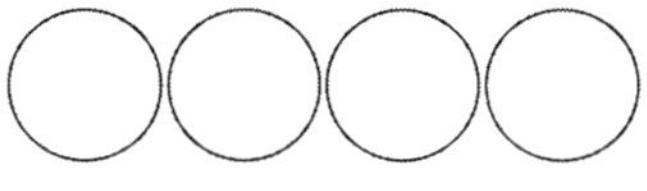일 때

08 각각의 경우에 대해 단위를 그리시오.

(1) ☐ 의 $\frac{1}{3}$은 을 나타낸다.

(2) ☐ 의 $1\frac{1}{2}$은 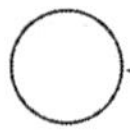을 나타낸다.

(3) ☐ 의 $\frac{1}{3}$은 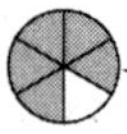을 나타낸다.

(4) ☐ 의 $\frac{2}{9}$는 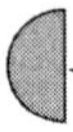을 나타낸다.

09 파티에서 케이크를 다음과 같이 잘랐다.

> 킴은 케이크의 $\frac{1}{6}$을 가져갔다, 빌은 남은 것의 $\frac{1}{5}$을 가져갔다, 코니는 남은 것의 $\frac{1}{4}$을 가져갔다. 앤디는 남은 것의 $\frac{1}{3}$을 가져갔다. 케이와 자말은 남은 조각을 나누어 가졌다.

각 사람이 받은 케이크의 양을 분수로 말하시오. 그리고 여러분의 생각을 표현하시오.

10 퀴즈네어 막대를 이용하여 다음 표의 빈 칸을 채우시오.

단위 막대	분수	분수를 나타내는 색(단위와 관련하여)
갈색	$\frac{1}{4}$	
자홍색	$1\frac{3}{4}$	
연녹색	$2\frac{2}{3}$	
갈색	$1\frac{1}{2}$	
파란색	$\frac{1}{3}$	
빨간색	$3\frac{1}{2}$	

단위 막대	분수	분수를 나타내는 색(단위와 관련하여)
암녹색	$1\frac{1}{3}$	
주황색	$\frac{2}{5}$	
흰색	6	
검정색	$\frac{5}{7}$	

11 다음 표를 완성하시오.

단위 막대	더하기	합계를 나타내는 색(단위와 관련하여)
주황색	$\frac{2}{5}+\frac{1}{10}$	
갈색	$\frac{5}{8}+\frac{1}{2}$	
암녹색	$\frac{1}{2}+\frac{1}{6}$	
주황색 + 빨간색	$\frac{1}{3}+\frac{5}{12}$	
자홍색	$\frac{1}{4}+\frac{1}{2}$	
갈색	$\frac{3}{4}+\frac{1}{8}$	
파란색	$\frac{2}{9}+\frac{1}{3}$	
갈색	$\frac{3}{8}+\frac{1}{2}$	

12 각 분수의 위치를 수직선에 표시된 수와 상향식 또는 하향식 추론을 이용하여 찾으시오.

> **예** (1)번의 수직선을 이용하여 $\frac{5}{8}$를 찾으시오.
> 2칸의 양은 $\frac{1}{4}$이다. 그러면 8칸은 1이다.
> 따라서 5칸의 $\frac{5}{8}$이다.

(1) $\frac{7}{8}$

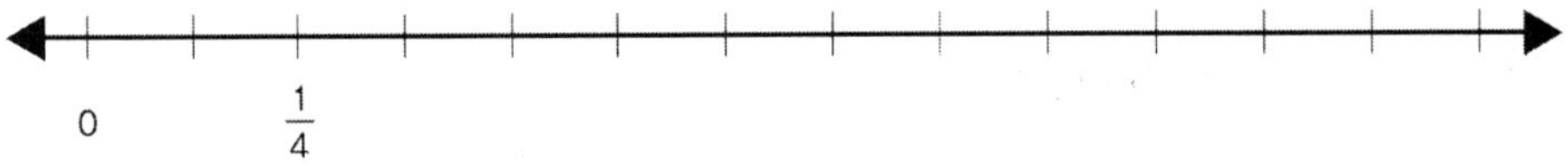

(2) $\frac{11}{24}$

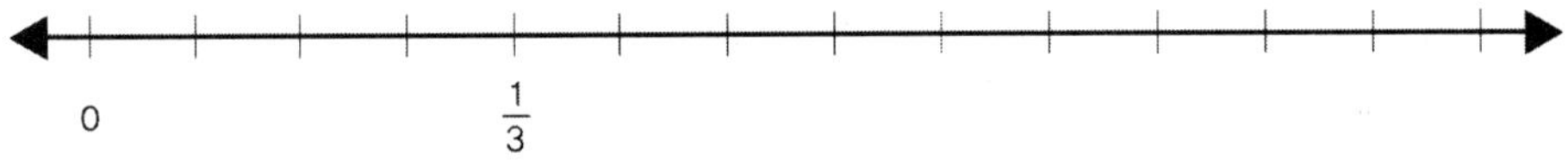

(3) $\frac{7}{12}$

(4) $\frac{1}{3}$

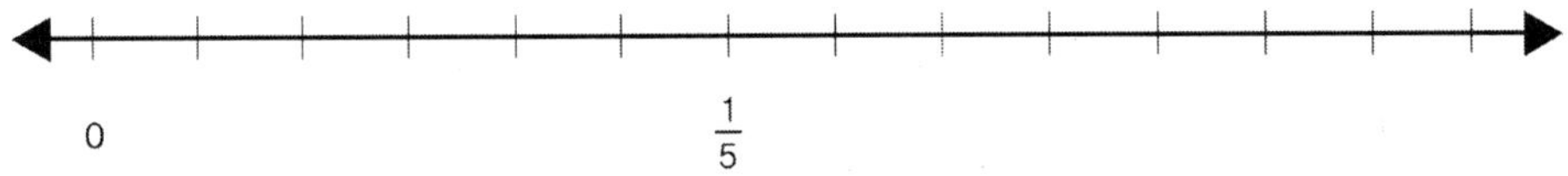

(5) $\frac{5}{6}$

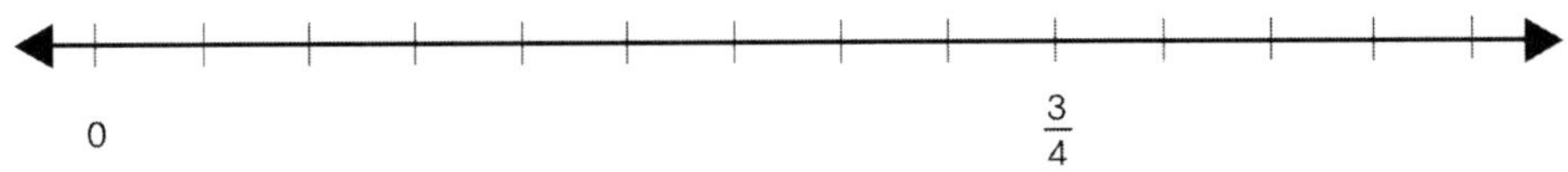

13 루스는 식단 조절을 위해 칠면조 또는 닭의 $\frac{1}{4}$파운드와 신선한 과일, 신선한 채소를 먹는다. 루스는 조제식품 판매점에서 칠면조 가슴살 $\frac{1}{4}$파운드를 주문했다. 판매원이 가슴살 한 덩이를 3조각으로 똑같이 잘라 무게를 재었다. 그리고 "한 조각을 담아주며 $\frac{1}{3}$파운드입니다"라고 말했다. 루스는 이 한 조각의 얼마만큼을 먹을 수 있는가?

14 MORE에 나오는 패턴 블록을 사용하여 다음 문제에 답하시오.

(1) 파란색의 값이 1이라면 노란색의 값은 얼마인가?

(2) 빨간색의 값이 $\frac{1}{3}$이라면 파란색의 값은 얼마인가?

(3) 빨간색의 값이 $\frac{1}{4}$이라면 1은 얼마인가?

(4) 초록색의 값이 $\frac{1}{8}$이라면 $\frac{3}{4}$은 얼마인가?

(5) 파란색이 3이라면 다른 조각들의 값은 얼마인지 찾으시오.

15 토니는 작은 사이즈 치즈 피자와 중간 사이즈 페퍼로니 피자를 주문했다. 각 피자는 똑같이 8조각으로 잘라져 왔다. 그는 치즈 피자를 두 조각 먹었고, 페퍼로니 피자를 세 조각 먹었다. 그는 얼마를 먹었는가?

16 어항에 16리터의 물이 들어있고 이것은 어항이 수용 가능한 용량의 $\frac{2}{5}$이다. 어항에 물을 가득 채우는 데 몇 리터를 더 넣을 수 있는가?

17 파이 상자에 파이의 $7\frac{1}{3}$이 남아 있다. 새로운 파이가 입고되어서 매니저는 남아 있는 파이를 빨리 팔기 원했다. 그래서 매니저는 거래를 제안했다. 파이의 큰 조각(파이의 $\frac{1}{3}$) 하나를 구매하면, 그 다음 두 번째 큰 조각은 무료로 주는 것이다. 매니저는 이 거래를 통해서 얼마나 팔 수 있겠는가?

18 다음 직사각형의 넓이는 1에이커이다. 각 주어진 양을 그리시오.

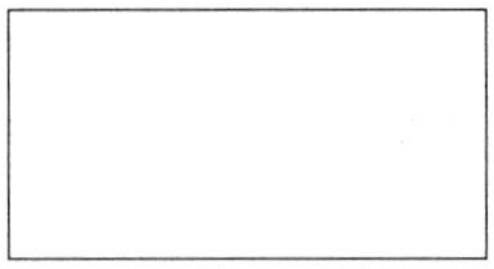

(1) 3 $\left(\frac{1}{4}\text{-에이커}\right)$

(2) 1 $\left(\frac{3}{4}\text{-에이커}\right)$

(3) 2 $\left(\frac{3}{4}\text{-에이커}\right)$

(4) 2 $\left(\frac{1}{2}\text{-에이커}\right)$

(5) 2 (2-에이커)

19 당신은 지난 달 콜라 34캔을 마셨다. 그 양을 다음 기준에 맞게 나타내시오.

(1) ________(6캔 묶음)

(2) ________(24캔 묶음)

(3) ________(18캔 묶음)

(4) ________(8캔 묶음)

(5) ________ $\left(\frac{1}{2}\text{-캔}\right)$

(6) ________ $\left(\frac{1}{4}\text{-캔}\right)$

(7) ________(2-캔)

20 다음 그림에서 주어진 양을 어떻게 볼 수 있는지 설명하시오.

(1) $\frac{1}{4}$ (2) $\frac{1}{8}$ (3) $\frac{1}{32}$ (4) $\frac{1}{16}$ (5) $\frac{1}{64}$

21 다른 크기의 묶음으로 생각하는 단위화를 이용하여 주어진 양을 가능한 한 많은 다른 방법으로 나타내시오. 이 장에서 사용된 표기법을 사용하여 양을 기록하시오.

덩어리 묶음의 수(덩어리 묶음 사이즈)

(1) 별 15개

(2) 콜라 16병

(3) 계란 26개

22 주어진 분수가 다음 그림의 어떤 부분을 나타내는지 설명하시오.

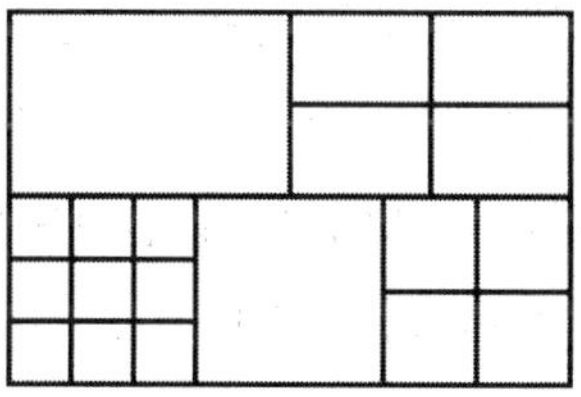

(1) $\frac{1}{4}$　　(2) $\frac{1}{6}$　　(3) $\frac{1}{18}$　　(4) $\frac{1}{16}$　　(5) $\frac{1}{12}$

23 각 그림을 보고 분수로 나타내시오. 그리고 왜 그렇게 나타냈는지 설명하시오.

(1) 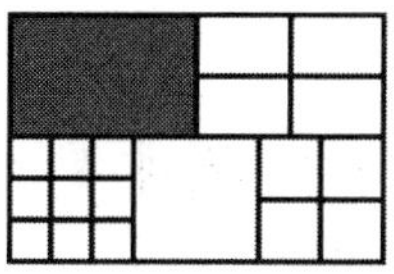

(2) 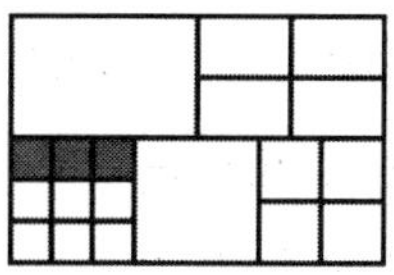

(3) 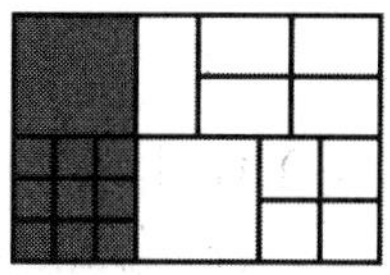

(4) 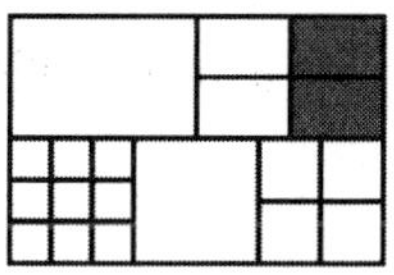

(5) 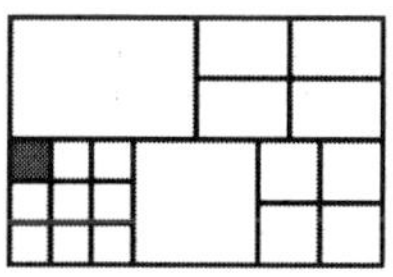

(6) 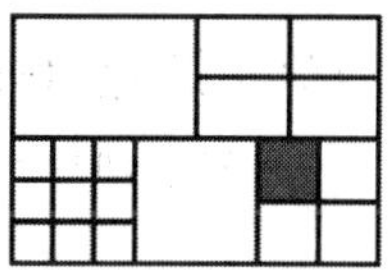

(7) 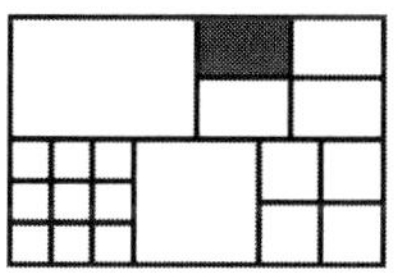

(8) 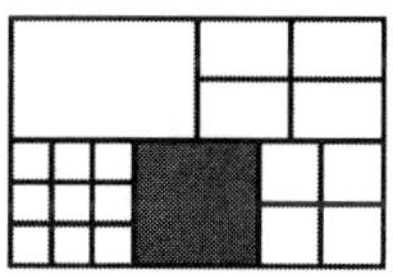

24 각 상황이 비례 관계인지 반비례 관계인지 또는 둘 다 아닌지 어떻게 구별할 수 있는가?

(1) 3파인트의 우유 가격은 1.59달러이고 4파인트의 우유 가격은 2.12달러이다.

(2) 두 형제는 농구 경기장에 가기 위해 15분을 운전했다. 그리고 존은 그 중 10분정도를 자기가 운전했다고 말했다.

(3) 6명이 1시간 동안 집을 청소했다. 3명이 2시간 동안 같은 일을 했다.

(4) 한 소년에게 3명의 여동생이 있다. 그리고 2명의 소년에게 6명의 여동생이 있다.

(5) TV를 보면서 수학 문제를 푸는 것은 나의 방에서 숙제를 하면서 풀 때보다 2배 더 긴 시간이 걸린다.

(6) 톰은 삶은 계란 하나를 20초만에 먹을 수 있다. 최근에 열린 많이 먹기 대회에서 그는 5분 동안 20개의 삶은 계란을 먹었다.

(7) 당신의 자동차는 4.5갤런의 휘발유로 100마일을 달린다. 탱크에 휘발유를 가득 채우면 (15갤런) 333마일을 달릴 수 있다.

(8) 5달러를 소비하고 0.30달러를 판매세로 지불했다. 그리고 35달러를 구입하고 2.10달러를 지불했다.

25 비례 대조표를 사용하여 다음 각 문제를 해결하시오.

(1) 만약 학교에서 자선 티켓을 한 장에 1.15달러에 팔았다면 128장을 팔았을 때 얼마의 기금을 조성할 수 있는가?

(2) 테니스공 1개의 가격은 4.49달러이다. 토너먼트를 하기위해 공을 구입하는데 70달러가 할당되었다면 몇 개를 구입할 수 있는가?

(3) 매튜는 10km를 45분만에 달린다. 이 비율로 6.25km를 달린다면 얼마나 걸리겠는가?

26 다음 각 문제를 해결하시오. 가능하다면 비율 대조표나 두 세로줄 접근을 사용하시오. 만약 해결이 불가능하다면 그 이유를 설명하시오.

(1) 마크는 15분 동안 575단어를 칠 수 있다. 같은 비율로 1.25시간 동안 얼마나 많은 단어를 칠 수 있는가?

(2) 시리얼 3상자는 6.88달러이다. 보육원 부양자가 시리얼 17상자가 필요하다면 얼마를 지불해야 하는가?

(3) 엘렌은 537포인트를 가지고 있고 60포인트로 야구 모자 1개를 얻을 수 있다면 그녀는 모자를 몇 개나 얻을 수 있는가?

(4) 지도에서 1인치는 195마일을 나타낸다. 지도에서 2.125인치가 떨어진 두 도시는 실제로 얼마나 멀리 떨어져 있는가?

(5) 맥이 3달러씩 저금할 때마다 그의 아버지는 그의 예금 계좌에 5달러를 더 예금하여 준다. 맥이 120달러짜리 자전거를 사려면 그는 계좌에 얼마를 넣어야 하는가?

(6) 어느 따뜻한 날, 5명의 소녀들이 레몬에이드 3.5쿼트를 마셨다. 만약 그녀들이 14명을 위한 파티를 계획 중이라면, 그녀들은 파티를 위해 얼마만큼의 레몬에이드를 준비해야 하는가?

27 각 상황을 분석하시오. 배수 관계를 보여주기 위해 양적 다이어그램을 사용하시오. 어떤 비례 관계가 있는가?

(1) 지름이 3피트인 원이 하나 있다. 지름을 2배로 하면, 원의 넓이는 어떻게 되는가?

(2) 공항에서 기본 요금이 1.50달러인 택시를 탔다. 1마일의 매 $\frac{1}{10}$마다 0.20달러가 증가한다. 2마일을 가는 데 나는 얼마를 지불해야 하는가? 10마일은? 50마일은?

(3) 직사각형의 가로 길이는 세로 길이의 반이다. 직사각형의 세로 길이를 3배 늘리면, 주변의 길이는 어떻게 되는가?

28 8명의 남자들이 6.5시간 동안 9개의 목재를 만들 수 있다. 모든 남자가 같은 비율로 작업한다고 가정하면, 4명의 남자가 3개의 목재를 만드는 데 얼마나 걸리겠는가?

29 한 공장에서 로봇이 작은 스포츠카를 조립한다. 3개의 로봇은 40시간 동안 19개의 자동차를 조립할 수 있다. 14개의 로봇이 8시간 동안 가동된다면 얼마나 많은 자동차를 조립할 수 있는가?

30 각 상황을 비례 관계인지 반비례 관계인지 결정하시오. 그리고 두 양의 종류와 관련된 방정식을 적어보시오.

(1) 당신의 몸무게는 120파운드, 즉 54.54kg이다. 풋볼에서 상대팀의 전진을 막아내는 수비수인 당신의 남자친구는 320파운드 또는 150kg이다.

(2) 10km 밖에서 번개가 쳤을 때, 30초 후에 굉음을 들었다. 20km 밖에서 번개가 치면, 60초 후에 굉음을 들을 것이다.

(3) 당신이 수심 150피트에 있을 때, 당신의 귀에 미치는 수압은 64.5프사이이다. (정사각형 인치당 파운드) 그리고 수심 10피트에서는 수압이 4.3프사이이다.

31 상향식 추론과 하향식 추론으로 다음을 해결하시오.

(1) 3주 동안 4마리의 말은 건초 45파운드를 먹는다. 말 1마리는 4주 동안 얼마를 먹을까?

(2) 5개의 로봇은 5분 동안 5개의 자동차 부품을 생산한다. 10개의 로봇이 10시간 동안 작업한다면 몇 개의 패키지(부품 2개를 포함)가 생산되는가?

(3) 암탉 3마리는 24시간 동안 계란 3개를 낳는다. 같은 비율로 24마리의 암탉은 24일 동안 얼마나 많은 계란을 낳는가?

32 다음 대화를 읽고 브라이언의 사고를 분석하시오.

선생님: 케이크의 $\frac{1}{4}$의 $\frac{1}{2}$을 찾기 위해 우리는 케이크를 4개의 똑같은 조각으로 나눌 거란다. 그리고 이렇게 각 $\frac{1}{4}$을 절반으로 자를 거란다.

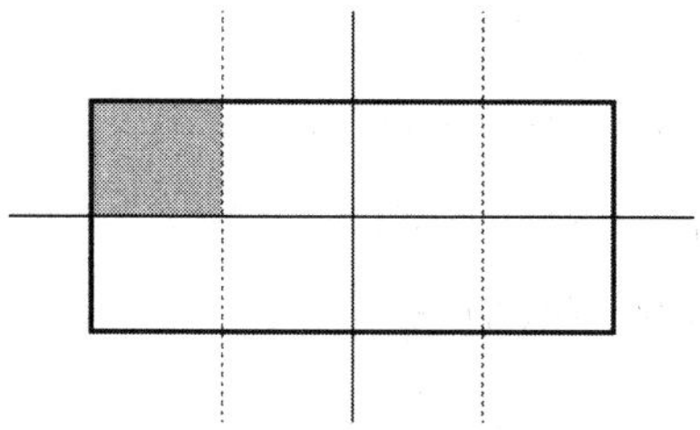

그러면 이 $\frac{1}{4}$의 절반을 우리가 가졌을 때, 우리가 얻은 조각을 어떻게 부를 수 있을까?

브라이언: 25%의 절반은 $12\frac{1}{2}$%인 것처럼 보일 수 있다고 생각해요.

선생님: 잘했어. 옳은 대답이야. 그러면 분수로 정답이 무엇인지 말해 줄 수 있겠니?

브라이언: 그건 잘 모르겠어요. 저는 백분율밖에 떠오르지 않아요.

선생님: $\frac{1}{6}$의 $\frac{1}{2}$은 무엇이니?

브라이언: 50%를 6으로 나누면 8%보다 조금 더 클 것 같아요. 조금 이상한 것 같지만, $8\frac{2}{6}$%처럼요.

그의 사고를 이해했다면, 브라이언이 그것을 이해한 방식으로 다음 문제들을 해결하시오.

(1) $\frac{1}{5}$의 $\frac{1}{2}$

(2) $\frac{1}{4}$의 $\frac{1}{4}$

(3) $\frac{1}{2}$의 $\frac{1}{8}$

(4) $\frac{1}{5}$의 $\frac{3}{4}$

33 추론을 이용하여 각각의 질문에 답하시오.

(1) 80의 25%는 무엇인가?

(2) 15는 50의 몇 %인가?

(3) 45는 60의 몇 %인가?

(4) 70의 20%는 무엇인가?

(5) 어떤 수의 65%는 58.5이다. 어떤 수는 얼마인가?

(6) 어떤 수의 40%는 28이다. 어떤 수는 얼마인가?

(7) 80의 15%는 무엇인가?

(8) 90의 몇 %가 36인가?

(9) 어떤 수의 45%는 27이다. 어떤 수는 얼마인가?

34 각각의 분수와 동일한 백분율을 쓰시오. 계산하지 말고 기준 %(10%, 20%, 25%, 50%)에서 시작하여 동치분수를 구하고, 목표 분수를 얻을 때까지 추론하시오.

> **예시** $\frac{3}{25} = $ ______%
>
> $1\% = \frac{1}{100}$ 이므로 $4\% = \frac{4}{100} = \frac{1}{25}$ 이다.
>
> 그러면 $\frac{3}{25}$ 은 12%가 될 것이다.

(1) $\frac{3}{50}$

(2) $\frac{3}{2}$

(3) $\frac{25}{30}$

(4) $\frac{3}{5}$

(5) 3

(6) $\frac{1}{8}$ $\left(\text{힌트 : } \frac{1}{2} = \frac{1}{2} \text{ 의 } \frac{1}{4}\right)$

(7) $\frac{1}{6}$

(8) $\frac{5}{6}$

(9) $\frac{7}{12}$

35 5월 25일에 우리 도시의 병원 두 곳에서 태어난 아기 중 50%가 남자아기였다고 보도되었다. 이 말을 듣고 잭은 두 병원에서 태어난 남자아기의 수는 같다고 결론을 내렸다. 잭의 생각은 옳은가? 이에 대해 설명하시오.

36 추론을 이용하여 다음 문제를 풀으시오. 만약 필요하다면 비율 대조표에 당신의 추론을 기록하시오.

(1) 50문제가 있는 시험에서 제이크는 80%를 맞췄다. 그가 맞춘 문제는 몇 문제인가?

(2) 만약 판매 세금이 6%라면, 15,000달러에 산 당신의 자동차 세금은 얼마인가?

(3) 1주년 기념 특별판 CD를 제작하는 데 투자된 금액의 4.5%를 이자로 지불하려고 한다. 여기에 당신이 1,800달러를 투자하였다고 가정하자. 얼마의 이자가 지불되겠는가?

(4) 인체의 85%는 물이라고 한다. 만약 이 말이 사실이라면, 몸무게가 200파운드인 사람의 체내 물의 양은 어느 정도인가?

37 다음은 당신이 이탈리안 레스토랑에서 먹은 저녁 식사비이다. 당신이 지불해야하는 팁 15%를 구하시오.

(1) 16.80달러

(2) 46.40달러

(3) 125.60달러

(4) 62.20달러

38 비율 대조표를 사용하여 12.50달러에 대한 각각의 백분율을 구하시오.

(1) 80%

(2) 47%

(3) 200%

(4) 120%

(5) 1.5%

(6) 60%

(7) 5.4%

(8) 350%

제6장 분수의 추론

학생 전략: 5학년

$\frac{1}{8}$과 $\frac{1}{9}$ 사이에 있는 분수 3개를 찾으시오.

마티	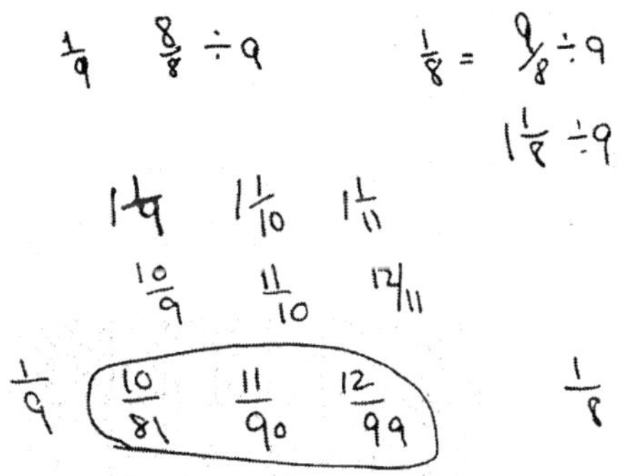

6.1 연산의 시각화 »

시각화 활동은 분수 연산의 의미를 이해하는 데 유용하게 활용된다. 다음 예를 살펴보자.

예 다음 캔디 바를 잘 살펴보고 물음에 답하시오.

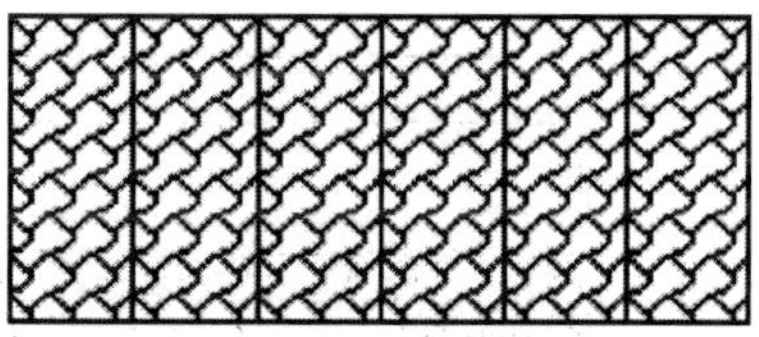

(1) 캔디 바의 절반은 몇 조각인가?

(2) 2조각은 전체 캔디 바의 몇 분의 몇인가?

(3) 철수가 캔디 바의 $\frac{1}{2}$을 가져갔고 영희가 $\frac{1}{3}$을 가져갔다. 두 사람이 가져

간 캔디 바는 모두 얼마인가?

(4) 남은 캔디 바는 전체의 몇 분의 몇인가?

(5) 나는 사탕막대의 $\frac{1}{2}$을 가지고 있고 당신은 $\frac{1}{3}$을 가지고 있다. 누가 더 많이 가지고 있는가? 얼마나 더 많이 가지고 있는가?

(6) 캔디 바 $\frac{1}{3}$의 $\frac{1}{2}$은 얼마인가?

(7) $\frac{1}{2}$에 $\frac{1}{3}$이 몇 번 들어가는가?

위 예의 질문들이 네 가지 분수 연산(분수의 덧셈, 뺄셈, 곱셈, 나눗셈)에 관한 것이라는 것을 알게 될 것이다. 이런 활동을 통해 우리는 알고리즘을 활용하지 않고도 네 가지 분수 연산을 이해하거나 수행할 수 있다.

캔디 바의 조각낸 개수를 바꿔서 문제의 난이도를 조정할 수 있으며 (알고리즘이 없어도 가능하다) 이를 통해 학생들은 유의미한 방식으로 분수를 접할 수 있다. 예를 들어 스스로에게 다음 캔디 바에 대해서 동일한 질문을 해보자.

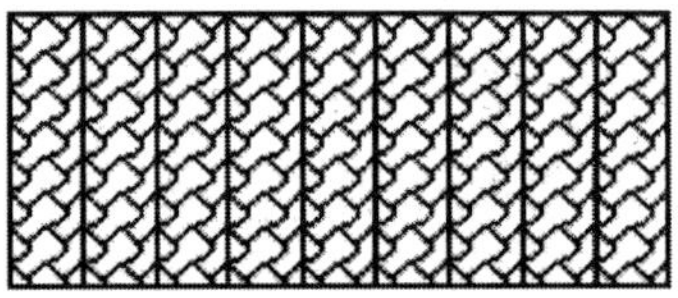

학생들이 분수의 연산을 의미있게 생각할 수 있도록 해주는 또 다른 추론 게임이 있다. 지난 4년 동안 우리와 함께 했던 학생들 중에서 '보이나요?(Can you see?)' 게임을 싫어하는 학생은 없었다. 활동 방법은 다음과 같다. 시각화 활동에서 했던 것처럼 이 게임의 목적 역시 그림 속의 특정 양이 어떻게 보이는가에 대해서 정확하게 표현하는 것이다. 다음 예를 살펴 보자.

예 다음 케이크는 위의 세 부분에 설탕옷이 입혀져 있고 아래 네 부분에 초콜릿 알갱이가 뿌려져 있다.

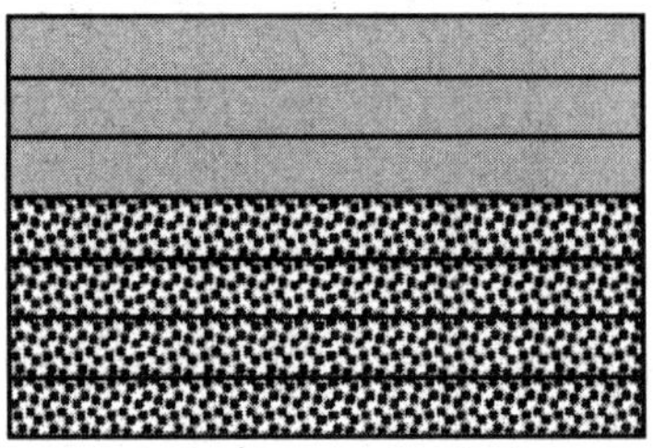

(1) $\frac{3}{7}$이 보이나요?

만일 케이크 전체를 단위로 본다면 설탕옷 부분은 $\frac{3}{7}$이 된다.

(2) $\frac{3}{4}$이 보이나요?

만일 초콜릿이 뿌려진 부분(아래의 네 부분)을 단위로 본다면 설탕옷 부분은 $\frac{3}{4}$이 된다.

(3) $\frac{4}{7}$의 $\frac{3}{4}$이 보이나요?

만약 케이크 전체를 단위로 본다면 아래 초콜릿이 뿌려진 부분은 $\frac{4}{7}$이고 $\frac{4}{7}$의 $\frac{3}{4}$은 설탕옷 부분인 $\frac{3}{7}$과 같다. 따라서 $\frac{4}{7}$의 $\frac{3}{4}$은 $\frac{3}{7}$이다.

(4) $1 \div \frac{3}{7}$이 보이나요? (이것을 측정 질문으로 바꾸면 '$\frac{3}{7}$으로 1을 몇 번 덜어 내는가?'이다.)

만약 케이크 전체가 1이라면 $\frac{3}{7}$은 설탕옷 부분이고 이것으로 전체 케이크를 $2\frac{1}{3}$번 덜어낼 수 있다. 따라서 $1 \div \frac{3}{7} = 2\frac{1}{3}$이다.

6.2 동치분수와 단위화 »

'보이나요?(Can you see?)' 게임을 계속 해보자. 다음 그림을 보고 주어진 분수를 어떻게 나타낼 수 있는지 생각해보자. 그리고 동치분수를 만들기 위해 단위화(머릿속으로 다른 크기의 조각들로 덩어리를 만드는 것)를 활용해보자.

예 $\frac{1}{12}$을 색칠하시오.

우선 가로 한 줄의 절반에 해당하는 크기의 조각이 12개 있음을 알 수 있다. $\frac{1}{12}$을 칠하기 위해 가로 한 줄의 절반을 칠한다. (세로 한 줄의 절반도 마찬가지가 될 것이다.)

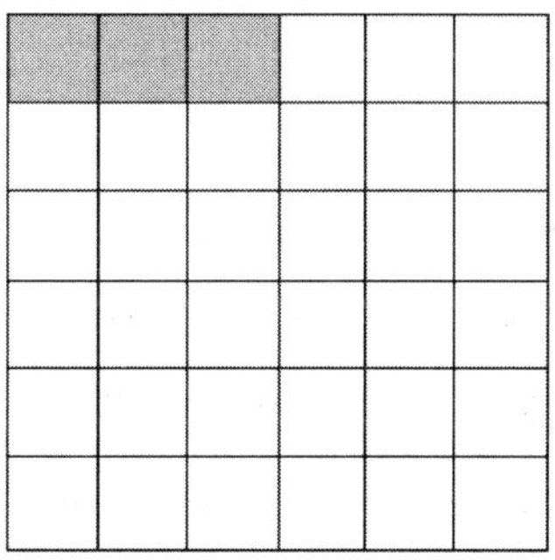

(1) 단위 넓이를 36개의 작은 정사각형으로 생각했다면 칠해진 부분은 $\frac{3}{36}$이 된다.

(2) 단위 넓이를 작은 정사각형 $1\frac{1}{2}$개로 구성된 덩어리라고 생각해보자. $1\frac{1}{2}$개의 작은 정사각형은 총 24덩어리가 있으며 색칠된 부분은 $\frac{2}{24}$가 된다.

(3) 단위 넓이를 작은 정사각형 9개로 구성된 4덩어리라고 생각할 수 있다. 각 덩어리는 전체 넓이의 $\frac{1}{4}$이며 칠해진 부분은 $\frac{1}{4}$의 $\frac{1}{3}$이 된다.

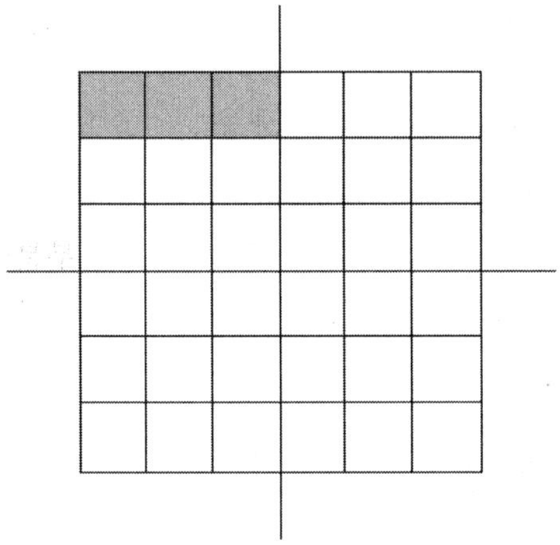

'$\frac{1}{4}$의 $\frac{1}{3}$'은 학생이 아직 분수의 연산을 배우지 않았더라도 할 수 있는 질문이다. 이런 학생들은 $\frac{1}{4}$의 $\frac{1}{3}$이 $\frac{1}{12}$임을 금방 이해할 수 있지만 서둘러 가르칠 필요는 없다. 이러한 시각적, 언어적 활동은 추후에 알고리즘을 익히는 데 도움이 될 것이다.

(4) 단위넓이를 작은 정사각형 2개로 구성된 18덩어리라고 생각해보자. 그러면 칠해진 부분은 $\frac{1\frac{1}{2}}{18}$이 되며 이는 $\frac{1}{18}+\frac{1}{36}$과 같다.

6.3 분수 비교 »

학생들은 형식적인 분수 연산 과정 이전에 분수 감각을 익히기 위해 많은 비형식적 경험들을 필요로 한다. 이는 학생들의 직관이 발달되어야 한다는 것을 의미한다. 이러한 직관을 통해 분수를 적절하게 연결할 수 있으며 크기와 순서, 동치를 결정할 수 있고 답이 합리적인 것인가에 대한 판단을 내릴 수도 있다. 이런 유동적이고 유연한 사고는 학생들뿐만 아니라 학생들의 문제 해결이 적절한 전략이었는지 아니면 비합리적인 추론이었는지 구분해야 하는 교사에게도 요구된다.

2개의 동분모 분수의 상대적인 크기를 비교하는 것은 어렵지 않다. 예를 들어 "$\frac{3}{5}$과 $\frac{2}{5}$ 중 어떤 것이 더 큰가?"라는 질문은 "동일한 크기의 조각이 있을 때 2개와 3개 중에 어느 것이 더 큰가?"라는 범자연수 문제 상황과 비슷하다.

마찬가지로 분자가 같을 경우에 조각의 크기만 중요 요인이 된다. 예를 들어 "$\frac{3}{7}$과 $\frac{3}{5}$ 중에 무엇이 더 큰가?" 이 경우에는 파이를 7조각으로 잘랐을 때 그 조각들의 크기는 동일한 파이를 5조각으로 자랐을 때의 조각의 크기보다 작다고 생각할 수 있다.

분모, 분자가 다른 분수의 비교는 조금 더 어렵다. 크기가 다른 조각들의 개수를 비교해야 하기 때문이다. 예를 들어 "다섯 조각으로 등분한 파이의 세 조각$\left(\frac{3}{5}\right)$과 아홉 조각으로 등분한 파이의 네 조각$\left(\frac{4}{9}\right)$ 중 어떤 것을 갖는 것이 좋은가?"라는 질문에 대해서 조각의 크기가 크지만 개수가 적은 경우와 조각의 크기가 작지만 개수가 많은 경우 중 한 가지를 선택해야 한다.

두 분수의 크기에 대해 생각해 볼 수 있는 한 가지 방법은 익숙한 표지가 그려진 수직선 위에 분수를 그려보는 것이다. 예를 들어 수직선에서 비교하려는 분수가 $\frac{1}{2}$보다 왼쪽에 있고 다른 하나가 $\frac{1}{2}$의 오른쪽에 있다면 무엇이 더 큰지 쉽게 알 수 있다.

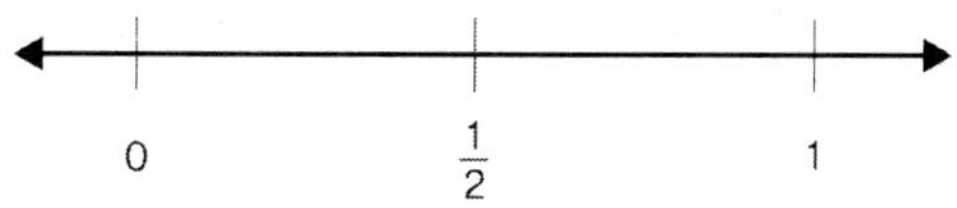

예 1 $\frac{3}{4}$과 $\frac{1}{5}$을 비교하시오.

$\frac{3}{4} > \frac{1}{2}$이고 $\frac{1}{5} < \frac{1}{2}$.

따라서 $\frac{3}{4} > \frac{1}{5}$.

분자에 분수를 표현함으로써 이러한 전략을 강화시킬 수 있다.

예 2 $\frac{2}{3}$는 $\frac{1}{2}$보다 크다. 왜냐하면 $\frac{1\frac{1}{2}}{3} = \frac{1}{2}$.

예 3 $\frac{5}{11}$는 $\frac{1}{2}$보다 작다. 왜냐하면 $\frac{5\frac{1}{2}}{11} = \frac{1}{2}$.

예 4 $\frac{5}{11}$는 $\frac{1}{4}$보다 크다. 왜냐하면 $\frac{2\frac{3}{4}}{11} = \frac{1}{4}$.

예 5 $\frac{3}{5}$과 $\frac{4}{9}$ 중 무엇이 더 큰가?

5조각으로 등분한 파이가 있다. 파이의 절반은 $2\frac{1}{2}$조각이다. 따라서 3조각은 파이의 절반보다 크며 $\frac{3}{5}$은 $\frac{1}{2}$의 오른쪽 어딘가에 위치해 있을 것이다. 동일하게 9조각으로 등분한 파이를 생각해보면 파이의 절반은 $4\frac{1}{2}$조각이다. 하지만 4조각밖에 없으므로 $\frac{4}{9}$는 $\frac{1}{2}$의 왼쪽 어딘가에 위치해 있을 것이다. 그러므로 $\frac{4}{9} < \frac{3}{5}$.

비교하려는 분수가 기준이 되는 점으로부터 서로 반대 방향에 있을 때 이 방법은 효과적이다. 하지만 두 분수가 기준이 되는 점으로부터 같은 방향에 있다면 분수를 비교하기 위해 다른 방법을 활용해야 한다. 이때 분수가 기준이 되는 점으로부터 "얼마나 멀리 떨어져 있는가?"라고 질문하는 것이 자연스럽다. 학생들은 $\frac{3}{5}$이 전체에서 2만큼 떨어져 있고 $\frac{4}{9}$가 5만큼 떨어져 있으므로 $\frac{3}{5}$이 더 크다고 말할지도 모른다. 하지만 이것은 잘못된 추론이다. 답은 맞지만 추론이 잘못되었다. 분수 $\frac{4}{9}$와 $\frac{3}{5}$에서 비교되는 부분의 크기가 서로 다르듯이 기준점으로부터 떨어진 정도 역시 비교되는 부분의 크기가 서로 다르다. 때로는 조각의 크기가 크고 개수가 적은 것이 조각의 크기가 작고 개수가 많은 것보다 더 클 수 있다. 예를 들어 $\frac{2}{4}$는 전체에서 2만큼 떨어져 있고 $\frac{6}{11}$은 전체에서 5만큼 떨어져있지만 $\frac{2}{4}$는 $\frac{6}{11}$보다 작다. 부분의 크기가 중요하다.

예 1 $\frac{2}{3}$와 $\frac{3}{5}$ 중에 어떤 것이 더 큰가?

$\frac{2}{3} > \frac{1}{2}$ 그리고 $\frac{3}{5} > \frac{1}{2}$.

$\frac{2}{3}$는 $\frac{1}{2}$보다 얼마나 더 큰가? $1\frac{1}{2}$은 3의 반이다. 그래서 $\frac{2}{3}$는 $\frac{1}{2}$보다 $\frac{\frac{1}{2}}{3}$만큼 크다$\left(\frac{1}{3}\text{의 } \frac{1}{2}\right)$.

$\frac{3}{5}$은 얼마나 더 큰가? $2\frac{1}{2}$은 5의 반이다. 그래서 $\frac{3}{5}$은 $\frac{1}{2}$보다 $\frac{\frac{1}{2}}{5}$만큼 크다.

그럼 $\frac{\frac{1}{2}}{3}$과 $\frac{\frac{1}{2}}{5}$ 중 무엇이 더 큰가? 3개로 자른 파이 1조각이 5개로 자른 파이 1조각보다 크며 그 각각의 절반을 생각해보면 3개로 자른 파이 하나를 반으로 자른 것이 더 크다.

따라서, $\frac{2}{3} > \frac{3}{5}$이다.

예 2 $\frac{5}{11}$와 $\frac{1}{4}$을 비교하시오.

$\frac{5\frac{1}{2}}{11} = \frac{1}{2}$ 그리고 $\frac{2\frac{3}{4}}{11} = \frac{1}{4}$이므로 두 분수는 모두 $\frac{1}{2}$보다 작다.

하지만 $\frac{5}{11} > \frac{2\frac{3}{4}}{11}$이므로 $\frac{5}{11} > \frac{1}{4}$이다.

우리가 지금껏 논의한 전략들은 다음과 같이 요약할 수 있다.

1. 같은 크기의 부분들(Same-Size Parts, SSP). 동일한 크기의 조각을 비교한다면 분자의 수가 큰 분수가 더 큰 값을 가진다.

$$\frac{5}{8} < \frac{7}{8}$$

2. 같은 개수의 부분들(Same Number of Parts, SNP). 비교하려는 분수의 분모는 다르지만(부분의 크기가 다르다는 것을 의미), 분자가 같으면(부분들의 개수가 같음을 의미) 큰 분모를 갖는 분수가 더 작다.

$$\frac{3}{5} > \frac{3}{7}$$

3. 기준점과 비교하기(Compare to a Benchmark, CB). 분모, 분자가 서로 다른 분수를 비교할 때 $\frac{1}{2}$, $\frac{1}{4}$ 또는 1과 같은 기준점과 비교한다.
   - $\frac{4}{5} > \frac{2}{7}$ 왜냐하면 $\frac{4}{5} > \frac{1}{2}$ 그리고 $\frac{2}{7} < \frac{1}{2}$이기 때문이다.
   - $\frac{9}{10} > \frac{8}{9}$. 왜냐하면 $\frac{9}{10}$는 1에서 $\frac{1}{10}$만큼 떨어져 있는 반면에 $\frac{8}{9}$은 1에서 $\frac{1}{9}$만큼 떨어져 있기 때문이다.

종종 어린 학생들의 경우 분수 비교에 대해서 생각할 수 있게 해주는 시각적 모델이 필요할 수 있다. 다음 넓이 모델은 효과적인 모델이다.

예 $\frac{3}{8}$과 $\frac{4}{9}$를 비교하시오.

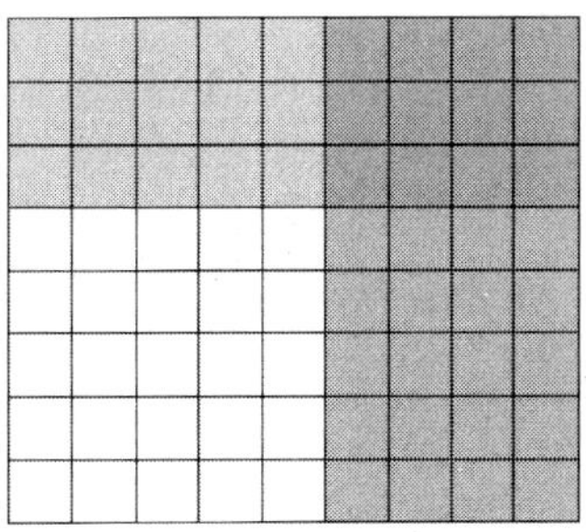

$\frac{3}{8}$은 가로로 색칠된 3줄을 나타내고 $\frac{4}{9}$는 세로로 색칠된 4줄을 나타낸다. $\frac{3}{8}=\frac{27}{72}$이고 $\frac{4}{9}=\frac{32}{72}$이다. 따라서 $\frac{4}{9}>\frac{3}{8}$.

다른 방법으로 고대 이집트인이 사용했던 단위분수를 활용하는 방법이 있다. 단위분수는 분자가 1인 분수를 말하며 분자가 1이기 때문에 단위분수는 쉽게 비교할 수 있다. 모든 단위분수는 서로 다른 단위분수들의 합으로 나타낼 수 있으며 이로 인해 단위분수는 다루기도 쉽다. 이렇게 단위 분수의 합으로 나타내는 방법은 한 가지 이상일 수 있다.

예 1 $\frac{1}{5}=\frac{6}{30}=\frac{1}{6}+\frac{1}{30}$, $\frac{1}{5}=\frac{8}{40}=\frac{1}{8}+\frac{1}{20}+\frac{1}{40}$, $\frac{1}{5}=\frac{2}{10}=\frac{1}{10}+\frac{1}{10}$

예 2 $\frac{5}{6}$와 $\frac{3}{4}$을 비교하시오.

한 가지 방법은 $\frac{5}{6}$에서 뺄 수 있는 가장 큰 단위분수를 생각하는 것이다. $\frac{3}{6}=\frac{1}{2}$이고 $\frac{5}{6}-\frac{3}{6}=\frac{2}{6}$, 즉 $\frac{1}{3}$이 남게 된다. 따라서 $\frac{5}{6}=\frac{1}{2}+\frac{1}{3}$이 되며 마찬가지로 $\frac{3}{4}=\frac{1}{2}+\frac{1}{4}$이 된다. 두 분수 모두 $\frac{1}{2}$을 더해서 만들어졌기 때문에 우리는 남은 부분을 활용하여 분수를 비교할 수 있다. $\frac{1}{3}>\frac{1}{4}$이므로 $\frac{5}{6}>\frac{3}{4}$이다.

예 3 $\frac{5}{9}$와 $\frac{7}{10}$을 비교하시오.

$$\frac{5}{9}=\frac{1}{3}+\frac{1}{9}+\frac{1}{9},\ \frac{7}{10}=\frac{1}{2}+\frac{1}{5}$$

$\frac{1}{2}$을 변환해보자. $\frac{1}{2}=\frac{3}{6}=\frac{1}{3}+\frac{1}{6}$이다. 그러면

$$\frac{5}{9}=\frac{1}{3}+\frac{1}{9}+\frac{1}{9},\ \frac{7}{10}=\frac{1}{3}+\frac{1}{6}+\frac{1}{5}$$

두 분수 모두 $\frac{1}{3}$이 더해서 만들어지지만 $\frac{1}{6}>\frac{1}{9}$이고 $\frac{1}{5}>\frac{1}{9}$이다. 따라서 $\frac{7}{10}>\frac{5}{9}$이다.

예 4 $\frac{2}{9}$와 $\frac{3}{7}$을 비교하시오.

$$\frac{2}{9}=\frac{1}{9}+\frac{1}{9}=\frac{1}{9}+\frac{1}{12}+\frac{1}{36},\ \frac{3}{7}=\frac{1}{7}+\frac{1}{7}+\frac{1}{7}$$

$\frac{3}{7}$을 구성하는 각각의 분수는 $\frac{2}{9}$를 구성하는 각각의 분수보다 크다. 따라서 $\frac{3}{7}>\frac{2}{9}$이라고 결론지을 수 있다.

마지막으로 이전 장에서 살펴 본 질적 추론 방법을 잊지 말자. 우리는 어제와 오늘 학생들의 수와 과자의 수를 통해 분수의 크기를 비교했다.

예 $\frac{4}{7}$와 $\frac{5}{6}$를 비교하시오.

어제 7명의 학생에게 4개의 과자를 나누어 주었고 오늘은 더 많은 과자를 더 적은 학생에게 나누어 주었다. 그러므로 $\frac{5}{6} > \frac{4}{7}$이다.

6.4 분수와 분수 사이 »

$\frac{1}{9}$과 $\frac{1}{8}$사이에 있는 3개의 분수를 찾아보라고 했던 문제에서 다음 학생이 사용한 방법에 대해 연구해보자.

마틴 (5학년)	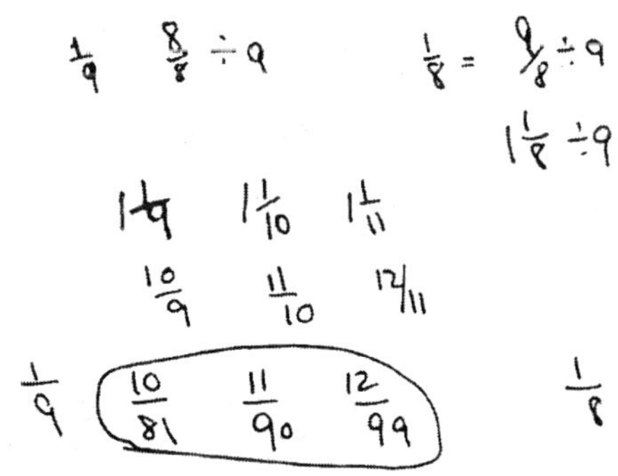

주어진 두 분수 사이의 분수를 만들기 위해 마틴은 동치분수를 활용하였다. 다시 말해 분수 안의 분수를 활용해 분수를 다시 써서 주어진 두 분수 사이에 있는 여러 분수들을 찾을 수 있었다. 마틴은 $\frac{1}{9}$을 $\frac{\frac{8}{8}}{9}$이라고 보고 $\frac{1}{8}$을 $\frac{1\frac{1}{8}}{9}$로 보았다. 그 후 분모를 9로 유지한 채 1과 $1\frac{1}{8}$ 사이의 모든 분수를 분자로 사용할 수 있게 되었다. 1과 $1\frac{1}{8}$ 사이의 분수는 쉽게 생각할 수 있다. 1에 $\frac{1}{8}$보다 작은 분수를 더하면 된다. $1\frac{1}{9}$, $1\frac{1}{10}$, $1\frac{1}{11}$, $1\frac{1}{12}$ 등. 이와 같은 방법으로 원하는 분수를 몇 개든지 얻을 수 있다. 그런 다음 대분수를 가분수로 쓰고 마지막으로 분모에 9를 곱함으로써 각각을 9로 나누었다.

예 당신이 만약 마틴이라면 $\frac{1}{4}$과 $\frac{1}{3}$ 사이에 있는 분수를 어떻게 찾을 것인가?

우선 분수를 같게 만들기 위해 모든 분수들을 적어볼 것이다. 마틴은 $\frac{1}{3}$이 $\frac{4}{3}$

를 4로 나눈 분수라는 것을 알기 때문에 다음과 같이 쓸 것이다.

$$\frac{1}{4}\quad\frac{\ \ }{4}\quad\frac{\ \ }{4}\quad\frac{\ \ }{4}\quad\frac{\ \ }{4}\quad\frac{\ \ }{4}\quad\frac{\ \ }{4}\quad\frac{\frac{4}{3}}{4}$$

$\frac{1}{4}$과 $\frac{1}{3}$ 사이에 있는 모든 분수는 분모가 4이고 분자가 1에서 $1\frac{1}{3}$ 사이에 있게 된다. 조건을 만족하는 분수는 $\frac{1\frac{1}{4}}{4}$, $\frac{1\frac{1}{5}}{4}$, $\frac{1\frac{1}{6}}{4}$, $\frac{1\frac{1}{7}}{4}$, $\frac{1\frac{1}{8}}{4}$ 등이다.

마틴의 방법 말고 다른 방법으로도 분수의 추론에 도움이 되는 동치 형태를 만들 수 있다. 다음은 다른 분수들의 합으로 분수를 다시 쓰는 두 가지 예시이다.

예 1 $\frac{3}{5}$과 $\frac{4}{5}$ 사이의 분수 3개를 찾으시오.

$\frac{4}{5}=\frac{3}{5}+\frac{1}{5}$이므로 만약 $\frac{1}{5}$보다 작은 수를 $\frac{3}{5}$에 더한다면 $\frac{4}{5}$보다 작은 분수를 구할 수 있다. 세 가지 예: $\frac{3}{5}+\frac{1}{6}=\frac{23}{30}$, $\frac{3}{5}+\frac{1}{7}=\frac{26}{35}$, $\frac{3}{5}+\frac{1}{8}=\frac{29}{40}$.

예 2 $\frac{7}{8}$과 $\frac{9}{10}$ 사이의 분수 2개를 찾으시오.

다음은 이 문제에 대한 6학년 학생의 풀이이다. 이 학생의 풀이 방법에 대해 알아보자.

앨리시아 (6학년)	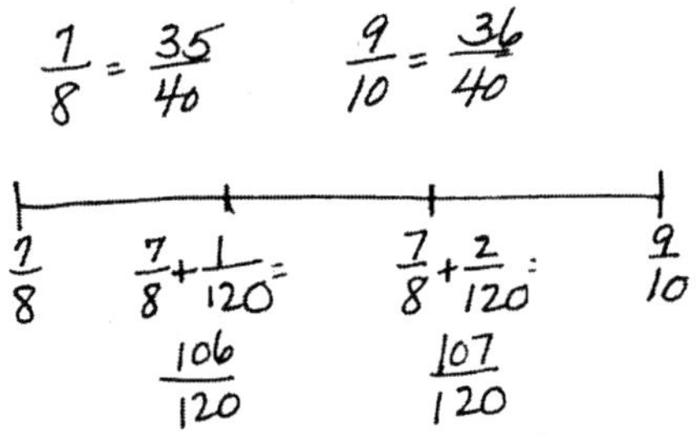

앨리시아는 두 분수 간의 차이를 발견했고 그 사이에 동일한 간격으로 분수를 위치시키기 위해 조각을 등분했다. $\frac{9}{10}$와 $\frac{7}{8}$의 차이는 $\frac{1}{40}$이고 조각을 3등분 했을 때 각각의 부분은 $\frac{1}{120}$이 된다.

$$\frac{7}{8}+\frac{1}{120}=\frac{106}{120},\ \frac{7}{8}+\frac{2}{120}=\frac{107}{120},\ \frac{7}{8}+\frac{3}{120}=\frac{108}{120}=\frac{9}{10}$$

그러므로 우리가 찾는 분수는 $\frac{106}{120}$과 $\frac{107}{120}$이다.

마틴의 방법이나 앨리시아의 방법을 가르치자는 것은 아니다. 이 방법을 가르치는 것도 결국에는 학생들에게 또 다른 알고리즘을 가르치는 일이 될 것이다. 그들의 풀이는 이런 점에 초점이 맞추어져야 한다. 왜냐하면 교사는 효과적인 방법과 쓸모없는 방법을 구별해야하기 때문이다. 마틴과 앨리시아의 풀이는 학생들이 알고리즘부터 학습하지 않고 분수에 대해 추론할 수 있는 시간이 있을 때 강력한 사고가 나타날 수 있음을 보여주었다. 또한 그들의 풀이는 우리가 '유리수 감각'을 이야기하거나 분수의 세계를 편안하고 유연하게 이동할 수 있음을 이야기할 때 이들이 어떤 의미를 갖고 있는지 설명해 줄 수 있다.

활동

01 다음 추론 방법 중 하나를 사용하여 두 분수를 비교하시오.

SNP, SSP, CB, 쿠키와 아이들, 넓이, 색칠하기, 단위분수

(1) $\frac{8}{14}$, $\frac{4}{9}$ (2) $\frac{3}{17}$, $\frac{3}{19}$ (3) $\frac{5}{13}$, $\frac{8}{13}$ (4) $\frac{3}{2}$, $\frac{4}{3}$

(5) $\frac{2}{3}$, $\frac{2}{5}$ (6) $\frac{5}{10}$, $\frac{7}{9}$ (7) $\frac{7}{8}$, $\frac{3}{4}$ (8) $\frac{1}{5}$, $\frac{1}{7}$

(9) $\frac{5}{9}$, $\frac{3}{4}$ (10) $\frac{2}{7}$, $\frac{3}{5}$ (11) $\frac{3}{8}$, $\frac{4}{9}$ (12) $\frac{9}{19}$, $\frac{11}{21}$

(13) $\frac{3}{7}$, $\frac{5}{8}$ (14) $\frac{4}{9}$, $\frac{5}{11}$ (15) $\frac{3}{8}$, $\frac{4}{9}$ (16) $\frac{6}{11}$, $\frac{7}{12}$

(17) $\frac{3}{7}$, $\frac{2}{5}$ (18) $\frac{2}{5}$, $\frac{5}{9}$ (19) $\frac{8}{9}$, $\frac{10}{11}$ (20) $\frac{13}{14}$, $\frac{11}{12}$

02 단위분수를 사용하여 비교하시오.

(1) $\frac{7}{8}$, $\frac{3}{5}$ (2) $\frac{5}{6}$, $\frac{7}{8}$ (3) $\frac{7}{8}$, $\frac{9}{10}$

03 주어진 두 분수 사이에 있는 3개의 분수를 찾기 위해 마틴의 방법을 사용해 보시오.

(1) $\frac{1}{6}$, $\frac{1}{5}$ (2) $\frac{7}{14}$, $\frac{7}{13}$ (3) $\frac{6}{8}$, $\frac{7}{8}$

04 5, 6, 7, 8을 각각 한 번씩 사용하여 주어진 조건을 만족하는 합을 나타내시오.

(1) 가능한 가장 작은 합

$$\frac{\square}{\square} + \frac{\square}{\square}$$

(2) 가능한 가장 큰 합

$$\frac{\square}{\square} + \frac{\square}{\square}$$

(3) 가장 작은 차이(양수)

$$\frac{\square}{\square} - \frac{\square}{\square}$$

(4) 가능한 가장 큰 차이(양수)

$$\frac{\square}{\square} + \frac{\square}{\square}$$

(5) 가능한 가장 작은 곱

$$\frac{\square}{\square} \times \frac{\square}{\square}$$

(6) 가능한 가장 큰 곱

$$\frac{\square}{\square} \times \frac{\square}{\square}$$

(7) 가능한 가장 작은 몫

$$\frac{\square}{\square} \div \frac{\square}{\square}$$

(8) 가능한 가장 큰 몫

$$\frac{\square}{\square} \div \frac{\square}{\square}$$

05 양의 분수를 다음과 같이 변화시켰을 때 그 크기는 어떠한가?

(1) 분자를 1 크게 할 때

(2) 분자와 분모를 모두 크게 할 때.

(3) 분모를 1 크게 할 때

(4) 분자와 분모에 같은 수를 곱했을 때.

06 $\frac{2}{5}$와 1 사이의 동일한 크기만큼 떨어져 있는 3개의 분수를 구하라.

07 마이크는 분수 $\frac{1}{a}$이 결코 1보다 클 수 없다고 말했다. 그가 옳은가? 설명해 보시오.

제7장 부분-전체 비교로서의 분수

학생 전략: 3학년

3학년 학생들이 서로 다른 소재를 가지고 그룹별로 공부하였다. 7개의 그룹으로 나누어 각각의 그룹에게 분수 $\frac{5}{6}$의 의미를 그림으로 표현해 보도록 하였다. 제시한 7개의 모델을 통해 관찰할 수 있는 것들을 이야기하시오.

A	
B	
C	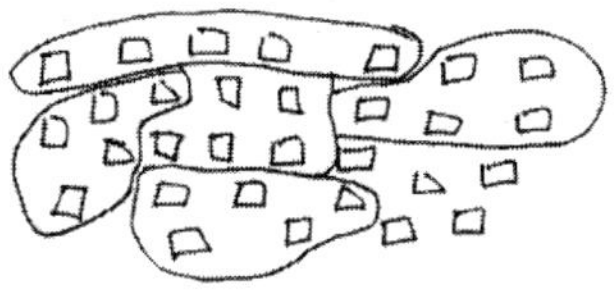
D	 다섯 부분의 캔디 바를 먹었다.
E	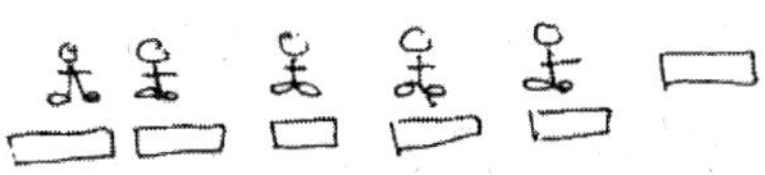
F	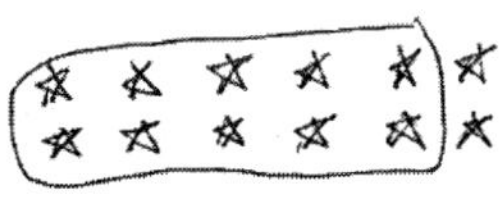
G	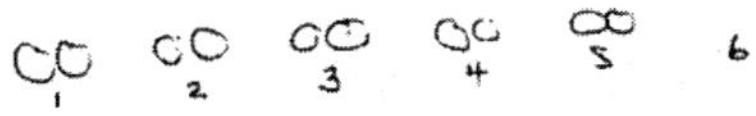 5명은 과자를 먹었으나 나는 아무것도 먹지 못했다.

7.1 부분-전체 분수: 중요 개념들 »

① **부분-전체 비교**(part-whole comparison)는 단위가 나누어져 있는 동일한 부분의 전체 개수에 대한 어떤 단위의 동일한 부분의 수를 나타낸 것이다. 여기서 **동일함**(equal)의 의미는 같은 수를 갖거나, 같은 길이를 갖거나, 같은 넓이를 갖는 것 등을 의미하며 그것은 전체 단위의 성질(셈, 길이, 넓이)에 따라 결정된다.

② 기호 $\frac{a}{b}$는 동일한 b부분 중 a부분만큼을 의미한다. 하지만 한 부분과 한 조각의 의미가 같은 것은 아니다. 예를 들어, 18개의 야구 카드 한 세트를 한 단위라고 할 때, $\frac{1}{6}$은 동일한 여섯 부분 중 한 부분을 의미하고, 이때 한 부분은 야구카드 3장을 의미한다.

③ 한 부분의 양은 그 양이 얼마나 많은 같은 크기의 부분들로 구성되어 있는지에 따라 결정된다. 부분의 개수를 늘리면 각 부분의 양의 크기는 작아진다. 부분의 개수를 줄이면 각 부분의 양의 크기는 커진다. 따라서 같은 케이크의 $\frac{1}{3}$(더 적은 부분들)은 $\frac{1}{6}$(더 많은 부분들)보다 더 큰 케이크가 된다.

④ 같은 양을 서로 다른 분수 표현으로 나타낼 수 있다. 같은 양을 나타내는 2개의 다른 분수를 **동치**(equivalent)라 한다. $\frac{3}{6}=\frac{1}{2}$이라고 쓴다면 이 두 분수는 상대적으로 같은 양임을 의미한다.

⑤ **단위화**(unitizing)는 서로 다른 크기 묶음으로 단위를 개념화하는 것을 의미한다. 이는 관념적이거나 시각적인 과정일 수 있다. 예를 들어, 음료수 포장(24캔이 한 단위)을 머릿속으로 4(6캔 묶음) 또는 2(12캔 묶음)로 표현한 경우를 생각해 보자. 단위화는 동치분수와도 관련이 있다. 같은 단위(24캔)를 다른 방법으로 묶어서 표현했을 때, $\frac{2(6\text{캔 묶음})}{4(6\text{캔 묶음})}=\frac{1(12\text{캔 묶음})}{2(12\text{캔 묶음})}$과 같이 표현할 수 있기 때문이다.

⑥ 모든 분수 문제에서 단위를 확인하는 것과 각각의 분수가 그 단위의 관점으로 해석될 수 있음에 확신을 갖는 것은 매우 중요하다. 다른 단위로 이루어진 분수는 서로 비교할 수 없다. 추상적인 계산을 할 경우(예를 들어 계산하려는 자료에 대해서 특별히 언급되어 있지 않은 분수를 더하거나 뺄 때)에는 단위에 대해 신경쓰지 않아도 되지만, 구체적인 사물을 제시할 경우 단위가 무엇인지 모른다면 그 문제는 혼란스러워질 것이다.

⑦ 모든 문제에서 단위를 명시적으로 혹은 암시적으로 제시해야 한다. 암시적으로 제시되어 있는 경우에는 단위를 알기 위해 상향식 추론과 하향식 추론을 할 수

있다.

⑧ 다양한 종류의 이산적인 단위나 연속적인 단위를 사용해야 하며, 하나 이상의 사물로 구성된 단위도 사용해야 한다. 그 이유는 학생들이 오랫동안 하나의 둥근 케이크나 하나의 둥근 피자만을 단위로 사용하다보면 1개 이상의 사물로 이루어진 단위의 경우에는 어떻게 다루어야 할지 알 수 없게 되기 때문이다.

⑨ 분수 문제의 답에서 자연수를 인정하면 안 된다. 예를 들어 피자 문제를 다룰 때 '2조각'은 인정할 수 있는 답이 아니다. '피자 전체의 몇 개 부분인지' 또는 '피자의 얼마만큼인지' 등의 질문은 답을 분수로 대답할 수 있게 유도해준다.

7.2 단위화와 동치 »

다음 직사각형을 생각해보자. 직사각형의 $\frac{3}{5}$이 색칠되어 있다. 전체 직사각형의 넓이가 5등분되어 있으며 이는 전체의 넓이에 대한 세 부분의 넓이를 비교하기 위해서이다.

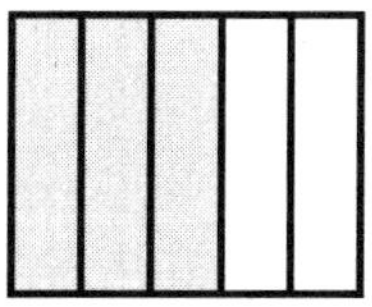

20개의 작은 정사각형으로 이루어진 동일한 직사각형(같은 단위 넓이)을 생각해보자. 색칠된 부분은 직사각형의 $\frac{12}{20}$라 할 수 있다.

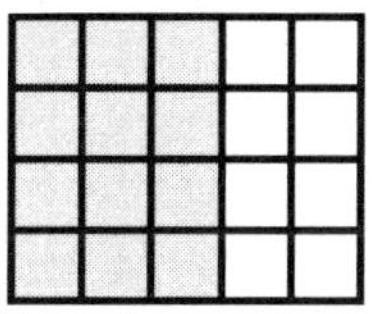

마찬가지로 동일한 직사각형이 작은 정사각형 2개 크기 10개로 이루어졌다고 생각해보면 색칠된 부분은 전체 직사각형의 $\frac{6}{10}$이라 할 수 있다.

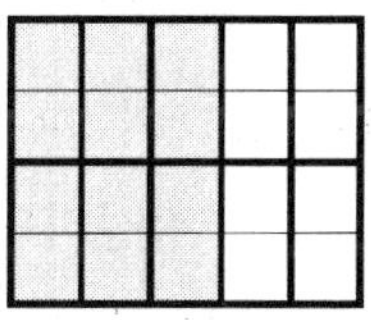

여기서 단위화(서로 다른 크기의 묶음으로 생각해 보는 것)는 같은 양에 대한 동

치 개념을 형성하는 데 도움이 된다.

독특한 분수를 사용하는 경우에 학생들은 스스로 발견한 묶음의 크기를 괄호 안에 명기함으로써 다른 사람들에게 자신의 생각을 분명하게 표현할 수 있다.

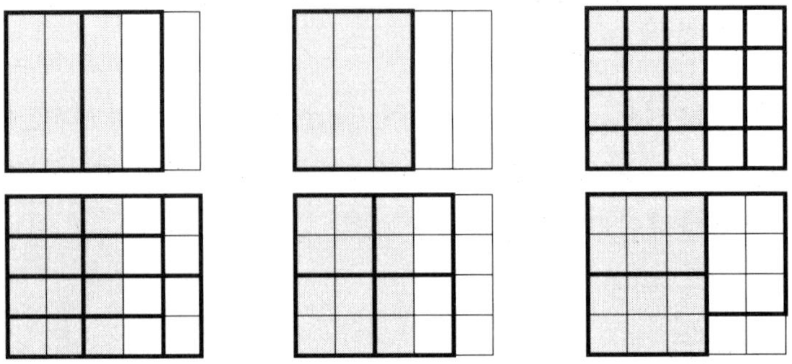

위의 그림에서 제시하는 7개의 동치는 다음과 같다.

$$\frac{3}{5}(\text{세로 1줄}) = \frac{1\frac{1}{2}}{2\frac{1}{2}}(\text{세로 2줄}) = \frac{1}{1\frac{2}{3}}(\text{세로 3줄}) = \frac{12}{20}(\text{정사각형 1개})$$
$$= \frac{6}{10}(\text{정사각형 2개}) = \frac{3}{5}(\text{정사각형 4개}) = \frac{2}{3\frac{1}{3}}(\text{정사각형 6개}).$$

전체 중 부분을 표현하기 위해서는 전체와 부분 모두를 같은 크기의 묶음으로 표현해야 한다.

예 1 1달러의 얼마가 3쿼터인가?

$$\frac{3\text{쿼터}}{1\text{달러}} = \frac{3}{4}(\text{쿼터})$$

예 2 음료수 4개는 6개 묶음의 얼마인가?

$$\frac{4\text{개}}{6\text{개 묶음}} = \frac{4}{6}(1\text{개}) = \frac{2}{3}(2\text{개})$$

예 3 달걀 14개는 1다스의 얼마인가?

$$\frac{\text{달걀 14개}}{1\text{다스}} = \frac{14}{12}(\text{달걀 1개}) = \frac{7}{6}(\text{달걀 2개}) = \frac{2\frac{1}{3}}{2}(\tfrac{1}{2}\text{-다스}) = \frac{1\frac{1}{6}}{1}(\text{다스})$$

단위화에서 중요한 것은 단위화가 조각의 개수와 조각의 크기에 대한 정신적인 조직화 과정을 수반한다는 점이다. 이런 정신적인 조직화 과정은 측정에 있어서 중요한 원리가 되고, 보다 강력한 분수 감각 발달에 있어서 중요한 개념이 된다. 단위의 묶음 크기가 더 클수록 직사각형을 덮기 위해 필요한 조각의 개수는 더 작아진다. 반대로 묶음의 크기가 더 작을수록 직사각형을 덮기 위해 필요한 조각의 개수는 더 커진다. 게다가 단위화는 동치분수의 이해에 기초가 된다. 단위화는 학생들로 하여금 상향식 추론과 하향식 추론을 하게 한다. 이러한 정신적 과정은 비례 추론의 발달에 유용하다. 마지막으로 단위화는 정수 결과를 요구하지 않는다. (예를 들어 $\frac{8}{12}$(달걀) = $\frac{1\frac{1}{3}}{2}$(6개 묶음).) 또한 단위화는 편안함을 느끼거나 간단한 수(범자연수, 절반, 4분의 1 등)뿐만 아니라 그 이외의 수들까지 사용할 기회를 준다.

분수 학습 초기에는 다음과 같이 학생들에게 분수의 양을 색칠하게 하는 활동이 있다. 이러한 활동들은 학생들에게 동치분수를 가르칠 수 있는 좋은 방법이 된다.

예 $\frac{5}{6}$를 칠하시오.

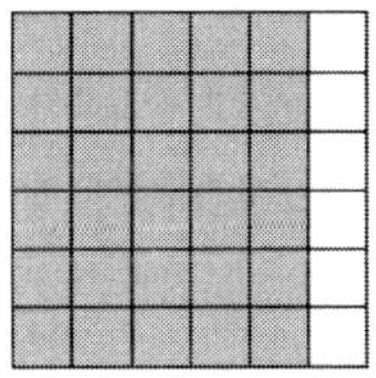

위 그림을 동치분수로 나태내면 다음과 같다.

$$\frac{5}{6}(\text{세로 1줄}) = \frac{15}{18}(\text{정사각형 2개}) = \frac{60}{72}(\text{정사각형 }\frac{1}{2}\text{개}) = \frac{7\frac{1}{2}}{9}(\text{4개 묶음})$$
$$= \frac{10}{12}(\text{3개 묶음}) = \frac{30}{36}(\text{정사각형 1개})$$

7.3 현재 교육의 문제점 »

분수는 공평한 분배라는 학생들의 취학 전 경험을 바탕으로 형성된다. 그럼에도 불구하고 우리는 시각적 표상, 분수 언어, 그리고 기호와 관련된 형식적인 개념들을 지적인 형태로 요구하고 있다. 이전에 2장에서 범자연수와 분수 사이에 놓여있는 여러 인지적 어려움들을 살펴보았다. 대부분의 초기 분수 지도는 그리기와 색칠하기로 시작된다. 불행히도 이 방법은 종종 분수 학습에 있어서 어려움을 불러일으키곤 한다.

- 학생들은 가끔 전체 단위를 동일한 크기의 분할로 나누지 못한다.
- 학생들은 때때로 같지 않은 크기의 사물을 활용하여 분수의 동치와 분수의 크기를 비교한다. (예를 들면 8조각으로 나누어진 크기가 작은 피자와 8조각으로 나누어진 크기가 큰 피자)
- 학생들은 정확하지 않은 그림으로 분수의 동치와 분수의 크기를 비교한다.

욥	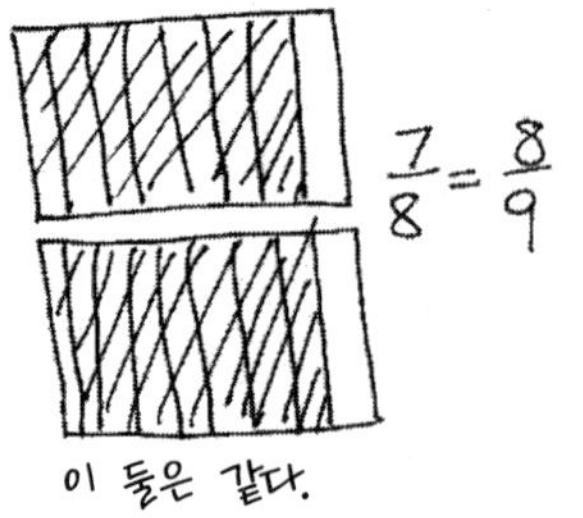

학생들이 부분-전체 분수를 이해하지 못하는 대부분의 이유는 수업을 학생들의 강점이 아니라 약점을 기반으로 하기 때문이다. 이른바 오개념이라는 것이나 문제가 되는 것들의 대부분은 어른들이 3~4학년 학생들이 할 수 없는 예술적 재능이나 눈과 손의 협업을 기대한 결과에서 비롯된다. 이와 같은 문제점을 고치기 위해서 많은 노력들이 있었다. 많은 수의 3~4학년 학생들은 삼각형의 넓이를 세 부분으로 정확히 나누지 못한다. 이러한 문제를 해결하기 위해서 홀수각형 도형의 종이를 충분히 다루어 본 후에 분할된 종이를 나누어 주는 것이 해결방법이 될 수 있다. 학생들이 원을 3등분이나 6등분하기 어려워한다는 사실은 이미 잘 알려져 있다. 그래서 몇몇 교실에서는 귀중한 수업시간에 원을 'Y자'로 나누는 것을 연습하면서 시간을 허비하곤 한다. 그뿐만 아니라 학생들은 수업 시간에 직사각형의 한 변의 길이를 8등분하기 위해 자로 재고 표시하기도 한다. 이것은 어떤 모델과 어떤 분수 교육법이 최선의 결과가 되는가에 대한 질문을 불러일으킨다.

7.4 분수 모델 »

분수를 가르치기 위한 많은 상업적 모델들이 있다. 하지만 기존의 분수 지도에서는 이런 도구를 효과적으로 사용하지 않고 있다.

- 많은 분수 모델을 적용할 수 없는 상황에서도 활용하고 있다.
- 교사가 중요한 개념이나 질문을 제시하지 않는다.
- 이런 도구들이 강력한 힘을 가지고 있는 것처럼 여긴다. 교사는 조작적이고 손을 사용하는 활동들이 가치있는 분수 지식 형성에 도움이 된다고 맹목적으로 믿는다. 이런 도구들은 화려하고 재미있을 수 있지만 손을 사용한다고 반드시 생각을 사용하는 것은 아니다.
- 각 모델들에서 분모의 수는 제한적이다.

어떤 하나의 모델을 만병통치약처럼 활용할 수는 없다. 각각의 모델들은 모두 어느 정도의 유용성이 있지만, 특정 상황에서는 비효율적일 수 있으며 이는 교사가 모델을 얼마나 현명하게 사용하는가에 달려있다. 만일 당신의 귀중한 수업시간이 모델의 효과적인 사용법을 지도하는 데 허비된다면, 이는 정작 분수를 지도하는 데 필요한 시간을 빼앗고 있으므로 쓸모없는 시간이 될 수밖에 없다. 또 학생들에게 다양한 모델을 가르치는 것이 중요하다. 이를 통해 학생들은 한 가지 방법으로만 분수를 생각하는 습관에서 벗어날 수 있으며, 지금까지와는 다른 모델을 접했을 때 다른 지식으로 쉽게 변환할 수 있게 된다.

넓이 모델은 전체 넓이가 1인 분수 모델이다. 다시 말해서 전체 단위가 특정 넓이가 되며, 그 넓이가 동일한 조각의 크기로 나누어져 있는 경우를 말한다. 분수 띠, 분수 원, 사각형 케이크, 피자, 퀴즈네어 띠와 막대, 그리고 패턴조각은 모두 넓이 모델이다. 넓이 모델만큼 중요하지만 잘 다루어지지 않는 것이 이산 모델이다. 이산 모델에서는 각각의 물체나 물제의 집합이 전체 단위가 된다. 돈이나 칩 등이 이산 모델의 예이다.

우리는 이미 퀴즈네어 막대와 패턴 조각의 가치에 대해 살펴보았다. 둘 다 적절히 사용한다면 비례 추론 발달에 큰 도움이 될 수 있다. 그러나 종적 연구에 의하면 분수 성취는 학생들 스스로 능동적이고 깊은 사고를 통해 단위 분할에 몰두 할 경우 가장 높게 나타난다. 앞으로 우리는 분수의 크기 비교와 분수 계산에 용이한 저렴하면서 매우 효과적인 모델인 분수 띠에 대해 살펴볼 것이다. 분수 띠의 핵심적인 특징은 질문에 대답하기 위해선 반드시 학생들 스스로 분할을 해야 한다는 점에 있다.

7.5 분수 띠 »

분수 띠는 상업용 교구 책자를 통해 이용할 수 있다. 분수 띠는 길이가 같은 2차원의 띠다. 하나의 띠가 2등분, 3등분, 4등분이 될 수 있다. 예를 들어 달려간 거리에 대한 문제라면 띠를 단위 길이로 사용할 수 있다. 모든 띠는 같은 넓이를 가진다. 따라서 직사각형 케이크에 대한 문제라면 단위는 단위 넓이가 된다. 띠 모델을 통해 3등분 된 띠와 6등분 된 띠를 위아래로 놓아 $\frac{2}{6}=\frac{1}{3}$ 임을 관찰할 수 있다. 마찬가지로 단위 분수를 비교하는 경우에도 매우 유용한 사실들을 관찰할 수 있다.

예를 들어 $2<10$이지만, $\frac{1}{2}>\frac{1}{10}$이다. 나는 어떤 교사들이 수업을 시작하기 전에 미리 조각을 자르고 있는 상황을 본 적이 있다. 조각을 자른 행동은 곧 재앙이 되었다. 우선 조각의 수가 너무 많아 다루기 어려웠으며, 그로 인해 매우 작은 종잇조각들이 교실을 날아 다녔다. 더욱더 중요한 것은 조각을 미리 자른 행동 때문에 학생들이 분수가 같은 단위에 기초한다는 개념을 쉽게 이해할 수 없었다는 것이다.

'MORE'에 분수 띠의 다른 버전이 있다. 앞서 제시한 버전과 이 버전은 분할 과정에서 학생들 스스로가 참여할 수 있게 설계되었다는 점에서 차이가 있다. 이 교구는 매우 저렴할 뿐더러 다른 교실에서 재활용할 수 있으며, 천공으로 미세하게 분할되어 있다. 이는 학생들이 연속된 물체를 분할하기 위한 표지의 역할을 해준다. 이 교구가 없다면 그 대안으로 학생들에게 아무것도 표시되어 있지 않은 플라스틱판과 매직펜을 주고 주어진 문제에 적합한 띠를 직접 그리게 함으로써 문제를 해결하는 것도 방법이 될 수 있다.

7.6 부분-전체 분수 비교 »

분수의 크기 비교와 관련하여 $\frac{2}{3}$와 $\frac{3}{4}$ 중 어느 것이 더 긴지 묻는 질문을 학습지에서 보게 될 것이다. 분수 띠를 색칠해보면서 사탕막대의 $\frac{2}{3}$가 사탕막대의 $\frac{1}{2}$보다 크다는 것을 쉽게 알 수 있다.

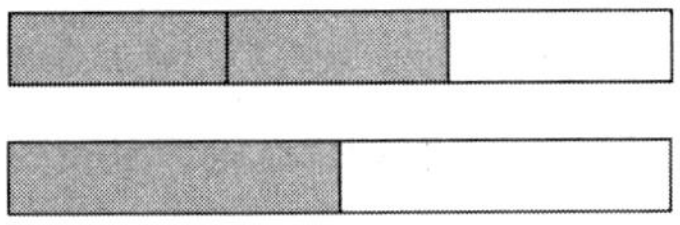

그러나 조금 더 도전적인 질문을 통해 이 질문을 더욱 생산적인 활동으로 만들 수 있다. 우리는 학생들이 '더 길다', '더 짧다', '더 많다', '더 적다' 등과 같은 질적 판단을 넘어서 양적 반응을 하길 원한다. 이를 위한 중요한 질문들은 다음과 같다. "얼마나 더 큰가?"

"얼마나 더 많은가?"에 대한 답을 구하기 위해선 각각의 사탕막대를 같은 개수와 같은 크기가 되게 나누어야 한다. 이 경우 우선 3등분 된 첫 번째 사탕막대를 반으로 나누고, 2등분 된 두 번째 사탕막대를 세 부분으로 나누면, 두 사탕막대는 6개의 같은 크기의 조각이 된다. 그럼 색칠된 부분의 양이 각각 $\frac{4}{6}$와 $\frac{3}{6}$이 된다.

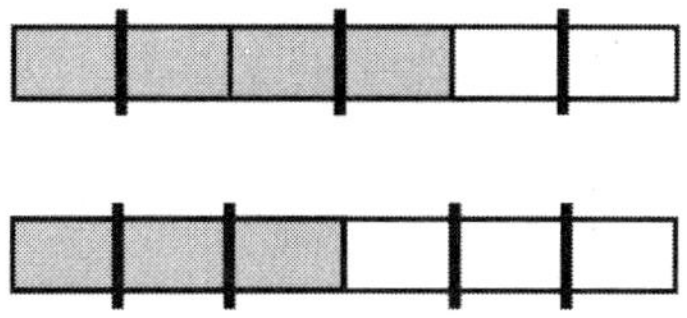

이 활동을 통해 조각을 비교할 수 있다. $\frac{2}{3}$는 $\frac{1}{2}$보다 $\frac{1}{6}$만큼 크다.

학생들이 "얼마나 더 많은가?"를 대답하기 위해 분할을 하다보면 공통분모에 대해 빠르게 학습할 수 있다. 이 질문에 대답하기 위해서는 공통분모가 필요하다. 따라서 이를 통해 분수 교육 초기에 학생들에게 추후에 학습할 덧셈이나 뺄셈을 준비할 기회를 줄 수 있다.

예 1 케이크 $\frac{5}{6}$와 케이크 $\frac{2}{3}$ 중 어느 것이 더 많은가? (6등분 된 조각 5개와 3등분된 조각 2개 중 어느 것이 더 많은가?) 그리고 얼마나 많은가?

$\frac{2}{3}$조각 = $\frac{4}{6}\left(\frac{1}{2}\text{-조각}\right)$. 이 표현은 3등분 된 조각 중 2개의 케이크를 반으로 나누면, 3등분 된 조각 중 2개는 6등분 된 조각 중 4개와 같다는 것이다. 따라서 $\frac{5}{6} > \frac{2}{3}$. 또한 케이크의 $\frac{5}{6}$는 케이크의 $\frac{2}{3}$보다 $\frac{1}{6}$만큼 크다.

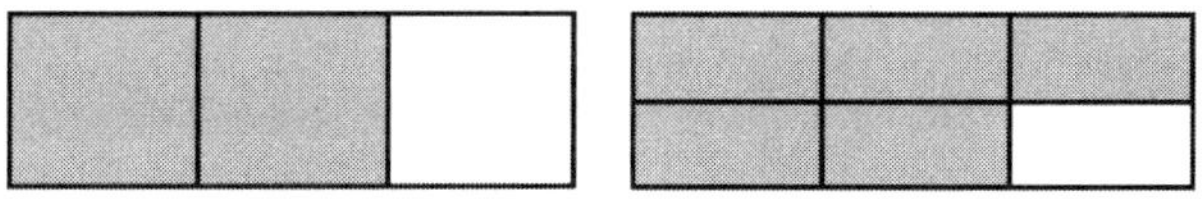

예 2 마우리스는 케이크를 $2\frac{3}{4}$만큼 가지고 있다. 샘은 케이크를 $2\frac{2}{3}$만큼 가지고 있다. 이에 대해 다음 물음에 답하시오.

(1) 누가 더 많은가? 얼마나 더 많은가? 얼마나 더 많은지를 보여주는 분수의 뺄셈 문제를 만들어 보시오.

(2) 두 소년이 가지고 있는 케이크는 전부 얼마인가? 케이크를 합하면 얼마가 되는지를 보여주는 덧셈 문제를 만들어 보시오.

두 소년 모두 케이크 2개와 일부조각을 더 가지고 있기 때문에 더 가지고 있는 부분만 비교하면 된다.

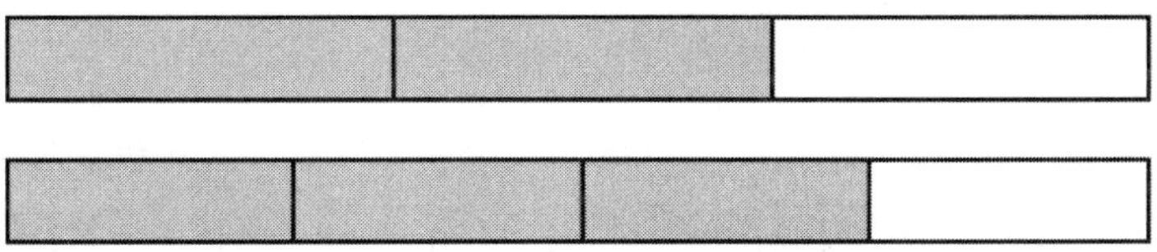

$$3\text{조각 중 } 2\text{조각} = \frac{2}{3}(\text{조각}) = \frac{8}{12}(\frac{1}{4}\text{-조각})$$
$$4\text{조각 중 } 3\text{조각} = \frac{3}{4}(\text{조각}) = \frac{9}{12}(\frac{1}{3}\text{-조각})$$

마우리스의 세 번째 케이크를 모두 3등분 하면 마우리스가 더 가지고 있는 부분은 12개의 조각 중 9개의 조각이 된다. 샘의 세 번째 케이크를 4등분하자. 그러면 샘의 케이크는 12조각 중 8조각이 된다.

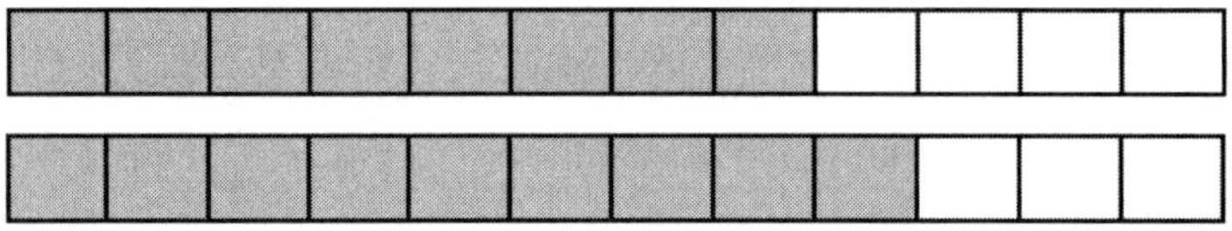

따라서 마우리스는 샘이 가진 것보다 $\frac{1}{12}$만큼 더 가지고 있음을 알 수 있다.

$$2\frac{3}{4} - 2\frac{2}{3} = \frac{1}{12}$$

두 소년이 가지고 있는 것을 더하면

$$2\frac{3}{4} + 2\frac{2}{3} = 2\frac{9}{12} + 2\frac{8}{12} = 4\frac{17}{12} = 4 + 1\frac{5}{12} = 5\frac{5}{12}.$$

7.7 이산 단위 »

우리가 사용했던 분수 띠는 연속적인 물체이다. 학생들은 이산적인 물체 집합으로 구성된 단위에 대해서도 학습해야 한다. 이런 물체들로는 사탕, 동전, 양면 칩 등이 있다.

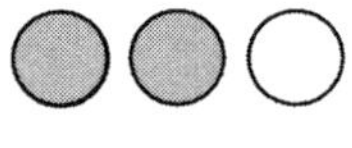

위 그림을 부분-전체 비교로 나타내면 $\frac{2}{3}$이다.

예 1 $\frac{6}{9}$은 $\frac{2}{3}$와 동치인가?

단위화를 통해, $\frac{6}{9}$이 $\frac{2}{3}$가 되는 것을 쉽게 확인할 수 있다.

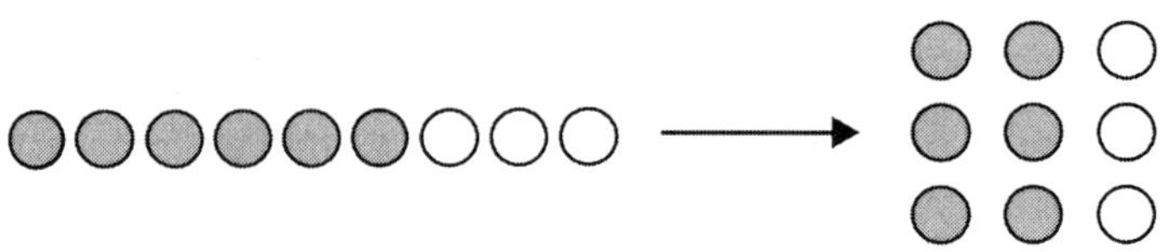

세로줄을 기준으로 3줄 중 2줄임을 확인해봄으로써, $\frac{6}{9}$이 $\frac{2}{3}$와 동치임을 알 수 있다.

예 2 $\frac{6}{9}$은 $\frac{18}{27}$과 동치인가?

다시 단위화를 해보자. 각각의 점 대신 $\frac{1}{3}$-점을 생각해보면 다음을 알 수 있다.

$$\frac{6(\text{점})}{9(\text{점})} = \frac{18\left(\frac{1}{3}\text{-점}\right)}{27\left(\frac{1}{3}\text{-점}\right)}$$

어떻게 분수를 비교하고 있는가? 우리는 몇 가지 방법들을 사용해왔다. 그 중 ① SSP(creating same-sized parts, 같은 크기의 부분 만들기)와 ② SNP(creating same number of parts, 같은 개수의 부분 만들기)의 두 가지 방법이 있었다. 이산적인 물체의 집합에 대해 학습할 때에도 이런 전략들을 사용할 수 있다.

예 1 $\frac{3}{4}$과 $\frac{5}{8}$를 비교하시오.

$\frac{3}{4}$의 2-복제는 $\frac{6}{8}$이다.

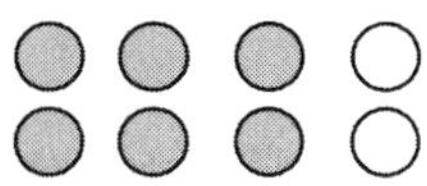

시각적으로 전체 4줄 중에서 3줄이 있음을 확인할 수 있다. 여기서 이미 $\frac{3}{4}$이 더 크다는 것을 확인할 수 있으므로 굳이 $\frac{5}{8}$의 복제를 만들 필요는 없다. 우리는 분수 지도에서 다양한 모델을 사용하는 것의 장점에 대해 이미 여러번 살펴보았다. 칩 모델에서 "$\frac{3}{4}$은 $\frac{5}{8}$보다 얼마나 더 큰가?"와 같은 질문에 쉽게 답할 수 있다. $\frac{3}{4}$은 당연히 $\frac{5}{8}$보다 $\frac{1}{8}$만큼 더 크다.

예 2 $\frac{7}{9}$과 $\frac{5}{6}$를 비교하시오.

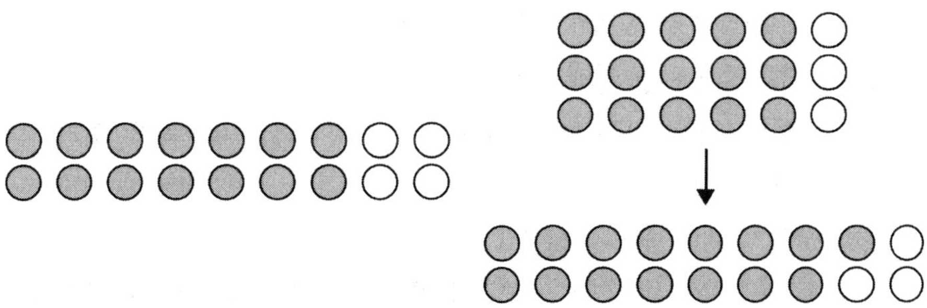

$\frac{7}{9}$(2개 묶음)과 $\frac{5}{6}$(3개 묶음)은 같은 개수의 분모를 가지는 분수 집합을 만든다. $\frac{5}{6}\left(=\frac{15}{18}\right)$를 나타내는 칩들을 재배열함으로써 간단한 시각적 분수 비교를 할 수 있다. 그러면 우리는 $\frac{1}{18}$에 의해 $\frac{5}{6} > \frac{7}{9}$임을 알 수 있다. 따라서 $\frac{15}{18} > \frac{14}{18}$. 또 다른 분수 비교 전략은 분자가 같을 때까지 복제하는 것이다. 이를 SSP 전략이라 한다.

예 3 $\frac{3}{8}$과 $\frac{4}{9}$를 비교하시오.

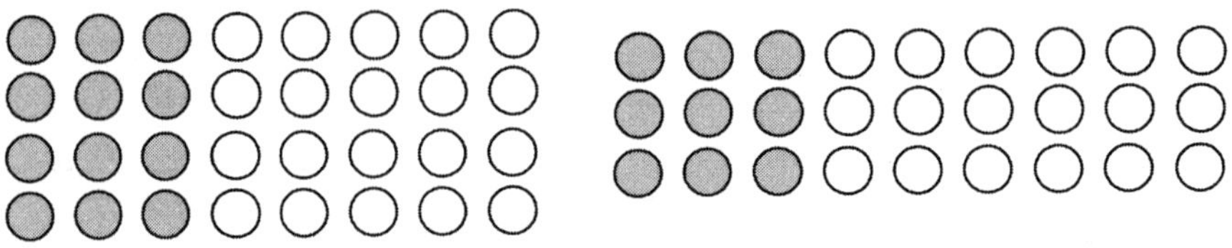

$\frac{3}{8}$(4개 묶음)는 $\frac{12}{32}$이다. $\frac{4}{9}$(3개 묶음)는 $\frac{12}{27}$이다. $\frac{1}{27}$이 $\frac{1}{32}$보다 더 큰 조각이기 때문에 $\frac{4}{9}$가 더 크다.

예 4 초코맛 과자와 바닐라맛 과자를 만들었다. 초코맛은 전체 과자의 몇 분의 몇인가?

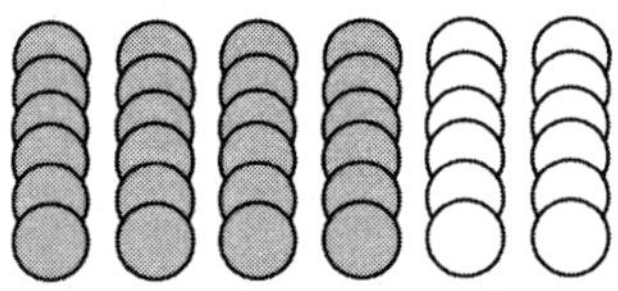

6(6개 묶음)분의 4(6개 묶음)가 초코맛이다. 그래서 초코맛은 전체 과자의 $\frac{4}{6}$이다. 물론 다음과 같이 다른 방법으로 나타낼 수도 있다.

$$\frac{4}{6}(6\text{개 묶음}) = \frac{2}{3}(12\text{개 묶음})$$

예 5 예 4와 같은 상황에서 과자를 더 작은 묶음으로 포장하려고 한다. 초코맛 과자가 전체의 $\frac{2}{3}$가 되도록 하려면 어떻게 해야 하는가?

(1) 6개씩 포장하길 원한다면?

6개의 과자를 2개씩 3등분해 포장한다. 4개는 초코맛, 2개는 바닐라맛 과자를 넣는다.

(2) 18개씩 포장하길 원한다면?

18개의 과자를 6개씩 3등분해 포장한다. 12개는 초코맛, 6개는 바닐라맛 과자를 넣는다.

학생들은 여러 분수 모델을 학습하기 위해 많은 시간이 필요하다. 이번 장의 처음 부분에서 7명의 학생들이 자유롭게 원하는 모델을 활용하여 분수 $\frac{5}{6}$를 표현한 것을 보았다. 이 학생들은 실험 전에 연속 모델과 단위가 하나 이상인 이산 모델에 대해 학습하였다. 학생들이 과제를 수행하기 위해 선택한 모델에 주목해보자. 이 학생들은 분수를 3학년 때 1년만 배웠지만 원이나 피자로만 이루어진 분수를 배운 학생들보다 더 폭넓은 경험을 가지고 있었다. 오직 한 학생만이 둥근 원 모양의 물체를 선택하였다. 1명 이상의 학생들이 물체의 묶음을 활용했으며 나머지는 그들의 집합에서 6개 이상의 물체를 사용했고 그들의 생각에 '분배하기'가 강력한 영향을 미쳤음을 알 수 있다. 학생 C, E 그리고 G는 부분-전체 분수 표현을 통해 '분배하기' 시나리오로 만들었다. 사탕의 6분의 5가 나누어졌으며(C), 사탕막대의 6분의 5를 누군가 먹었으며(E), 사람들의 6분의 5가 과자를 받았다(G). 예시가 빈약하고 성급한 일반화일 수 있지만 학생들의 담임으로서 학생 G는 부분-전체를 비교하기 위해 '비'를 선호한다고 볼 수 있다.

7.8 곱셈 »

직사각형 넓이와 같은 넓이 모델은 분수 곱셈을 배우기 위한 최고의 모델이다.

예 $1\frac{1}{2} \times \frac{2}{3}$를 구하시오.
단위 넓이를 사용할 것이다.

$1 =$ 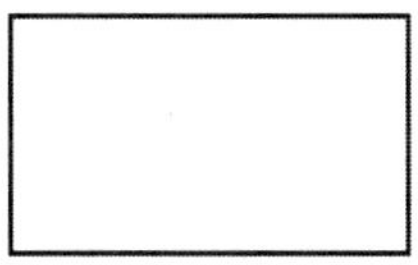

단위 넓이의 $1\frac{1}{2}$을 색칠해보자.

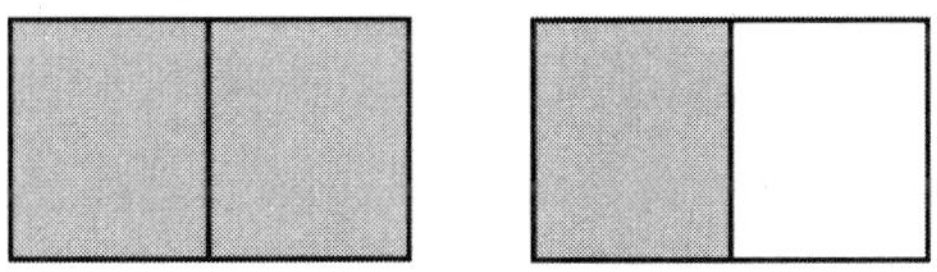

다음으로 가로선을 이용하여 삼등분을 하자.

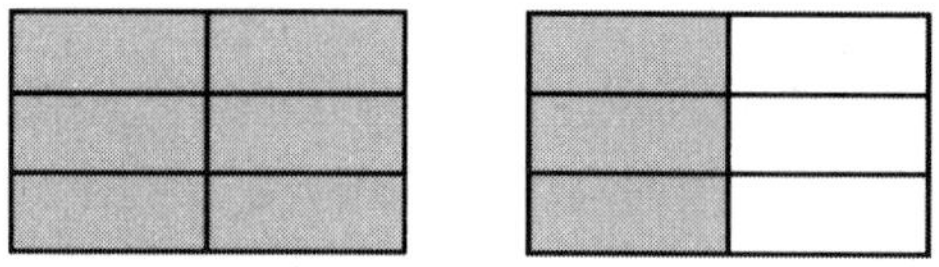

마지막으로 색칠된 부분의 $\frac{2}{3}$에 빗금을 쳐보자.

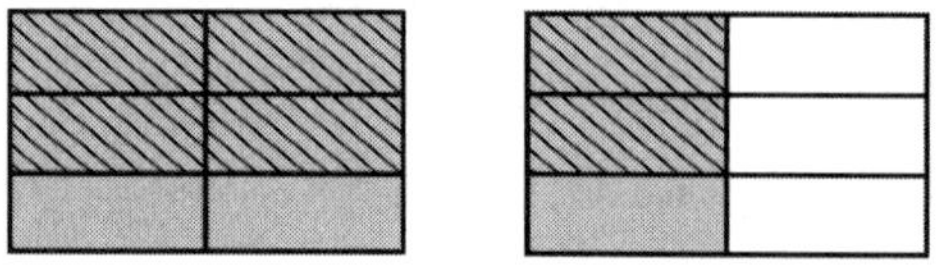

빗금 친 넓이를 어떻게 표현해야 할까? 분수의 답을 표현하기 위해선 단위 넓이가 사용되어야 함을 기억하자. 색칠되고 빗금이 쳐진 6개의 부분들은 전체 단위에서 얼마에 해당하는가? 전체 단위 넓이인 1이 된다. 따라서 $1\frac{1}{2} \times \frac{2}{3} = 1$.

7.9 등분제와 포함제 »

학생들은 분수에 대한 여러 의미와 여러 모델을 경험해야 할 뿐만 아니라, 나눗셈 문제를 나타내는 여러 방법도 알아야만 한다. 나눗셈 질문에는 등분제와 포함제(측정이나 빼기로도 알려진) 두 가지 유형이 있다.

등분제 나눗셈 문제에서는 그룹의 총 개수를 알려주고 각 그룹 안에 들어가는 개수를 구한다. 예를 들어, 존이 30개 묶음의 과자 한 상자를 가지고 이것을 5명의 친구들에게 똑같이 나누어 준다면, 질문은 "각 친구들은 얼마나 많은 과자를 가지게 되는가?"(절대적 질문) 또는 "각각의 친구들이 받는 과자는 전체 과자의 얼마인가?"(상대적 질문)가 된다. 이 경우 각 친구들은 전체의 $\frac{5}{30}$ 또는 $\frac{1}{6}$을 받게 된다. 분수가 몫으로 제시되었다는 점에 주목하자. 전체 과자 집합을 6개로 나누었으며 이는 각 친구들이 전체 과자의 $\frac{1}{6}$을 받았음을 의미한다. 등분제 나눗셈은 분할하기 또는 공평한 분배에 기초를 두고 있다.

포함제 나눗셈은 물체의 총 수가 주어지며 한 사람에게 특정한 수만큼 배분할 때 "몇 명이 받을 수 있는가?"에 대한 질문에 대답하면 된다. 예를 들어, 존이 30개의 과자를 가지고 이것을 사람들에게 각각 3개씩 나누어 주려고 한다면 얼마나 많은 사람이 받을 수 있겠는가?

비율과의 연관성에 주목하자. 이런 종류의 나눗셈은 비율을 사용한다. (과자가 한 사람당 3개의 비율로 나누어진다.) 실제로 이 물음은 '$30 \div \frac{3}{1} = ?$'으로 기호화할 수 있다. 이런 간단한 비율을 **단위 비율**(unit rate)이라 말하며, 단위 비율은 이처럼 범자연수의 나눗셈에 한정된다. 분수를 제수로 가지는 포함제 문제는 다음과 같다.

> 브라운씨는 $9\frac{3}{8}$야드 길이의 끈 한 다발을 가지고 있었다. 그는 그가 지도하고 있는 스카우트 소년들에게 끈을 각각 $\frac{5}{8}$야드만큼씩 나누어주려고 한다. 필요한 길이만큼 끈을 몇 개나 자를 수 있는가?

포함제 나눗셈은 측정 나눗셈, 빼기 나눗셈이라고도 불린다. 왜냐하면 반복적으로 같은 측정값을 빼서 답을 얻을 수 있기 때문이다. $9\frac{3}{8}$야드에서 $\frac{5}{8}$야드가 각각 몇 번 포함되는지 세거나 $9\frac{3}{8}$야드에서 $\frac{5}{8}$야드를 몇 번 빼는지 셀 수 있다.

예 짐에게 갖고 있는 구슬의 $\frac{2}{3}$를 주기로 했을 때 얼마나 많은 구슬을 줘야하는가?

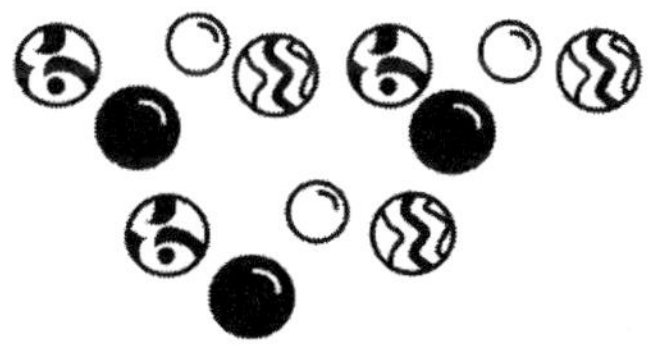

이 경우 이산적인 물체를 다룬다. 단위는 구슬 12개이고 이를 3(4개 묶음)으로 생각할 수 있다. 3(4개 묶음)분의 2(4개 묶음)는 주어진 $\frac{2}{3}$를 만족한다. 따라서 짐에게 구슬 8개를 주어야 한다.

7.10 나눗셈 »

학생들에게 나눗셈의 의미라는 관점에서 분수 나눗셈 문제를 재해석할 기회를 주어야 한다.

예 1 $2 \div \frac{1}{2}$을 구하시오.

2에서 $\frac{1}{2}$을 몇 번 측정할 수 있는지 생각해보자.

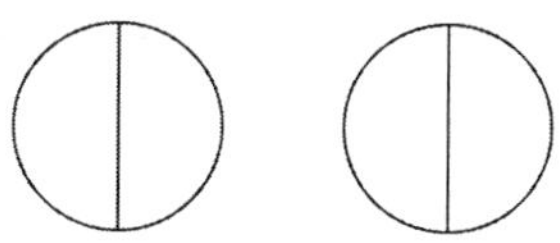

따라서 $2 \div \frac{1}{2} = 4$.

예 2 $4\frac{3}{8} \div \frac{5}{8}$를 구하시오.

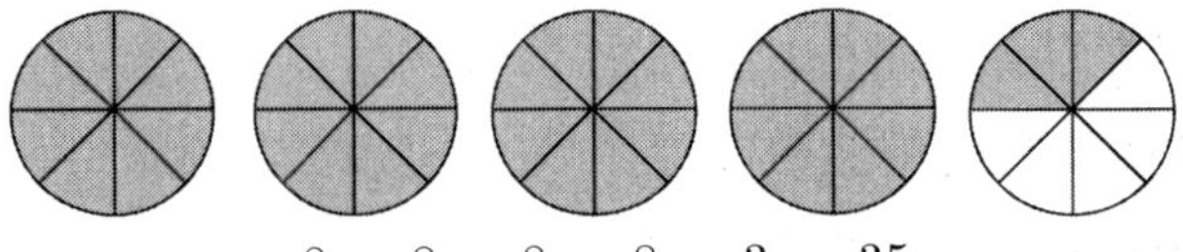

$$\frac{8}{8}+\frac{8}{8}+\frac{8}{8}+\frac{8}{8}+\frac{3}{8}=\frac{35}{8}$$

$\frac{35}{8}$에서 $\frac{5}{8}$를 몇 번이나 셀 수 있는가? 7번. 따라서 $4\frac{3}{8} \div \frac{5}{8} = 7$.

나머지가 있는 나눗셈은 추후에 다룰 것이다. 왜냐하면 나머지가 있는 분수 나눗셈의 답을 구하기 위해서는 전체 단위를 참조할 수 없는 경우를 처음으로 만나기 때문이다. 나눗셈 문제에서 단위는 제수가 되므로 나머지는 제수의 관점에서 구해야 한다. 이것은 꽤나 어려운 생각이다.

예 3 $2\frac{2}{3} \div \frac{5}{6}$를 구하시오.

나눗셈의 의미를 떠올려보자. $2\frac{2}{3}$에 $\frac{5}{6}$를 몇 번이나 측정할 수 있겠는가? $2\frac{2}{3}$를 나타내는 것부터 시작하자.

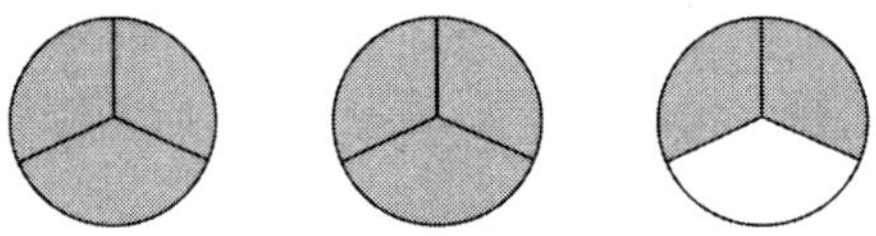

6등분을 표현하기 위해 더 잘라보자.

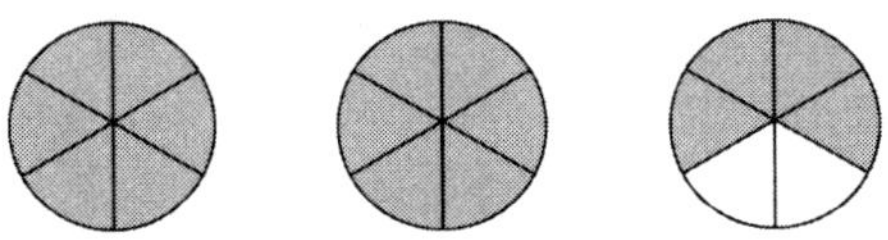

색칠된 부분은 $2\frac{2}{3}\left(\text{또는 } 2\frac{4}{6}\right)$를 나타내며, $\frac{5}{6}$가 3번 들어가고, $\frac{1}{6}$만큼이 남는 것을 확인할 수 있다. $\frac{1}{6}$은 제수 $\frac{5}{6}$의 얼마에 해당하는가? $\frac{5}{6}$를 기준으로 묶음의 개수를 측정했음을 기억하자. 남아 있는 것이 $\frac{5}{6}$의 얼마만큼인지 알아보자. 남아 있는 한 조각은 제수의 $\frac{1}{5}$이다. 따라서 나머지는 $\frac{1}{5}$이 된다. 즉, $2\frac{2}{3} \div \frac{5}{6} = 3\frac{1}{5}$.

예 4 $3 \div \frac{2}{3}$를 구하시오.

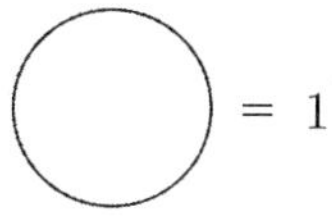

이라고 하자. 그러면

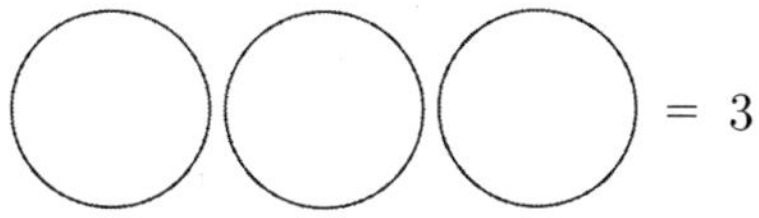

이다. 이것을 3등분하면,

이다. 3에 $\frac{2}{3}$를 4번 측정할 수 있지만 $\frac{1}{3}$ 크기의 한 조각이 남는다. $\frac{2}{3}$를 기준으로 묶음의 개수를 측정했음을 기억하자. 남아있는 것은 제수 $\frac{2}{3}$의 얼마만큼인가? 남아있는 조각은 $\frac{2}{3}$의 $\frac{1}{2}$만큼이다. 따라서 답은 $4\frac{1}{2}$이다.

예 5 3에이커의 땅이 있다. 이 땅의 $\frac{5}{9}$는 얼마인가?
이 경우, 단위는 3에이커이다. 3에이커는 $9\left(\frac{1}{3}\text{-에이커}\right)$로 생각할 수 있다. 그러면 $5\left(\frac{1}{3}\text{-에이커}\right)$는 9부분 중에 5부분일 것이다.

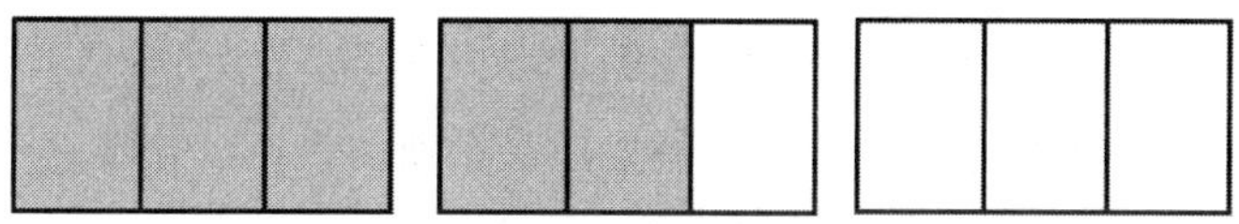

학생들은 분수 띠를 색칠할 것이다. 그러면 색칠된 부분의 비율인 $5\left(\frac{1}{3}\text{-에이커}\right)$가 $1\frac{2}{3}$에이커와 동치임을 쉽게 알 수 있을 것이다.
3에이커의 $\frac{5}{9} = \frac{5}{3}$에이커 $= 1\frac{2}{3}$에이커

예 6 이 점들의 $\frac{7}{6}$을 색칠하고 싶다면, 얼마나 많은 점을 색칠해야 하는가?

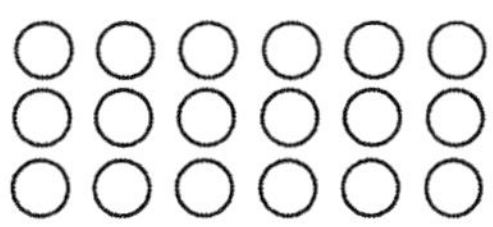

점 18개를 9(2개 묶음), 3(6개 묶음), 6(3개 묶음) 등으로 생각할 수 있다. 6개의 부분이 필요하므로, 18개를 6(3개 묶음)으로 생각할 것이다. 점들의 $\frac{7}{6}$이 있어야 하지만 오직 6(3개 묶음)밖에 없다. 7번째(3개 묶음)를 칠하기 위해 또 다른 점들의 집합이 필요할 것이다. 18의 $\frac{7}{6} = 21$.

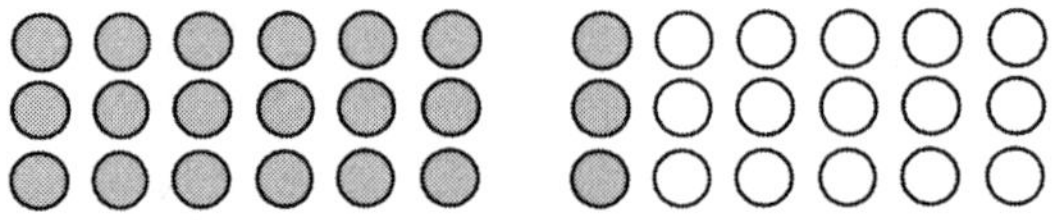

예 7 $1\frac{1}{4} \div \frac{2}{3}$는 얼마인가? $1\frac{1}{4}$에 $\frac{2}{3}$를 몇 번이나 측정할 수 있는가?

$$\frac{5}{4}(\text{조각}) = \frac{15}{12}\left(\frac{1}{3}\text{-조각}\right)\text{이며, } \frac{2}{3}(\text{조각}) = \frac{8}{12}\left(\frac{1}{4}\text{-조각}\right).$$

15조각 안에 8조각이 몇 번 들어갈 수 있는가? $\frac{15}{8} = 1\frac{7}{8}$.

7.11 또 다른 유리수 해석 »

다음 4개의 장에서 다루게 될 유리수의 또 다른 해석들을 공부해보면 알겠지만, 부분-전체 분수를 가르치다 보면 엄밀한 부분-전체 해석을 할 수 있게 되며, 또 다른 유리수 해석들을 하고 있음을 알 수 있을 것이다. 우리는 이미 많은 문제들이 비율 해석과 관련된다는 점에 주목해 왔다. 나누는 것과 비교하는 것에 대한 문제는 몫에 대한 해석을 할 수 있게 해준다. 빗금 칠하기를 통한 곱셈 지도는 연산자에 대한 해석이 된다. 측정 아이디어와 단위 길이로 분수 띠 나누기는 측정에 대한 해석을 도와준다. 분수 나눗셈 역시 또 다른 측정 아이디어를 사용한다. 유리수의 이러한 성질들을 되돌아 살펴보는 것은 학생들에게 분수에 대한 다양한 경험과 풍부한 해석을 제공해 줄 수 있기 때문에 매우 중요하다.

활동

01

(1) 삼각형은 전체 집합의 몇 분의 몇인가?

(2) 문제 (1)의 단위는 무엇인가?

(3) 삼각형 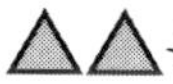은 전체 집합의 몇 분의 몇인가?

(4) 문제 (3)의 난위에는 몇 개의 삼각형이 있는가?

(5) 는 원 전체 집합의 몇 분의 몇인가?

(6) 문제 (5)의 단위에는 몇 개의 원이 있는가?

02 각각의 경우에 해당하는 1단위를 그려보시오.

(1) 의 색칠된 부분은 $\frac{1}{3}$을 나타낸다.

(2) 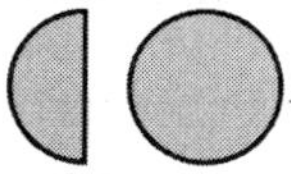의 색칠된 부분은 $1\frac{1}{2}$을 나타낸다.

(3) 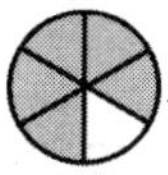의 색칠된 부분은 $\frac{1}{3}$을 나타낸다.

(4) 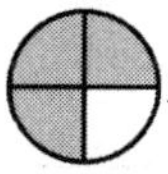의 색칠된 부분은 $\frac{2}{9}$를 나타낸다.

(5) 의 색칠된 부분은 $\frac{1}{10}$을 나타낸다.

(6) 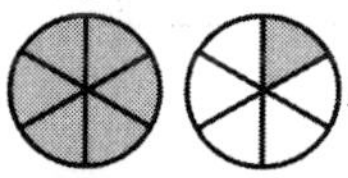의 색칠된 부분은 $\frac{2}{3}$를 나타낸다.

(7) 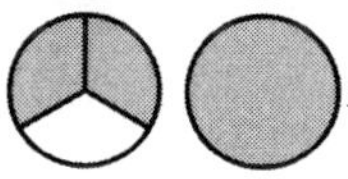의 색칠된 부분은 $\frac{2}{3}$를 나타낸다.

03 전체 직사각형 넓이는 1이다. 주어진 직사각형을 활용하여 제시된 분수를 색칠하시오.

(1) $\frac{3}{4}$

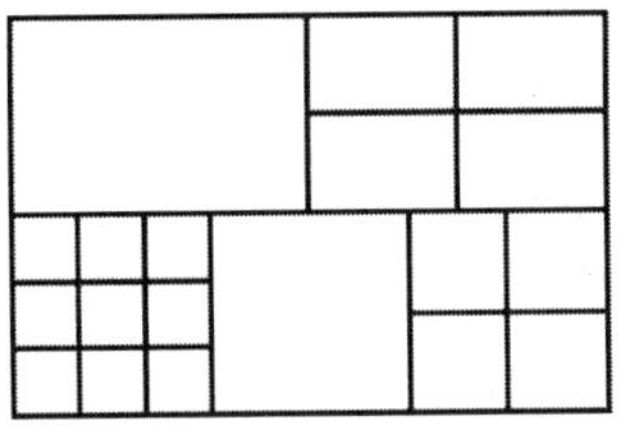

(2) $\frac{5}{6}$

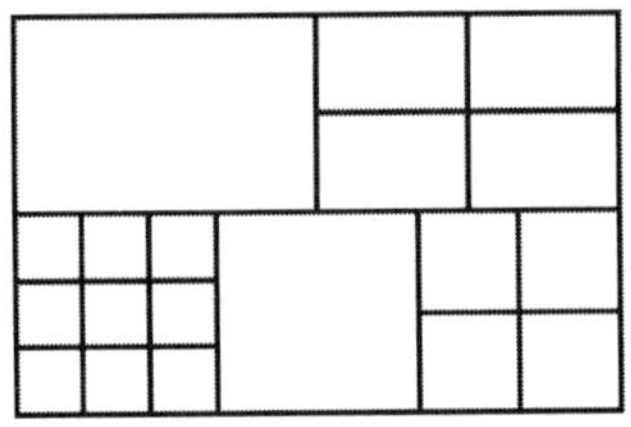

(3) $\frac{2}{9}$

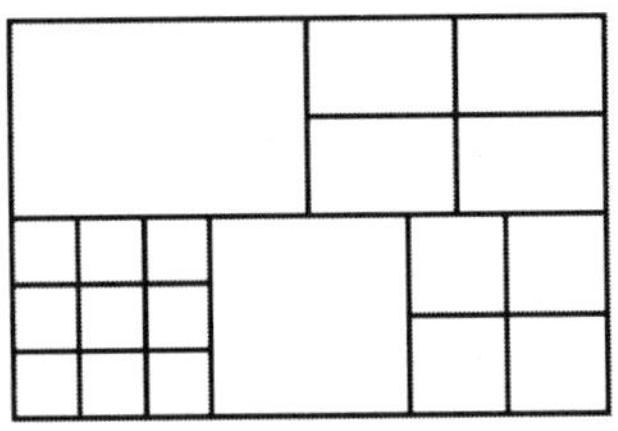

(4) $\frac{5}{8}$

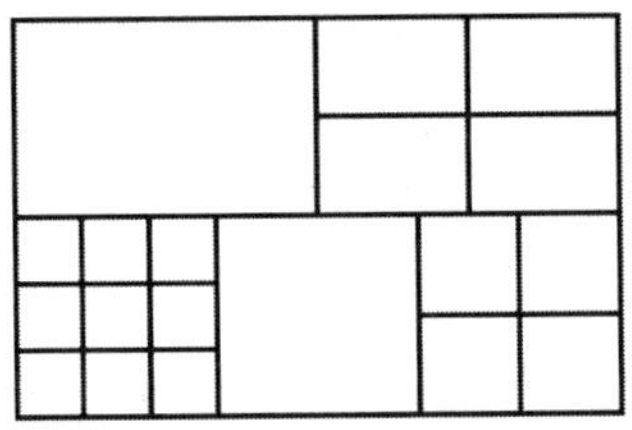

(5) $\frac{2}{3}$

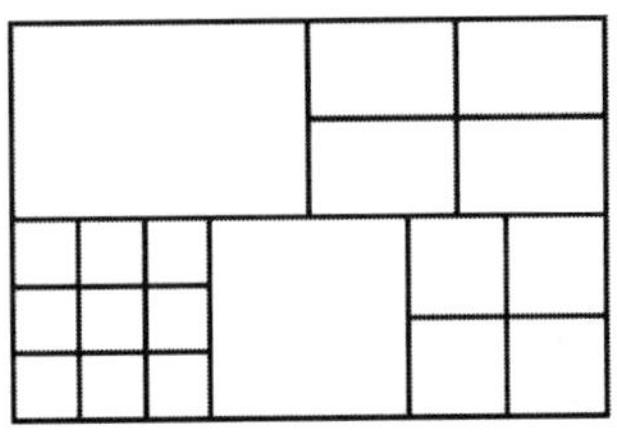

(6) $\frac{7}{12}$

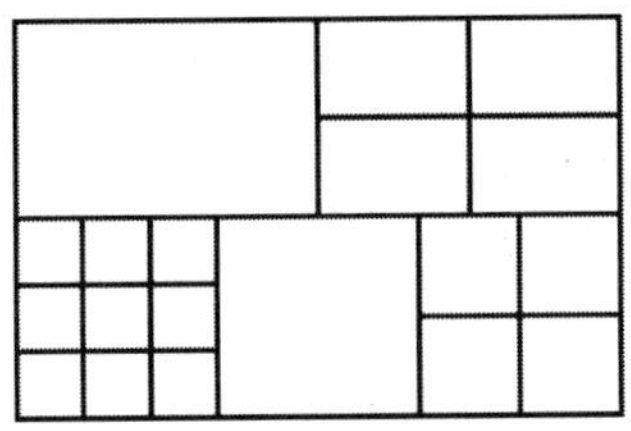

(7) $\frac{7}{18}$

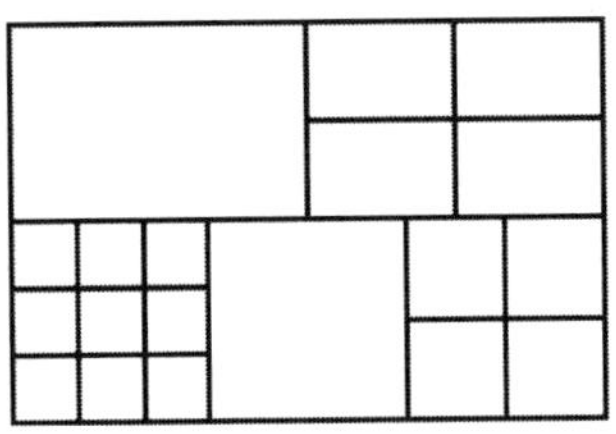

(8) $\frac{3}{16}$

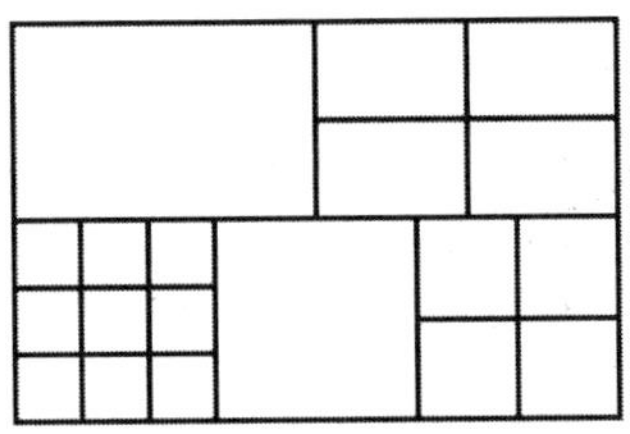

04 어떻게 단위화했는지 명확하게 표현해보면서 아래의 물음에 답하시오.

(1) 3일은 주 5일의 몇 분의 몇인가?

(2) 24개의 구두끈은 2개의 몇 분의 몇인가?

(4) 2개의 구두끈은 2(12개 묶음, 다스)의 몇 분의 몇인가?

(4) 8개의 콜라는 12개 묶음의 몇 분의 몇인가?

(5) 3쿼터는 $\frac{1}{2}$달러의 몇 분의 몇인가?

(6) 17쿼터-에이커는 1에이커의 몇 분의 몇인가?

(7) 17쿼터-에이커는 $\frac{1}{2}$에이커의 몇 분의 몇인가?

05 다음 관계를 그림으로 나타내시오.

(1) 위원회의 $\frac{5}{9}$가 여자이다.

(2) 4에이커의 땅을 갖고 있는데, 여기의 $\frac{5}{6}$에 옥수수를 심었다.

(3) 4에이커의 땅을 갖고 있는데, 여기의 $\frac{2}{5}$는 호수이다.

(4) 케이크 2개를 갖고 있었는데, 이 중 $\frac{5}{6}$를 먹었다.

06 원은 정사각형의 몇 분의 몇인가?

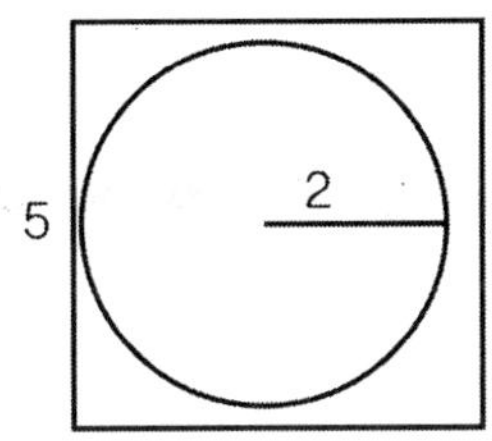

07 $\frac{4}{5}$에이커와 $\frac{5}{6}$에이커 중 어떤 것이 얼마만큼 더 큰가?

08 다음 그림을 이용하여 질문에 답하시오.

(1) $\frac{1}{3}$이 보이는가? 꽃 전체의 $\frac{2}{3}$는 얼마인가?

(2) $\frac{1}{6}$이 보이는가? 꽃 전체의 $\frac{5}{6}$는 얼마인가?

(3) $\frac{1}{9}$이 보이는가? 꽃 전체의 $\frac{7}{9}$은 얼마인가?

(4) $\frac{1}{12}$이 보이는가? 꽃 전체의 $\frac{7}{12}$은 얼마인가?

(5) $\frac{1}{18}$이 보이는가? 꽃 전체의 $\frac{11}{18}$은 얼마인가?

09 아래의 하트 집합을 이용해서 다음 분수들을 작은 것에서 큰 것 순으로 나열하시오.

$$\frac{5}{6},\ \frac{2}{3},\ \frac{5}{9}$$

10 다음 사각형에 $\frac{7}{8}$을 색칠하시오. 얼마나 많은 사각형을 색칠할 수 있는가?

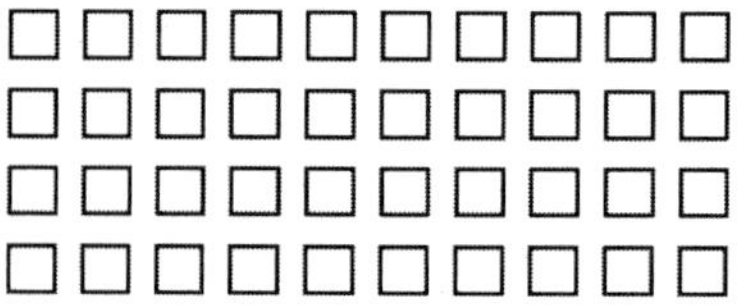

11 각 그림의 색칠된 부분을 보자. 이 분수를 같은 양이라고 할 수 있는가? 어떻게 알 수 있는가?

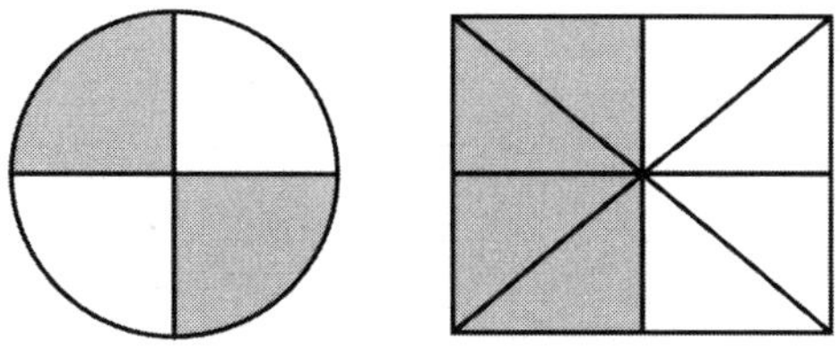

우선 이 문제에서 중요한 점이 무엇인지 결정하시오. 다음은 이 문제에 대한 4학년 학생들의 풀이이다. 학생들이 문제를 이해했다고 말할 수 있는가?

마이크	원에는 $\frac{2}{2}$가 색칠되어 있어요. 상자에는 $\frac{4}{4}$가 색칠되어 있어요. 이 둘은 서로 같을 수가 없어요. 왜냐하면 하나는 네모이고 하나는 원이기 때문이에요.
데렉	$\frac{2}{4}$가 원에 색칠되어 있고, $\frac{4}{8}$가 사각형에 색칠되어 있어요. 이 둘은 같아요. 왜냐하면 그림의 절반이 색칠되어 있기 때문이에요.
아담	두 그림 모두 $\frac{1}{2}$이 색칠되어 있어요. 이것은 같은 분수이지만 같은 양은 아니에요. 다음과 같이 이것을 구분할 수 있어요. 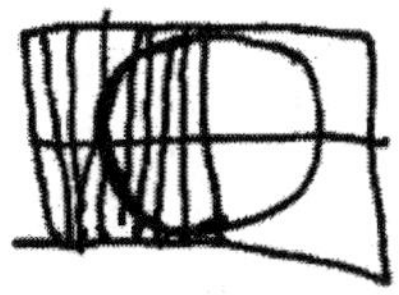

12 다음 각각의 두 케이크가 같은 크기의 조각들을 갖는 케이크가 되도록 하기 위해서 어떻게 잘라야 하는가?

(1)

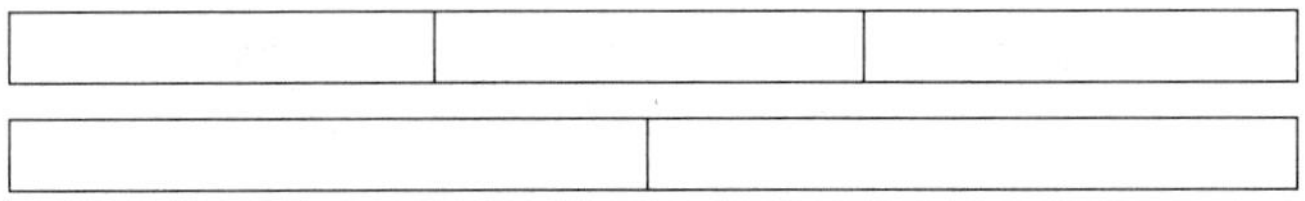

(2)

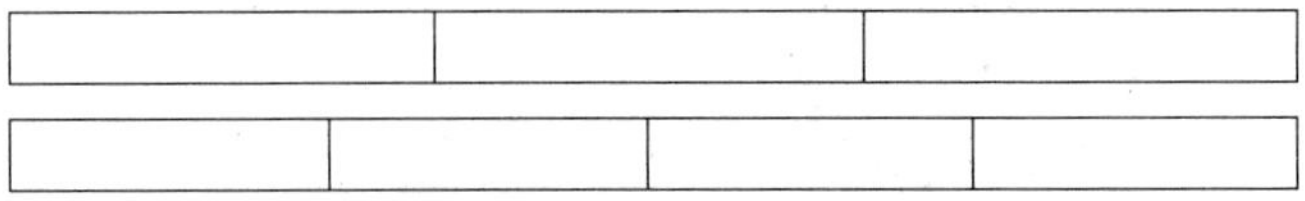

(3)

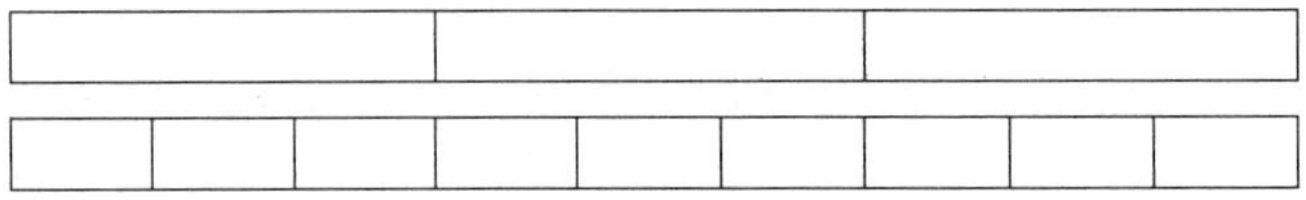

(4)

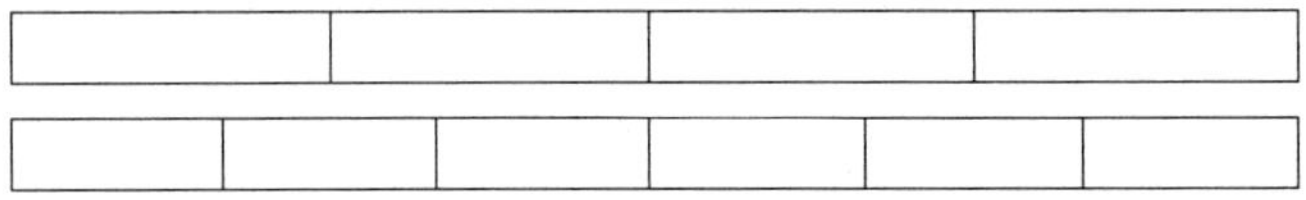

(5)

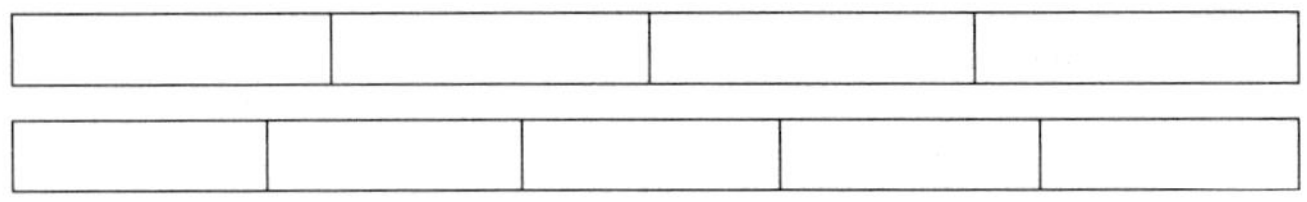

(6)

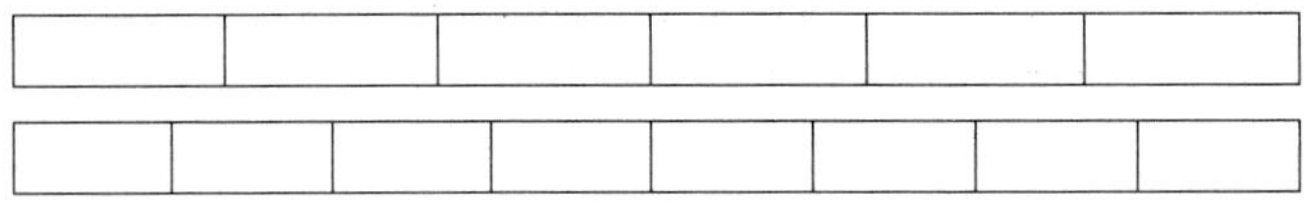

13 아래 분수를 분수 띠(MORE를 활용)를 이용해서 비교하시오. 얼마나 더 많은지도 확인하시오.

(1) 1에이커의 $\frac{2}{3}$와 1에이커의 $\frac{3}{5}$

(2) 1마일의 $\frac{7}{9}$과 1마일의 $\frac{5}{6}$

(3) 치즈 케이크의 $\frac{3}{4}$과 치즈 케이크의 $\frac{7}{10}$

(4) 케이크의 $\frac{5}{6}$와 케이크의 $\frac{7}{8}$

(5) 피자의 $\frac{7}{9}$과 피자의 $\frac{2}{3}$

(6) 케이크의 $\frac{5}{6}$와 케이크의 $\frac{3}{4}$

14 마우리스는 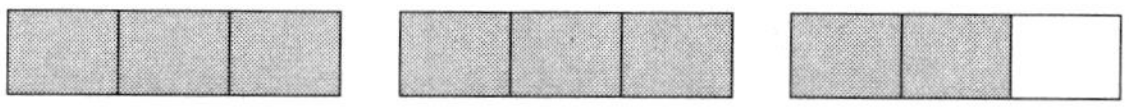 을 가졌고, 샘은

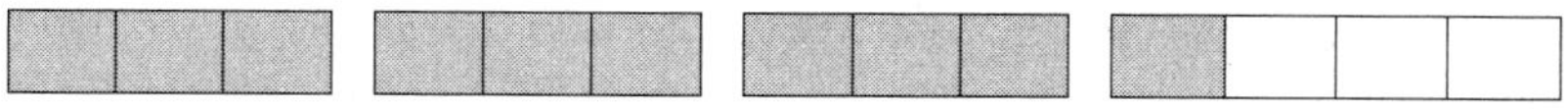 을 가졌다.

둘을 합하면 모두 얼마인가?

15 $1\frac{2}{9} \div 1\frac{2}{3}$를 구하시오.

16 $2\frac{1}{3} \div 1\frac{1}{4}$을 구하시오.

17 다음 곱을 나타내기 위한 곱셈 모델을 만들어보시오.

(1) $1\frac{1}{3} \cdot \frac{3}{4}$ (2) $\frac{5}{8} \cdot \frac{1}{2}$ (3) $1\frac{5}{6} \cdot \frac{2}{3}$

18 $1\frac{3}{4} \div \frac{2}{3}$를 구하시오.

19 분수 띠를 사용하여 다음 문제를 해결하시오.

A그룹과 B그룹 중 어느 그룹이 더 많이 갖는가?

(1) A그룹은 3명이 케이크 2개를 나눈다($\frac{2}{3}$로 표현됨). B그룹에서는 4명이 케이크 3개를 나눈다($\frac{3}{4}$으로 표현됨).

(1) A그룹에서는 8명이 케이크 5개를 나눈다. B그룹에서는 12명이 케이크 9개를 나눈다.

(3) A그룹에서는 4명이 피자 1판을 나눈다. B그룹에서는 9명이 피자 2판을 나눈다.

(4) A그룹에서는 3명이 케이크 2개를 나눈다. B그룹에서는 8명이 케이크 5개를 나눈다.

(5) A그룹에서는 6명이 피자 5판을 나눈다. B그룹에서는 5명이 피자 4판을 나눈다.

20 각각의 분수 나눗셈 문제를 만들고, 사탕 제조기가 몇 개의 상자를 채울 수 있는지 답하시오.

(1) 월요일에 $\frac{7}{8}$파운드의 사탕을 만들었다. $\frac{1}{4}$파운드짜리 상자 몇 개를 채울 수 있는가?

(2) 화요일에 $\frac{3}{4}$파운드의 사탕을 만들었다. $\frac{1}{8}$파운드짜리 상자 몇 개를 채울 수 있는가?

(3) 수요일에 $1\frac{1}{4}$파운드의 사탕을 만들었다. $\frac{3}{8}$파운드짜리 상자 몇 개를 채울 수 있는가?

(4) 목요일에 $2\frac{1}{2}$파운드의 사탕을 만들었다. $\frac{1}{4}$파운드짜리 상자 몇 개를 채울 수 있는가?

(5) 금요일에 $\frac{5}{3}$파운드의 사탕을 만들었다. $\frac{1}{2}$파운드짜리 상자 몇 개를 채울 수 있는가?

21 어떤 5학년 학생들이 분수의 덧셈에 대해서 이제 막 배우기 시작했고, 사각형 피자를 한 단위, 절반, 4등분, 6등분, 8등분, 12등분, 24등분으로 구성하면서 다음과 같이 풀었다.

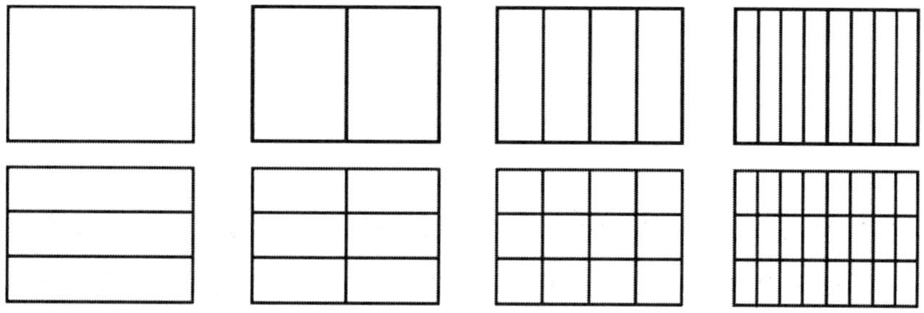

이 피자 조각으로 $\frac{1}{3}+\frac{1}{6}$을 구해야 한다. 다음 학생들의 풀이를 분석하고 그 풀이가 옳은지 살펴보자.

톰슨	
프레이시	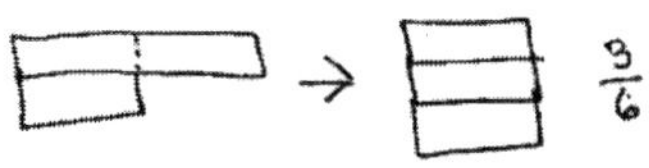
카일	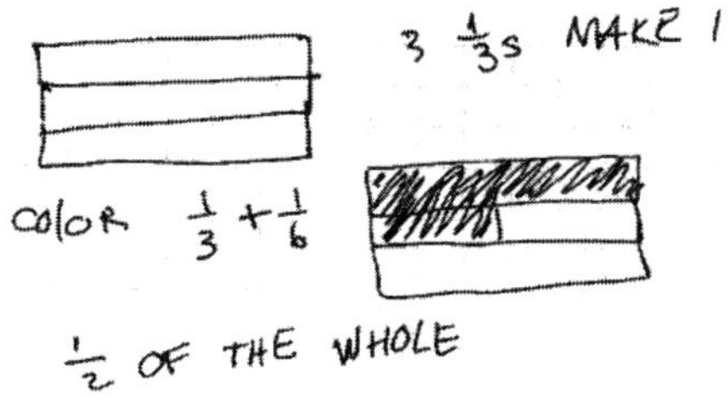
에디	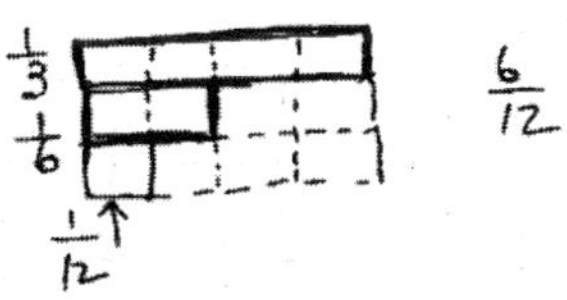

22 두 자매가 한 케이크를 나누어 먹기로 하였다. 언니가 케이크를 자르고 동생에게 그 조각을 나누어 주었다. 그런데 동생이 다음과 같이 따졌다. "언니의 절반이 내 절반보다 크잖아!" 동생이 이야기하는 절반은 무엇을 의미하는가?

23 존은 두 명의 친구와 나누어 먹기 위해서 감초 사탕을 쪼갰다. 존이 사탕을 쪼개자마자 다른 친구가 왔다. 존과 친구들은 네 번째로 온 친구에게 사탕을 똑같이 나누어 주려고 한다. 모든 사람에게 사탕을 똑같이 나누어 주기 위해서는 사탕을 어떻게 쪼개야 하는가?

24 단위화를 활용하여 주어진 분수만큼 색칠하시오.

(1) $\frac{1}{3}$

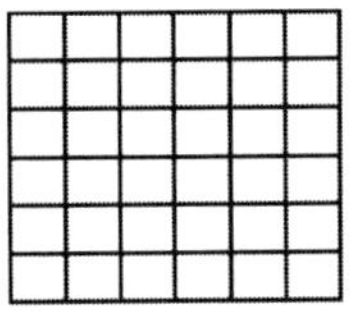

(2) $\frac{13}{18}$

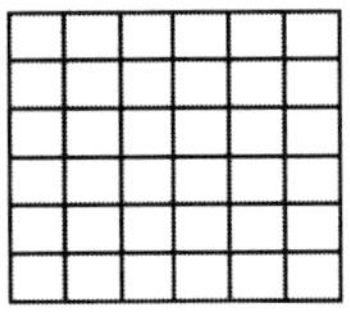

(3) $\frac{2}{9}$

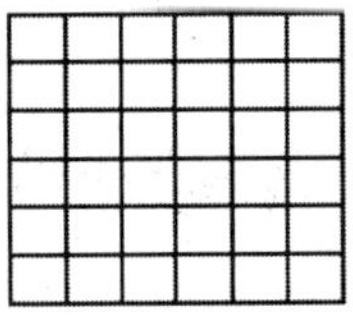

(4) $\frac{7}{12}$

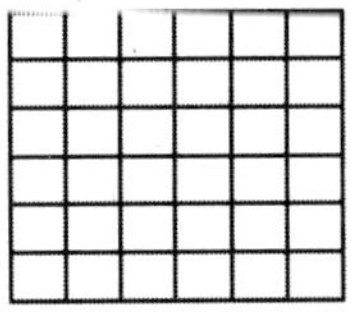

(5) $\frac{7}{9}$

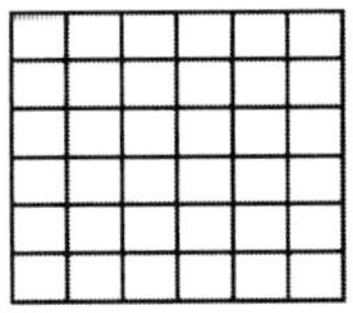

(6) $\frac{1}{3}+\frac{1}{4}$

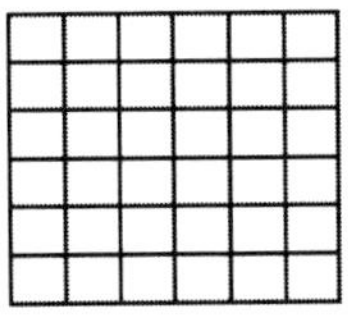

(7) $\frac{1}{9}+\frac{5}{18}$

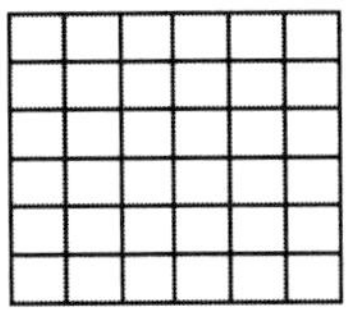

(8) $\frac{5}{6}+\frac{1}{18}$

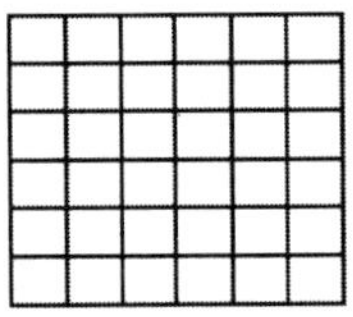

(9) $\frac{1}{4}+\frac{1}{6}$

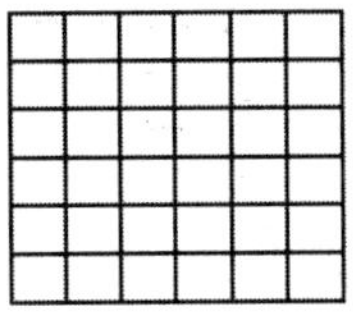

(10) $\frac{1}{2}+\frac{1}{12}$

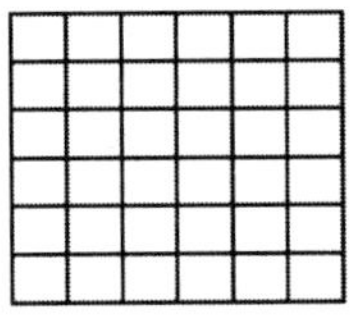

25 그레이스, 린제이, 트로이, 칼슨은 다음 문제를 서로 다르게 풀었다. 그들의 해결 방법을 분석하시오.

$$1 \div \frac{2}{3}$$

그레이스	$\frac{2}{3}$는 $\frac{1}{3}$의 두 배만큼 크고 $\frac{1}{3}$이 1 속에 3번 들어간다는 것을 안다. 그래서 $\frac{2}{3}$는 오직 절반이 들어간다.
린제이	$1 = 3(\frac{1}{3}\text{'s}) = 1\frac{1}{2}(\frac{2}{3}\text{'s})$
트로이	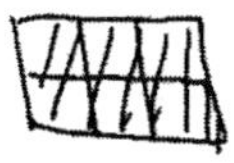 $1 = 6(\frac{1}{6}$ 조각$)$ 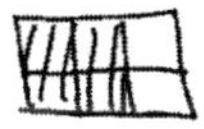 $\frac{2}{3} = 4(\frac{1}{6}$ 조각$)$ 6에서 4를 먼저 가져와 $2\left(\frac{1}{6}\text{-조각}\right)$가 남았다. 이것은 $\dfrac{2\left(\frac{1}{6}\text{-조각}\right)}{4\left(\frac{1}{6}\text{-조각}\right)}$이다.
칼슨	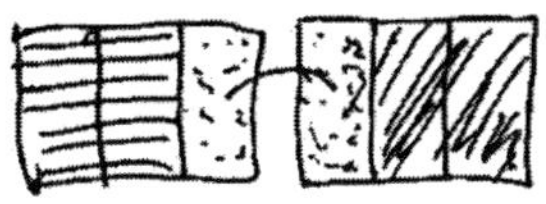 $2 \div \frac{2}{3} = 3$ So $1 \div \frac{2}{3} = 1\frac{1}{2}$

제8장 몫으로서의 분수

학생 전략: 여러 학년

다음 문제를 스스로 풀어보고, 학생들의 문제 해결 방법을 분석하시오.

여학생들과 남학생들이 위의 그림과 같이 각각 피자를 똑같이 나누어 가진다면, 여학생과 남학생 중 누가 더 많은 피자를 가지게 되는가? 또 얼마나 더 가지게 되는가?

타이런 (3학년)	 여학생이 더 많이 가진다. 남은 한 조각의 피자를 각각 한 입씩 먹을 수 있다.
에밀리 (4학년)	 여학생이 남학생보다 3분의 1만큼 더 많이 가진다. 그들은 각각 남은 3분의 1조각을 다시 8등분한 만큼 더 많이 먹을 수 있다. 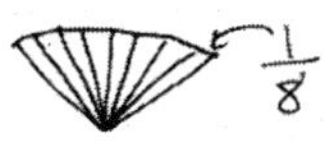

<table>
<tr><td>로스
(5학년)</td><td>나는 이렇게 생각한다.

여학생들이 한 조각 여분의 피자를 더 가지게 된다. 이 조각 피자는 전체 피자의 3분의 1이다. 만약 그들이 이 조각 피자를 함께 나누어 먹는다면 8명이서 나누어 먹어야 되므로, 그들은 각각 24분의 1만큼 피자를 더 얻게 된다.
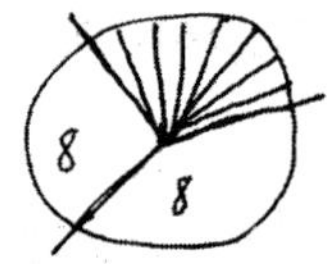
</td></tr>
<tr><td>론
(6학년)</td><td>G　　B
3:8　　1:3
학생 수를 똑같이 만들어 보자.
3(3:8)　　8(1:3)
9:24　　8:24
↗
24명의 학생들에 대해서 여학생들의 피자가 1조각 더 많다.
또한 여학생 한 명이 $\frac{1}{24}$만큼의 피자를 더 가지게 된다.</td></tr>
</table>

8.1 몫 »

유리수는 몫, 즉 나눗셈의 결과로 볼 수 있다. 초등학교 수준에서 $\frac{3}{4}$은 3개의 케이크를 4명이 나누어 가질 때 한 사람이 갖게 되는 양으로 해석한다. 나중에 고등학교에서 다음과 같은 문제를 접하게 될 것이다. 나는 3개의 케이크를 4명에게 나누어 주고 싶다. 한 사람당 얼마만큼의 케이크를 받아야 하는가? 한 사람이 받을 수 있는 케이크의 양을 x라 하자. 그러면 방정식 $4x=3$으로 나타낼 수 있다. 이 방정식을 푸는 과정에서 나눗셈을 통해 $x=\frac{3}{4}$을 구하게 된다. 좀 더 이후의 수학 교과 과정에서 유리수는 몫의 분야로 여겨지게 된다. 유리수를 몫으로 이해하는 것은 초등학교와 중학교 수준을 벗어나지만, 이를 통해 학생들은 초기 발달 단계에서 견고한 이해를 할 수 있을 것이다. 사실 가장 초보적인 수준에서의 몫은 미취학 아동의 활동으로 잘 알려진 '공평한 분배(fair sharing)'라는 아이디어와 관계가 깊다.

'분할' 또는 '공평한 분배'가 미취학 아동 시절에 익히는 것이라고 해서 초등학교나 중학교 과정에서 덜 중요한 것은 아니다. '분할'은 모든 유리수의 해석에서 중요한 역할을 차지하고 있다. 이 장에서 우리는 몫으로서의 분수의 이해를 촉진시킬 수 있는 교실 활동 방안에 대해 고찰해보고자 한다.

8.2 정당한 몫으로서의 분할 »

분할(전체를 부수거나 조각내는 행위)은 분수를 발생시키는 행위이다. 분할은 하나의 물건이나 여러 개의 물건을 '서로 떨어져 있지만 모아서 전체가 되는 부분들의 개수'로 나누는 과정이다. 이는 '부분은 전체를 넘을 수 없고 모든 부분들은 그들 중 하나가 됨'을 의미한다. 분수와 관련된 용어를 사용할 때 추가적으로 생각해 볼 부분은 각 부분이 모두 같은 크기로 나누어진다는 점이다. 다음을 단위면적이라고 하자.

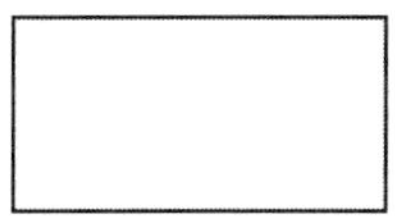

이것은 분할된다. 그러나 이것은 각 조각의 크기가 같지 않기 때문에 분수 $\frac{3}{4}$을 나타내는데 적합하지는 않다.

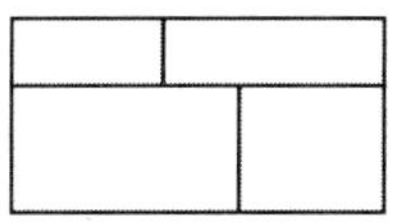

분할 과정은 유리수를 이해하는 데 핵심이 된다. 분수와 소수(decimal)는 모두 분할로 만들어진다. (소수는 10등분을 기본단위로 하며, 나누어진 단위 또한 다시 10등분 된다는 점에 주목하자.) 분수를 수직선 위에 나타내는 것은 단위를 동일한 크기로 나누는 행위에 바탕을 둔다. 동치(equivalence)에 대한 기초적인 이해(분수보다 훨씬 더 넓게 적용되는 수학적 개념)는 상대적으로 같은 크기의 결과가 되는 서로 다른 분할에서 비롯된다. 이 외에도 분할은 몫의 생산, 수학적 개념, 추리, 그리고 연산의 기초가 된다.

분수를 지도할 때 학생들에게 다양한 분할 활동 경험을 제공해야 하며 충분한 활동 시간을 보장해 주어야 한다. 분할은 분수의 기초적인 개념을 세울 때 기본적인 구조가 되고, 이와 더불어 '공평한 분배'는 학생들의 일상 경험을 활용한다. 학생들은 과자나 사탕을 곧잘 나누어 먹고, 나누는 과정에서 음식이 잘 나누어지지 않을 때 분수의 필요성을 느끼게 된다. 대부분의 학생들은 유아시기에 다른 친구들과 나누어 먹도록 지도를 받기 때문에 분할에 대한 충분한 경험을 가지고 학교에 들어온다. 등분할 연산을 하는 것은 아니지만 공정한 것과 공정하지 않은 것을 구분할 수 있는 기초적인 아이디어는 있으며, 이에 대한 자신만의 생각도 가지고 있다. 따라서 분할 활동은 학생들의 경험을 토대로 만들어질 수 있고 그들의 지식을 새로운 영역으로 확장시켜 주는 것으로 볼 수 있다.

분배에 대한 좋은 직관적 전략이 있어도, 분할에 대한 기반이 되는 규칙이 필요할 수 있다.

- 단위는 '동일한' 할당량으로 나누어 져야 한다.
- 단위가 1개 이상의 물품일 경우 그 물품은 서로 같은 크기여야 한다.
- '동일함'의 의미는 양적으로 크기가 같음을 의미하지만, 할당량의 수가 항상 같은 것은 아니다.
- '동일한' 할당량이 반드시 같은 모양일 필요는 없다.
- 어떤 모양이 좋은지를 생각할 때(예를 들어 케이크의 모양을 결정하는 경우) 보통 필요한 조각 수만큼을 예상하고 그에 따라 모양을 고른다. 가끔은 직사각형 모양의 케이크가 둥근 모양의 케이크보다 더 유용하다.

8.3 분할 활동들 »

몇몇의 교사들은 1, 2학년 학생들에게 분할 활동을 가르치기 꺼려할 수도 있다. 왜냐하면 그 시기의 학생들에게서 눈과 손의 협응력이 항상 나타나는 것은 아니기 때문이다. 또한 부분의 수를 정확하게 그리고 그것을 똑같은 크기로 만드는 것은 어려울 수 있다. 하지만 이 문제는 학생들에게 미리 분할된 그림을 제시함으로써 해결할 수 있다. 꼭 그리는 것만이 능사는 아니다. 우리의 목표는 그림을 정확하게 그리는 능력에 있는 것이 아니라 그들의 추론과정, 나누어지는 수, 그리고 공평한 분배 등에 대해 지속적으로 집중하게 만드는 데 있다. 2, 3학년 학생들에게는 천공이 있거나 자르는 선이 있는 형태의 단위로 시작하는 것이 좋다. 우표와 같은 천공이 있는 종이나 캔디 바처럼 조각낼 수 있게 선이 그려진 것은 좋은 예가 된다.

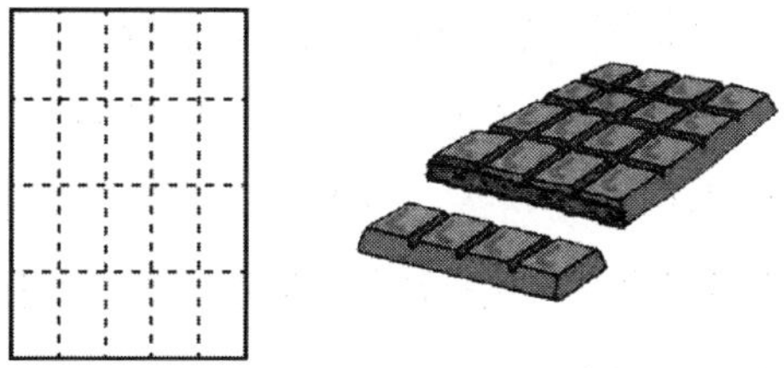

분할은 시각적인 방법으로 잘 소개된다. 예를 들어 연필을 사용하지 않고 다음 문제에서 각각의 사람들의 할당량을 알아보시오.

예 피자 3판을 6명에게 나누어 주시오.

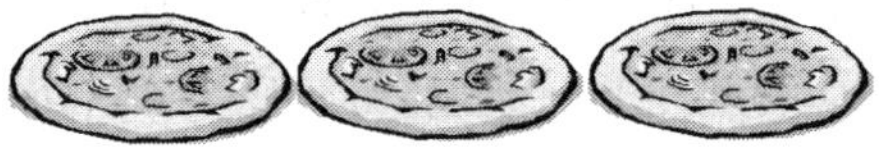

당신은 머릿속으로 한 사람이 절반의 피자를 가지게 됨을 알 것이다. 분할할 때 학생들이 효율성을 위해 더 큰 조각으로 나누어야 함을 알도록 하기 위해서 시각적으로 나누어보게 하는 것도 좋은 아이디어가 될 수 있다. 유치원부터 초등학교 3학년까지의 학생들에게 분할 활동을 시키면 학생들은 일반적으로 모든 단위 물체를 분배에 필요한 개수만큼 나누는 전략을 사용한다. 이는 만일 물체가 3명에게 분배되어야 한다면 모든 물체를 세 부분으로 나눈다는 의미이다.

만일 물체 몇 개를 여섯 사람에게 분배한다면 학생들은 하나의 물체를 6개의 부분으로 나눌 것이다.

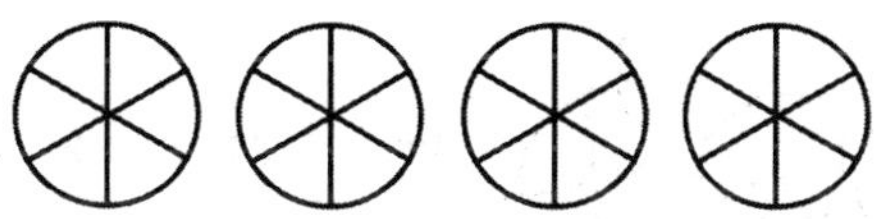

분할을 활용한 수업의 목표에는 가능한 효율적인 분배를 하게 하는 것도 포함되어 있다. 더 효율적인 분할은 머릿속으로 나누어지는 물체의 수를 비교하게 한다. 이런 식의 비교를 통해서 모두 나누어 줬을 때 각각의 사람들에게 더 많이 주거나 적게 주지 않을 수 있다. 자르기 전에 상대적인 크기에 대해 예상하거나 측정해보고 시각화해보는 활동은 분할에 필요한 횟수를 줄여 준다. 분할되는 물체는 각각의 할당량에서 얼마나 차지하고 있는지 표현될 수 있어야 한다. 더 많이 분할된 조각일수록 그 할당량의 양을 표현하기 어려울 것이다. 그림 속 하나의 할당량을 바로 앞에 있는 종이 위가 아니라 머릿속으로 관찰해보게 함으로써 학생들은 더 큰 조각의 할당량을 쉽게 찾을 수 있을 것이다.

8.4 학생들의 분할 »

이전에 당신이 풀었던 문제(각 사람이 받을 수 있는 피자의 양은 얼마인가? 그것은 전체 피자의 몇 부분인가?)에 대해서 학생들이 대답하기 위해서는 매우 긴 시간과 많은 분할 활동이 필요하다. 다음은 학생들이 그림으로 문제를 푼 것이다. 이 풀이는 학생들에게 이러한 질문이 왜 어려운지 그리고 정답을 찾기 위해 왜 그리 오랜 시간이 걸리는지 파악하는 데 도움을 줄 것이다. 서로 다른 나이의 학생들에게 다음 문제를 풀게 했다.

> 똑같은 치즈 피자 4판을 3명에게 나누어줄 때 1명이 가지게 될 피자의 양을 말하시오. 각각의 사람들이 받게 될 양을 그려보시오.

다음은 이 문제에 대한 두 학생의 풀이이다. 학생 A와 학생 B의 풀이를 보고 누가 더 세련된 풀이를 했는지 판단해보자. 사람들이 각각 얼마만큼의 양을 받게 되는지를 대답하는 것이 목표임을 기억하자.

A	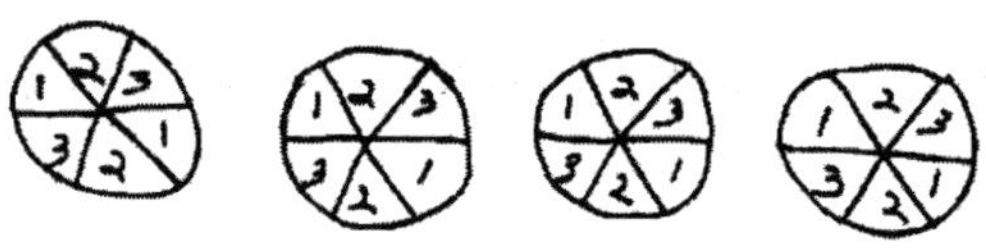
B	 각각 $1\frac{1}{3}$만큼의 피자를 받게 된다.

위 문제에서 당신은 B의 방법이 좀 더 세련되었다고 말할 것이다. 이 학생은 실제로 그 양을 피자 $1\frac{1}{3}$라고 말했다. A는 왜 이 문제에 대한 대답을 하지 못했을까? 한 사람의 할당량은 많은 조각들로 구성되며 한 사람이 받게 될 피자의 할당량을 말

하기 위해서는 떨어져 있는 모든 조각을 모아야 한다.

여기 같은 문제에 대한 또 다른 두 학생의 풀이가 있다.

C	
D	

이 두 학생의 해결책은 매우 비슷해 보이지만 큰 차이점이 있다. 그 차이점은 마지막 피자가 분배된 방식에 기인한다. 두 학생은 모두 피자를 같은 크기의 조각 6개로 표시했다. D는 네 번째 피자의 조각들을 각각의 사람들에게 모두 나누어 주었다. 사람1, 사람2, 사람3, 사람1, 사람2, 사람3 순서로 한 조각씩 나누어 주었다. C는 모든 조각을 표시한 대로 자르지 않았다. 대신 각각의 사람들이 2조각씩 가진다는 것을 통해, 더 적은 수로 잘라 각각의 사람에게 2조각씩 주었다.

또 같은 문제에 대한 다른 학생들의 풀이를 살펴보자. 그리고 이 네 명의 풀이를 세련된 정도에 따라 낮은 수준에서 높은 수준으로 순서를 매겨 보자.

E	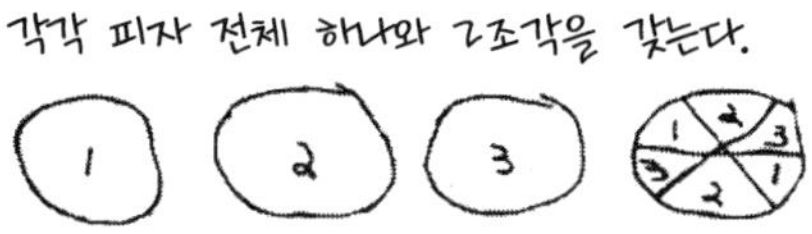
F	
G	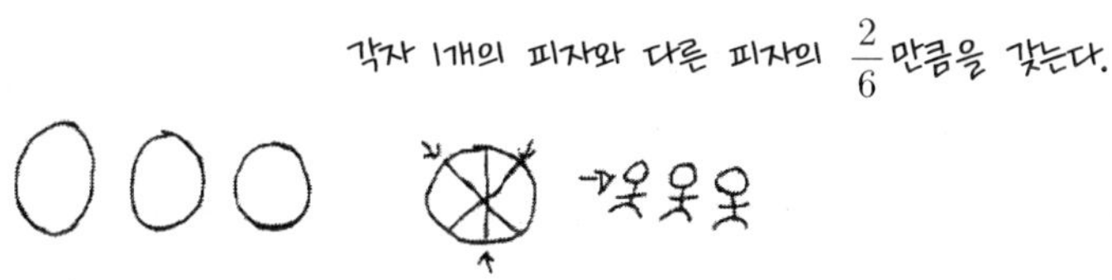
H	

풀이의 세련된 정도에 따른 순서는 학생 H, E, G, F 순이다. 학생 H는 모든 피자를 3등분으로 자르고 카드를 나누어 주듯이 각 조각을 나누어 주었다. 학생 E는 한 사람이 1개의 온전한 피자를 가진다는건 알았지만 마지막 피자를 나누어 가질 때 6조각으로 나누었다. 학생 C는 네 번째 피자를 6등분으로 나누었지만 한 사람 당 2조각씩 가지게 된다는 것을 알았고 불필요하게 자르지는 않았다. 이 학생은 한 사람 당 가지는 피자의 양이 $1\frac{2}{6}$라고 말했다. 학생 F는 낭비되는 표시를 하거나 불필요하게 자르지 않고 가장 직접적인 해결 방법을 보여 주었다.

학생들의 풀이는 다음과 같은 특징을 기준으로 구별할 수 있다. 자를 필요가 없는 조각을 보존하는 것, 표시의 경제성, 자르는 것의 경제성. 이러한 표현은 원시적인 수준에서 좀 더 복잡한 수준으로의 인지적 성장을 볼 수 있게 해준다. 3학년 학생들은 일반적으로 '모든 물체를 잘라서 모두 나누어 준다'는 전략을 사용한다. 학생들은 분수에 대한 경험이 부족하고 수 세기가 상대적으로 편리하기 때문에 '공평한 분배'는 여전히 '같은 크기의 조각'을 '같은 수'로 나누어줌을 의미한다. 할당량의 조각이 많아질수록 하나의 할당량에서 피자가 얼마만큼을 나타내는지 말하기 어려워진다. 표시는 했지만 자르지 않았던 학생은 할당량의 조각을 덩어리로 만들기 시작한다. 그들은 도치에 대한 발견을 한 것이다. 자르지 않고 표시만 하는 것은 일반적인 발달과정으로 볼 수 있다. 여기서 일반적인 발달 단계는 여전히 보고 조각을 셀 수는 있으나 조각의 수보다는 할당량의 동일성이 양과 관련되어 있음을 믿는 단계이다. 가장 좋은 수 감각을 가지고 있는 학생은 모든 사람이 전체 피자를 가지기에 충분하다는 사실을 예상하고 네 번째 피자를 3조각으로 나누어 주면 모든 사람이 $\frac{1}{3}$만큼을 가지게 됨을 아는 학생이다.

이런 학생들의 풀이는 표현을 연구함으로써 알게 되었다. 이 연구는 학생들의 풀이를 서로 다른 학년 수준에서 살펴보았다. 이 학생들은 분할에 대해 세부적인 지도를 받은 것이 아니다. 이런 종류의 풀이는 학생들이 자발적으로 어떻게 풀어나가는지 이해할 수 있게 해주며 만일 우리가 다른 결과를 바란다면 어떻게 지도하는 것이 좋을지 알게 해준다. 이 연구는 '얼마나 많은지'를 해결하기 위해서 어떻게 해야 하는지 그리고 그 과정이 얼마나 느린 과정인지를 명확하게 알려주며 동치가 좀 더 세련된 전략을 촉진시키는 데 중요한 개념이 된다는 것도 알려준다. 분수의 지도가 '동치' 논의를 통해 학생들의 분할 활동에 도움이 될 때 학생들의 해결 방법은 좀 더 통합되며 좀 더 빠르게 '얼마나 많은지'에 대해 대답할 수 있게 될 것이다.

8.5 동치 »

분할은 단순한 그리기나 색칠하기가 되어선 안 된다. 학생들의 분할에서 알 수 있었듯이 학생들의 풀이는 다양한 결과를 만들어내며 이런 결과에 대한 세련된 비교와 논의는 학생들을 좀 더 높은 수준으로 사고할 수 있게 만들어준다.

학생들에게 동일한 직사각형 피자 4개를 6명에게 분배하라는 과제를 주었다. 다음은 학생이 그린 그림이다. 각각의 사례에서 색칠한 부분이 한 사람의 할당량이다.

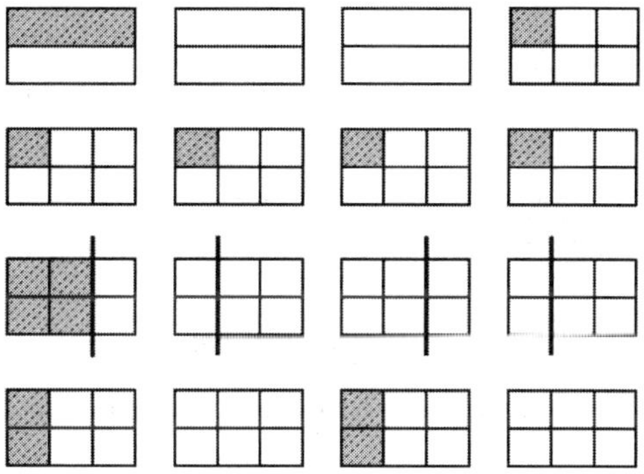

각각의 그림에서 색칠된 조각을 시각적으로 재배열함으로써 각각의 경우에 한 사람이 가지게 되는 피자의 양이 동일함을 쉽게 알 수 있다. 논의를 좀 더 진행해 나가기 위해 한 사람의 할당량에 대한 각각의 조각을 분수로 표현하고 이런 할당량이 전부 같은 양이라는 사실을 통해 학생들은 다음의 모든 기호적 표현이 동치임을 알 수 있다.

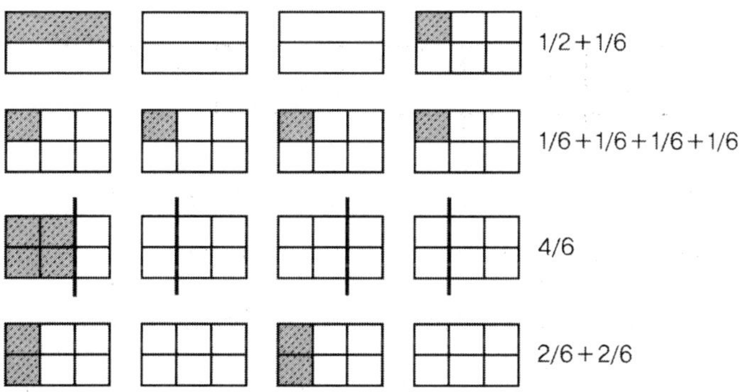

다음의 발견들은 이 활동의 결과이다.

$$\frac{1}{2}+\frac{1}{6}=\frac{4}{6}$$

$$\frac{1}{6}+\frac{1}{6}+\frac{1}{6}+\frac{1}{6}=\frac{4}{6}$$

$$\frac{2}{6}+\frac{2}{6}=\frac{4}{6}$$

학생들은 가장 중요한 질문에 답할 수 있을 것이다. 각 사람들은 얼마만큼의 피자를 얻었는가?

피자의 $\frac{4}{6}$.

8.6 약분을 해야 하는가? »

교사들은 분수 지도 초기에 분수의 약분이 중요한가에 대해 질문하곤 한다. 분수는 항상 약분해야 한다고 배워온 사람들은 나의 대답에 놀란다. 초기의 게임 수준에서 약분을 고집하지 말자. 약분하지 않아도 되는 몇 가지 이유들이 있다. 이미 그 중 하나는 살펴보았다.

같은 날 두 반에서 동일한 분할 문제를 풀었다. 학생들은 필요한 것보다 더 많은 표시를 하는 경향이 있기 때문에, 두 반에서 아무도 할당량을 $\frac{2}{3}$로 그리지 않았다. 한 교사는 $\frac{4}{6}$라는 학생의 답에 만족하고 다음 분할과제로 넘어갔다. 반면 다른 반 교사는 스스로 학생들의 그림에 추가적으로 그림을 그렸다.

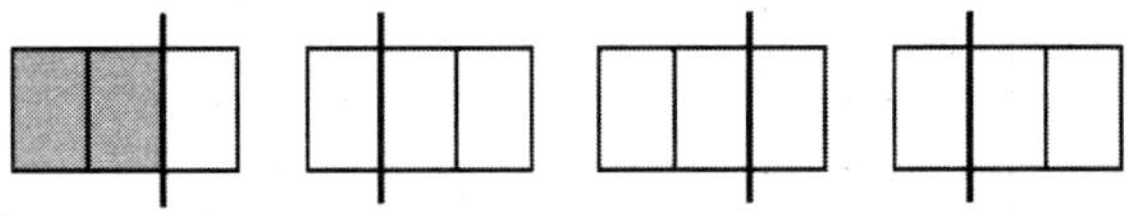

추후 논의를 거쳐 학생들은 $\frac{4}{6}$가 $\frac{2}{3}$와 같음을 알았다. 하지만 그녀의 학생들은 분할 활동에서 있어서 중요한 측면을 놓치게 되었다. 분수는 몫이다. (나눗셈 문제의 답이다.) a개의 물건을 b명에게 나누어 줄 때 각 사람들의 할당량은 $\frac{a}{b}$가 된다. 피자 4판을 6명에게 나누어 주면 모든 사람은 피자의 $\frac{4}{6}$를 가지게 된다. 답을 약분된 형태로 요구함으로써 두 번째 반은 '아하' 경험을 할 수 없게 되었다.

8.7 몫으로서의 분수에 대한 이해 »

학생들은 얼마나 오랫동안 분할 활동을 해야 할까? 또 학생들이 몫을 이해했는지 어떻게 알 수 있을까? 많은 사람들이 그런 방법은 없다고 믿는다. 우리는 학생들에게 분수 기호를 나누기와 같다고 가르쳤으며 $\frac{a}{b}$를 계산기에 입력하려면 $a \div b$를 입력하면 된다고 가르쳐왔다.

몫에 대한 이해는 다음 질문들을 자연스럽게 대답할 수 있는지에 따라 결정된다. 즉 학생들이 "난 더 이상 그릴 필요가 없어. 난 이미 이 문제들의 답을 알고 있어." 라고 말할 때까지 분할 활동은 계속 되어야 한다.

1. 한 사람의 할당량은 얼마인가?
2. 한 사람의 할당량은 전체의 얼마에 해당하는가?

다음 문제들의 예시를 살펴보자.

예 5명이 페퍼로니 피자 3판을 나누어 먹으려 한다. 각각의 사람들은 몇 조각을 가지게 되는가? 한 사람의 할당량은 전체 피자의 얼마인가?

피자 3판을 5명에게 나누어 줄 때 각각은 피자 1판의 $\frac{3}{5}$을 얻게 된다. 만일 이 피자를 5명이 나누어 가진다면 한 사람당 할당되는 양은 전체 단위 즉, 모든 피자의 $\frac{1}{5}$이다. 나누어 지는 피자의 수는 두 번째 질문과는 관계없다. 5명이 피자 3판을 나누어 가지든 300개의 피자를 나누어 가지든 각각의 할당량은 모든 피자의 $\frac{1}{5}$이다. 이 경우에는 전체 피자의 $\frac{1}{5}$이 피자 한 판의 $\frac{3}{5}$이다.

이와 같은 상황에서 분수 기호 $\frac{a}{b}$는 다중적인 의미를 가지게 된다. 먼저 이 기호는 나눗셈($a \div b$)을 나타낸다. 또한 나눗셈의 결과$\left(\text{피자의 } \frac{a}{b}\right)$, 즉 몫에 해당하는 유리수가 되기도 한다. 이는 b명당 a판의 피자의 비를 이루고 있음을 의미한다.

8.8 좀 더 진보된 추론 »

불행하게도 분수 지도 시에 교사들은 분할을 거의 활용하지 않는다. 분할은 분수 지도의 초반에 부분-전체 분수를 정의할 때에만 은연중에 사용된다. 분모는 전체가 나누어 지는 부분의 수이다. 학생들은 부분-전체 비교를 표현하기 위해 몇 개의 그림들을 그리지만 이 그림들은 이내 버려지게 된다. 이 점은 매우 안타깝다. 왜냐하면 비록 학생들이 바로 어떤 양이 크거나 작다는 것을 알았다고 하더라도 그 차이를 수량화하는 데는 오랜 시간이 걸리기 때문이다. "얼마나 더 많은가?"라는 질문은 정말 어려운 질문이다.

이 장의 첫머리에 쓰인 여러 학년의 학생들의 반응에서 볼 수 있듯이 '한 조각'에서 '피자의 $\frac{1}{24}$'이라는 대답으로 나가기 위해서는 수년이 걸린다. '얼마나 많은가' 또는 '얼마나 적은가'를 수량화하기 위해서는 기초적인 분수 아이디어에 대한 지식이 필요하며 이는 3학년에서 6학년 사이에 발달된다. 그럼에도 불구하고 그 이전 시기의 학생들이 효과적인 전략을 사용하는 경우도 있다. 학생들의 반응에서 매우 놀라웠던 점은 학생들이 직관적으로 모두 동일한 전략을 사용했다는 점이다. 우리는 각각의 학생들이 여학생을 남학생의 관점으로 재해석했음을 알 수 있다.

모든 학생들이 '남학생 수에 대한 남학생 수의 피자'의 비를 사용했으며 이 비를 활용하여 '여학생 수에 대한 여학생 수의 피자'의 비를 측정하거나 나누었다. 일종의 이중 과정을 통해 학생들은 남학생의 비(남학생 수의 피자 : 남학생 수)를 사용해서, 여학생의 비(여학생 수의 피자 : 여학생 수)를 재개념화했다. 몫과 비는 이 활동에서 필연적으로 연결되어 있다.

여학생이 가지게 되는 피자의 양이 남학생이 가지게 되는 피자의 양과 같다고 생각해보자. 첫 번째 그룹과 두 번째 그룹은 해결되었다. 세 번째 그룹은 해결되지 않았다. 피자 1판을 2명의 여학생에게 주게 되었다. 여기에서 우리는 여학생 그룹이 더 많은 피자를 가지게 됨을 알 수 있다. 왜냐하면 세 번째 그룹에서 1개의 피자를 여학생 2명이 나누어 먹기 때문이다.

여학생들은 얼마만큼의 피자를 추가로 가지게 될까? 남은 두 여학생들에게 다른 학생들과 같은 양의 피자를 준다면 각각 $\frac{1}{3}$만큼의 피자를 받게 될 것이다. 이는 여학생 쪽에 피자의 $\frac{1}{3}$이 남게 됨을 의미한다. 만일 모든 여학생들이 이 여분의 피자를 나누어 가진다면 그들은 $\frac{1}{3}$의 $\frac{1}{8}$ 즉, 피자의 $\frac{1}{24}$씩을 남학생들보다 더 가지게 된다.

이 장 첫머리의 학생 전략은 주로 '얼마나 더 많은가'를 수량화할 수 있는지가 판단 기준이 된다. 3학년 학생에게 그것은 '한 조각'이다. 4학년 학생은 여분의 피자 $\frac{1}{3}$을 8명이 나누어 가져야 함을 알고 있지만 전체 피자를 분할하지 못했으며 결국 조각의 수를 잘못 구했다. 5학년 학생은 올바르게 분할해서 $\frac{1}{24}$이라는 값을 구했다. 6학년 학생은 분할하지 않았다. 이 학생은 비를 이용해서 추론했다.

만약 당신이 공통분모를 활용하여 빼는 방법을 안다면, 여학생의 할당량과 남학생의 할당량 사이의 차 $\frac{3}{8}-\frac{1}{3}=\frac{1}{24}$를 구할 수 있다. 론이 보여주었듯이 당신은 비를 사용하여 차이를 구할 수도 있다. 그는 각각의 피자 수에 대한 학생들 수의 비와 동일한 비를 발견했다.

$$(3:8)=(9:24) \text{ 그리고 } (1:3)=(8:24)$$

이는 남학생의 수와 여학생의 수가 같을 경우 즉, 24명일 경우 여학생이 피자 1판을 더 가지게 됨을 말해준다. 피자 1판을 24명의 여학생이 나누어 가지게 된다는 것은 여학생이 남학생보다 $\frac{1}{24}$만큼 더 가지게 됨을 의미한다.

8.9 서로 다른 피자들을 분배하기 »

이제 두 종류의 다른 피자를 주문한다고 가정해보자. 일반적으로 사람들은 두 종류의 피자를 모두 먹을 것이다.

예 1 4명이 페퍼로니 피자 3판과 야채 피자 1판을 나누어 먹는다. 각각의 사람들은 얼마만큼을 먹게 되는가?

페퍼로니 $\frac{3}{4}$조각과 야채 $\frac{1}{4}$조각.

예 2 12명에게 피자를 나누어 주었다. 만약 한 사람의 접시에 치즈 피자 $\frac{1}{6}$조각과 페퍼로니 피자 $\frac{1}{6}$조각 그리고 야채 피자 $\frac{1}{12}$조각이 있다면 종류별로 피자를 얼마나 주문한 것인가?

$\frac{1}{12}$ 조각은 피자 1판을 12명에게 나누어 주었음을 의미한다. 한편 $\frac{1}{6}$ 조각은 피자 1판을 6명에게 나누어 주었음을 의미하며 12명은 피자 2판을 나누어 가질 수 있다. 따라서 12명은 야채 피자 1판, 그리고 치즈 피자 2판과, 페퍼로니 피자 2판을 주문했을 것이다.

예 3 12명이 피자를 주문했다. 한 사람의 접시에 치즈 피자 $\frac{2}{3}$ 조각과 버섯 피자 $\frac{1}{4}$ 조각이 있다. 이 그룹은 어떻게 주문했는가?

$\frac{2}{3}$ 조각은 피자 2판을 3명이 나누어 가졌음을 의미한다. 따라서 12명에게 피자 8판이 나누어 졌을 것이다. $\frac{1}{4}$ 조각은 피자 1판을 4명이 나누어 가졌음을 의미한다. 따라서 12명에게 피자 3판이 나누어 졌을 것이다. 그들은 치즈 피자 8판과 버섯 피자 3판을 주문하였다.

예 4 24명이 레스토랑에서 치즈 피자 18판을 주문했다. 이 레스토랑에는 12명이 앉을 수 있는 식탁 1개, 6명이 앉을 수 있는 식탁 1개, 4명이 앉을 수 있는 식탁 1개, 그리고 2명이 앉을 수 있는 식탁 1개가 있다. 각각의 사람들은 얼마만큼의 피자를 가지게 되는가?

이 상황은 일종의 나눗셈 문제지만 식탁에 따라 비례에 맞게 피자를 배분해야 하는 다소 복잡한 문제이다. 모든 사람들은 어디에 앉아 있든지 공평한 양을 분배받아야 한다. 이렇게 나누는 과정에서 식탁과 피자가 어떻게 구성되는지 알기 위해 나무 다이어그램을 사용할 수 있다. 직사각형은 식탁을 의미하고, 식탁 밑에 적힌 수는 식탁에 앉는 사람의 수, 제공되는 피자의 수는 직사각형 안에 적힌 수이다.

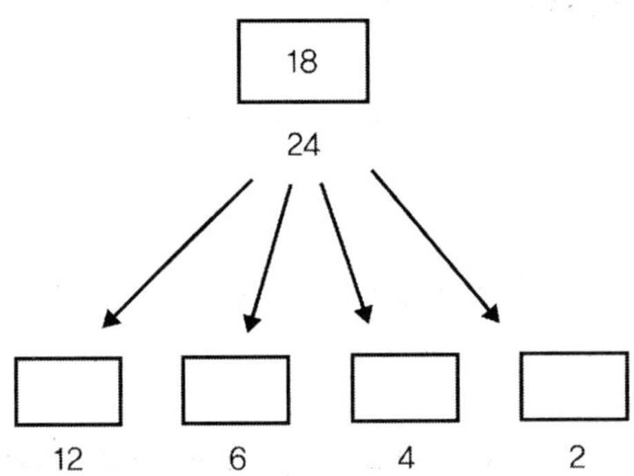

다음은 필요한 피자의 수를 구하기 위해 학생들이 추론했던 방법이다.

찰스

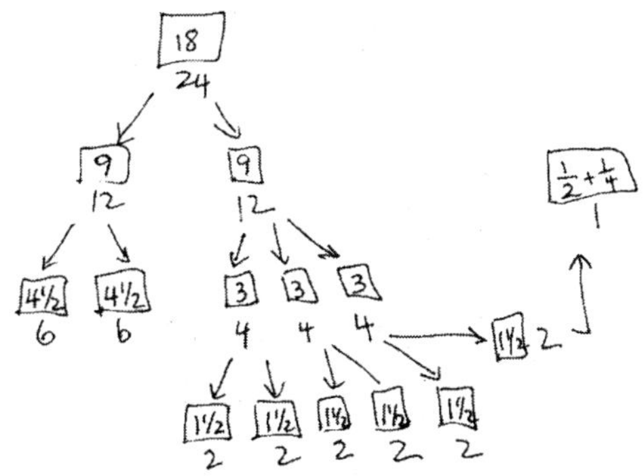

이와 같은 사고는 24명에 대한 피자 18판이라는 비를 유지하면서 사람의 수와 피자의 수를 변화시키고 있다는 점에 주목하자. 만약 피자를 계속 같은 비율로 제공할 경우 특정 사람의 수에 대해 얼마나 나누어 주어야 하는가? 찰스는 한 사람에게 분배되어야 하는 양까지 계산했다.

예 5 피자 3판을 4명이 나누어 가지는 A그룹과 피자 5판을 7명이 나누어 가지는 B그룹 중 어느 그룹에 속해야 더 많은 피자를 가지게 되는가?

타이

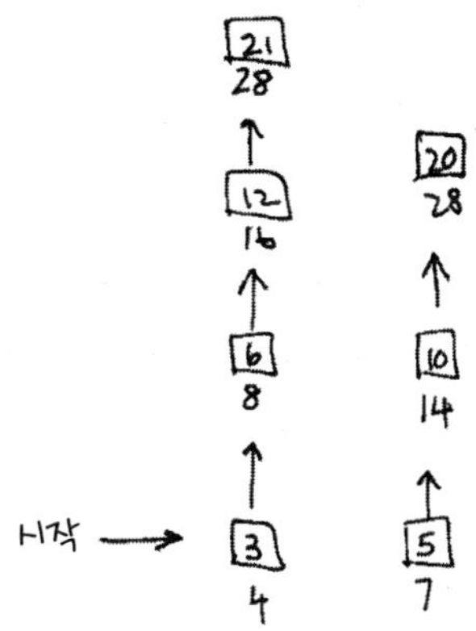

타이는 각 그룹으로부터 상향식 추론을 했다. 마침내 두 그룹이 모두 28명이 되게 만들었으며 이때 상응하는 피자의 수는 서로 달랐다. 피자 3판을 4명이 나누어 가지는 그룹에 속한 사람들이 더 많은 피자를 가지게 된다.

예 6 6명에게 치즈 피자 3판과 야채 피자 4판을 나누어 주었다. 각각 얼마만큼의 피자를 가지게 되는가?

베티	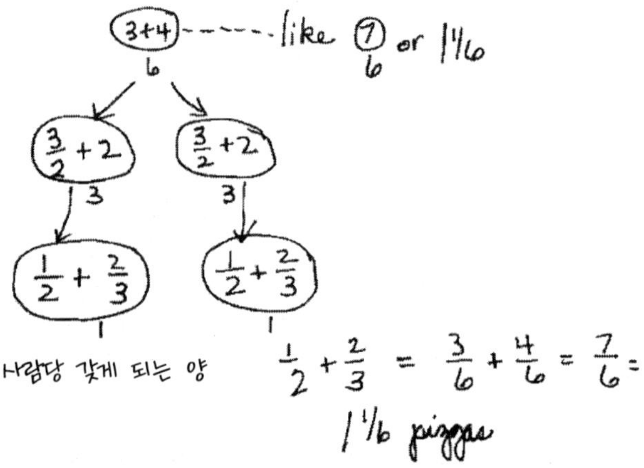

베티는 두 피자를 각각 따로 분할했다. 그녀는 서로 다른 종류의 피자를 더하는 것이 부적절하다는 점을 알고 있었다. 만일 피자를 같은 종류로 생각한다면 피자 7판을 6명에게 나누어 주는 것을 의미하고 1명이 피자 $1\frac{1}{6}$조각을 가지게 된다.

교사는 학생들의 풀이로 많은 것을 얻을 수 있다.

- 분할 활동은 교육과정 내에서 이른 시기에 다루어져야 하며 수년에 걸쳐 지속적으로 다루어져야 한다.
- '얼마나 더 많은가'에 대한 사고는 오랜 시간을 걸쳐 발달된다.
- 몫과 비에 대한 생각은 자연스러운 사고 과정이며 학생들은 이를 어릴 때부터 사용한다. 현재 교육과정처럼 비를 중학교 시기까지 지연시킬 이유는 없다.
- 몫은 나눗셈과 관련되어 있지만 '얼마나 더 많은가?'에 대한 추론을 통해 학생들은 덧셈과 뺄셈에 대한 준비를 하게 된다.

활동

01 3명이 캔디 바 4개를 나누어 먹을 때, 각각 얼마만큼씩 받게 되는가? 다음 그림은 학생들이 문제에 대한 답을 그림으로 표현한 것이다. 각 그림에서 한 사람의 할당량을 의미하는 분수를 쓰고, 학생들이 이와 같은 분할의 비교를 통해 발견하기를 기대하는 모든 동치 부분들을 써 보시오.

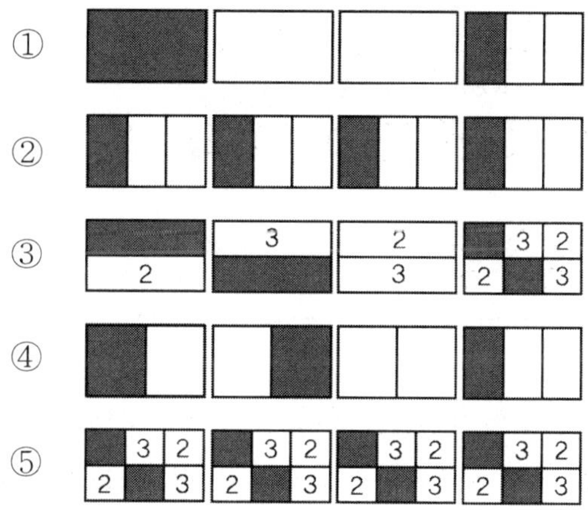

02 5명이 캔디 바 4개를 나누어 먹는다면 각각은 얼마만큼을 가지게 되는가?

03 4명이 콜라 2상자(6캔 묶음)를 나누어 가진다면 한 사람이 얼마만큼을 받게 되는가? 한 사람이 받은 할당량의 단위 부분은 얼마인가?

04 3명이 콜라 8상자(6-묶음)를 나누어 가지려 한다. 학생 A, B, C는 한 사람당 할당되는 콜라의 양을 보여주기 위해 그림을 그렸다. 세련된 정도에 따라 학생 전략의 등급을 매겨보시오.

A	
B	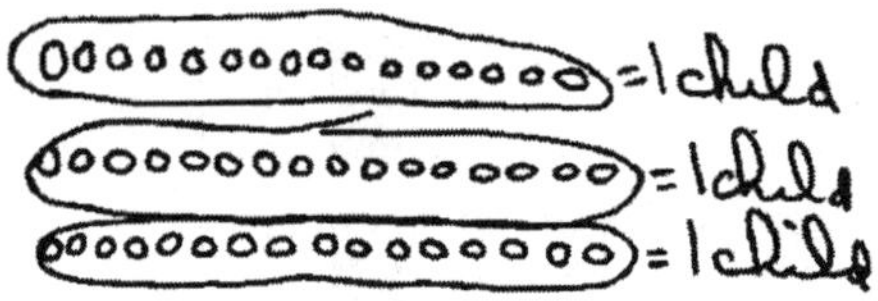
C	

05 각각 10조각으로 나누어져 있는 캔디 바 2개를 5명이 나누어 먹으려고 한다. 학생 A, B, C, D는 한 사람당 받게 되는 양을 다음과 같이 표현하였다. 학생들의 풀이를 분석하시오.

A	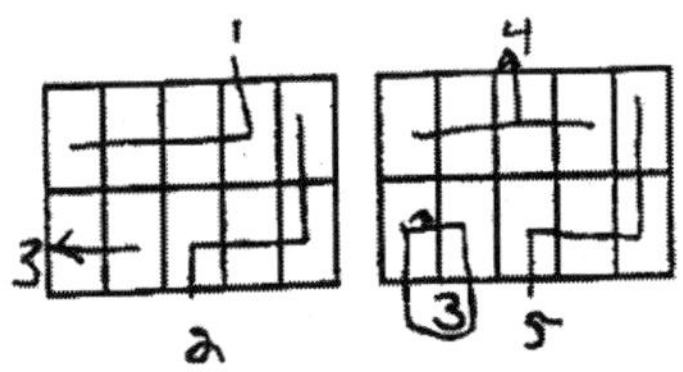
B	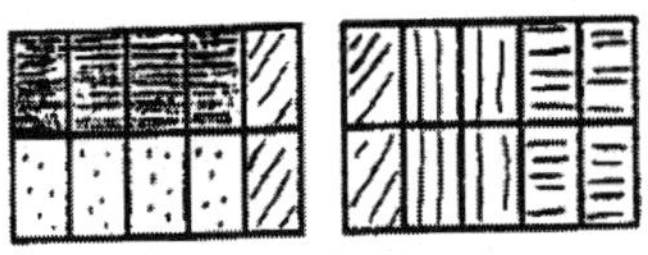
C	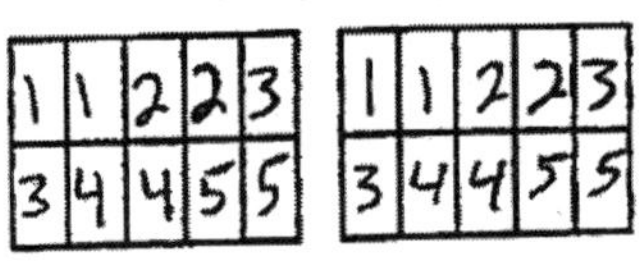
D	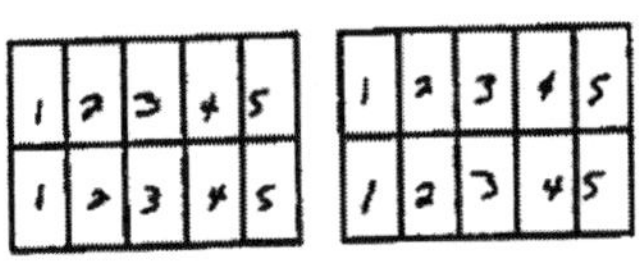

06 식탁 A에는 3명의 아이들이 있고, 식탁 B에는 4명의 아이들이 있다. 다음 표는 각 식탁에 몇 개의 과자를 나누어 주었는지에 대한 정보이다. 각 상황이 공평한지 판단하시오. 만약 그렇지 않다면 식탁 A, B 중 어느 쪽이 더 많이 받았는가? 얼마나 더 많이 받았는가? 그림은 그리지 말고 소리 내어 추론하시오.

	아이들 3명이 있는 식탁 A	아이들 4명이 있는 식탁 B
a	과자 3개	과자 5개
b	과자 7개	과자 8개
c	과자 8개	과자 10개
d	과자 9개	과자 12개
e	과자 1개	과자 1개
f	과자 4개	과자 5개
g	과자 2개	과자 5개

07 각 상황에 대해 다음 물음에 답하시오. 누가 더 많이 받았는가? 여자아이인가? 남자아이인가? 얼마나 더 많이 받았는가?

(1) 

(2) 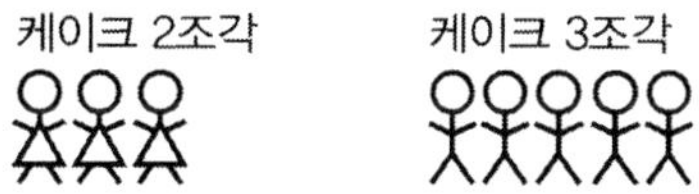

(3) 

(4) 

(5) 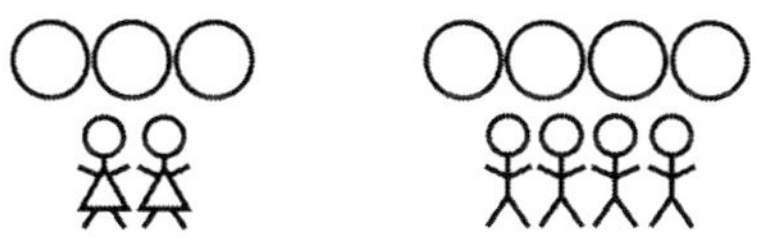

(6) 

(7) 

(8) 

(9) 

08 동일한 할당량이 같은 조각 수가 되지 않는 예를 들어보시오.

09 공평한 분배가 같은 모양이 되지 않는 예를 들어보시오.

10 6명의 아이들이 다음과 같이 분할된 캔디 바를 나누어 가지려 한다. 각각 얼마나 가질 수 있는가?

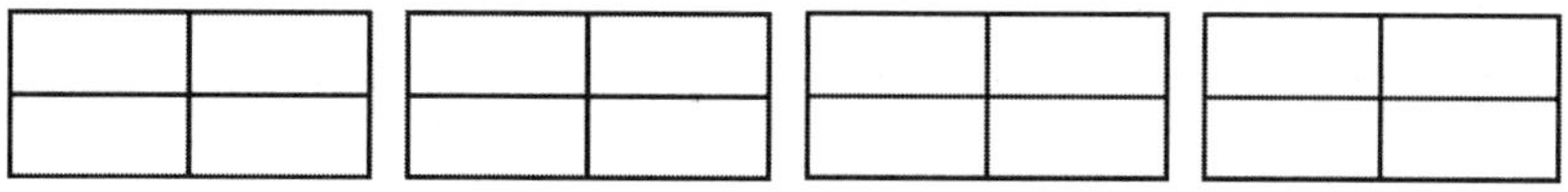

다음은 이 문제에 대한 학생들의 반응이다. 이를 분석해보고 세련된 정도에 따라 전략의 등급을 매기시오. 그리고 매긴 등급에 대한 근거를 말하시오.

니콜	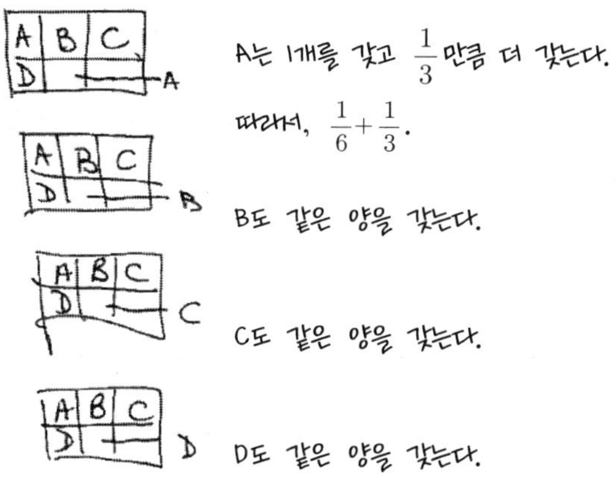
스티브	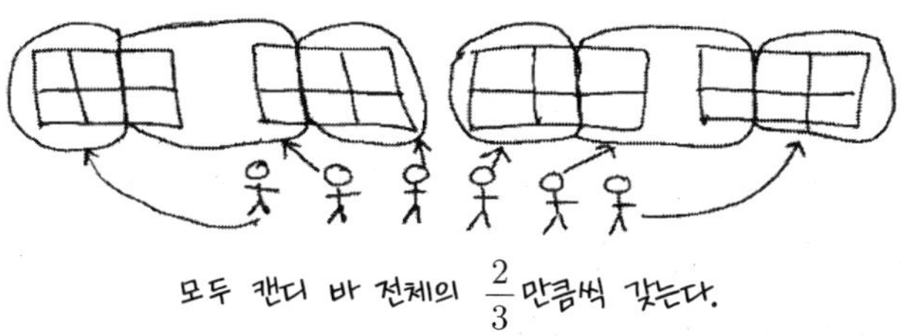
에릭	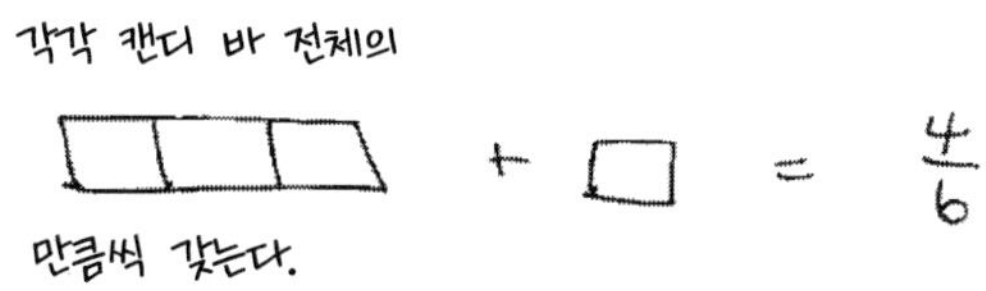

11 다음 문제를 제시하는 두 가지의 방식으로 풀어 보시오. 첫째, 여학생들의 피자에 대한 여학생 수의 비를 활용해서 남학생의 경우를 재해석하시오. 둘째, 남학생들의 피자에 대한 남학생 수의 비를 활용하여 여학생의 경우를 해석하시오. 누가 더 많이 받았는가? 남학생인가? 여학생인가?

12 기호 $\frac{3}{4}$은 연산, 숫자, 그리고 비율을 의미한다. 예를 이용하여 이 세 가지의 의미를 설명하시오.

13 6인 가족은 치즈 피자 3판과 야채 피자 4판을 나누어 먹었다. 한 사람당 얼마나 먹었는가?

14 학생 20명이 레스토랑에서 피자 12판을 주문하였다. 4명이 한 식탁에 둘러앉고 나머지는 2명씩 칸막이가 있는 곳에 앉았다. 똑같이 나누어 먹도록 하기 위해서 4명이 둘러앉은 식탁에는 얼마만큼의 피자를 주어야 하는가? 2명이 앉은 곳에는 얼마만큼의 피자를 주어야하는가?

15 5개의 식탁에 2판의 피자가 제공되는 곳이 있다. 여기서 치즈 피자 $\frac{1}{2}$판과 페퍼로니 피자 $\frac{1}{3}$판을 제공받으려면 한 식탁에 몇 명이 앉을 수 있는가? 답을 증명하시오.

16 24명이 피자 18판을 주문하였다. 8명에게 피자 6판을 그리고 16명에게 피자 12판을 나누어 준다면 공평한가?

17 30명이 피자를 주문했다. 한 사람이 야채 피자 $\frac{2}{5}$조각과 치즈 피자 $\frac{1}{5}$조각을 받았다. 이들은 피자를 얼마나 주문했는가?

18 8명이 치즈 피자 3판과 페퍼로니 피자 4판을 주문했다. 각각 얼마나 받겠는가?

19 16명이 피자를 주문했다. 한 사람당 치즈 피자 $\frac{1}{4}$조각과 페퍼로니 피자 $\frac{1}{2}$조각을 받았다. 이들은 얼마나 주문했는가? 만약 어떤 사람이 식탁에 2명씩 앉아 있었다면 그 식탁에는 어떤 피자를 얼마나 많이 받겠는가?

제9장 연산자로서의 분수

학생 전략: 6학년

다음 문제를 스스로 풀어보고 각 학생들이 컴퓨터 프로그램을 실행했을 때 무슨 일이 생길지 말하시오. 각 학생들이 만든 그림(실제로는 분수)의 크기를 말하시오. (이 경우를 비롯해서 이 장 전체에서 '크기(size)'라는 단어는 '넓이(area)'가 아니라 '길이(linear dimension)'를 의미한다.)

컴퓨터에 그림이 하나 있었는데 이 그림을 원래 크기의 $\frac{3}{4}$(또는 75%)배로 만들었다. 곧 생각이 바뀌어 다시 그것을 원래 크기로 바꾸려 한다. 이 그림을 원래 크기로 복원하기 위해서는 현재 그림에 어떤 분수를 입력해야 하는가?

이 문제를 해결하고 나서 학생들은 크기를 확대하고 축소시킬 수 있는 프로그램을 통해 원래 크기의 $\frac{3}{4}$이 되는 그림을 그들이 생각한 대로 실제 해보았다. (프로그램은 원본 크기를 10%부터 1000%까지 자유롭게 확장시킬 수 있다.)

브릿지	그것을 4배 한 후 $\frac{1}{3}$배를 하였다. 1. 400% 2. 33%
엘리엇	원래 크기의 $\frac{3}{4}$은 75%이므로 원래 크기에서 25%가 부족하다. 원래 크기로 돌리려면 125%를 입력해야 한다.
스텔라	만약 종이의 길이를 12인치로 둔다면 그것의 $\frac{3}{4}$은 9인치 일 것이다. 따라서 나는 9인치 × ? = 12인치인 ?를 구해야 한다. 9 × 1 = 9 100% $9 \times \frac{1}{3} = 3$ 33.333% 따라서 133.33%이다.

9.1 연산자 »

유리수를 연산자로 해석한다는 것은 유리수를 함수로 생각한다는 것을 의미한다. 이런 의미에서 유리수는 특정 집합이나 지역을 다른 집합이나 지역으로 연결시키는 큰 지도와 같다. 좀 더 간단히 말하면 유리수에 대한 연산자로서의 개념은 감소와 증가, 수축과 팽창, 추가와 제거, 곱셈과 나눗셈에 관한 것이다. 연산자는 다음과 같이 변환시킨다.

- 직선을 길게 만들거나 짧게 만들기
- 이산량인 집합의 수를 증가시키거나 감소시키기
- 삼각형이나 직사각형과 같은 기하학적인 평면을 더 크거나 작게 그리기

연산자는 어떤 과정을 수행하기 위한 일련의 설명이다. 예를 들어 '~의 $\frac{2}{3}$'는 2를 곱하고 3으로 나누는 연산을 설명해주는 연산자이다. '~의 $\frac{2}{3}$'를 수행하기 위해 곱셈이나 나눗셈과 같은 친숙한 연산을 하게 된다. 이때 곱셈과 나눗셈은 서로 독립적인 연산으로 여겨질 수도 있고 하나가 다른 것의 결과로 수행된다면 단일 연산이 되기도 한다. 예를 들면 연산자 $\frac{2}{3}$는 수량 Q에 대한 단일 연산이 될 수도 있고, 수량 Q를 나눈 것에 곱셈을 하는 것처럼 보일 수도 있으며, 수량 Q를 곱한 것에 나눗셈을 하는 것처럼 보일 수도 있다.

$$\frac{2}{3}(Q) = 2\left(\frac{Q}{2}\right) = \frac{2Q}{3}$$

예 6의 $\frac{2}{3}$

[×××] [×××] [×××] [×××]   (6 곱하기 2) ÷ 3 = 4

[××] [××]   (6 ÷ 3) 곱하기 2 = 4

연산의 순서와 상관없이 같은 결과가 나온다는 점에 주목하자. 때로는 특정 연산을 먼저 하는 것이 더 이해하기 쉬울 수 있다. 예를 들어 삼각함수 수업에서 $\frac{5\pi}{6}$를 각도로 변환하는 상황을 생각해보자. 대부분은 곱셈($5 \times 180°$) 후에 6을 나눈다. 만약 나눗셈을 먼저 계산한다면 암산으로도 답을 구할 수 있다. $180° \div 6 = 30$, $30 \times 5 = 150°$.

예 1 트로이가 가지고 있는 카드는 내 카드의 $1\frac{2}{5}$만큼이다. 나는 55개의 카드를 가지고 있다. 트로이는 몇 개의 카드를 가지고 있는가?

$\frac{7}{5} \cdot 55 = ?$ 머릿속으로 $7 \cdot 55$를 계산하고 5로 나누는 것은 어렵다. 하지만 55를 5로 나누고, $7 \cdot 11$을 계산하는 것은 쉽다.

예 2 작년에 통조림으로 토마토 40파운드를 보관했다. 제인은 나의 $\frac{5}{6}$만큼을 보관했다. 제인은 몇 파운드의 토마토 통조림을 가지고 있는가?

$\frac{5}{6} \cdot 40 = ?$ 40을 6으로 나누고 나서 5를 곱하는 것은 어렵다. $5 \cdot 40 = 200$을 한 후 6을 나누는 것이 더 쉽다.

특히 연산자를 이산량 집합에 적용할 때 결과를 확인하고 해석하기 더욱 쉽다. 다음 예들은 연산자의 기능을 2단계로 표현한 것이다. 어떤 연산을 먼저 했는지와 관계없이 그 연산이 어떤 것인지 알아보자.

예 1 4개의 물체를 하나의 집합으로 생각하고 다음 그림과 같이 두 가지 연산을 수행했다.

첫째 연산의 결과 4개의 물체가 2개가 되었기 때문에 나누기 2를 했을 것이다. 둘째 연산을 적용한 후에 2개의 집합에서 18개로 확대되었으므로 9를 곱했을 것이다. 이 두 연산을 합성해보면 4개의 집합에 9를 곱하고 2를 나누는 연산자 $\frac{9}{2}$와 동치이다. 이를 다음과 같은 기호적인 표현으로 나타낼 수 있다.

$$4\left(\frac{9}{2}\right) = 18$$

예 2 단일 그림으로도 연산자의 효과를 보여줄 수 있다. 그림을 보고 물체의 집합을 고려해서 연산을 어떻게 수행했는지 기호적인 표현으로 나타내시오.

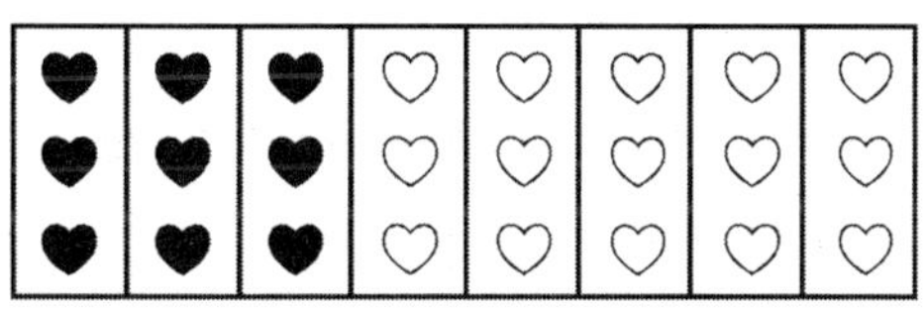

이 예는 이산량 집합에서 연산을 수행하였다. 24개의 하트 모양이 있으며 이를 똑같이 8등분으로 나누었다. 8부분 중 3부분에 음영을 넣었다. 따라서

$$24\left(\frac{3}{8}\right) = 9$$

다음은 넓이와 길이를 이용하여 연산을 수행한 것이다.

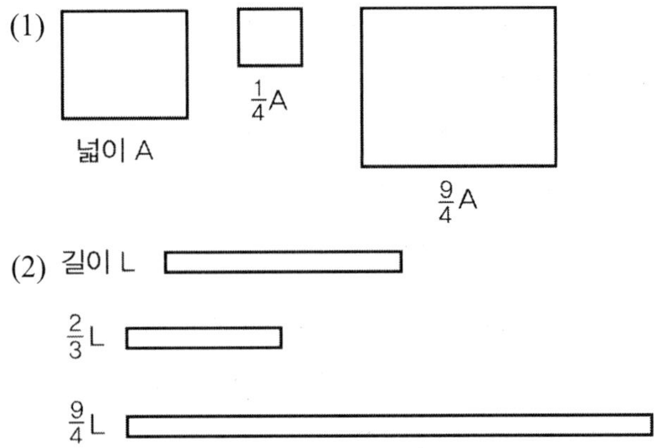

연산자를 적용하는 과정에서 축소와 확장(수축과 팽창, 감소와 증가)이 일어날 수 있다. 이 과정에서 결과는 작아질 수도 혹은 커질 수도 있다. 이는 어떤 부분이 그 과정에서 좀 더 주요하게 작동했는지에 따라 다르다. '~의 $\frac{4}{3}$'라는 연산자는 감소보다는 증가하는 부분이 크기 때문에 결과적으로 증가되는 연산이 될 것이다. 이 연산자는 '4'라는 요소에 의해서 커지고 '3'이라는 요소에 의해서 작아진다. 그러나 '~의 $\frac{3}{4}$'이라는 연산자는 그것에 적용되는 물체를 작게 만들 것이다. 왜냐하면 증가시키는 부분보다 감소시키는 부분이 더 많기 때문이다.

유리수에 대한 연산자로서의 해석은 부분-전체의 비교나 몫으로의 해석과는 다르다. 연산자를 해석할 때에는 연산의 결과가 되는 양과 연산이 적용되는 양 간의 비교가 가장 중요한 관계를 가지게 된다. 연산자는 관계를 정의하는 것이다.

$$\frac{\text{나가는 양}}{\text{들어오는 양}}$$

예 1 연산자 $\frac{2}{3}$를 사탕 18개에 적용하면 사탕 12개가 나오므로 사탕 12개와 사탕 18개는 2 대 3의 관계가 된다.

예 2 연산자 $1\frac{3}{4}$을 사탕 20개에 적용하면 사탕 35개가 나오므로 사탕 35개와 사탕 20개는 7 대 4의 관계가 된다.

9.2 교환 모델 »

입력값-출력값 관계는 함수와 연산이 연결되는 지점이 된다. 가로나 세로로 된 함수표 표현도 다양한 입력값에 대한 출력값을 나타내는 데 활용할 수 있다. 입력값과 출력값 간의 규칙 관계에 대해 질문할 수 있다. 예를 들어 '~의 $\frac{2}{3}$'라는 연산은 다음과 같은 표의 관계로 설명할 수 있다.

입력값	6	9	60	150
출력값	4	6	40	100

$$출력값 = \frac{2}{3}입력값$$

때때로 입출력 함수는 하나의 장치로 그려진다. 몇 년 전에 늘이고 줄이는 장치를 활용해 곱셈과 나눗셈을 할 수 있는 수학 프로그램들이 나왔다. 이 프로그램들은 다양한 길이의 막대기를 길게 혹은 짧게 만들어 준다. 이와 비슷한 모형으로 동전교환기를 닮은 장치가 있다. 예를 들어 기계에 동전을 넣으면 동전이 버스 토큰으로 바뀌어 나오는 장치가 있다.

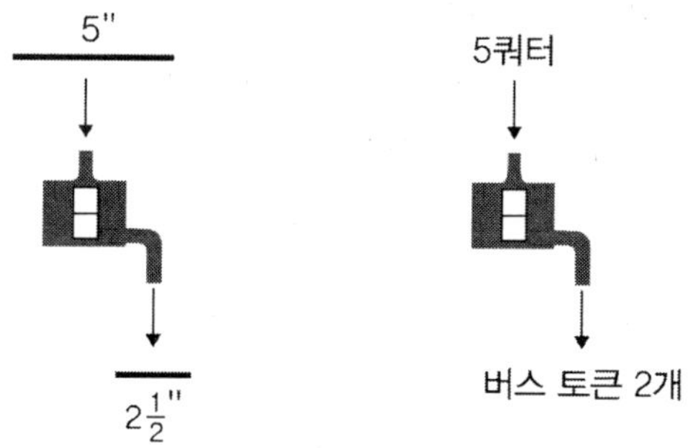

막대의 길이를 조정하는 기계의 경우 길이가 얼마든지 간에 막대가 비례에 맞게 반으로 줄어들기 때문에 기계 앞에 붙은 '2분의 1기계' 또는 '$\frac{1}{2}$기계'를 확인할 수 있다. 토큰 기계는 표를 항상 2 대 5로 뱉어내기 때문에 '5분의 2기계' 또는 '$\frac{2}{5}$기계'라는 것을 확인할 수 있을 것이다.

예 1 다음 그림을 보고 연산자가 무엇인지 구하시오.

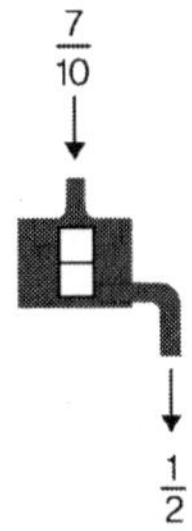

분수를 곱셈과 나눗셈으로 생각하면 연산자를 결정하는 것은 어렵지 않다.

$\frac{7}{10}$을 $7 \cdot \frac{1}{10}$, $\frac{1}{2}$을 $1 \cdot \frac{1}{2}$로 생각하라. 그러면 $7 \cdot \frac{1}{10}(\quad) = 1 \cdot \frac{1}{2}$이다.

$7 \cdot \frac{1}{7} = 1$ 그리고 $\frac{1}{10} \cdot 5 = \frac{1}{2}$이다.

따라서 연산자는 $\frac{1}{7} \cdot 5 = \frac{5}{7}$.

물물교환과 환율 문제는 교환자로서의 연산자 개념을 내포한다.

예 2 해리와 댄은 초콜릿 바 3개를 껌 4통(5개 묶음)과 바꾸는 것이 공평하다고 생각했다. 만약 댄이 해리에게 초콜릿 바 42개를 준다면 해리는 댄에게 껌을 몇 통이나 줘야 하는가? 그리고연산자는 무엇인가?

연산자는 교환 비율이다. 3분의 4 또는 $\frac{4}{3}$.

연산자는 입력값(초콜릿 바)에 따라 나타난다.

따라서 연산자는 $\frac{4}{3} \cdot 42 = 56$이다.

그리고 해리는 댄에게 56통의 껌을 주어야 한다.

예 3 오늘 날짜를 기준으로 1달러는 0.825유로이다. 50달러는 몇 유로인가? (환전 수수료는 무시하시오.)

기계에는 달러가 들어가고, 유로가 나오기 때문에 연산자는 입력값(달러)에 적용되며 기계는 유로를 되돌려주게 된다. 연산자는 1분의 0.825이다.

$$0.825\ (50) = 41.25\text{유로}$$

30유로를 가지고 귀국하기 전에 다시 달러로 환전하고자 한다면 연산자는 입력값(유로)에 적용되며 기계는 달러를 되돌려 준다. 연산자는 0.825 대 1이 된다. 연산자는

$$0.825\text{분의 } 1 = \frac{1}{0.825} = 1.212$$

이다. 연산자와 유로를 계산하면 $(1.212)(30)=36.36$달러이다.

모든 단위 변환에 입출력 모델이 적용될 수 있다.

예 4 16,000파운드를 톤으로 변환하시오. (1톤 = 2000파운드)

입력값은 파운드이고, 출력값은 톤이 된다. 연산자는 $\frac{1}{2000}$이므로 따라서

$$16000 \cdot \frac{1}{2000} = 8\text{톤}.$$

9.3 합성 »

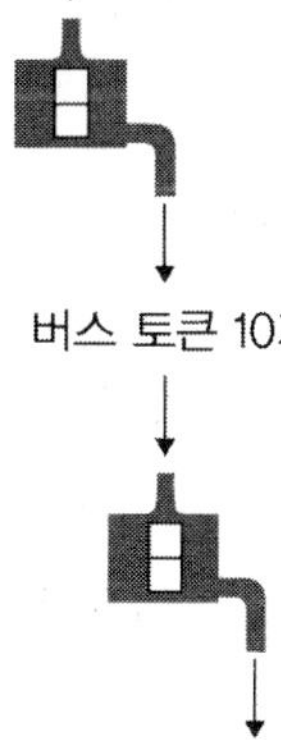

당신이 탄 비행기에 두 기능을 수행하는 기계가 있다. 이 기계를 통해 버스 토큰 또는 기차표를 구매할 수 있다. 동전(15쿼터)을 넣고 적절한 버튼을 눌러 버스 토큰(10개) 또는 기차표(2장)를 선택할 수 있다. 또 기차표를 버스 토큰으로도 바꿀 수 있다.

당신이 기차표를 사기 위해 동전을 넣으면, 두 가지 기계로 구성된 하나의 시스템이 작동하는 것을 볼 수 있다. 두 번째 기계는 첫 번째 출력값에 대해 계산을 수행한다. 비록 두 기계 모두 자신만의 인식표(어떤 계산을 하는지 설명해주는)를 가지고 연산을 수행하지만, 이 전체 시스템 또한 자신만의 인식표를 가지고 있다.

첫 번째 기계는 3 대 2의 변환을 수행한다$\left(\frac{10}{15}=\frac{2}{3}\right)$.

두 번째 기계는 5 대 1의 변환을 수행한다$\left(\frac{2}{10}=\frac{1}{5}\right)$.

두 번째 기계는 첫 번째 출력값에 대해 연산하며 $\frac{1}{5}\left(\frac{2}{3}\right)=\frac{2}{15}$, 이 곱셈의 결과 값이 전체 시스템의 인식표가 된다. 즉 전체 시스템은 15 대 2로의 변환을 수행한다.

수학적 용어로 이 시스템을 '**합성**(composition)'이라고 한다. 어떤 연산을 수행하고 나서, 첫 번째 연산의 결과 값에 다른 연산을 수행할 때 연산에 대한 합성, 즉 2개의 연산을 조합한 단일 연산을 수행할 수 있게 된다.

연산자를 이해한다는 것은 단순히 그 구성요소가 아니라 전체 시스템에 이름을 붙일 수 있음을 의미한다. 또한 시스템 인식표와 그 기계 중 하나의 기능을 안다면 다른 기계의 기능을 알 수 있다. 합성은 연속적인 증가와 감소를 포함하는 여러 일상적인 상황에서 자주 발생한다. 백화점에서 할인하는 것이나 복사기에서 축소, 확대 하는 것 등을 예로 들 수 있다. 우리는 항상 첫 번째 연산의 결과를 가지고 두 번

째 연산(증가 또는 감소)을 수행한다.

예 1 어떤 도시에서는 1980년부터 1990년까지 인구가 10% 감소했다. 1990년부터 2000년까지의 다음 인구 조사에서는 경제 회복 덕분에 도시의 인구가 그 전 인구 조사 때보다 10% 증가했다. 1980년도에 비해 2000년도의 인구는 얼마나 되는가?

1980년도 인구	감소	증가
$100\% = \frac{100}{100}$	100의 10%= 10	90의 10%= 9
결과	(1980년도 인구의) 90%	(1980년도 인구의) 99%

이는 10% 감소한 후에 다시 10% 증가하더라도 원래대로 돌아올 수 없음을 의미한다. 2000년도의 인구는 1980년도의 수치로 돌아가지 않는다.

예 2 어제 하나 백화점에서 30% 세일을 했다. 오늘은 이미 할인된 가격의 10%를 더 할인하겠다고 광고하였다. 사람들은 보통 이 백화점이 40% 세일을 한다고 생각한다. 백화점은 이러한 점을 이용하여 광고를 한다. 사람들은 실제보다 더 나은 거래를 했다고 생각한다.

어제 나는 내가 원하는 상품 가격의 70%, 즉 0.7만큼을 지불했다. 오늘은 어제의 가격보다 10% 더 할인한다. 따라서 오늘 같은 물건을 산다고 하면 어제 가격의 0.9만큼을 지불해야 된다. $0.9(0.7) = 0.63$. 즉 63% 가격을 지불했다면, 그것은 $100\% - 63\% = 37\%$ 할인을 받은 것이다.

예 3 당신은 원래의 그림을 80%의 크기로 줄였다. 그런데 20%를 줄이는 것이 아니라 확대했어야만 했다는 것을 알아차렸다. 불행히도 원래 크기의 그림은 없어졌다. 80%로 줄인 복사본을 가지고 원래 그림의 120% 크기인 그림을 만들기 위해서는 어떻게 해야 하는가? 즉 원래 그림의 120% 크기인 그림을 얻기 위해 80% 크기로 줄인 그림을 어떻게 연산할 수 있는가?

$$(\quad) \cdot \frac{4}{5} = \frac{6}{5}$$

연산자를 축소되는 부분과 확대되는 부분으로 구분할 수 있으며, 연산을 따로따로 할 수 있음을 기억해보자. 먼저 분모를 살펴보자. 어떤 수의 5배가 5가 되는가?

$$\left(\frac{}{1}\right) \cdot \frac{4}{5} = \frac{6}{5}$$

이제 분자를 보자. 어떤 수의 4배가 6이 되는가? $4 \cdot \frac{6}{4} = 6$이므로

$$\left(\frac{\frac{6}{4}}{1}\right) \cdot \frac{4}{5} = \frac{6}{5}.$$

연산자는 $\frac{6}{4} = 1\frac{1}{2}$이다.

따라서 복사기에 그림을 놓고 그것을 150%로 확대해야 한다.

이번 장의 처음 부분에 학생들이 풀었던 복사기 문제는 축소와 확대 함수의 합성을 수반한다. 우리는 위의 예를 통해서 축소와 확대가 덧셈적인 과정이라기보다는 곱셈적인 과정이라는 점을 확인할 수 있었다. 많은 학생들에게서 전형적으로 나타나는 엘리엇의 해결법은 덧셈적인 방법이다. 그는 그림을 축소하는 것을 그 크기에서 무인가를 빼는 것이라고 생각했고, 확대하기 위해서 25%를 더했다. 그가 컴퓨터의 크기 조절을 125%로 했을 때 그 컴퓨터는 원래 크기의 $\frac{3}{4} \cdot \frac{5}{4} = \frac{15}{16}$ 정도 크기의 그림을 만들어냈다. 브릿지는 매우 근접하게 구했다. 그녀는 $\frac{3}{4}$ 크기의 그림을 400%로 확대한 후에 그것을 $\frac{1}{3}$ 크기로 줄여야 한다고 제안했다. 그녀가 400%를 입력하였을 때, 컴퓨터는 원래 그림 크기의 3배가 되는 그림을 만들었고, 33%를 입력하였였을 때 그녀는 원래 크기의 $\frac{99}{100}$만큼이 되는 그림을 가졌다. 이 작은 불일치는 $\frac{1}{3}$에 해당하는 퍼센트를 정확하게 사용하지 못했기 때문에 발생한 것이다($33\frac{1}{3}$ 또는 33.33%). 스텔라는 더 정확한 수치인 133.33%를 입력했으며 컴퓨터는 원래 그림과 실제로 비슷한 그림을 만들어냈다.

이 문제는 원본 축소의 '원상 복구 문제'라고 불린다. $\frac{3}{4}$을 곱하는 것의 반대 과정은 $\frac{4}{3}$를 곱하는 것이다. $\frac{3}{4} \cdot \frac{4}{3} = 1$이라는 것에 주목하자. $\frac{4}{3}$를 곱하는 것의 의미는 $\frac{3}{4}$을 곱하는 것의 반대 과정이므로, 단위인 전체 크기의 그림으로 되돌릴 수 있다.

$$\frac{4}{3} = 1\frac{1}{3} = 133.33\%$$

9.4 곱셈에 대한 넓이 모델 »

연산의 합성은 매우 자연스럽게 분수의 곱셈으로 이어진다. 예를 들면 $\frac{2}{3}\left(\frac{3}{4}\right)$의

의미는 '단위 넓이의 $\frac{3}{4}$의 $\frac{2}{3}$를 가진다'이고 이것은 '넓이의 $\frac{6}{12}$ 또는 $\frac{1}{2}$'을 취하는 것과 동치이다. 넓이 모델은 합성을 이용하는 편리한 방법이다.

예 1 $\frac{2}{3} \cdot \frac{3}{4}$을 구하시오.

다음 그림을 단위 넓이로 표현하고

$\frac{3}{4}$을 색칠하자.

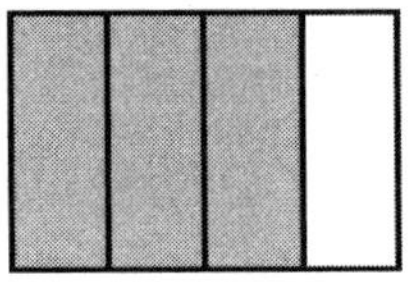

이제 연산자 '~의 $\frac{2}{3}$'는 연산자 '~의 $\frac{3}{4}$'을 적용한 결과 값에 의해 연산될 것이다. 즉, '1의 $\frac{3}{4}$'에 $\frac{2}{3}$를 취할 것이다. 우리는 첫 번째 연산자를 표현하기 위해 수직으로 4등분하였다. 이제 넓이를 3등분하기 위하여 수평으로 선을 그어보자. 처음 색칠한 것의 $\frac{2}{3}$를 색칠하자.

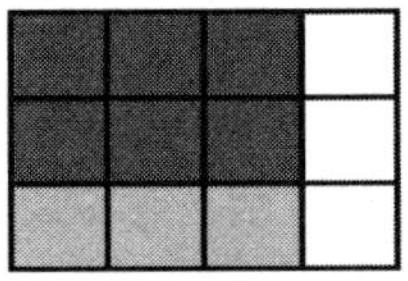

단위 넓이가 12개의 작은 직사각형으로 구성되었기 때문에 두 번 색칠된 부분이 $\frac{6}{12}$이 된다는 점에 주목하자. 만약 두 번 칠해진 조각을 시각적으로 재배열한다면 이 결과를 다시 이름 붙일 방법을 확인할 수 있을 것이다. 다음 그림과 같이 두 조각을 화살표 방향으로 옮기면 결과는 $\frac{1}{2}$로 읽을 수 있다.

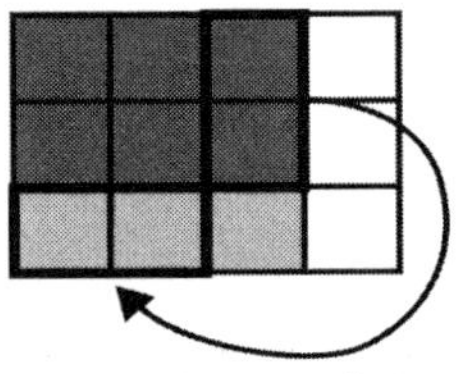

예 2 $2\frac{1}{3}\times\frac{1}{2}$을 구하시오.

다음 그림을 1이라고 하면

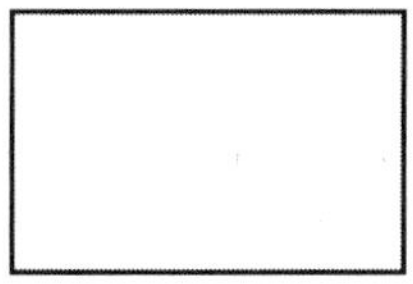

1의 $2\frac{1}{3}$은

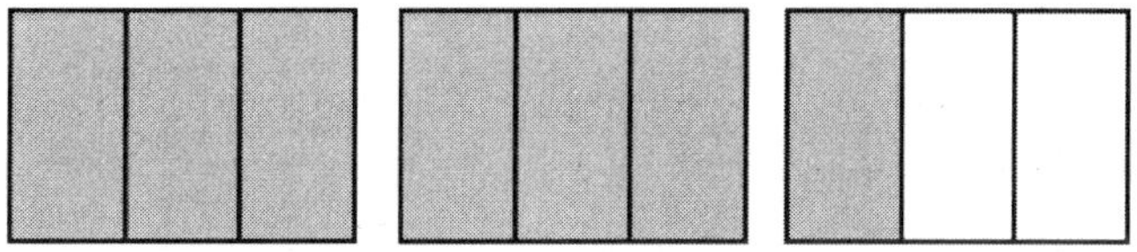

이다. 이제 '1의 $2\frac{1}{3}$'의 $\frac{1}{2}$을 칠하자.

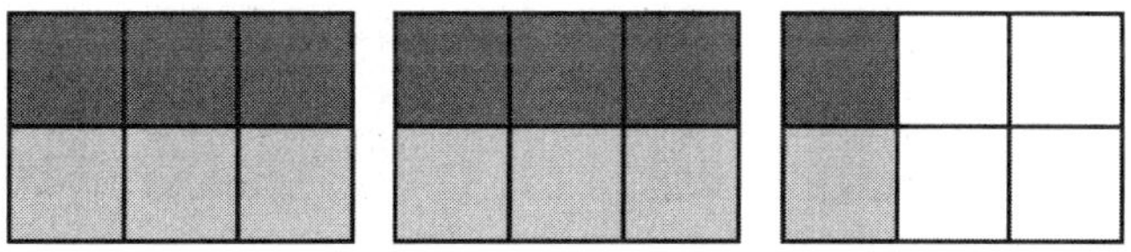

단위 넓이는 6개의 사각형인데 우리는 7개의 사각형을 중복 색칠했다. 즉, 결과는 $\frac{7}{6}$이다. 중복 색칠된 조각은 시각적으로 대분수가 만들어진 것으로 생각할 수 있다. 시각적으로 다음과 같이 위치를 옮겨보자.

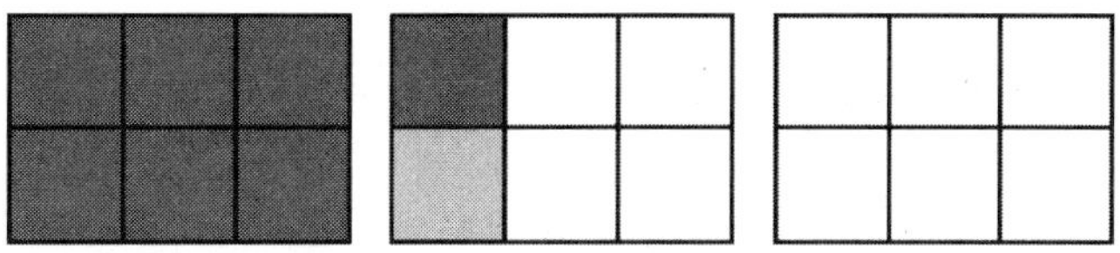

그러면 단위 넓이의 $1\frac{1}{6}$을 볼 수 있다.

이 모델은 좋은 모델이지만 한계가 있다. 이 모델은 대분수와 대분수의 곱셈을 할 때 활용할 수 없다. (학생들이 활용하기에는 너무 어렵다.)

예 3 $2\frac{1}{2}\cdot 3\frac{1}{4}$을 구하시오.

우리는 $1\frac{1}{2}$이 3개 더 필요하므로 4개의 복사물로 시작하자.

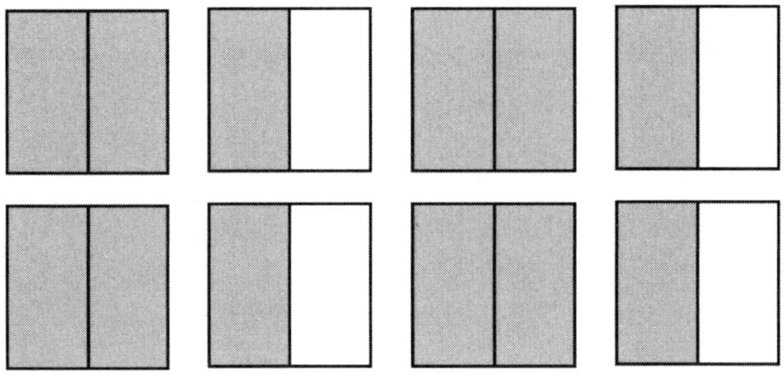

이제 $3\frac{1}{4}$을 색칠하자.

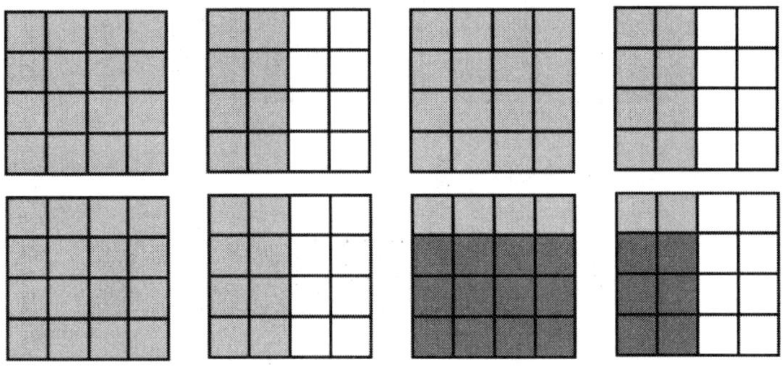

16개의 사각형으로 나누어진 단위 넓이의 78개 부분이 중복 색칠되었다. 따라서 우리는 $\frac{78}{16}$을 얻게 되고 시각적으로 다시 그룹 지으면 $4\frac{7}{8}$을 볼 수 있게 된다.

9.5 나눗셈에 대한 넓이 모델 »

나눗셈 또한 두 연산자의 합성으로 해석될 수 있으며 넓이 모델을 활용해 모델링할 수 있다.

예 1 $\frac{3}{4} \div \frac{2}{3}$를 구하시오.

이 나눗셈은 $\frac{3}{4}$ 안에 $\frac{2}{3}$가 몇 번 있는지에 대한 답을 준다.

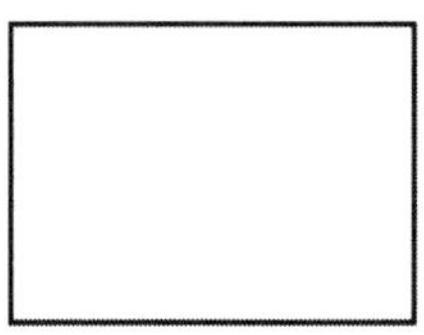

을 단위 넓이로 두고 이것의 $\frac{3}{4}$을 색칠해보자.

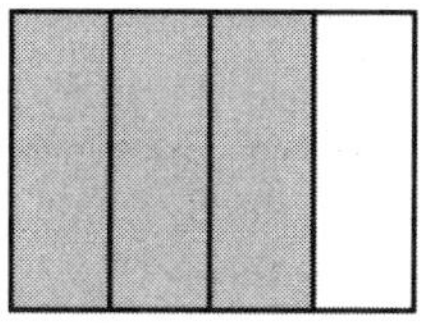

가로 선을 그어 단위 넓이를 가로로 삼등분하자.

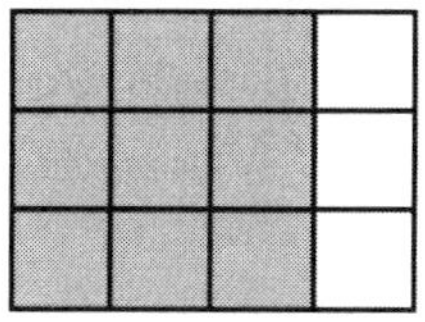

1의 $\frac{2}{3}$는 얼마인가? 이것이 정사각형 8개의 넓이라는 점에 주목하자.
따라서 이 나눗셈 문제는 다음 질문과 같은 의미라고 할 수 있다. $\frac{3}{4}$으로 표현된 넓이에서 $\frac{2}{3}$(또는 8개의 작은 사각형)를 몇 번 측정할 수 있는가?

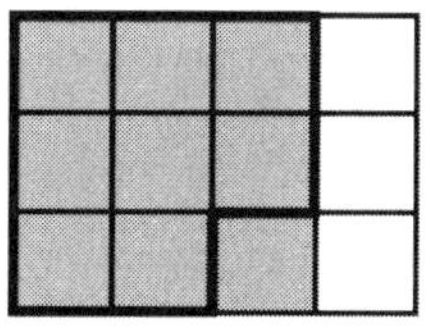

$\frac{3}{4}$ 넓이에서 $\frac{2}{3}$는 한 번 측정되고 8개의 작은 직사각형 중 작은 사각형 1개를 가지게 된다. 따라서 답은 $1\frac{1}{8}$번이다.
단위 넓이는 $\frac{3}{4}$과 $\frac{2}{3}$에 해당하는 넓이를 결정하기 위해 사용되었지만 제수인 $\frac{2}{3}$가 측정의 새로운 단위가 되며 우리는 새로운 제수 단위의 부분으로써 나머지를 쓴다.

예 2 $\frac{5}{7} \div \frac{1}{3}$을 구하시오.

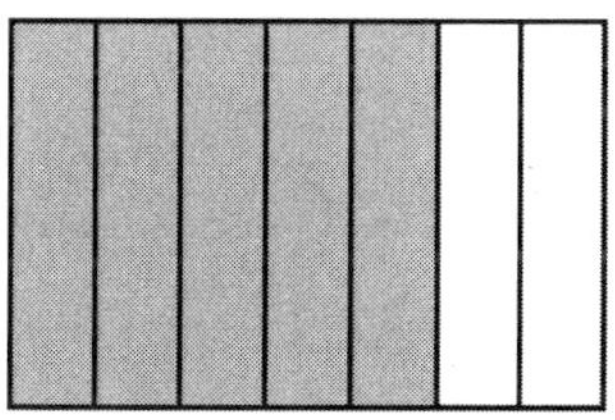

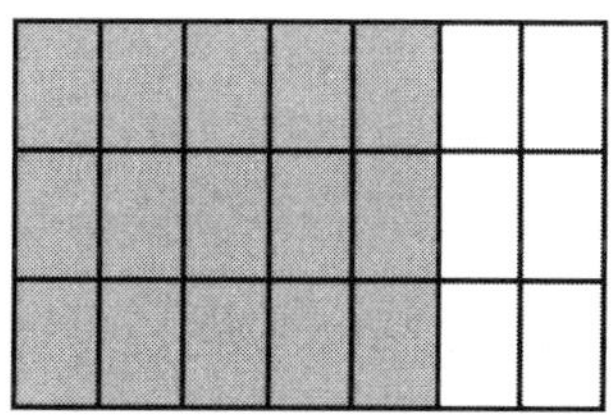

$\frac{1}{3}$은 7개의 작은 직사각형과 같은 값이다. 따라서 다음과 같이 질문할 수 있

다. $\frac{5}{7}$(색칠된 부분)에 $\frac{1}{3}$(작은 직사각형 7개)이 몇 번 들어가는가?

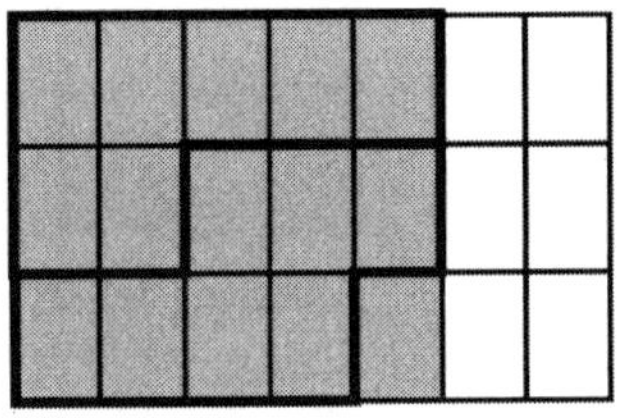

우리는 두 번하고 작은 직사각형 1개(작은 직사각형 7개 중의)가 남았음을 알 수 있다. 따라서 우리는 $2\frac{1}{7}$을 얻는다.

9.6 합성과 종이 접기 »

종이 접기 활동으로도 합성을 설명할 수 있다.

11인치 종이의 $8\frac{1}{2}$인치를 단위로 잡자. 단위 넓이는 이 종이의 넓이가 된다. 한꺼번에 $8\frac{1}{2}$인치의 모서리를 옮겨서 종이를 반으로 접어 보자. 여러분은 1의 $\frac{1}{2}$이라는 결과 값을 가지게 된다. 이는 다음과 같은 방법으로 쓸 수 있다.

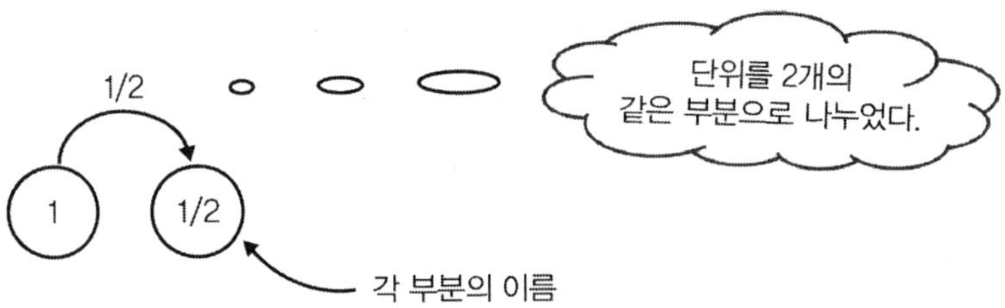

이제 다시 반을 접어라. 두 번째 접었을 때 여러분은 '1의 $\frac{1}{2}$'의 $\frac{1}{2}$을 가진다. 당신은 단위 넓이의 반을 똑같이 두 부분으로 나누었다. 지금 각 부분은 $\frac{1}{4}$이다.

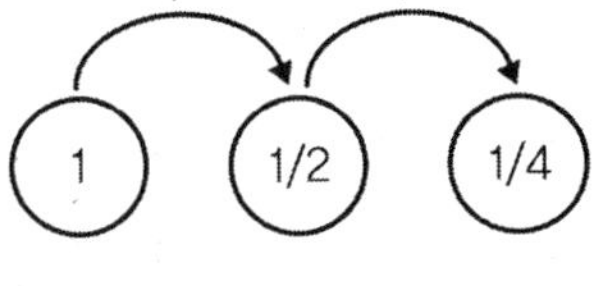

여러분이 마주한 직사각형을 색칠해보자. 이제 종이를 펼치고 몇 부분이 색칠되어 있는지 확인해보면 칠해진 부분이 $\frac{1}{4}$임을 알 수 있을 것이다.

$$'1\text{의 } \frac{1}{2}'\text{의 } \frac{1}{2} = \frac{1}{4}$$

예 연산 '$\frac{2}{3}$의 $\frac{1}{4}$'을 위해 종이 접기를 활용해보자.

먼저 종이를 3등분으로 접는다. (종이를 S 모양으로 구부리고 끝을 맞추어 보자.) 종이를 펼쳐 $\frac{2}{3}$만큼을 색칠하고 다음 그림처럼 색칠된 부분이 앞으로 오게 다시 접어보자.

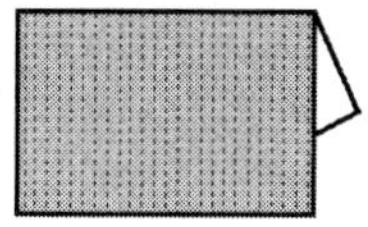

그러면 다음 연산을 한 것이다.

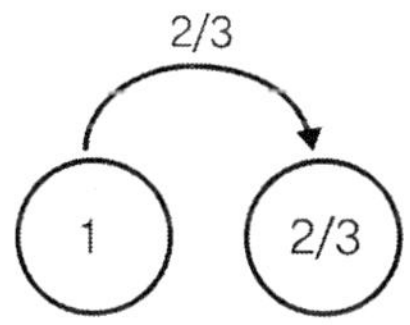

이제 종이를 4등분 해보자. 다른 색으로 앞쪽에 보이는 넓이를 색칠하자. 종이를 펼치고 색칠된 부분이 단위 넓이의 몇 부분인지 확인해보자.

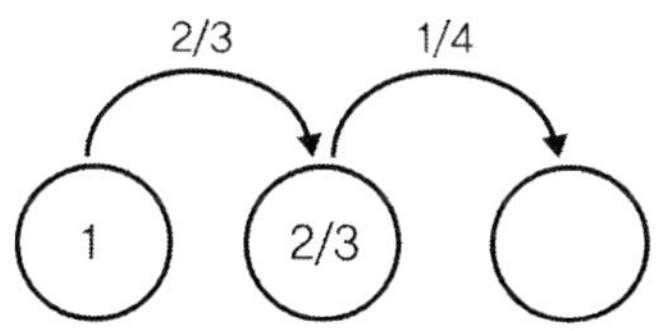

그것이 $\frac{2}{12}$임을 확인할 수 있을 것이다.

종이 접기는 합성이 이전 행동의 결과 값에 대해 수행하는 행동의 2차 결과임을 설명해주는 규칙이라는 것을 이해할 수 있게 해준다. 또한 종이 접기는 분수 곱셈의 이해에 기초가 되며 분수를 곱하는 것은 항상 더 큰 수가 나오는 것이 아님을 증명하는데 특히 효과적이다. 예를 들면 $\frac{2}{3}$의 $\frac{1}{4}$을 가지는 것이 $\frac{2}{3}$보다 크지는 않다는 점이 학생들에게 꽤 분명해진다. 화살표 기호는 학생들이 과정을 기록할 수 있게 해주며 쓰여진 기록은 학생들이 분수의 곱셈 알고리즘을 빠르게 확인할 수 있도록 해준다.

9.7 연산자 이해하기 »

학생이 연산자로서의 유리수를 이해했다는 것은 다음을 의미한다.

1. 분수의 곱셈을 다양한 방법으로 해석할 수 있다.
   ① $\frac{3}{4}$은 3×(한 단위의 $\frac{1}{4}$)을 의미한다.
   ② $\frac{3}{4}$은 '단위의 3배'의 $\frac{1}{4}$을 의미한다.
2. 두 가지 연산(곱셈과 나눗셈)이 한 연산의 결과 값에 대한 다른 연산으로 수행될 때 이 합성 연산을 하나의 함수로 이름 붙일 수 있다.
   ① 단위에 $\frac{3}{4}$ 곱하기
   ② 단위를 4로 나누고 그 결과 값에 3을 곱하는 것은 단위에 $\frac{3}{4}$을 곱하는 것과 같다.
3. 연산자의 효과를 확인할 수 있고 입력과 출력에 관련된 규칙을 말할 수 있다.
   ① 입력값 9와 출력값 15는 $\frac{15}{9}$로 기호화되는 9 대 15라는 연산자의 결과이다.
   ② 출력값은 입력값의 $\frac{15}{9}$이다.
4. 합성의 합성이 되는 단위 합성을 확인하기 위해 모델을 활용할 수 있다.

$$\text{'단위의 } \frac{3}{4}\text{'의 } \frac{2}{3} = \text{단위의 } \frac{1}{2}$$

활동

01 어떤 것에 $\frac{3}{4}$을 곱한 결과에 $\frac{1}{3}$을 곱하는 것은 원래 양에 ________을 곱하는 것과 같다.

02 우리 회사에는 5개의 시스템이 있다. 각각의 시스템은 2개의 서로 다른 기계가 연결되어 있어서 하나의 기계에서 나온 결과물이 다음 기계에 바로 입력된다. 우리는 각 시스템에 이름을 붙이길 원한다. 정보를 활용하여 각 시스템에 이름을 붙이시오.

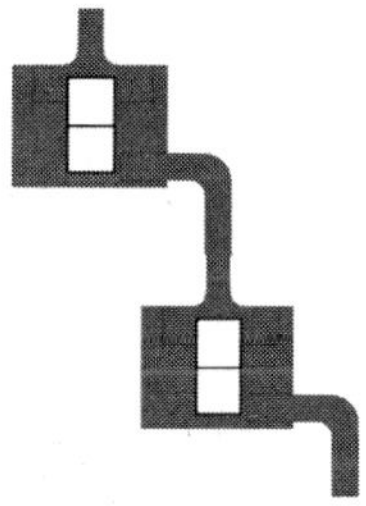

시스템	입력	기계 1	결과	기계 2	결과	시스템 이름
1	15	5에 대하여 2		2에 대하여 5		
2	20	5에 대하여 2		4에 대하여 1		
3	2	1에 대하여 3		2에 대하여 3		
4	9	3에 대하여 2		1에 대하여 4		
5	24	4에 대하여 3		3에 대하여 2		

03 다음 기계에 대해 빠진 정보를 채워 넣으시오.

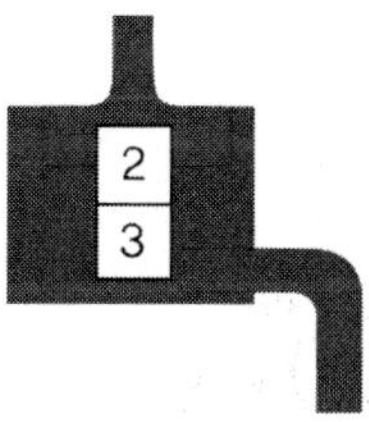

입력	결과
12	
	12
9	
	4
1	

04 어느 한 학교에서 교사의 $\frac{5}{9}$가 여자이고 남자인 교사의 $\frac{3}{8}$은 미혼이며 미혼인 남자 교사의 $\frac{1}{3}$은 50세 이상이다. 50세 미만의 미혼인 남자 교사는 전체 교사의 얼마인가?

05 다음의 각 그림은 연산의 결과를 보여준다. 연산자는 무엇인가? 연산자를 보여주는 진술을 완성하여 쓰시오.

$$(\text{연산자}) \cdot (x) = (y)$$

(1) 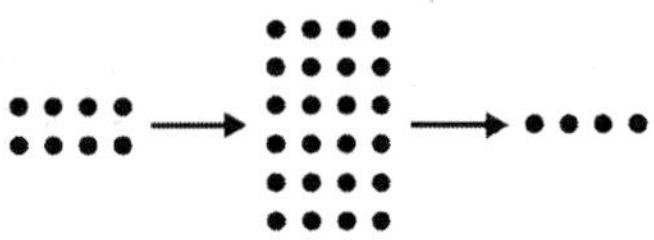

(2) 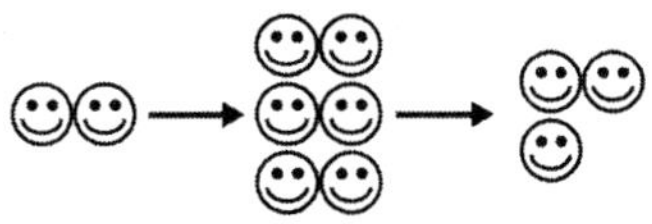

(3) 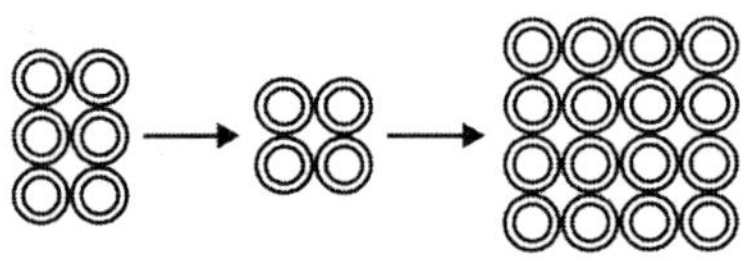

06 그림을 활용하여 점 9개의 $\frac{2}{3}$만큼을 가져갈 수 있는 서로 다른 두 가지 방법을 보이시오.

07 다음 기계들은 서로 다른 기능을 수행하는가? 각 기계의 라벨에 이름을 붙이시오.

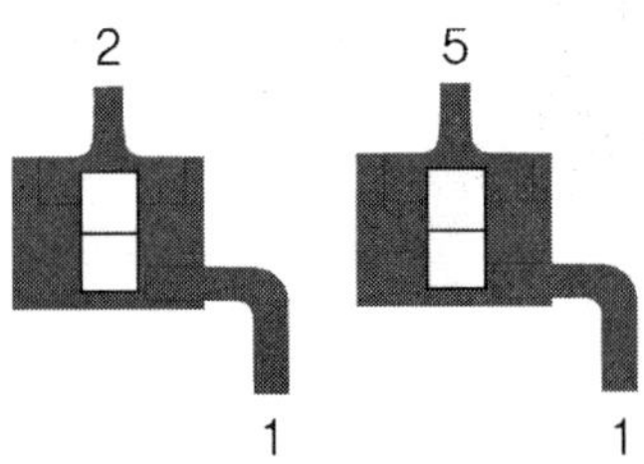

08 각 모델에 기초하여 완성한 곱셈 진술($a \cdot b = c$)을 쓰시오.

(1) 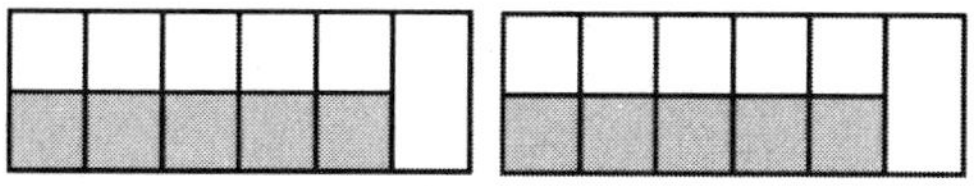

(2) 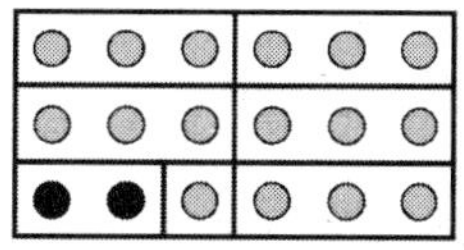

(3) 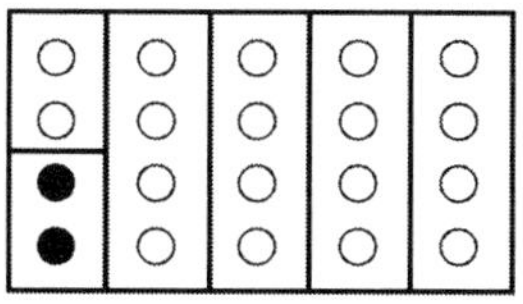

(4) 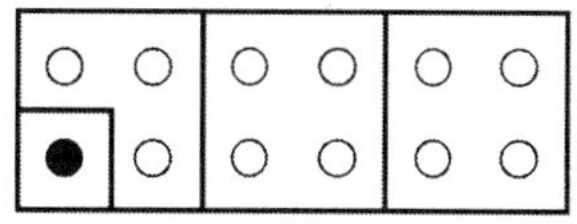

09 $\frac{1}{2}$의 $\frac{1}{3}$의 $\frac{1}{4}$이 무엇인지 아는가? 그것을 색칠하시오. 전체 넓이를 만들기 위해 얼마나 많은 조각이 필요한가? $\frac{1}{4} \cdot \frac{1}{3} \cdot \frac{1}{2}$의 이름을 쓰시오.

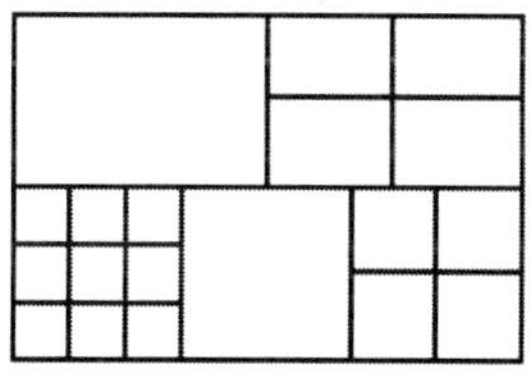

10 색칠된 부분의 이름을 분수로 쓰시오.

(1) 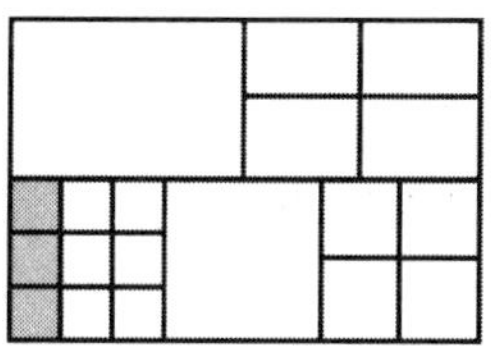

(2) 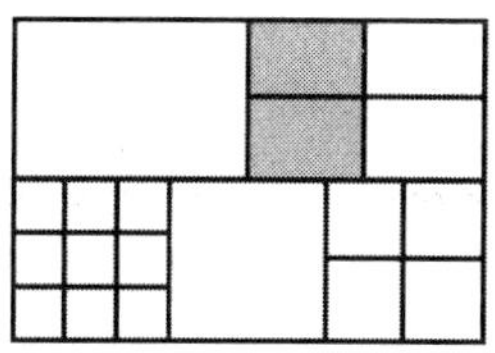

(3) 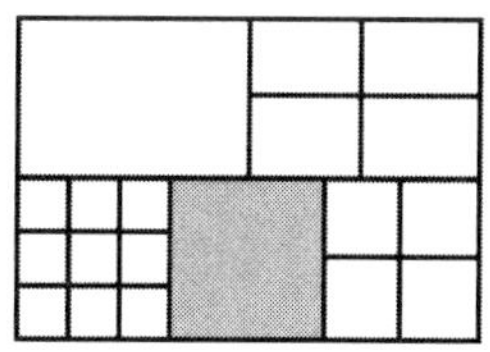

11 넓이 모델을 활용하여 다음 곱셈을 해결하시오.

(1) $\frac{3}{4} \times \frac{1}{2}$

(2) $1\frac{1}{3} \times \frac{3}{5}$

(3) $1\frac{1}{2} \times \frac{1}{3}$

12 넓이 모델을 활용하여 다음 나눗셈을 해결하시오.

(1) $\frac{3}{5} \div \frac{1}{3}$ (2) $\frac{2}{3} \div \frac{5}{8}$

(3) $1\frac{3}{4} \div \frac{2}{5}$ (4) $1\frac{5}{6} \div 1\frac{1}{3}$

13 이스라엘의 새 통화 1세켈(ILS)은 0.2239달러와 같다. 50달러는 몇 세켈인가?

14 남아프리카 공화국의 화폐 1랜드는 오늘 0.161달러로 바꿀 수 있다. 50랜드를 가지려면 몇 달러가 있어야 하는가?

15 다음 그림과 같이 16명의 아이들 있다면 남자의 수와 여자의 수는 얼마인가?

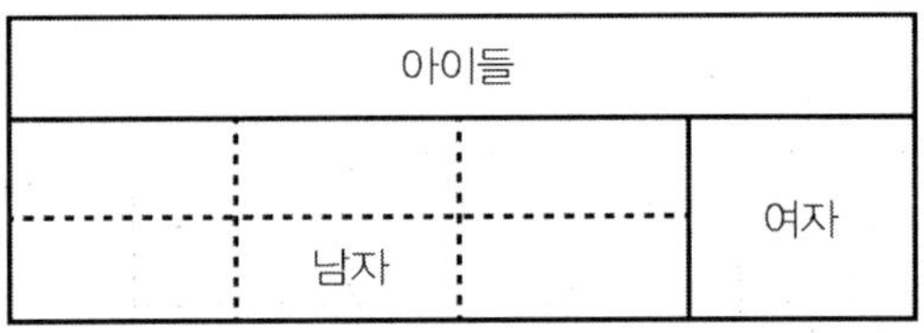

16 삼촌이 휴가 때 찍은 사진을 원래 사진의 360% 확대한 포스터로 만들어 주었다. 이것이 너무 흐릿해서 원래 사진 크기의 220% 정도로만 확대하기로 했다. 그것을 줄이기 위해 복사 가게를 찾아갔다. 현재 크기에서 몇 퍼센트를 줄여 달라고 해야 하는가?

17 입출력 기계를 활용하여 각 단위를 변환하시오.

(1) 250밀리미터 = ________ 센티미터

(2) 224온스 = _______파운드

(3) 65분 = _______초

(4) 22갤런 = ______쿼트

(5) 280센티미터 = _______미터

18 사진의 표준 사이즈는 4×6, 5×7, 그리고 8×10이다. 복사기는 4×6 사이즈 사진을 다른 표준 사이즈 중 하나로 확대할 수 있는가? 없는가? 어떻게 알 수 있는지 보이시오.

19 8×10 사이즈 사진을 줄이면 나올 수 있는 크기를 몇 가지 말하시오.

20 나는 어제 원래 65달러인 블라우스를 사면서 15달러를 아낄 수 있었다. 내 동생이 오늘 같은 가게에서 똑같은 블라우스를 어제 가격의 10% 할인된 가격으로 샀다. 그녀는 얼마나 돈을 아낀 것인가?

21 다음과 같이 특정 수량으로부터 연속적인 증가와 감소를 수행한다. 첫 번째 행동의 결과에 대해서 또 다른 증가나 감소의 행동을 수행한다. 원래 양의 몇 퍼센트가 결과로 나오는가?

(1) 15% 증가시킨 후에 10% 감소시켰다.

(2) 10% 감소시킨 후에 10% 증가시켰다.

(3) 60% 증가시킨 후에 50% 감소시켰다.

(4) 50% 감소시킨 후에 20% 증가시켰다.

(5) 25% 증가시킨 후에 30% 감소시켰다.

22 단위 넓이를 6등분하여 접고 $\frac{5}{6}$를 색칠하시오. 다른 단위 넓이를 9등분하여 접고 $\frac{4}{9}$를 색칠하시오. 두 단위 넓이를 펼쳐서 분모가 같아질 때까지 각 단위 넓이를 접는 과정을 반복하시오.
새로운 분모의 관점에서 $\frac{5}{6}$와 $\frac{4}{9}$를 다시 이름 붙여 보시오.

23 종이 접기를 활용해서 다음 합성을 하시오. 각각 서로 다른 수의 단계를 가지고 있는 2개 이상의 또 다른 합성을 나타내는 표현을 써보시오.

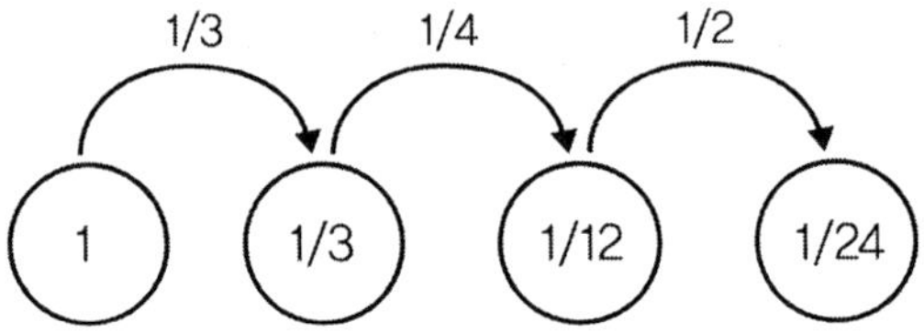

24 각 문제에서 연산자를 찾고 문제를 풀으시오.

(1) 메니와 페니는 초콜릿 바 $1\frac{1}{3}$개를 도넛 6개로 바꾸는 것이 공평하다고 생각했다. 만약 메니가 페니에게 초콜릿 바 6개를 준다면 페니는 메니에게 도넛을 얼마나 주어야 하는가?

(2) 메니와 페니는 탄산수 6병을 피자의 $\frac{2}{3}$개로 바꾸는 것이 공평하다고 생각했다. 만약 페니가 메니에게 탄산수 21병을 준다면 메니는 페니에게 피자를 얼마나 주어야 하는가?

(3) 메니와 페니는 땅콩 10개를 초콜릿 바 $\frac{1}{4}$개로 바꾸는 것이 공평하다고 생각했다. 만약 메니가 페니에게 초콜릿 바 3개를 준다면 페니는 메니에게 땅콩을 얼마나 주어야 하는가?

(4) 메니와 페니는 복숭아 파이 2개를 사과 파이 5개로 바꾸는 것이 공평하다고 생각했다. 만약 페니가 메니에게 사과 파이 6개를 준다면 메니는 페니에게 복숭아 파이를 얼마나 주어야 하는가?

25 당신은 원래 크기의 반으로 줄인 사진을 가지고 있다. 이 사진을 가지고 원래 크기보다 20% 확대한 사진을 만들기 위해서는 복사기를 몇 %로 설정해야 하는가?

26 어제 브레들리 가게에서 모든 겨울 코트 가격을 30% 할인한다고 광고했다. 오늘 그들은 25% 추가해서 할인하겠다고 광고했다. 만약 당신이 오늘 코트를 산다면 정가의 몇 %를 할인 받을 수 있는가?

제10장 측정으로서의 분수

학생 전략: 6학년

학생들에게 다음과 같은 수직선을 보여준 뒤, 수직선 위의 점이 몇을 나타내는지 알 수 있도록 연속 분할을 하게 했다. 이 문제를 직접 풀어보고, 그 결과를 학생들이 푼 것과 비교하시오.

알렌	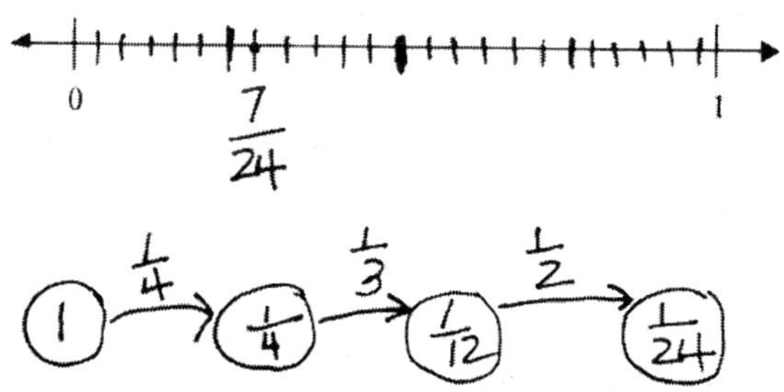
페이지	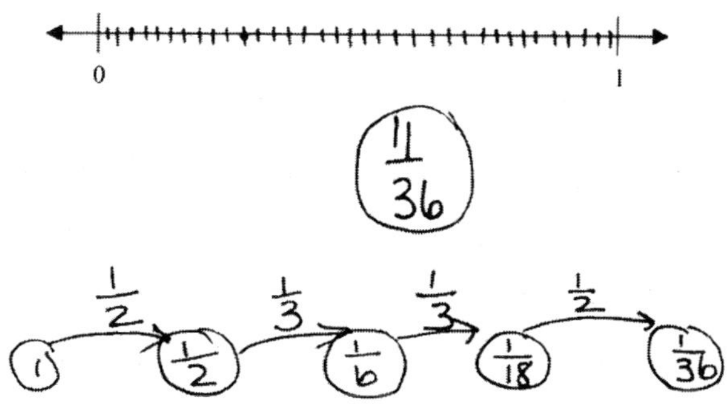

10.1 거리의 측정 »

유리수는 어떤 단위에 따라 0으로부터 특정한(certain) 점까지의 유도된(directed) 거리를 측정한다. (유리수는 온도계처럼 음수가 될 수 있기 때문에 '유도된'이라고 말하고자 한다. 그리고 수직선 위에 0부터 시작해서 유리수로는 측정할 수 없는 거리가 있기 때문에 '특정한' 점이라고 말하고자 한다.) 유리수는 이런 점과 관련되어 있고, 이는 사실 거리를 측정한 것이지만, 우리는 그것들을 마치 점인 것처럼 말한다. 이런 주의할 점들을 고려한다면 유리수를 수직선 위의 점으로 여길 수 있으며 우리는 여기서 양의 유리수로 한정하도록 하자.

측정의 해석과 관련해서 1차원 혹은 2차원 모델의 사용 여부에 따라, 분수는 몇 가지 간격 또는 넓이들에 대한 측정이 된다. 1차원 공간에서 분수는 수직선 위에 있는 0부터 특정한 점 사이의 거리를 측정한다. 일반적으로 수직선 위에서를 말한다면 단위는 길이 간격(l)이 된다. 2차원 공간에서 분수는 넓이가 된다. 예를 들어 길이의 간격 l을 같은 크기의 하위 간격이 b개가 될 때까지 분할할 때 각각의 하위 간격은 $\frac{1}{b}$만큼의 거리가 된다. 이 경우 분수에 대한 측정의 해석과 관련하여 $\frac{a}{b}$는 길이 $\frac{1}{b}$의 a 간격을 의미한다.

10.2 정적 측정과 동적 측정 »

측정의 단위는 좀 더 세분화된 하위 단위로 나누어질 수 있으며 필요하다면 좀 더 정확하게 읽을 수도 있다. 수직선, 눈금이 새겨진 비커, 자, 야드 자(yard stick), 미터 자(meter stick), 계량컵, 눈금판, 온도계 등에서 단위의 하위 분할이 표시되어 있다. 이런 측정 도구에 있는 표시는 일반적으로 사용하기에는 충분히 정확하다. 하지만 측정하고자 하는 물체의 크기가 표시에 정확하게 부합하지 않는다고 해서 우리가 측정할 수 없는 것은 아니다. 우리는 분수를 가지고 어떤 물체의 크기라도 측정할 수 있다. 예를 들어 미터법이 적용되지 않는다면 우리는 데시미터로 나눌 수 있다. 데시미터가 적용되지 않는다면 센티미터, 밀리미터 등으로 더 세부적으로 나눌 수 있다.

분수를 측정으로서 이야기할 때 우리는 단위를 연속적으로 나누는 데 초점을 둔다. 분할이라는 것은 분명 우리가 논의해왔던 다른 모델이나 해석에서도 중요한 역할을 해왔지만 여기에는 차이점이 있다. 교과서 활동에서는 포착하지 못하는 동적인 측면의 측정이 그것이다. 단위 안에 있는 고정된 부분의 수를 당신이 가지고 있는 부분의 수와 비교하지 말자. 단위 안에 있는 부분의 수는 여러 방법으로 나누어질 수 있으며 얼마나 분할 과정에 지속적인 참여를 했는지에 따라 분수의 크기를 명명할 수 있다.

예 1 $\frac{3}{4}$을 다음 수직선 위에 표시하시오.

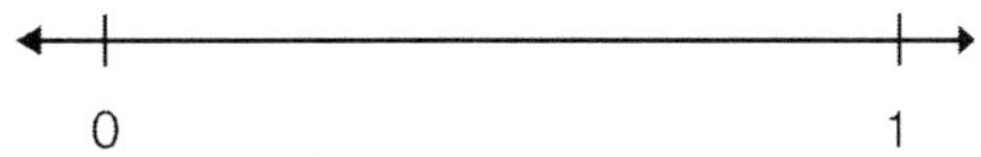

이 문제는 명목상으로는 측정 문제이지만 본질적으로는 학생들에게 피자의 $\frac{3}{4}$만큼을 색칠해보라고 하는 문제와 비슷하다. 학생들은 같은 크기의 하위 간격 4개를 만들고 세 번째 하위 간격의 끝에 표시하라는 설명을 듣게 된다.

예 2 거북이는 출발점으로부터 얼마나 떨어져 있는가?

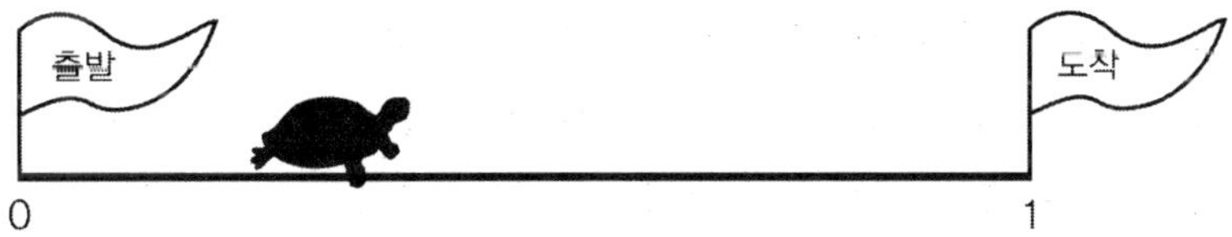

이 문제는 학생들에게 거북이의 위치에 대해 묻는 질문이다. 이는 학생들이 연속 분할을 할 수 있게 만들며 그러한 표시들 중 하나가 거북이의 위치가 될 때, 그 위치를 거북이의 위치로 이름 지을 수 있다.

학생들은 종종 연속 분할 활동에 참여할 때 당황해하면서 자신이 얼마나 많은 하위 분할을 했는지 잊어버리곤 한다. 이에 대한 대안으로 화살표 표기(이전에 종이접기에서 사용되었던)를 사용하는 것이 같은 크기의 부분들의 수(각각의 하위 간격들이 분할됨)와 새로운 하위 간격의 결과가 되는 이름을 기록하는 데 도움이 된다.

예 2 $\frac{17}{24}$을 주어진 수직선 위에 표시하시오.

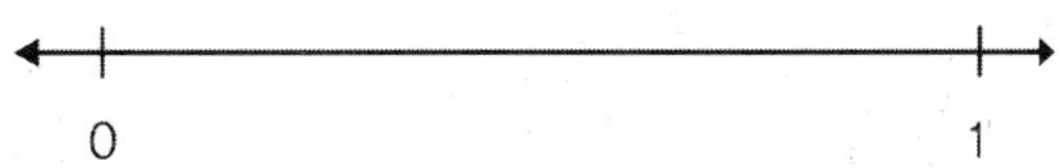

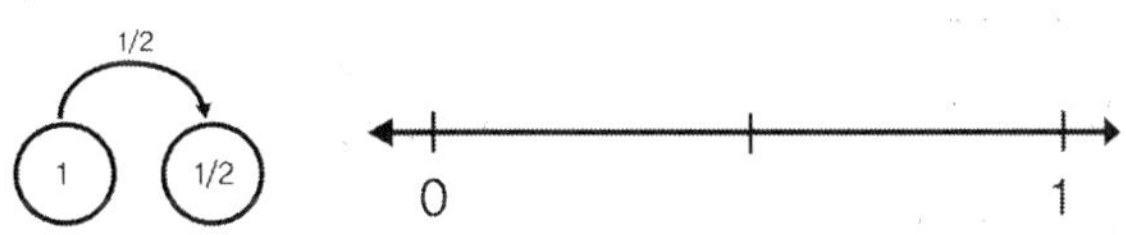

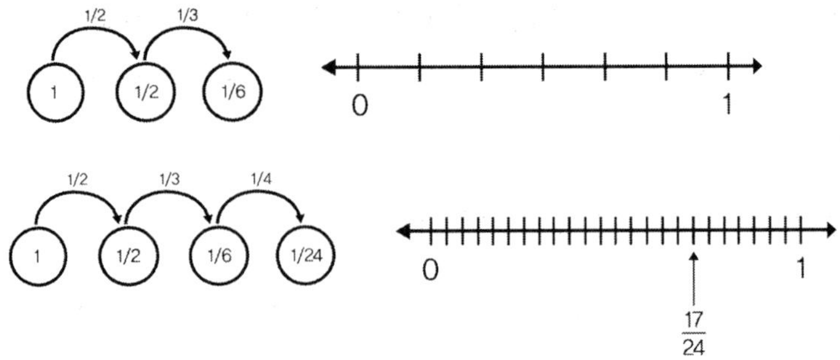

10.3 연속 분할의 목표 »

연속 분할을 요구하는 문제를 만드는 것은 쉽다. 예를 들어 길이가 10cm인 단위 부분을 그리고 29mm에 점을 표시하되 학생들에게는 이 측정값을 밝히지 않는다. 후에 이 정보는 실제 측정에서 학생들이 얼마나 가깝게 말했는지 알게 해주는 피드백의 역할을 할 수 있다. 0.29에 얼마나 가까운지 알아보려면 분수를 나누면 된다.

이 활동의 목표 중 하나는 학생들에게 분할된 수를 서로 연결하는 방법을 가르치는 것과 단위와 $\frac{1}{2}$을 비교하는 활동을 통해 그들이 어디에 위치해 있는지에 대한 감각을 익히는 데 있다. 이 목표에 학생들을 집중시키고 분할 과정을 좀 더 사색적으로 만들려면 각각의 분할 과정의 단계마다 스스로 그 위치에 대해 말하게 하는 것이 도움이 될 수 있다. 거북이 문제에 대한 밥의 풀이는 이러한 언급을 표현한 것이다.

밥

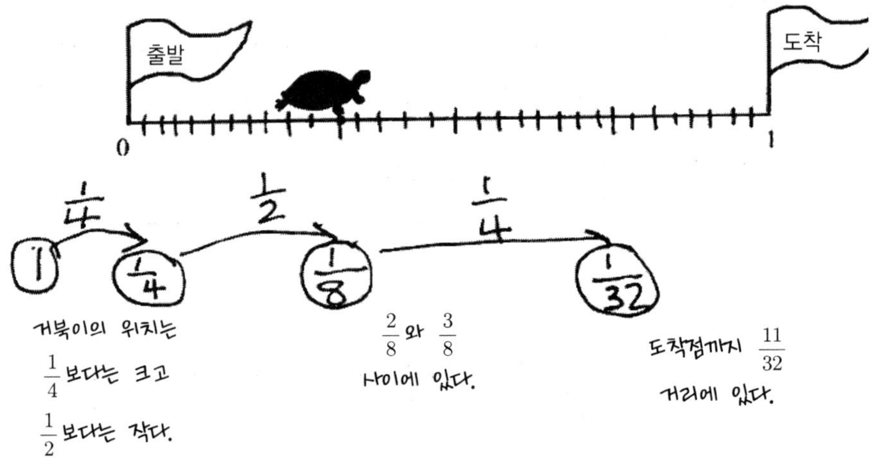

시작점으로부터 그 거북이의 실제 거리는 100mm 중 33.5, 즉 0.335만큼이다. 밥의 분수는 그가 매우 근접했음을 보여준다. $\frac{11}{32}$은 0.34375이다.

처음 학생들의 '같은 크기 분할'은 실제로는 같은 크기로 보이지 않지만 학생들이 계속 연습한다면 좀 더 정확하게 분할할 수 있게 될 것이다. 학생들은 스스로 실제 측정값과 가장 비슷한 값을 말하는 게임을 만들었다. 초기에 모든 하위 분할이 실제 같은 크기가 아니라는 점을 문제 삼아서는 안된다. 3학년 학생이 $\frac{3}{4}$에 대하여 다음과 같이 그리는 것은 괜찮다.

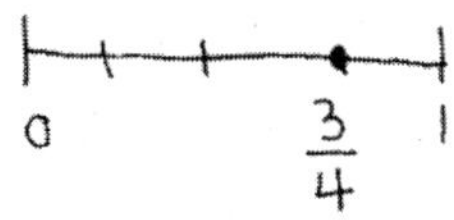

이런 생각이 중요하다. 비슷하게 우리는 연속 분할에서 수직선 위의 분할된 분수의 상대직 위치를 경험하게 하는 데 조점을 맞추어야 한다. 정확도는 곧 나타난다.

이 장의 초반에 보여준 학생들의 풀이는 연속 분할 문제에서 사람들이 실수하는 과정과 개인적인 선호의 문제에서 어떤 일이 일어나는지 설명해준다. 실제 분수는 대략 89mm 중 25mm, 즉 $\frac{25}{89}$ 또는 0.28이다. 두 학생 모두 근접했다. 알렌의 분수는 대략 0.29였고, 페이지의 분수는 0.30이었다. 둘 다 괜찮게 풀었다. 두 학생 모두 서로 다른 방법으로 분할 과정을 수행하는 법을 선택했고 서로 다른 길이의 하위 간격으로 나타냈다. 그럼에도 불구하고 둘 다 그 과정을 정확하게 수행했으며 그 분수에 정확하게 이름을 붙였다.

10.4 측정으로서의 분수에 대한 이해 »

측정으로서의 분수에 대한 경험은 수직선 위의 무한한 정지된 점들 사이를 동적으로 움직이게 만들며 학생들에게 유리수의 밀도에 대한 감각과 유리수의 순서, 상대적인 크기에 대한 감각 그리고 측정에서의 정확성에 대한 풍부한 기초적인 이해를 쌓는 데 도움을 준다. 즉, 분수를 자유롭게 활용하는 과정에서 이러한 유동성, 유연성, 그리고 익숙해짐을 **분수 감각**이라 할 수 있다.

수 감각의 기초를 쌓기 위해선 다른 분수 해석들보다도 수직선을 활용하는 것이 좋다. 이전 장의 분수 추론에서 우리는 마틴과 엘리시아의 풀이를 살펴보았다. 두 학생 모두 분수를 측정으로서의 분수로 배웠다. 그들이 분수에 대해 편하게 생각하고 유연하게 생각할 수 있는 것은 이 학생들이 수직선 위를 유동성 있게 움직일 수 있기 때문에 가능했다. 연속적인 분할 문제를 푸는 동안 수직선 위를 앞뒤로 움직여 다니면서 상대적인 크기와 상대적인 위치 그리고 분수의 동치에 대한 매우 좋은 감각을 얻게 되었다. 이러한 해석에 대한 힘을 강조해야 한다. 마틴과 같은 반에서 함께 문제를 풀었던 학생들은 5학년 즈음에 물리적으로 분할해보지 않고 쉽게 수의 크기와 순서에 대한 추론을 할 수 있게 되었다.

간단하게 설명하면 **유리수의 조밀성**은 두 분수 사이에 무한한 수의 분수가 있음을 의미하며 분수를 통해 어떤 점이든지 가능한 매우 가깝게 도달할 수 있음을 보여준다. 이 성질이 측정의 원리와 매우 유사하다고 생각할 것이다. 이 원리는 우리가 어떠한 측정을 하더라도 측정의 단위를 더욱더 작은 하위 단위로 나눔으로써 가능한 한 정확하게 측정할 수 있음을 보여준다. 이렇게 더욱 가까운 근삿값으로 보내는 것은 유리수의 조밀성 때문에 가능하다.

예 $\frac{1}{4}$과 $\frac{1}{3}$ 사이의 세 가지 분수에 대하여 각각 이름을 붙여 보시오.
단위 간격을 12등분하면 $\frac{1}{4}$은 $\frac{3}{12}$이 되고 $\frac{1}{3}$은 $\frac{4}{12}$와 같다. 만일 $\frac{3}{12}$과 $\frac{4}{12}$ 사이의 간격을 다시 분할한다면 이번에는 이 분수들을 2등분할 수 있고 새로운 하위 단위는 $\frac{1}{24}$이 되며 $\frac{3}{12}$과 $\frac{4}{12}$는 각각 $\frac{6}{24}$과 $\frac{8}{24}$이 될 것이다. 만일 $\frac{3}{12}$과 $\frac{4}{12}$ 사이의 간격을 3등분한다면 하위 단위는 $\frac{1}{36}$이 되고 주어진 분수는 $\frac{9}{36}$와 $\frac{12}{36}$를 얻게 될 것이다. 그러면 $\frac{10}{36}$과 $\frac{11}{36}$이 그 사이에 놓이게 됨을 쉽게 확인할 수 있다.

분수 막대, 블록(길이와 넓이 모델)과 같이 시중에서 살펴볼 수 있는 상품들은 학생들에게 측정에 대한 서로 다른 단위와 하위 단위에 대한 좋은 경험이 될 수 있지만 이러한 도구에는 심각한 한계가 있다. 이 도구를 통해서 학생들은 자유롭게 하위 분할을 할 수 없다. 학생들이 할 수 있는 하위 분할은 제공된 조각의 크기에 한정되어 있지만 수직선 위에 주어진 단위는 어떤 동일한 부분의 수로도 나누어질 수 있다. 미리 정해져 있는 하위 단위를 사용하는 조작적인 도구를 사용하게 되면 대부분의 학생들은 수직선 위에 허용된 무한한 하위 단위를 인지하지 못하게 된다. 우리는 종종 학생들이 비교를 위한 시각적인 수단으로 길이 또는 넓이 모델이 없을 때 그들의 분수 크기를 비교하기 위한 어떠한 추론이나 전략 또는 어떠한 직관도 개발하지 못하는 상황을 발견하곤 한다.

요약해 보면 연속 분할이 편해질 때, 주어진 두 분수 사이의 어떤 분수라도 찾을 수 있을 때, 두 분수의 크기를 비교할 수 있을 때, 학생들은 분수를 측정으로 이해한다.

10.5 단위, 동치분수, 그리고 비교 »

우리가 영부터의 거리를 측정할 때, 하위 단위의 크기를 선택할 수 있기 때문에 보상의 원리(compensatory principle)와 분수의 동치를 생각해 볼 수 있다. 거리를 측정할 때 하위 단위의 크기가 작을수록 더 많은 하위 단위가 필요하다. 반면 하위 단위의 크기가 클수록 거리를 측정하기 위해선 더 적은 하위 단위가 필요하다. 동일한 거리를 측정하기 위해 서로 다른 두 하위 단위를 사용한다면 서로 다른 분수의 이름이 나오게 된다. 0부터의 특정한 거리에 있는 유리수는 하나이며 두 분수는 그 거리에 대해 동치인 이름이 된다.

예 단위와 0부터 점까지의 거리는 변하지 않았지만 단위를 더 작은 부분들로 등분할 수 있기 때문에 우리는 그 점을 서로 다른 이름으로 부를 수 있다.

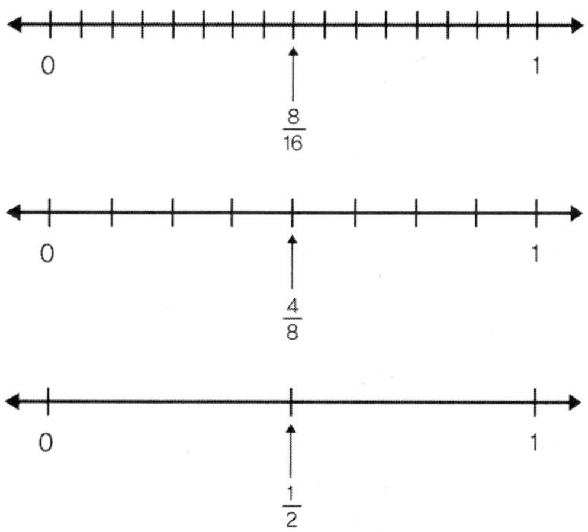

부분-전체의 비교에서는 문제의 상황에서 암시적이든 명시적이든 단위가 주어진다. 만일 암시적으로 단위가 주어진다면 우리는 그 단위를 결정하기 위해 상향식 추론 혹은 하향식 추론을 할 수 있다. 마찬가지로 수직선 위에서 거리를 측정할 때에도 분수를 사용하려면 반드시 단위 간격을 표시하거나 엉성한 표시 사이에 있는 하위 간격의 크기에 대한 정보가 필요하다. 일단 하위 간격의 크기를 알게 되면 단위 간격을 결정할 수 있다.

예 1 주어진 점 $\frac{2}{3}$를 이용하여 점 x의 값을 결정하시오.

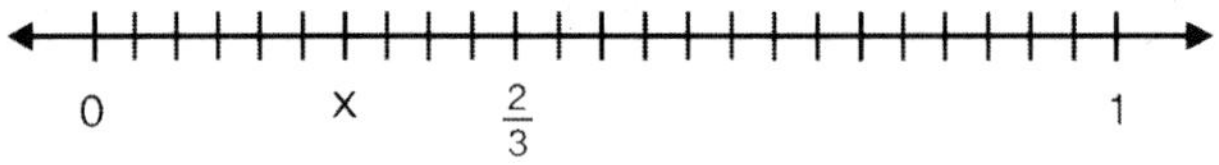

만일 $\frac{2}{3}$가 10개의 하위 단위로 구성되어 있다면 $\frac{1}{3}$은 5개의 하위 단위로 구성되어 있으며 단위인 $\frac{3}{3}$은 15개로 구성되어 있을 것이다. 만일 각각의 하위 단위가 $\frac{1}{15}$을 표현하는 것이라면 0으로부터 x까지의 거리는 $\frac{6}{15}$이 된다. 그러나 1이 15개의 하위 단위의 길이라고 한다면 $\frac{1}{5}$은 3이며 $\frac{2}{5}$는 6이 된다. 이는 $\frac{6}{15}=\frac{2}{5}$이라는 것을 의미한다.

예 2 분수 $\frac{2}{3}$와 $\frac{5}{7}$ 중에서 어느 분수가 더 큰가?

A (4학년)	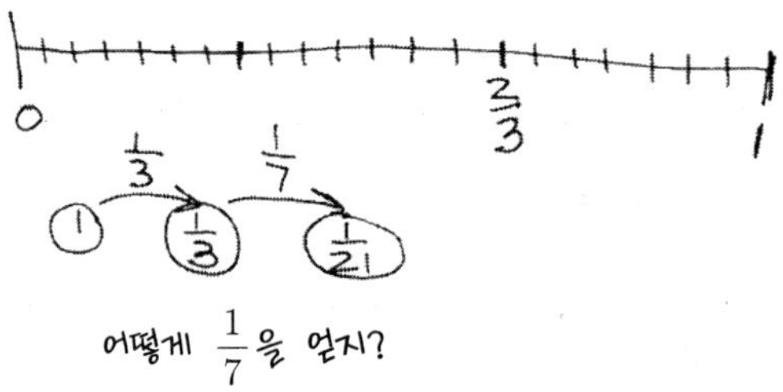
B (5학년)	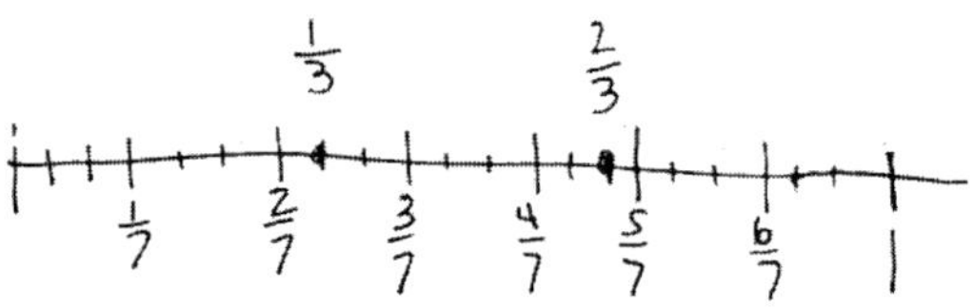
C (6학년)	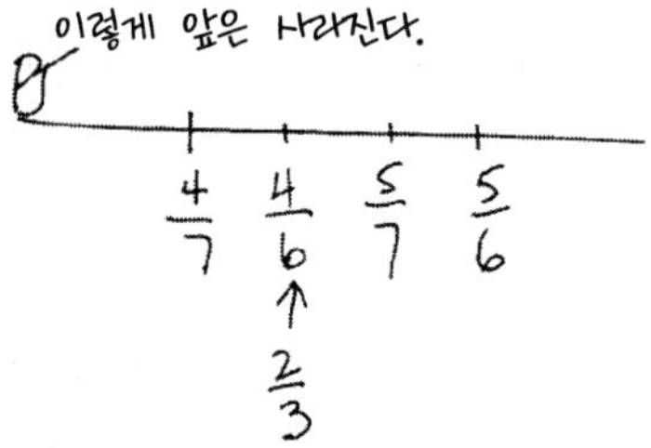

이 학생들의 풀이는 수직선 위의 두 점의 비교에 대한 설명일 뿐만 아니라 학년이 높아짐에 따라 그들의 사고가 발달되고 있음을 보여주고 있다. 4학년 학생은 $\frac{1}{21}$이 필요할 것이라고 예상했지만 21개의 하위 분할을 한 후에 $\frac{1}{7}$을 만들기 위해 몇 개가 필요한지 알지 못했다. 그는 공통분모로서 21이 필요하다는 사실을 알고 있었기 때문에 발전 가능성을 보여주었지만 수직선 위에 $\frac{1}{7}$을 위치시키려면 $\frac{1}{7}$으로의 하향식 추론을 했어야 함을 기억할 필요가 있다.

21개의 공간이 1이라는 전체이다.

3개의 공간은 $\frac{1}{7}$이다.

5학년 학생은 정확하게 분할했으며 명확하게 $\frac{5}{7} > \frac{2}{3}$라는 것을 보여주었다. 그녀의 선생님은 그녀가 한 단계 더 나아갈 수 있다고 말해주었고 그녀가 점을 만들기 위해서 동치분수인 $\frac{5}{7} = \frac{15}{21}$와 $\frac{2}{3} = \frac{14}{21}$를 지적해주었다. 6학년 학생은 매우 간단하게 풀이를 적었고 $\frac{5}{7}$가 $\frac{5}{6}$보다 조금 작다는 것을 알고 있는 것으로 보이며 그로 인해 $\frac{2}{3}$, 즉 $\frac{4}{6}$가 $\frac{5}{7}$보다 작을 수밖에 없다는 것을 보여주었다. 우리는 이 학생에 대해 전혀 알 수 없기 때문에 이 풀이를 그저 운 좋게 맞춘 것으로 생각할 수 있다. 사실 이 학생의 풀이는 측정을 위주로 분수 문제를 풀었던 학생의 전형적인 풀이이다. 이는 학생이 지지부진한 과정을 짧게 축약했음을 보여준다. 그는 단순히 이것을 할 필요가 없기 때문에 하지 않은 것이다. 6학년이 되면 학생들은 이미 매우 좋은 수 감각을 발달시키게 되며 분수를 가지고 작업하는 데 매우 편안해지기 때문에 추론을 건너 뛸 수도 있다. (6장의 마틴의 경우를 기억하라.)

10.6 분수 연산 »

분명 상향식 추론과 하향식 추론이 분수의 해석에서 중요한 역할을 했듯이 분할은 분수의 측정으로서의 해석에 있어서 중요한 역할을 한다. 연속 분할을 통해 학생들은 동치와 공통분모에 대해 빠르게 배울 수 있다. 화살표 표기를 통해 처음으로 곱셈과 나눗셈 연산을 발달시키게 된다.

분수의 덧셈과 뺄셈에 대한 알고리즘을 학습하기 이전에 수직선 위의 측정으로서의 유리수는 이러한 사칙연산에 대한 좋은 모델이 된다. 위의 풀이에서 5학년 학생들이 이 점을 입증해주었다. 두 분수를 $\frac{1}{24}$을 가지고 어떻게 표현하는지 알 수 있다면 두 분수를 어떻게 더해야 하는가는 매우 쉽게 알 수 있다. 측정으로서의 분수 해석에서 덧셈은 후에 벡터 풀이의 개념적 기초가 된다.

예 $\frac{2}{3}$와 $\frac{1}{4}$의 합은 얼마인가?

동일한 단위 간격으로 표현된 수직선을 가지고 점 $\frac{2}{3}$와 $\frac{1}{4}$을 확인해보자.

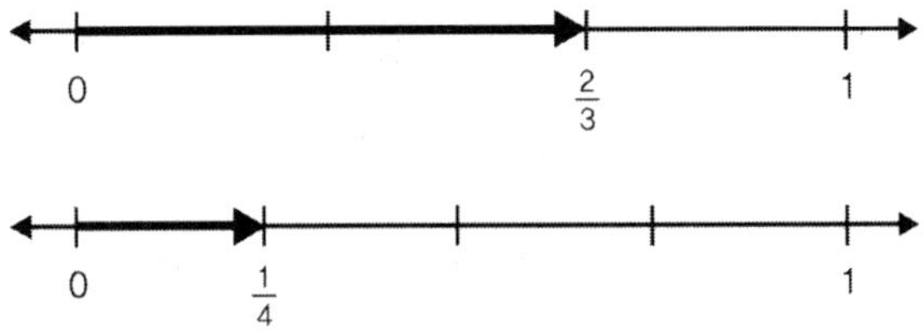

길이를 끝과 끝에 맞추어서 놓고 그 합의 이름을 붙일 수 있을 때까지 즉, 두 길이를 12등분으로 변환할 때까지 계속 분할해보고 끝과 끝에 맞추어서 더해보자.

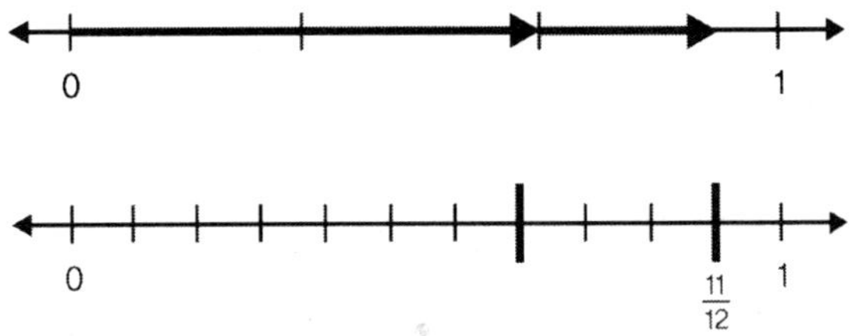

연속 분할 과정은 7장에서 확인할 수 있듯이 두 분수 막대의 사용에도 적용되기 때문에 측정으로서의 분수 해석을 통해 배운 학생들은 덧셈과 뺄셈에 대한 기초 알고리즘을 학습할 때 만약 물리적인 모델이 필요하다면 매우 쉽게 분수 막대를 사용할 것이다. 일반적으로 초기에 측정으로서 분수를 학습한 학생들은 분수 감각에 있어서 주목할 만한 특징을 보인다. 그들은 분수의 상대적인 크기에 대해서 알고 있으며 중학교에 올라가서 분수 계산을 할 때 다른 학생들에 비해 동떨어진 대답을 거의 하지 않는다. 이들이 가지고 있는 분수 크기에 대한 매우 훌륭한 감각은 답의 대략적인 크기를 예상할 수 있도록 해주며 오류로 인해 이상한 결과가 나타났을 때 그것을 알아차릴 수 있도록 해준다.

활동

01 다음 화살표 표기를 완성하고 화살표 표기에 의해 제시된 연속 분할에 따라, 1 피트(12인치)를 분할한 후 결과가 되는 하위 분할의 이름을 붙여 보시오.

(1)

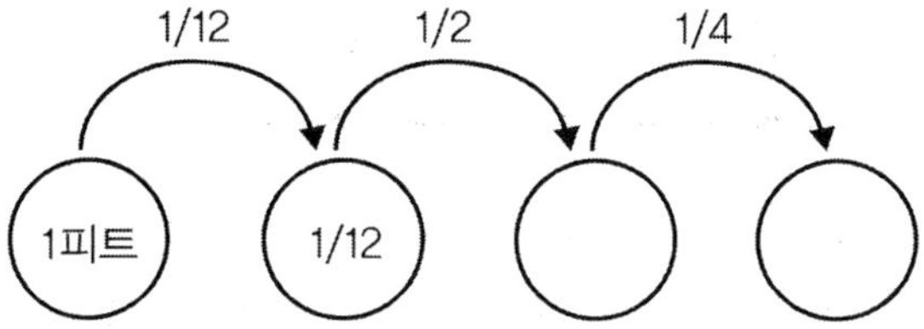

(2)

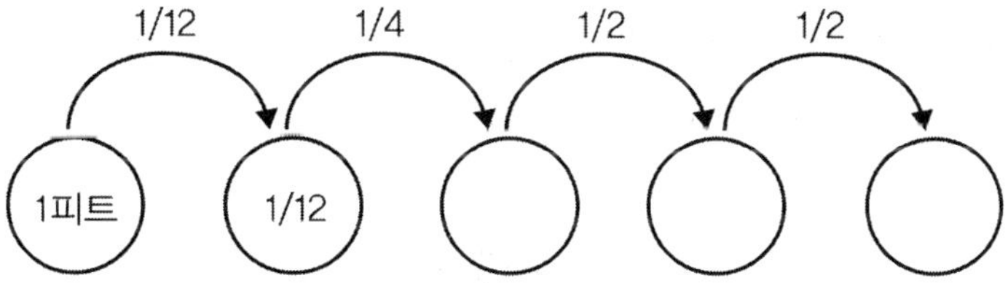

02 가스 측정기 2개가 있다. 연속 분할을 통해서, 전체 가스통의 얼마가 각각의 통에 남아있는지 결정하시오.

(1)

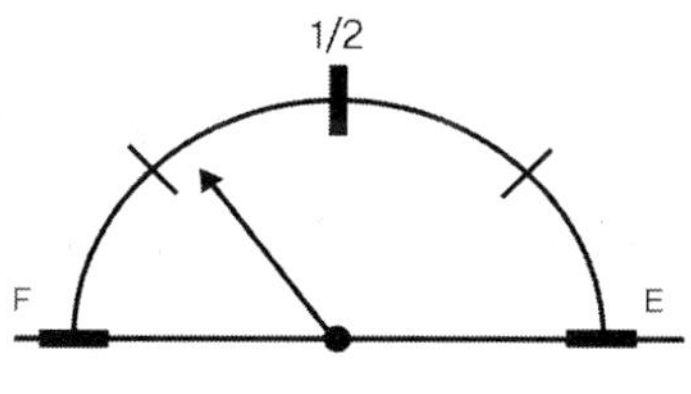

(2)

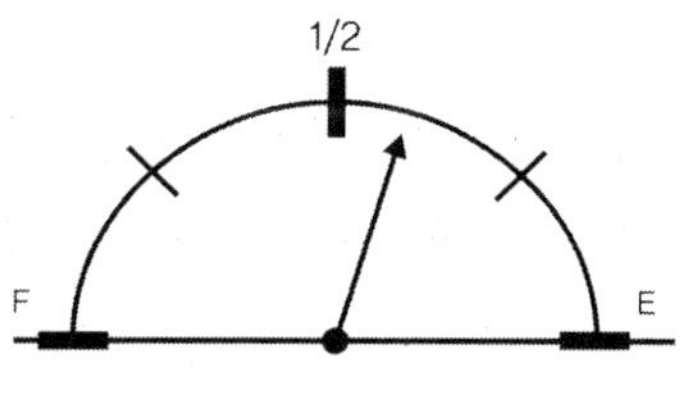

03 (1) 가스통을 가득 채우고 20리터 정도를 사용해서 운전하였을 때 얼마만큼의 가스가 남아 있을지 다음 가스 측정기에 표시하시오. 가득 채웠을 때 64리터가 들어간다.

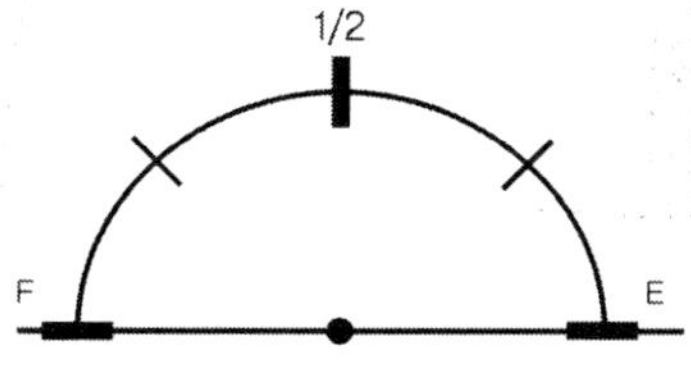

(2) 가스통에 기름이 거의 다 떨어졌는데 돈이 별로 없었다. 1갤런당 2달러인 주유소에서 가스를 사기 위해 남은 10달러를 사용하였다. 만일 가스통을 가득 채웠을 때 14갤런이 들어간다면 가스를 구매한 후 얼마의 가스가 있을지를 다음 가스 측정기에 표시하시오.

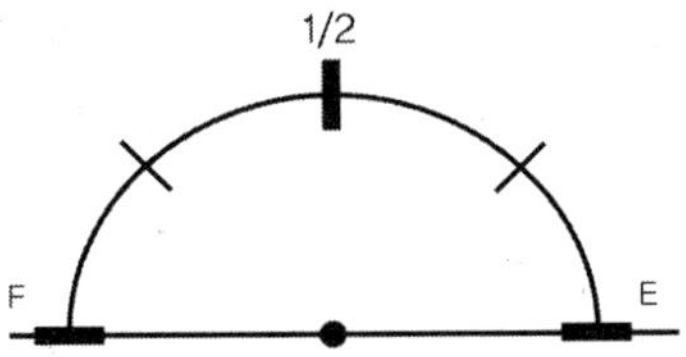

(3) 오늘 아침 가스통에 가스를 가득 넣고 도시를 주행하였다. 주행기록계를 보니 340마일을 운전했으며 평균적으로 약 1갤런당 31마일을 운전했다. 만일 집으로 돌아왔을 때 가스 측정기가 다음 그림과 같다면 가스통을 가득 채우려면 얼마를 넣어야 하는가?

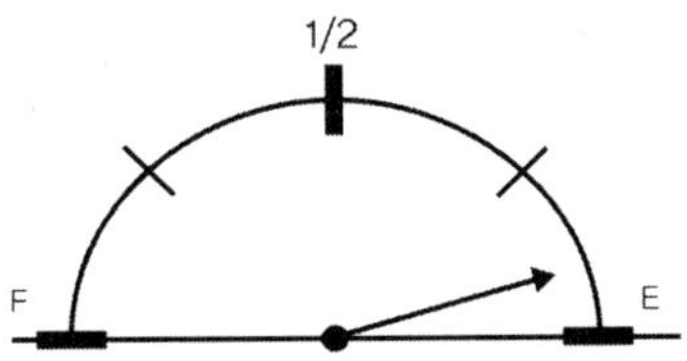

04 내용물을 확인할 수 있는 플라스틱 재질의 엔진오일을 샀다. 이 통에는 1쿼트(32온스)의 기름이 들어있었다. 창고에서 내용물을 조금 사용한 엔진오일을 발견하였다. 다음 그림에서 병에 남아있는 엔진오일은 각각 분수로 얼마인가?

(1)

(2)

05 다음과 같은 기기에 25분 동안 주차를 하고 싶어 돈을 지불했다면 이 기기에 어떻게 시간이 표시될지 화살표로 표시하시오.

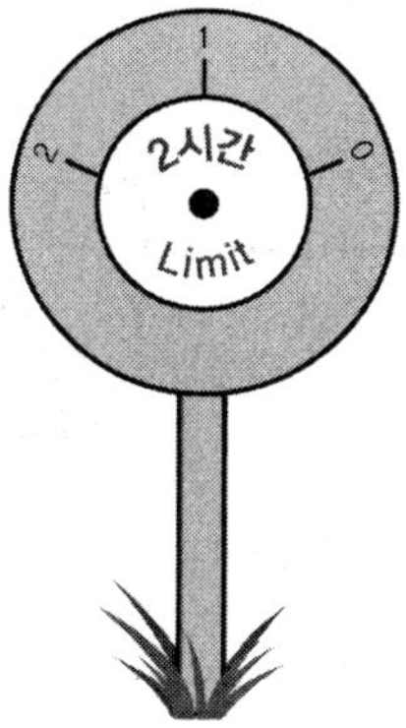

06 수직선을 활용하여 다음 분수들을 작은 것에서부터 큰 것 순서로 나열하시오.

(1) $\frac{11}{15}$, $\frac{5}{6}$, $\frac{21}{24}$ (2) $\frac{3}{9}$, $\frac{5}{6}$, $\frac{1}{2}$ (3) $\frac{13}{14}$, $\frac{6}{7}$, $\frac{27}{28}$

07 연속 분할을 활용하여 각각의 두 점들 사이에 놓이는 두 분수를 말하시오.

(1) 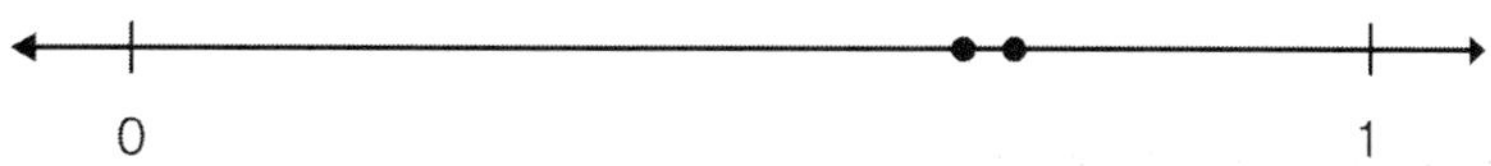

(2) 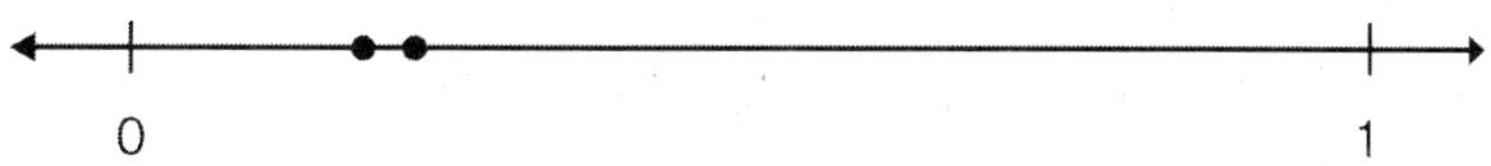

08 각 컵은 커피의 양가 화살표가 표시하고 있는 부분에 도달했을 때 가득 채워졌다고 본다.

(1) 더그는 위에서부터 네 번째 표시된 곳까지의 커피를 마셨다. 그는 얼마만큼의 커피를 남겼는가?

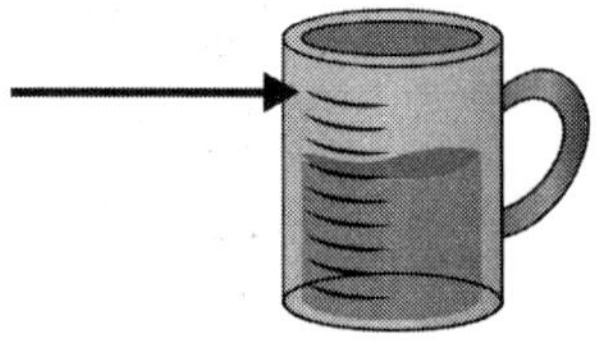

(2) 제니는 커피를 잔의 끝까지 따라 마시길 좋아한다. 커피를 조금 마신 후에 커피의 높이가 아래로부터 네 번째와 다섯 번째 표시된 사이에 놓이게 되었다. 컵에 얼마의 커피가 남아있는가?

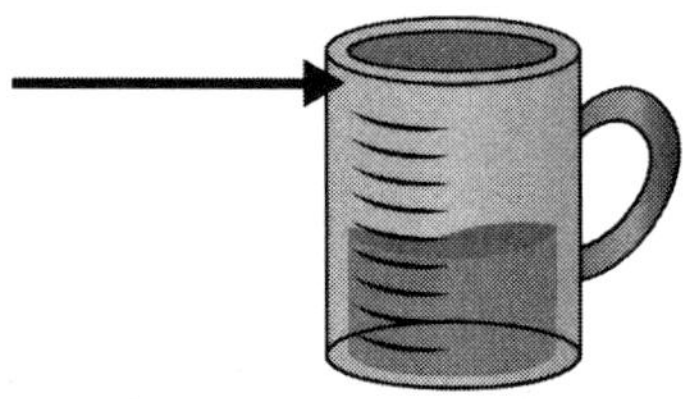

09 시계의 시침에 관한 다음 질문에 답하시오.

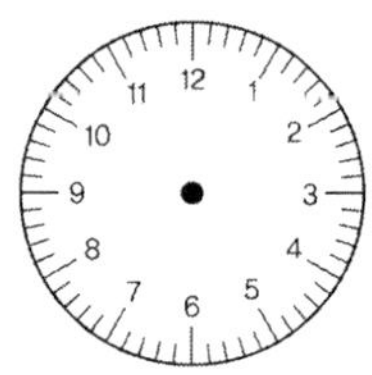

(1) 시침이 한 바퀴 도는 것은 무엇을 의미하는가?

(2) 길이가 긴 선 사이의 공간은 무엇을 나타내는가?

(3) 길이가 짧은 선 사이의 공간은 무엇을 나타내는가?

10 분침에 관한 다음 질문에 답하시오.

(1) 분침이 한 바퀴 도는 것은 무엇을 의미하는가?

(2) 길이가 긴 선 사이의 공간은 무엇을 나타내는가?

(3) 길이가 짧은 선 사이의 공간은 무엇을 나타내는가?

11 애니가 어떤 일을 하고 있는지 파악하고, 그녀의 방법을 사용하여 $\frac{7}{9}$과 $\frac{7}{8}$ 사이의 분수 3개를 찾아보시오.

애니	$\frac{7}{12}$ ⋯ $\frac{7}{11}$ $\frac{7}{11\frac{1}{2}}$ $\frac{7}{11\frac{1}{4}}$ $\frac{7}{11\frac{1}{5}}$ $\frac{7}{\frac{23}{2}}$ $\frac{7}{\frac{45}{4}}$ $\frac{7}{\frac{56}{5}}$ $\frac{14}{23}$ $\frac{28}{45}$ $\frac{35}{56}$

12 존은 $\frac{7}{12}$과 $\frac{7}{11}$ 사이의 분수 3개를 찾았다. 그의 방법을 파익해보고, 그 방법을 사용하여 $\frac{5}{9}$와 $\frac{5}{8}$ 사이의 분수 3개를 찾아보시오.

존	$\frac{7}{11\frac{4}{4}}$ ($\frac{7}{11\frac{3}{4}}$ $\frac{7}{11\frac{2}{4}}$ $\frac{7}{11\frac{1}{4}}$) $\frac{7}{11\frac{0}{4}}$

13 연속 분할을 사용해서 2시간 주차 기계에 각각 얼마의 시간이 남았는지 찾아보시오.

(1)

(2)

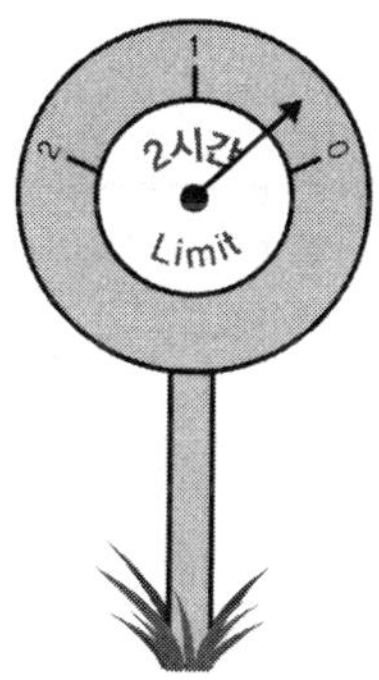

14 모든 기름통은 옆면에 표시 막대가 있다. 일반적으로 기름통에는 1쿼트 즉, 32 온스가 들어가지만 누군가가 이 통을 조금 사용하였다. 이 통에 얼마만큼의 기름이 남아있는지 알아보시오.

다음은 이 문제에 대한 4학년 학생의 풀이 방법이다. 이를 분석하시오. 그는 분수 계산을 잘 하였는가?

대니	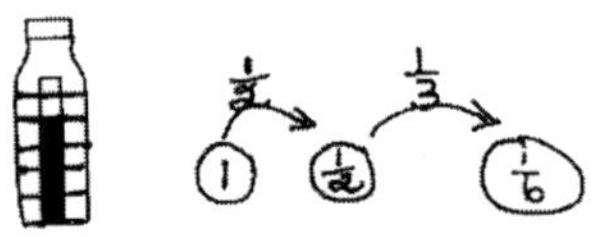 병에 기름이 $\frac{4}{6}$만큼 채워져 있다. $4\left(\frac{1}{6}\right) \leftarrow 32$ 온스 따라서, $4\left(\frac{32}{6}\right)$ 온스이다.

15 $\frac{5}{8}$를 표시하시오.

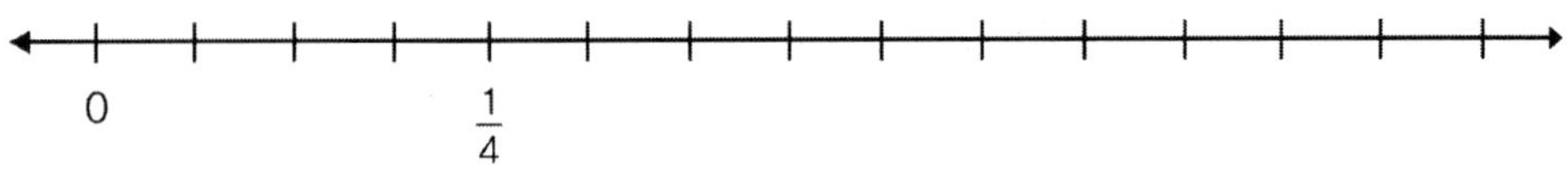

16 $\frac{7}{24}$을 표시하시오.

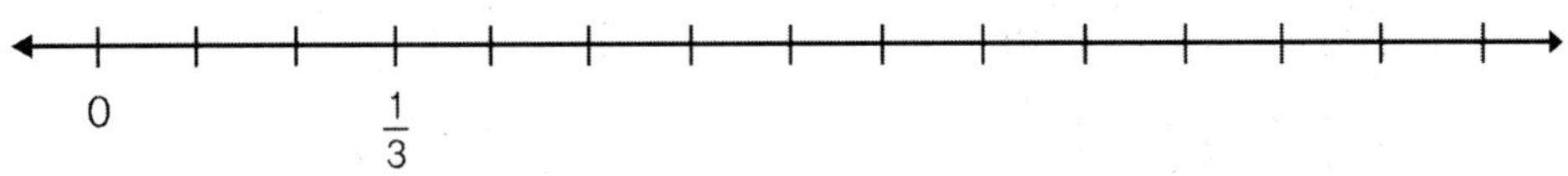

17 주어진 분수를 연속 분할을 사용해서 비교하시오.

(1) $\frac{7}{8}$, $\frac{3}{4}$

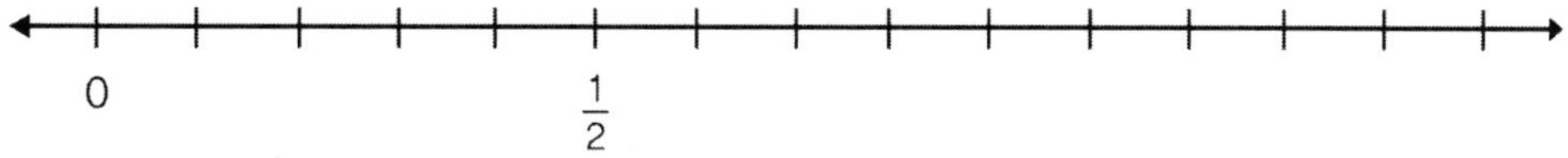

(2) $\frac{4}{7}$, $\frac{9}{14}$

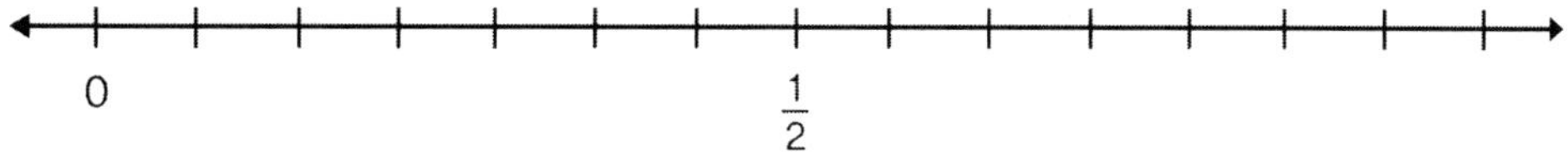

(3) $\frac{7}{12}$, $\frac{15}{24}$

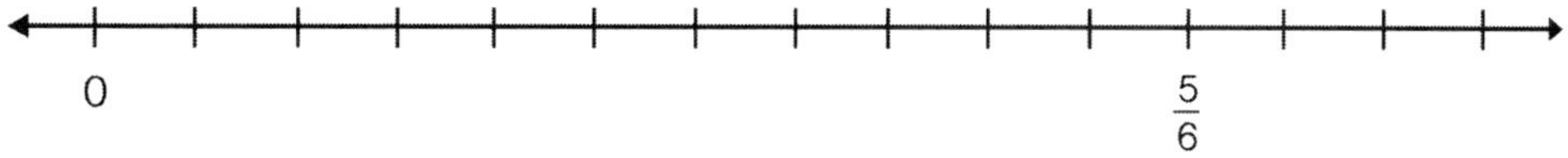

(4) $\frac{1}{3}$, $\frac{7}{15}$

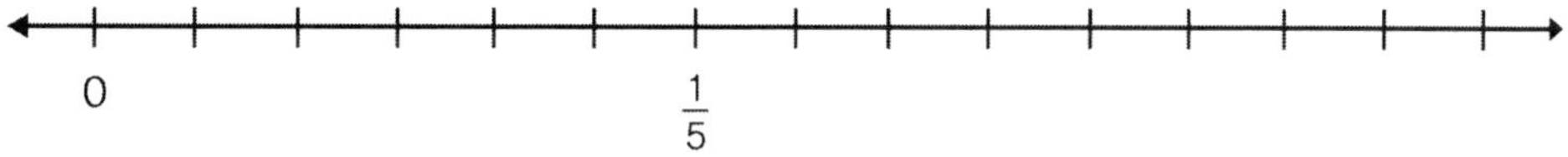

18 각 시간에 따라 가능하면 정확하게 시계에 시침과 분침을 그려보시오.

(1) 3 : 18

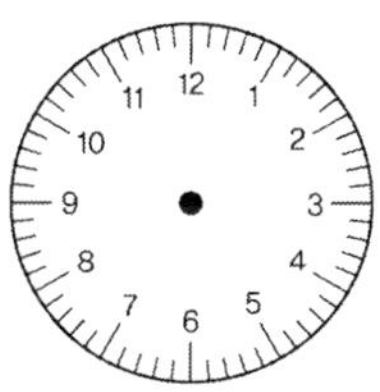

(2) 7 : 27

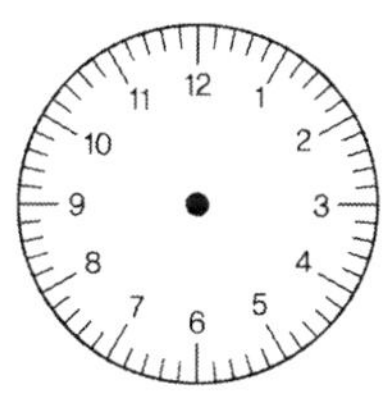

(3) 10 : 52

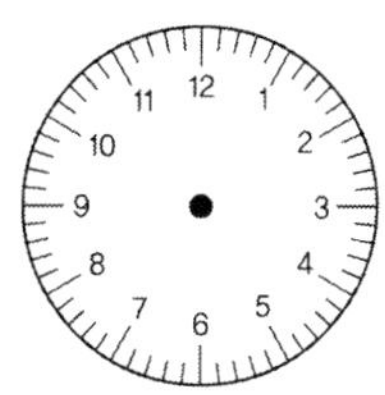

19 18개의 하위 간격으로 나누어져 있는 단위 간격이 있다면 추가적인 분할 없이 어떤 분수들을 표시할 수 있는가?

제11장 비와 비율

학생 전략: 6학년

다음 문제를 먼저 풀어보고, 학생들의 풀이를 분석하시오.

2명의 경륜 선수가 같은 코스에서 연습을 하고 있다. 이 코스를 한 바퀴 도는 데 그린은 6분이 걸리고 뉴만은 4분이 걸린다. 이 둘은 다섯 바퀴를 돌기로 했다. 동시에 출발하고 몇 분 후에 두 사람이 만나는가?

<table>
<tr><td>모니카</td><td>트랙 = 2마일
뉴만 = 20분
그린 = 30분
총 길이 = 10마일
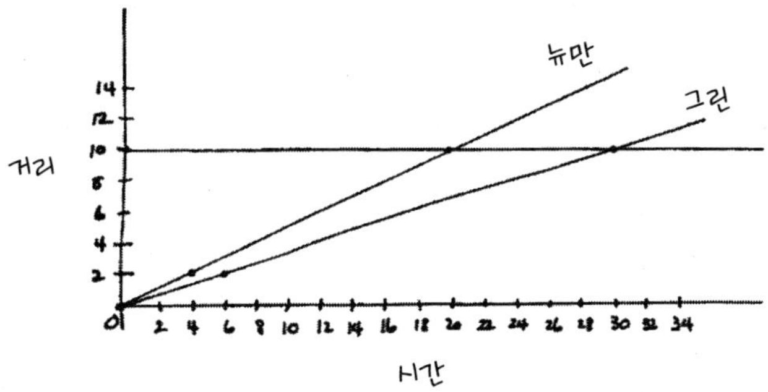

그래프를 보면 뉴만이 항상 앞에 있어요.</td></tr>
<tr><td>벤</td><td>시간을 동일하게 만든다.
4분 동안 뉴만은 1바퀴
4분 동안 그린은 $\frac{2}{3}$ 바퀴
4분씩 계속 더해보고 언제 만나는지 확인한다.
<table>
<tr><td>시 간</td><td>4</td><td>8</td><td>12</td><td>16</td><td>20</td></tr>
<tr><td>뉴만(N)</td><td>1</td><td>2</td><td>3</td><td>4</td><td>5</td></tr>
<tr><td>그린(G)</td><td>$\frac{2}{3}$</td><td>$1\frac{1}{3}$</td><td>2</td><td>$2\frac{2}{3}$</td><td>$3\frac{1}{3}$</td></tr>
</table>
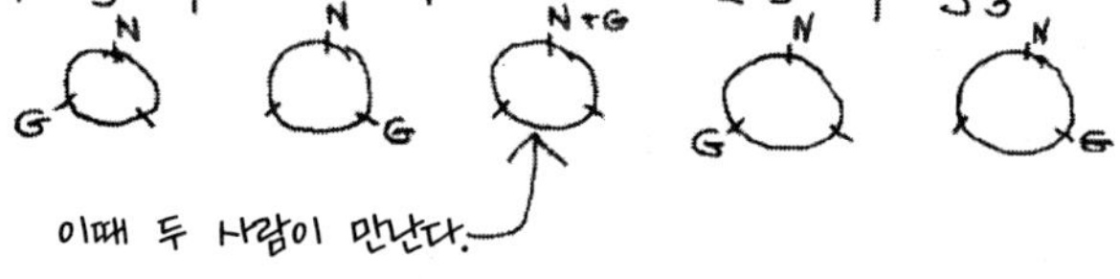
</td></tr>
</table>

11.1 비는 무엇인가? »

비(ratio)는 두 양 사이의 비교를 의미한다. 비는 하나의 수로 표현되기 힘든 생각을 전달하기 위해 사용될 수 있다. 다음 예시를 생각해보자.

> A 마을과 B 마을의 추수감사제 행사에는 다른 마을 사람들이 많이 온다. A 마을의 경우 3제곱 마일당 4,000대의 비율로 차가 주차되었다. B 마을의 경우 2제곱 마일당 3,000대의 비율로 차가 주차되었다.

왜 이런 식으로 정보가 기록되었을까? 마을의 크기를 차의 수와 비교함으로써 우리는 각 마을에 차가 얼마나 붐비게 될 지 또 운전이나 주차가 얼마나 힘들지를 알 수 있다. 이런 식의 정보는 이를 구성하고 있는 각각의 부분의 정보와는 다른 종류의 정보이다. 이 정보는 "행사 기간에 어느 마을이 더 혼잡한가?"에 대한 대답을 해 줄 수 있다.

이 상황에서 제곱 마일당 차량 수의 비는 서로 다른 종류의 측정량들을 비교하고 있다. 비는 종종 같은 종류의 측정량을 비교하기도 한다. 같은 종류의 측정량을 비교하는 경우 부분과 전체를 비교하기도 하고 부분과 부분을 비교하기도 한다. 부분과 전체 비교의 경우 집합의 한 부분의 측정량과 집합 전체의 측정량을 비교하는 비가 된다. 부분과 부분의 비교의 경우 집합의 한 부분과 또 다른 집합의 한 부분을 비교하는 비가 된다. 예를 들어 4개의 갈색 달걀과 7개의 하얀 달걀이 있는 달걀 바구니에서 다음과 같은 비를 볼 수 있다. 5 대 7(갈색과 흰색의 부분-부분 비교), 7 대 5(흰색과 갈색의 부분-부분 비교), 5 대 12(갈색과 전체의 부분-전체 비교), 7 대 12(흰색과 전체의 부분-전체 비교). 우리는 보통 이러한 비를 다른 상황에 확장시키지 못한다. 이들은 논의를 통해 매우 구체적인 상황에 접목될 수 있다. 위 문제에서 제곱 마일당 차량 수의 비 역시 비슷하다. 논의 하에 있는 구체적인 상황에 대한 비교는 이해하지만 다른 상황으로 이를 확장시키려 하지 않는다.

비가 서로 다른 종류의 측정량을 비교하고 있으며 동시에 일반적인 상황을 묘사할 경우 그것은 비율이 된다. 예를 들어 1야드당 3달러는 2야드당 6달러, 8야드당 24달러, 18야드당 54달러처럼, 비용과 야드 크기 간의 관계를 묘사하는 비율이 된다. 이는 두 가지 서로 다른 측정량(달러 수와 야드 수)을 가지고 있다.

어떤 면에서 비는 유리수의 또 다른 해석 같지만 이 둘은 매우 다른 측면도 갖고 있다.

예1 비가 항상 유리수인 것은 아니다. 하지만 부분과 전체, 연산자, 측정 그리고 몫으로서의 분수에서는 항상 유리수이다. 원의 둘레와 반지름 사이의 비 ($C : d = \pi$)를 생각해보자. 파이(π)는 두 정수의 비로 표현될 수 없기 때문에 유리수는 아니다. 다른 예시로 정사각형의 한 변과 그 대각선의 비($1 : \sqrt{2}$)도 생각해볼 수 있다. $\sqrt{2}$는 무리수이다.

예2 비는 두 번째 구성성분으로 0을 가질 수 있지만 분수는 0을 분모로 정의하지 않는다. 예를 들어 10명의 남자와 0명의 여자가 참석한 미팅의 경우 남자와 여자의 비는 10 : 0이라 쓸 수 있다.

예3 분수는 순서가 있는 쌍이다. 즉 당신이 분수 $\frac{a}{b}$에서 a와 b의 순서를 바꾸면 이는 완전히 다른 분수가 된다. 이는 비에서도 마찬가지이다. '남학생 4명 : 여학생 3명'과 '여학생 3명 : 남학생 4명'은 다른 비이며 서로 교환될 수 없다. 하지만 '남학생 4명 : 여학생 3명'과 '여학생 3명 : 남학생 4명'은 우리에게 동일한 정보를 제공해준다.

예4 비에 대한 계산은 분수에 대한 계산과 매우 다를 수 있다. 다음 문제를 생각해보자. 어제 메리는 5번의 타석에서 3번의 안타를 쳤다. 그리고 오늘 그녀는 6번의 타석에서 2번의 안타를 쳤다. 2일 동안 그녀는 총 몇 번의 안타를 쳤는가? 메리는 $3 : 5 + 2 : 6 = 5 : 11$, 즉 11번의 타석에서 5번의 안타를 쳤다. 만일 분수의 경우라면 $\frac{3}{5} + \frac{2}{6} = \frac{5}{11}$라 절대 쓸 수 없었을 것이다.

연구자들은 계속 비와 비율 간의 차이를 찾으려고 하지만 언어가 수학적인 환경과 비수학적인 환경 모두에서 사용되는 것을 고려해보면 그 정의는 불만족스러울 수 있다. 여기서 어려운 점은 일상 언어 사용에서 비와 비율의 실질적인 용법을 제어할 수 없다는 것이다. 미디어에서는 비와 비율이라는 말이 종종 다양한 상황에서 서로 모순되게 그리고 혼용해서 사용된다. 학생들은 다소 부정확한 용례와 용어 사용에 노출되어 있으며 학생들에게 있어서 정확한 수학적 생각과 비공식적이고 구어적인 용례를 서로 조화시키는 것은 쉽지 않은 작업이 된다. 학생들이 비와 비율이 만나는 현실적인 상황을 통해 이해할 수 있도록 교사는 학생들에게 각각의 상황을 독립적으로 분석해주어야 한다. 이번 장에서 우리는 교실에서 논의가 필요한 주제들과 각각의 뉘앙스에 대해 살펴볼 것이다.

11.2 표기법과 용어사용 »

우리는 비를 종종 분수의 형태로 쓰지만 항상 분수로 쓰는 것은 아니다. 부분과 전체의 비교, 연산자, 측정, 그리고 몫은 분수 꼴로 쓰곤 한다.

물건 a와 물건 b의 비는 여러 방법으로 쓸 수 있다.

(1) $\frac{a}{b}$ 또는 a/b

(2) $a \rightarrow b$

(3) $a : b$

(4) ⓐ b

각 나라들마다 선호하는 표기들이 서로 다르다. 미국에서는 강조하고 싶은 특징이나 비에 따라서 쌍점(colon) 표기를 사용하거나 분수 표기를 사용한다. 분수 형태의 유리수(부분과 전체의 비교, 연산자, 측정, 몫) 측면으로 해석되는 경우 분수 표기를 선호하는 반면 비가 분수와는 다른 식으로 해석되는 경우에는 쌍점 표기를 선호한다. 분수 형태로 사용할 경우 단지 '수'만 쓰는 것이 아니라, '양'도 써야 한다는 점에 주의를 기울여야 한다. 이는 소녀 5명과 소년 7명의 비를 $\frac{5}{7}$로 쓰는 것이 아니라 $\frac{\text{소녀 5명}}{\text{소년 7명}}$으로 써야 함을 의미한다. '양'을 붙이지 않고 맥락을 뺀 채 $\frac{5}{7}$라고만 쓴다면 '비'와 '전체와 부분의 분수' 사이의 개념적이고 조작적인 차이가 흐려지거나 없어지게 된다. 학생들이 분수와 비에 대한 의미를 형성해 나갈 때 서로 다른 표기를 쓰는 것이 좋은 방법이 될 수 있다. 여기서는 일관성을 유지하기 위해 비의 의미일 경우 쌍점 표기를 사용할 것이다. 다만 예외는 있을 수 있다. 예를 들어 시간당 마일을 쓸 경우 쌍점 표기는 사용하지 않는다. 사용되는 표기와 상관없이 다음의 경우에는 이 기호에 대한 언어적 해석이 될 수 있다.

(1) a 대 b

(2) b당 a

(3) b에 대한 a

(4) 각 b에 대한 a

(5) 모든 b에 대한 a

(6) a와 b의 비

(7) a는 b에 대한다.

많은 진술들이 비에 대한 말과 기호로 번역될 수 있다. 종종 비에 대한 말은 곱셈적인 관계를 표현하기 위한 대안적인 방법으로 사용된다.

예 여자에 비해 남자는 $\frac{2}{3}$만큼 있다.

이 말은 남자가 여자의 $\frac{2}{3}$만큼 있음을 말해준다. m을 남자의 수라 하고 w를 여자의 수라고 하자. 그러면,

$$m = \frac{2}{3}w \text{ 또는 } \frac{m}{w} = \frac{2}{3}$$

이러한 비교를 '부분-전체 비교'와 구분하기 위해, $m : w = 2 : 3$(남자와 여자의 비율은 2 대 3이다)라고 쓴다.

비록 대부분의 수학 교육과정에서 비를 초등학교 고학년 때에 도입하고 있지만 몇몇 학생들에게는 분수 지도 초기에 나오는 '유리수로의 비 해석'이 '전체와 부분의 비교'보다 더 자연스러울 수 있다. 이런 학생들은 다음과 같은 그림을 $\frac{2}{3}$라고 생각한다.

선생님들은 학생들이 종종 이렇게 해석한다고 말한다.

'부분-전체 비교'로 유리수를 해석하는 학생들보다 '비'로의 유리수 해석을 선호하고 수업이 비교에 대한 직관적인 지식들로 이루어져 있는 경우 좀 더 빠르게 유리수에 대한 풍부한 이해를 발달시키며 비례 추론을 활용한다는 연구 결과들이 있다. 이런 학생들은 비를 이산적인 '동전의 집합'이나 '색칠된 칩'으로 나타내길 좋아한다. '동치'와 '비교'에 대한 우리의 논의는 이런 학생들이 자신의 사고를 풀어나가기 위해 개발한 전략을 활용한다.

11.3 비에 대한 동치와 비교 »

칩과 같은 이산적인 물체들은 '부분-전체 비교'와 '비'의 차이를 이야기할 수 있는 좋은 소재이다.

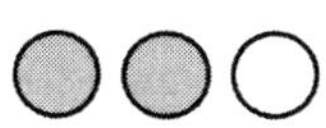

여기에 묘사된 '부분-전체 비교'는 $\frac{2}{3}$이다. '비'로의 해석은 2 : 1이다.

우리는 두 분수가 동치인지 판단하기 위해서는 '단위화'가 매우 중요한 도구임을 확인했었다. 이는 동치인 비를 판단할 때에도 마찬가지로 적용된다.

예 1 6 : 9는 2 : 3은 동치인가?

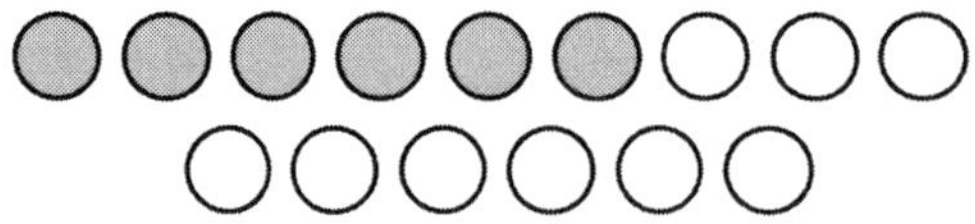

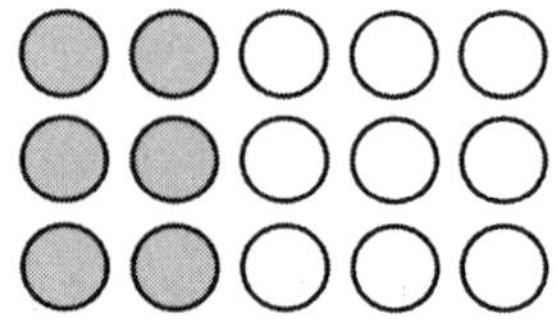

물리적 혹은 단순히 시각적으로 6 : 9을 재배열함으로써 우리는 2개의 검은 열과 3개의 흰 열, 즉 2 : 3을 확인할 수 있다. 따라서 이 비는 서로 동치이다.

위의 예시에서 분수를 비교하기 위해 사용한 두 가지 방법은 SSP(동일한 크기의 부분 만들기, 즉 분모를 동일하게 만들기), SNP(동일한 숫자 만들기, 즉 분자를 동일하게 만들기)이다. 비를 비교할 때에도 각각의 비에서 첫 번째 구성요소를 동일하게 만들거나 두 번째 구성요소를 동일하게 만드는 것은 유용한 전략이 될 수 있다. 위의 예시에서 볼 수 있듯이 두 부분 모두 동일해지면 그 비는 동치가 된다.

예 2 3 : 4와 5 : 8을 비교하시오.

이 비에서 첫 번째 구성요소를 같게 만들어 비교해보자.

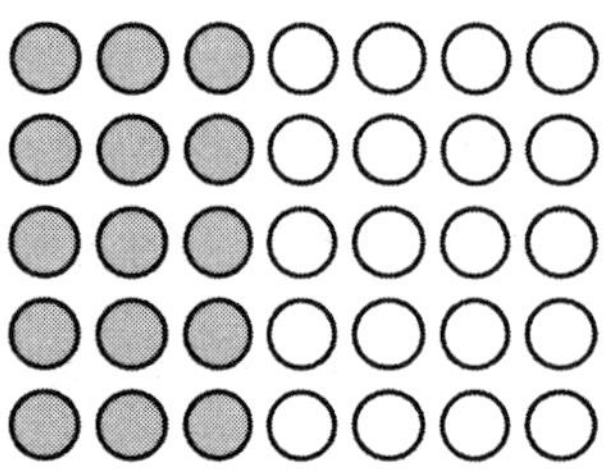

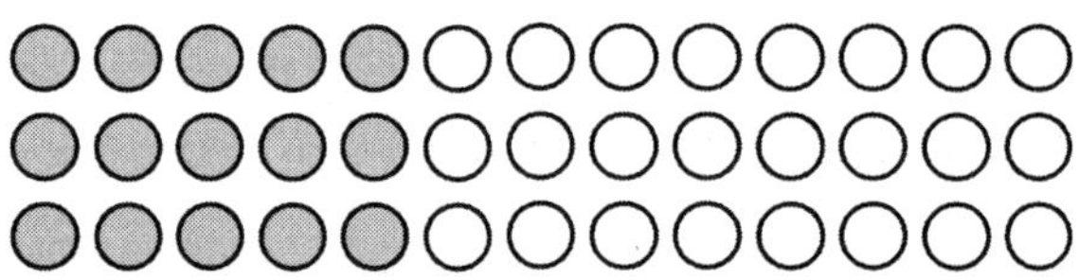

각 표현에서 색칠된 칩의 수가 같아질 때까지 비를 복사 혹은 복제했다. 3 : 4를 5개 복제한 것과 5 : 8을 3개 복제한 것은 각 비의 첫 번째 구성요소를 동일하게 만든다. 하지만 3 : 4에서는 두 번째 구성요소가 20인 반면 5 : 8에서는 두 번째 구성요소가 24이다.

예 두 번째 구성요소를 같게 만들어 똑같은 비 3:4와 5:8을 비교해보자.

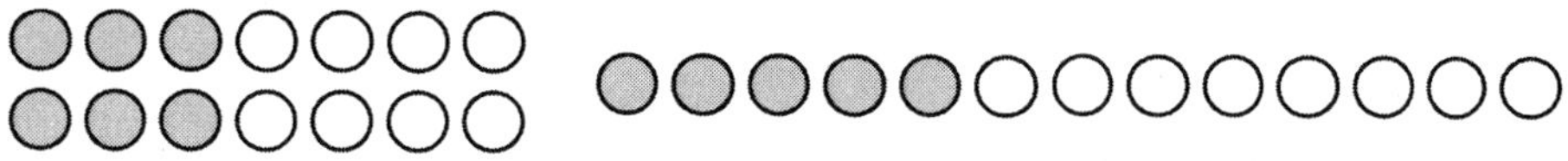

이번에는 앞의 비를 복제하는 것만으로도 목표를 달성할 수 있다. 각각의 두 번째 구성요소에는 동일한 개수의 흰 칩이 있다.

이러한 결과들을 어떻게 해석해야 하는가? 비는 여러 방법으로 비교될 수 있지만 해석은 까다롭다. 이전에 다루었던 주스 문제를 떠올려 보자. 각각의 단지에 있는 주스의 개수를 비교하지는 못한다. 주스의 농도는 각각의 단지에 물(비에서는 두 번째 구성요소)이 주스에 얼마나 섞여 있는지에 따라 결정된다.

비는 긍정(positive)과 부정(negative)으로 해석되는 '인정-반대'라는 속성을 가지고 있다. 승패 기록에서 5승 6패와 2승 3패 중 어느 것이 좋은 기록인가? 5승이 2승보다 더 좋다고 말할 수는 없다. 우리는 얼마나 많이 패했는지를 고려해 해석해야 한다. 이는 절대비교와 상대비교를 떠올리게 한다. 비는 상대비교이다. 다시 말해서 5승은 패의 수에 따라 좋은 기록이 될 수도 있고 나쁜 기록이 될 수도 있다.

- 150번의 패와 비교해서 5승은 좋지 않은 기록이다.
- 6번의 패와 비교해서 5승은 그럭저럭 괜찮은 기록이다.
- 2번의 패와 비교해서 5승은 좋은 기록이다.

이것을 마음에 새기고, 다음 예들을 해석해보자.

예 1 어떤 팀이 15승을 했다면 20패 또는 32패 중 어느 것이 더 좋은 기록인가? 분명 20패를 한 경우가 더 인상적인 기록이라 할 수 있으며 3:4는 상대적으로 좋은 기록이 된다.

- 첫 번째 구성요소가 오렌지 주스이고 두 번째 구성요소가 물이라면 첫 번째 비에 의해 만들어진 것과 두 번째 비에 의해 만들어진 주스 중에서 어느 주스가 더 강한 오렌지 맛이 나는가? 주스 15병을 물 20병으로 희석한 것이 물 32병으로 희석한 것보다 더 강한 오렌지 맛을 낼 것이다.
- 15개의 긍정적인 것(positive)이 부정적인 것(negative)과 각각 1:1로 짝지어진다면 첫 번째 경우에는 추가로 5개의 부정적인 것이 남게 되는 반면 두 번째 경우에는 추가로 17개의 부정적인 것이 남게 된다. 이는 3:4가 좀 더 긍정적인 것을 많이 가지고 있음을 의미하며 반대로 5:8은 좀 더 부정적인

것을 많이 가지고 있음을 의미한다.

- 총 15명이 함께 게임을 한다면 20명을 상대하는 것과 32명을 상대하는 것 중 어느 것이 더 나은 상황인가?
- 물건 15개를 20달러에 사는 것과 똑같은 물건 15개를 32달러에 사는 것 중 어느 것이 더 좋은 거래를 한 것인가?

어느 것이 좀 더 나은지(또는 바람직한 것인지, 또는 좀 더 경제적인지) 결정하려면 복제를 통해 두 구성요소 중 하나를 같게 만들어 다른 하나의 구성요소를 빼서 비교하면 된다. 이를 알고 있다면 문제 풀이가 단축될 것이다.

예 2 입장권 2개를 3달러에 사는 것과 입장권 5개를 6달러에 사는 것 중 어느 것이 더 좋은 거래인가?

비 2 : 3으로 시작해서 2 : 3의 첫 번째 구성요소(입장권 수)를 동일하게 만들어 보자. 2 : 3에서 첫 번째 구성요소가 5의 배수가 될 때까지 복제하자. 복제된 것 안에서 5 : 6이 2번 복제된 것을 발견할 수 있다. 이 2개의 5 : 6을 표시해 보자.

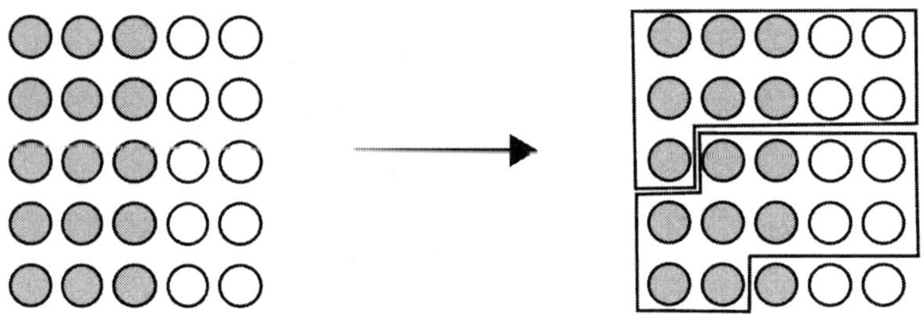

2 : 3을 5번 복제하면 10 : 15가 되고 여기에 5 : 6을 2번 매치시킬 수 있지만 3개의 흰 칩이 남아있게 된다. 이는 무엇을 의미하는가? (비는 항상 해석이 필요하다는 점을 기억하라.) 2 : 3으로부터 시작해서 5 : 6을 짝지었고 결국 여분의 달러가 남게 되었다. 이는 입장권 2개를 3달러에 사는 것이 입장권 5개를 6달러에 사는 것보다 비싸다는 의미이다. 이를 통해 입장권 5개를 6달러에 사는 것이 더 좋은 거래라는 것을 알 수 있다.

양(positive)과 음(negative)의 관점에서 이것을 생각해보자. A만큼의 '양'을 가지고 거기에 그보다 작은 것을 뺀다면 당신은 양(positive)의 구성요소를 가지게 될 것이다. 그러나 A만큼의 양을 가지고 거기에 그보다 더 큰 값을 뺀다면, 당신은 음(negative)의 구성요소를 가지게 될 것이다. 이것이 우리가 입장권 5개를 6달러에 사는 것이 '달러에 대한 입장권의 비'에서 더 큰 비라고 결론지을 수 있는 이유이다.

예 3 (예 2의 다른 방법)

5 : 6으로 시작해보면 복제하지 않아도 2 : 3을 짝지을 수 있다. 2 : 3을 2번 복제해서 표시해보면 하나의 입장권을 의미하는 색칠한 동전 1개가 남는다.

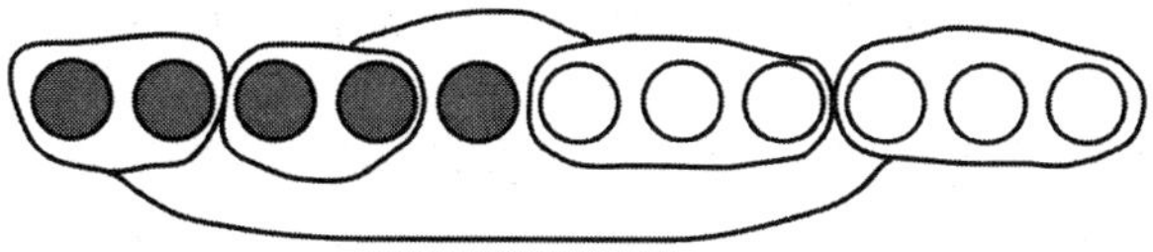

이는 무슨 의미인가? 우리는 입장권 5개를 6달러에 샀고 여기에 다른 거래를 짝지었다. 입장권 2개를 3달러에 사는 비율로는 6달러로 입장권을 4개밖에 사지 못한다. 따라서 입장권 5개를 6달러에 살 때, 동일한 가격으로 입장권 1개를 추가로 받을 수 있다. 긍정적인 것과 부정적인 것의 관점에서 보면 우리가 두 번째 비를 5 : 6에서 빼고 나면 긍정적인 구성요소가 남게 된다. 따라서 5 : 6이 '달러에 대한 입장권의 비'에서 더 큰 비가 된다.

비를 서로 어떻게 비교하는지 이해하기 위해서 두 가지 색의 칩을 그려보고 조작해보면 수행하고자 하는 연산을 표현하기 위해 비를 계산하는 것이 수월해 진다. 예를 들어 입장권 문제에서 행했던 조작은 다음과 같이 칩 조작으로 표현할 수 있다.

방법 A: $5(2:3)-2(5:6)=(10:15)-(10:12)=(0:3)$

방법 B: $(5:6)-2(2:3)=(5:6)-(4:6)=(1:0)$

이 두 가지 해결법은 서로 다른 방법이지만 결과를 해석해보면 동일하다. 사실 비를 비교하는 모든 문제는 어떤 비로 시작하는지 그리고 어떤 순서로 구성요소를 놓을지에 따라 해결방법이 다양하다(예를 들어 '달러에 대한 입장권의 비'인지, '입장권에 대한 달러의 비'인지). 다음 예제는 비에 대한 비교를 어떻게 시작하고 해석하는지에 따라 다르게 나타나는 네 가지 비교 방법이다.

예 한 지역의 극장에서 지난주에 할인 행사를 했다. 용이네 가족(모두 어른)과 다인이네 가족(모두 어른)은 서로 다른 극장에서 영화를 봤다. 용이네 가족 5명은 스트랜드 극장에서 9달러에 영화를 봤고 다인이네 가족 4명은 마제스틱 극장에서 7달러에 영화를 봤다. 어떤 극장에서 좀 더 좋은 가격으로 본 것인가?

(1) 스트랜드 극장의 가격으로 시작해서 사람 대 달러의 비를 사용하시오.

$$4(5:9)-5(4:7)=(20:36)-(20:35)=(0:1)$$

스트랜드 극장은 사람에 대한 달러의 비는 크고 달러에 대한 사람의 비는 작다. 따라서 마제스틱 극장이 좀 더 좋은 가격이다.

(2) 마제스틱 극장의 가격으로 시작해서 사람 대 달러의 비를 사용하시오.

$$5(4:7)-4(5:9)=(20:35)-(20:36)=(0:-1)$$

마제스틱 극장은 사람에 대한 달러의 비는 작고 달러에 대한 사람의 비는 크다. 따라서 마제스틱 극장이 좀 더 좋은 가격이다.

(3) 스트랜드 극장의 가격으로 시작해서 달러 대 사람의 비를 사용하시오.

$$7(9:5)-9(7:4)=(63:35)-(63:36)=(0:-1)$$

스트랜드 극장은 달러에 대한 사람의 비가 작고 사람에 대한 달러의 비는 크다. 따라서 마제스틱 극장이 좀 더 좋은 가격이다.

(4) 마제스틱 극장의 가격으로 시작해서 달러 대 사람의 비를 사용하시오.

$$9(7:4)-7(9:5)=(63:36)-(63:35)=(0:1)$$

마제스틱 극장은 달러에 대한 사람의 비가 크고 사람에 대한 달러의 비는 작다. 따라서 마제스틱 극장이 좀 더 좋은 가격이다.

11.4 지도 과제로서의 비 »

일상적인 언어에서 발생하는 미묘한 어감의 차이로 인해 특정 상황 속에 있는 비를 교실에서 다루기는 쉽지 않다. 때문에 비에 대한 문제를 풀 때는 각각의 상황을 세밀하게 논의하는 것이 중요하다. 정보가 비로 기록될 경우 암시적인 것과 명시적인 것 중 어떤 것이 더 적절한가? 비에 대한 정보를 해석하는 것은 다른 주제(예를 들어 표본 수집, 통계, 확률 등)에 많은 영향을 준다.

학교에서 비의 특정 상황에 관련된 논의는 다음 질문들에 초점이 맞추어져 있어야 한다.

- 눈에 보이는 사실 외에 내가 이 상황에서 추가로 알 수 있는 것은 무엇인가?
- 이 비를 축소시켜도 되는가? 이 비를 확장시킬 수 있는가?
- 이 비를 축소시키거나 확장시킨다면 어떤 정보를 얻고 어떤 정보를 잃게 되는가?

• 더 작은 표본이나 더 큰 표본을 선택해도 그 비에 적용될 수 있는가?
• 나누어진 비(divided ratio)의 의미는 무엇인가?

예 1 갈색 달걀과 흰색 달걀의 비가 3 : 9인 달걀 한 판이 있다. 갈색 달걀은 이 상자의 $\frac{3}{12}$만큼 있다. 흰색 달걀은 이 상자의 $\frac{9}{12}$만큼 있다. 이제 눈을 가리고 상자에서 4개의 달걀을 꺼내어보자. 꺼낸 달걀 중에 몇 개가 갈색 달걀인지 예상할 수 있는가?

예상할 수 없을 것이다. 3 : 9라는 비와 분수 $\frac{3}{12}$, $\frac{9}{12}$는 전체 상자에 대한 것만을 이야기해준다. 여기에 상자의 부분 집합에 대한 정보는 없다. 4개의 달걀을 무작위로 꺼내었을 때 1개의 갈색 달걀과 3개의 흰색 달걀을 꺼내리라는 보장은 없다.

예 2 교실에서 남학생과 여학생의 비가 3 : 4라면 이 교실에 대해 무엇을 더 이야기할 수 있는가?

이 비는 여학생 3명당 남학생 4명이 있음을 말해준다. 반 전체의 학생 수는 7의 배수임에 틀림없다. 우리는 이 반의 학생 수가 7명인지, 14명인지, 21명인지 또는 더 많은 학생들이 있는지 알 수는 없지만 반에 있는 학생들의 총 수에 대한 여학생의 수를 $\frac{3}{7}$이라는 분수로 간단하게 표현할 수 있다. 즉 이 반에는 여학생이 $\frac{3}{7}$만큼 있고 남학생은 $\frac{4}{7}$만큼 있다.

예 3 한 반에 여학생과 남학생의 비가 3 : 4이다. 만일 7명의 학생들을 무작위로 선택한다면 여학생 3명과 남학생 4명을 선택하게 되는 것인가?

꼭 그렇지만은 않다. '여학생 3명 : 남학생 4명'의 비, 즉 여학생이 분수로 $\frac{3}{7}$만큼 있고 남학생은 분수로 $\frac{4}{7}$만큼 있다는 것은 교실에 있는 모든 여학생들의 수와 모든 남학생들의 수를 의미한다. 이는 그 반의 부분이나 표본에는 적용되지 않는다. 따라서 7명의 이름을 무작위로 선택했을 때 꼭 여학생 3명과 남학생 4명을 선택하리라는 보장은 없다.

예 4 물에 알코올이 30% 농도로 섞여있다. 이 혼합물에서 한 컵을 가져왔을 때 이 컵의 알코올은 몇 퍼센트인가?

이 혼합물을 구성하고 있는 요소의 양은 어떤 크기의 표본을 취한다 하더라도 동일한 비를 유지한다. 이 혼합물은 알코올 3 정도와 물 7 정도로 구성되어 있다. 그 혼합물에서 어떤 크기의 표본을 취한다고 해도 다시 말해서 3컵이든, 3방울이든, 3갤런(3.7L를 나타내는 단위)이든 알코올과 물의 비는 3 대 7의 비로 이루어져 있을 것이다.

예 5 오렌지 3개가 0.69달러에 팔렸다. 이 비를 확장시킬 수 있는가? 즉 오렌지 3개를 더 산다면 0.69달러에 3개의 비율로 지불할 것인가?

3 : 69의 비율은 그 의미상 6 : 138로 확장시킬 수 있다. 즉, 오렌지 3개에 0.69달러라고 광고하는 것을 보고 6개를 1.38달러에 살 수 있다는 것을 생각할 수 있다.

예 6 존은 25살이고 그의 아들은 5살이다. 이 비를 확장시킬 수 있는가?

$\frac{25}{5}=\frac{5}{1}$이라는 비는 아버지와 아들의 현재 나이를 비교하고 있다. 내년에 아버지가 아들보다 5배 더 나이를 먹는 것은 아니며 미래의 어느 순간에도 그럴 수는 없다. $\frac{5}{1}$라는 비는 현재 상황에서의 나이 관계를 묘사하고 있을 뿐이다. 이 비는 다른 년도에는 확장될 수 없으며 예측 능력도 가지고 있지 않다.

예 7 존은 25살이고 그의 아들은 5살이다. 이 비를 축소시키는 것은 어떤 효과가 있는가?

25 : 5라는 비는 5 : 1이라는 비로 축소될 수 있다. 비를 축소함으로써 아들과 아버지의 현재 나이라는 정보(현재성)는 없어지지만 아버지가 현재 아들보다 5배 더 많이 살았다는 정보는 얻을 수 있다.

예 8 이번 시즌 우리 팀의 승패는 4승 2패이다. 이 비를 축소시키는 것은 어떤 효과가 있는가?

2승 1패라는 비는 4승 2패라는 비와 동일하지 않다. 비를 축소시키면 총 경기 수라는 정보는 사라진다. 이번 시즌 기록인 4승 2패라는 비는 이 팀이 6번 경기를 했다는 것을 말해준다. 2승 1패라는 비는 3번의 경기를 했다는 것을 의미하기 때문에 이 팀의 이번 시즌 기록이 될 수 없다. 또한 시즌 기록을 2승 1패라는 비의 배수라고도 생각할 수 없다. 이 비는 팀 시즌의 상반기와 후반기를 의미하는 것이 아니다. 왜냐하면 한 시즌을 4승 2패로 만드는 방법은 여러 가지이기 때문이다.

예 9 존의 평균 타율이 0.368이라는 것은 어떤 의미인가?

평균 타율은 산술평균으로서의 평균이 아니며 평균속력과는 다르게 두 양의 비교로 기록되지 않는다. 평균 타율은 타석에 들어선 수를 안타의 수로 나눈 비이다. (안타와 타석은 기술적인 정의가 있다.) 야구의 평균 타율은 타자의 능력에 대한 지표가 된다.

다른 경우에는 비에 대한 해석이 비의 특성(예를 들어 확장가능한지, 나눌 수 있는지 등)의 상호작용으로 인해 복잡해질 수 있다. 존이 6번 타석에서 안타 5번을 친 경우를 생각해보자. 나누어진 비로는 평균 타율을 0.833이라 할 수 있다. 존이 이런 이례적인 기록을 확장시키는 것은 거의 불가능에 가깝다. 이 성적을 60번 타석에 들어설 때마다 유지할 수는 없지만 $\frac{5}{6}$와 $\frac{50}{60}$은 모두 0.833이다. 따라서 나누어진 비는 5:6과 50:60이 매우 다른 사실이라는 것을 알기 어렵게 만든다.

예 10 나누어진 비는 어떤 의미인가?

$\pi = 3.14159\cdots$(대략 3.14)는 원의 반지름에 대한 원의 둘레의 비를 의미한다. $\sqrt{2}:1$ (대략 1.414)는 정사각형의 한 변에 대한 빗변의 비를 의미한다.
$\Phi = 1.61803\cdots$는 황금비를 의미한다.
1.9는 성조기의 세로에 대한 가로의 비를 의미한다.
우리는 이런 비를 비교의 형태로 표현하지 않고 나누어진 형태로 기록한다. 이는 이런 비가 서술성과 예측성이라는 두 가지 성질을 가지기 때문이다. 이런 비는 원, 정사각형, 그리고 특정 직사각형과 성조기에 대한 특별한 특성을 설명할 수 있다. 하지만 국기, 직사각형, 원, 그리고 정사각형은 다양한 크기를 갖는다. 이런 특별한 특성을 비로 제시함으로써 우리는 이것을 이용하여 다양한 크기로 다시 만들 수 있다. 예를 들어 π를 $\frac{15.708}{5}$로 기록한다면 단위가 5인 반지름을 가진 원의 원주와 반지름의 비를 나타낼 수 있다. 하지만 $\pi = 3.14159$로 기록함으로써 모든 원의 반지름에 대한 원주의 특별한 관계를 알 수 있다.

예 11 '교과서 4개와 학생 5명'이라는 비가 있다. 이 비를 나누는 것은 어떤 의미인가? 우리가 4:5를 $\frac{4}{5}$라는 분수 형태로 써서 분수의 몫을 얻게 되면 어떤 의미있는 정보를 알 수 있는가?

$$4 \div 5 = \text{한 학생당 } \frac{4}{5}\text{권의 책}$$

표면상으로만 보면 이 분수의 몫은 이상하다. 그럼에도 불구하고 우리는 주위에서 '한 집에 1.5명의 아이가 있다'와 같은 나누어진 비에 대한 정보를 종종 듣곤 한다. 이렇게 나누어진 비는 평균으로서의 정보를 알려줄 수 있다. 평균적으로 한 학생당 0.8권의 책을 나누어줄 수 있다. 교실에 있는 모든 학생들이 $\frac{4}{5}$권의 책을 가진다는 의미가 아니라 어떤 학급에서 수업하기 위해 책이 충분한지에 대한 정보를 말해 주고 있는 것이다.

11.5 비율은 무엇인가? »

비율은 비를 확장한 것으로 이때 비를 확장한다는 것은 즉각적인 상황에서 뿐만 아니라 기간이 있는 상황에 적용되는 것이며 이 상황은 2개의 양이 동일한 방법으로 연계된다.

예 1 레기의 피자 가게에서는 일반적으로 '5명당 미디엄 피자 2판'을 주문한다. 이는 10명이 피자 4판을, 15명이 피자 6판을, 75명이 피자 30판을 주문한다는 의미이다. 4판의 피자를 10명의 사람들에게 제공하는 것(4 : 10)은 피자를 얼마나 주문할 것인가에 대한 일반적인 법칙의 구체적인 예시이다.

또한 시간에 따라 측정량이 변하는 경우 이에 대해 설명하기 위해 비율을 생각해 볼 수 있다. 이러한 비율은 '~당'이라는 말을 사용하기 때문에 알아보기 쉬우며 하나의 측정량과 1단위의 다른 측정량 사이의 관계로 축소될 (또는 나누어질) 수 있다. 이를 단위 비율이라 한다.

예 2 5시간당 30마일은 1시간당 6마일로 표현할 수 있다. 이 경우 단위 비율은 6mph이다.

이러한 예들에서는 비율을 이해할 수 있는 미묘한 어감의 차이를 찾을 수 없다. 거의 모든 비율 상황들은 상황의 맥락적인 의미를 밝히기 위한 논의를 필요로 한다. 다음 예들은 학생들이 다양한 상황에서 비율을 접했을 때 생각해 보아야 하는 부분들이다.

예 3 축구팀은 이번 시즌에서 지금까지 3승 2패라는 기록을 가지고 있다. 이 비율로 이번 시즌(15게임)이 끝난다면 그들의 기록은 어떻게 될 것인가?
일반적으로 3승 2패라는 비는 확장 될 수 없다. 왜냐하면 팀이 추가로 한 게임을 하자마자 이 팀이 이기든 지든 관계없이 그 비율은 달라지기 때문이다. 하지만 '이런 비율로'라는 말은 만일 이 팀이 현재의 기록을 비례적으로 유지하며 15번의 게임을 치를 경우 어떻게 될 것인가에 대한 상상을 할 수 있게 도와준다. 하지만 8번의 게임 후 승과 패의 수를 결정하는 경우에는 도움을 줄 수 없다.

예 4 비율은 일정하거나 변동될 수 있다.
(1) 환산 값, 예를 들어 12인치 = 1피트, 10센티미터 = 1데시미터와 같은 값들

은 변하지 않는 일정한 비율이다.

(2) 국제 환율은 항상 변한다.

(3) 차로 여행할 때의 속력은 크루즈 컨트롤[2]이 켜져 있지 않는다면 계속해서 변화한다.

(4) 물이 욕조에 채워지는 비율은 구멍을 얼마나 크게 열었느냐에 따라 느리거나 빠를 수 있다.

예 5 수학적으로 비율을 확장시킬 수는 있지만 현실 세계에서 항상 확장될 수 있는 것은 아니다. 육상선수가 3km를 25분만에 뛴다고 가정해보자. 이 선수가 300km를 2500분(41시간)만에 뛸 수 있는 것은 아니다.

예 6 몇몇 비율은 하나의 수로 기록된다.

(1) 그녀의 심박동 수는 68이다.

(2) A 국가의 출생률은 12.4이다.

(3) 실업률은 3.4%이다.

(4) 물가인상률은 4.6%이다.

이러한 예시들에서 비율은 '특정 측정량당 ~'이라는 말을 함축하고 있지만 사실 이런 비율은 나누어진 비나 분수의 몫에 가깝다. 이런 비율들이 표현하고 있는 것들을 다시 비교해보기 위해서는 이들이 어떻게 계산되었는지에 대한 추가적인 정보가 필요하다. 심박동수는 1분당 심장이 뛰는 수에 대한 비교이다. 이는 보통 10초 동안 심장이 뛰는 수를 센 후 그 값에 6을 곱해서 구한다. 특정 '양'으로 나누어진 것들에서 나누기의 결과가 아주 작은 수일 경우 100 또는 1000을 곱해 퍼센트 혹은 천 개당 몇 개라는 식으로 기록한다. 몇몇 나라에서 출생률은 모든 인구수에 대한 태어난 아이의 수의 비율에 1000을 곱해서 정의한다(인구 1000명당 태어난 아이의 수). 비슷하게 실업률은 퍼센트로 표현한다. 실업률 역시 일반적인 노동 현장에 있는 인구수에 대한 고용되지 않은 인구수의 비율에 100을 곱해 정의하며 이것은 표본을 통해 결정된다. 마지막으로 물가인상률의 경우 아마 이들 중에서 가장 알기 어려운 비율일 것이다. 사실 많은 변수들은 컴퓨터로 계산되며 대부분의 사람들은 이것이 어떻게 계산되는 것인지 알지 못한 채 단지 그 의미에 대한 느낌만 가지고 있을 뿐이다.

---

2) 정속 주행 장치: 자동차의 속도를 일정하게 유지하도록 하는 장치. '정속 주행 장치' 혹은 '자동 속도 조절 장치'라고 한다.

11.6 비율과 비 조작 »

앞서 살펴보았듯이 비와 비율은 결과를 해석하는 규칙이 없을 뿐만 아니라 조작에 대한 규칙도 없다. 의미나 조작의 적절성은 상황 의존적이기 때문에 발생하게 되는 각각의 문제들을 교실에서 논의해보는 것이 중요하다. 간단히 말하자면 비와 비율은 그것이 무엇을 의미하는지 그리고 어떻게 조작하는 것인지 기초부터 하나씩 알아야만 한다. 비와 비율은 가능한 다양한 상황에서 경험하는 것 말고는 다른 대안이 없다.

비와 비율을 순수하게 수학적인 대상으로 여길 경우 비와 비율을 동치의 형태로 축소시키거나 확장시킬 수 있지만 현실에서 그런 조작은 의미가 없을 수 있다. 비와 비율은 종종 '부분과 전체의 분수'처럼 행동하지 않는다. 다음 예시를 살펴보자.

예 1 한 농구 선수가 6번의 자유투 중에 4번을 성공했다고 생각해보자. 연습 후에 그는 또 다시 6번의 자유투 기회를 얻었고 그 중에 3번을 성공했다. 하루 동안 그의 자유투 기록을 어떻게 나타낼 수 있는가?

자유투에 대한 득점의 비를 살펴보면 우리는 $(4:6)+(3:6)=(7:12)$라는 비를 얻을 수 있다. 만일 비를 분수 형태로 쓸 경우 $\frac{4}{6}+\frac{3}{6}=\frac{7}{12}$이라는 분수를 얻을 수 있다. 분자와 분모를 서로 합하는 것은 분명 분수를 더하는 표준 알고리즘이 아니다.

예 2 우리는 앞서 영화 입장권 문제를 해결할 때, $5(2:3)=(10:15)$라고 했었다. 통속적인 분수의 곱셈에서는 $5\left(\frac{2}{3}\right)=\frac{10}{15}$이라고 하지 않는다. 하지만 이러한 곱셈은 동치분수를 만드는 과정과 일맥상통한다. 동치분수를 쓸 경우 우리는 간단하게 분수의 위, 아래에 1을 곱한다.

$$\frac{2}{3}\cdot\frac{5}{5}=\frac{10}{15}$$

11.7 선형 그래프 »

앞서 살펴봤듯이 특정 문맥에서 합리적인지 아닌지에 따라서 비를 확장시키거나 축소시킬 수도 있고 못할 수도 있다. 추상 수학의 대상으로서 비는 항상 확장되거나 축소될 수 있으며 이는 사실 군(families)이나 류(class)로 나누어진다. 각각의 류는 개별적인 비의 모든 확장 축소를 포함하고 있으며 우리는 이런 식의 모든 류를 동치류라고 부른다. 고등학교 수학의 전 대수 수업에서 학생들의 수학 경험이 적용 불가능해지고 조금씩 추상화 되면서 동치류, 그래프, 기울기 등은 더욱 중요해진다. 땅콩 2파운드를 3달러에 팔고 있으며 살 수 있는 땅콩 수에 제한이 없다고 가정해보자. 유용한 정보를 얻기 위해 땅콩 파운드와 달러 사이의 관계를 곱의 형태로 변환시킬 수 있다.

2파운드는 가격이 3달러이다.

1파운드는 가격이 $\frac{3}{2}$달러 또는 1.50달러이다.

1달러로는 $\frac{2}{3}$파운드를 산다.

몇 파운든지 간에 파운드에 $\frac{3}{2}$을 곱함으로써 파운드와 달러를 연동시킬 수 있다. 예를 들어 4파운드의 가격은 6달러이고 $6\frac{2}{3}$파운드의 가격은 10달러일 것이다. 물론 더 많은 순서쌍들이 있으며 이는 우리가 사용할 수 있는 수가 제한적이지 않기 때문이다. 이 순서쌍들을 파운드가 x축이고 달러가 y축인 그래프로 나타내보자.

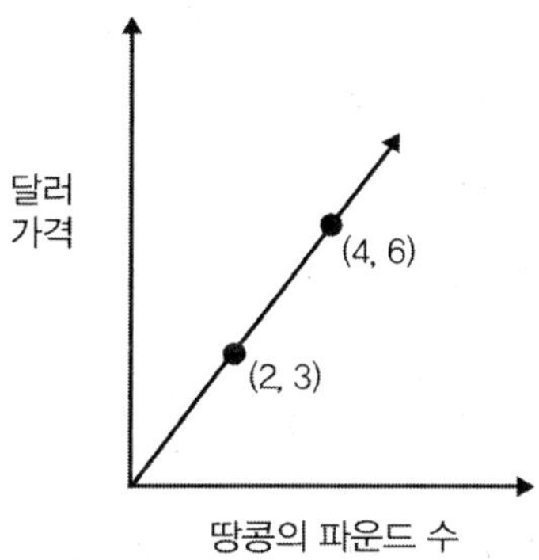

이 그래프에는 (2, 3)과 (4, 6)이라는 2개의 점이 있다. 그리고 이 2개의 점은 비 3:2와 6:4라는 달러 대 파운드의 비와 같으며, 이러한 점들에 의해 결정된 직선과도 일치한다. 직선을 그려서 땅콩의 양이 달라질 경우에도 이 비율을 확장시킬 수 있게 된다. 그리고 이러한 확장을 통해 2파운드보다 적게 혹은 2파운드보다 더 많이 살 수 있으며 정수로 된 파운드 수만큼을 살 수도 있고 분수로 된 파운드 수만큼도 살 수 있다.

비례 상황에서 직선 그래프가 항상 (0, 0)을 지난다는 사실에 주목해보자. (땅콩을 전혀 사지 않았다면 그 가격은 0달러일 것이다.) 좌표 (x, y)와 그래프 상에서 표현되는 비율을 구별할 때는 주의해야 한다. 데카르트 좌표계에서 (2, 3)이라는 점은 {2, 3}이라는 류에 있지 않고, 오히려 파운드에 대한 달러의 비율을 고려했을 때

{3, 2}라는 류에 속해 있다.

이러한 비율들은 상대적인 비교를 나타내기 때문에 동치류에 속해 있다. 즉, 6이 4와 관계되는 방식으로 10은 $6\frac{2}{3}$와 관계되어 있으며 3과 2도 관계되어 있다. 대응하는 속성들이 서로 같은 관계를 공유하는 비율들은 같은 류에 속해 있으며 동일한 비로 감소한다. 이들 중 어떤 하나가 동치류의 이름이 되지는 못한다. $\frac{3}{2}$이라는 비율이 속해 있는 동치류를 말하기 위해 $\left\{\frac{3}{2}\right\}$라고 쓸 수는 있다. $\frac{10}{6\frac{2}{3}}$ 역시 동일한 류에 속하기 때문에 $\left\{\frac{10}{6\frac{2}{3}}\right\}$라고 할 수도 있다. 실제로 동치류는 그 비율 중 하나를 { } 안에 놓음으로써 이름 붙여질 수 있다. 예를 들어 $\left\{\frac{6}{4}\right\}$ 또는 {6, 4}는 비율 $\frac{6}{4}$이 속해 있는 모든 동치류를 의미한다.

땅콩의 파운드 양과 가격을 비교하는 그래프에서 모든 점의 좌표들은 동일한 관계를 가진다. 예를 들어 좌표가 직사각형 모양이 되는 점을 살펴보자. 이 좌표는 (3, $4\frac{1}{2}$)과 (6, 9)이다. 이들은 $4\frac{1}{2}:3$과 $9:6$이라는 가격 대 파운드의 비(y 대 x의 비)를 표현해준다. 같은 류에 속해 있는 모든 비율들은 서로 동일하며 비를 1파운드당 가격인 단위 비율 $\frac{1.5}{1}$로 축소시킬 수 있다는 점에 주목해보자.

이제 직선의 기울기를 살펴보자. 수직이 아닌 직선 위의 모든 두 점 (x_1, y_1), (x_2, y_2)에 대해 그 기울기는 다음과 같다.

$$\frac{y\text{축 변화량}}{x\text{축 변화량}} = \frac{y_2 - y_1}{x_2 - x_1}$$

따라서 점 (2, 3)과 점 (4, 6)을 연결하는 직선의 기울기는 다음과 같다.

$$\frac{6-3}{4-2} = \frac{3}{2} = 1.5$$

그래프에서 (6, 9)와 (2, 3)같이 임의의 두 점 사이의 기울기를 구해보면 $\frac{1.5}{1} = 1.5$가 된다. 나누어진 비가 직선의 기울기가 되는 것이다.

우리는 다음과 같은 관계를 알게 되었다.

- 같은 동치류에 속해 있는 모든 비율들은 서로 다른 '양'으로 구성되어 있지만 모두 같은 단위 비율로 축소된다.
- 같은 류에 속해 있는 비율들을 포함하고 있는 직선의 기울기는 단위 비율이 된다.
- 비례상수(변하지 않는 수)는 각각의 동치류와 관련되어 있다. 비례상수는 그 류

의 모든 비를 나누어 보면 알 수 있다. 비례상수를 알면 동치류의 모든 다른 원소들을 만들어 낼 수 있다. 비례상수는 모든 순서쌍들을 포함하고 있는 직선의 기울기이다.

- 직선의 기울기인 비례상수는 비례의 특성을 갖는 상수이다.

11.8 비와 비율을 그래프로 비교하기 »

'맛있는 과일 주스' 회사에서 다양한 과일 주스를 병에 담아 판매한다. 작은 사과 주스는 12병의 사과 농축액과 30병의 물을 섞어 만들었고 큰 산딸기 주스는 16병의 산딸기 농축액과 36병의 물을 섞어 만들었다. 어떤 주스가 더 과일 맛이 강하게 나는가?

이 문제는 비를 비교하는 문제이다. 이미 여러 방법으로 해본 것이지만 여기서는 동치류를 통해 알게 된 연관성이 어떻게 단위 비율 기울기 등에 도움을 줄 수 있는지 살펴보고사 한다.

각각의 동치류를 그래프로 그려보자. 만약 이 두 혼합물이 동일한 과일 맛을 낸다면 하나의 직선만이 그려질 것이다. 반면 각각의 조리법이 서로 다른 류에 속한 것이라면 2개의 직선이 그려질 것이고 그 두 직선의 기울기를 서로 비교할 수 있을 것이다.

과일 농축액의 양을 y축에 놓고 (0, 0)과 그 류에 속해 있는 하나의 원소를 연결해서 각각의 동치류에 대한 직선을 그려보자. $12:30=6:15$이므로 점 (0, 0)과 점 (15, 6)을 사용해 사과 주스에 대한 직선을 그릴 수 있다. $16:36=4:9$이므로 산딸기 주스에 대한 직선을 그리기 위해서는 점 (0, 0)과 점 (9, 4)을 사용하면 된다. 물에 대해서 농축액의 비중이 더 큰 것이 더 가파른 직선이 된다는 사실에 주목해보면 이 경우에는 산딸기 혼합물이 더 과일 맛이 난다고 볼 수 있다.

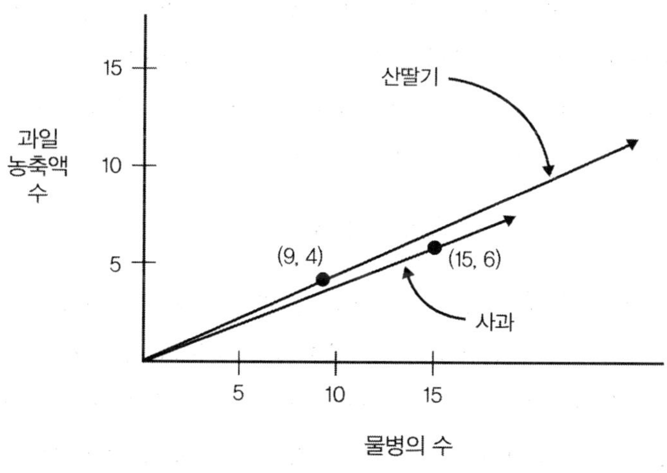

계산을 통해 각각의 직선의 기울기를 확인해보자.

$$\text{산딸기 직선: } \frac{4-0}{9-0}=\frac{4}{9} \text{ 또는 } 0.44, \quad \text{사과 직선: } \frac{6-0}{15-0}=\frac{6}{15} \text{ 또는 } 0.4$$

이 기울기는 물의 변화량에 대한 과일 주스의 변화량이므로 더 큰 기울기는 물에 비해 농축액이 많음을 의미한다. 산딸기 혼합물이 좀 더 과일 맛이 날 것이다.

그래프를 그리지 않고 각각의 동치류를 비례상수와 비교할 수도 있다. 각각의 류에서 비례상수는 류 안의 나누어진 비로 구할 수 있다. 사과 농축액과 물의 비는 $12:30=0.4$이다. 산딸기 농축액과 물의 비는 $16:36=0.44$이다. 모든 $\{16:36\}$에 속해 있는 비는 0.44라는 상수와 관련되어 있다. 예를 들어, $\frac{16}{36}=0.44$이고 $\frac{4}{9}=0.44$이다. 모든 $\{12:30\}$에 속해 있는 비는 0.4라는 상수와 관련되어 있다. 예를 들어 $\frac{2}{5}=0.4$이고 $\frac{6}{15}=0.4$이다. 이는 산딸기 혼합물에서 물에 대한 농축액의 비가 크다는 것을 말해 준다.

만일 각각의 농축액에 대한 물의 비를 살펴보았다면 다음과 같은 식을 얻을 것이다.

$$\text{물 } 30:\text{사과 농축액 } 12=2.5$$
$$\text{물 } 36:\text{산딸기 농축액 } 16=2.25$$

이때 나누어진 비는 사과 혼합물에 물이 더 많음을 말해주고 있다. 따라서 산딸기 혼합물에는 물이 덜 들어갔으니 과일 맛이 더 강하게 날 것이다.

11.9 속력: 가장 중요한 비율 »

가장 일반적인 비율 상황 중 하나가 거리-시간-속력의 관계이다. 우리는 일상생활 속에서 여러 가지 방식으로 이 관계를 접하고 있지만 연구자들은 대부분의 사람이 이 관계를 이해하지 못했음을 밝혀냈다. 많은 사람들이 아래의 공식을 보고 기계적으로 2개의 수(단위 없이)를 나머지 한 수를 구하기 위해 대입해 왔지만 이 관계의 구조를 이해하기 위해선 오랜 시간이 필요하다.

$$\text{거리} = \text{속력} \cdot \text{시간}$$

학생들이 거리를 처음 이해할 때 그 이해는 자전거를 타고(또는 뛰어서) 특정 장소에 도달하려면 얼마나 걸리는지 등의 경험에 기초한다. 2대의 차가 동시에 같은 장소에서 출발해 한 차가 30mph의 속력으로 이동하고 있고 다른 차가 40mph의 속력으로 이동하고 있을 때 어떤 일이 발생할지 학생들에게 물어보면 대부분의 학생들은 두 번째 자동차가 항상 10마일 정도 앞서 있다고 대답한다. '거리는 시간이고 속력은 거리다'라는 생각은 성인이 되어도 유지된다. 우리는 학생들이 이런 오개념을 가지고 있음을 알고 있지만 거리-속력-시간의 관계는 교육과정에서 크게 주목받지 못하고 있다. 사실 학생들은 이러한 속성들을 주로 학교 밖 경험을 통해 처음 접하게 된다. 이들은 차의 속도계와 속도계 위의 수(25, 55 등)들에 익숙해져 있으며 이를 운동에 대한 물리 경험과 연관시킨다. 하지만 속도계는 속력이 직접 측정될 수 있는 속성이라는 생각을 강화시킨다. 게다가 학생들은 어른들이 거리 질문에 시간으로 대답하는 것을 듣기도 한다. "얼마나 멀리 떨어져 있어?" "음, 여기서 대략 10분쯤 걸려."

학생들은 거리-속력-시간 관계의 구조를 접할 필요가 있으며 속력과 운동을 비교하는 방법, 지금까지 논의했었던 비율의 특징, 등속(constant speed)의 의미, 평균속력의 의미 등을 명확하게 생각해보고 논의해야만 한다. 우리는 학생들이 이런 생각들을 당연하게 받아들일 것이라고 믿고 있지만 인터뷰를 해보면 이런 생각들을 제대로 이해하고 있지 않음을 알 수 있다. 이런 오개념들은 고등학교 과정이나 그 이후의 과정에서 개념적인 이해가 필요할 때 방해가 될 수 있다. 나의 경험에 비춰보면 심지어 미적분학 수업에서조차 학생들은 속력과 관련된 개념들(평균 변화율, 속력·속도, 이동거리·변위 등)로 인해 골머리를 앓고 있었다. 많은 상황에서 시간은 중요 변인으로서 간과되고 있다. 다소 놀랍지만 많은 미적분학 수업에서 학생들은 속력이 비율인지조차 몰랐다고 한다. D를 거리, R을 비율, T를 시간, 그리고 S를 속도라고 하면, 선생님이 $D = R \cdot T$라고 쓰기도 하고 $D = S \cdot T$라고 쓰기도 해서 속력과 비율이 서로 다르다고 생각하고 있다.

대부분의 고등학교 학생들이 속력을 복합적인 양[3], 즉 시간에 대한 거리의 비교로 보지 못한다. 학생들이 '시간당 마일'이라는 말을 사용하고 있지만 그들은 이 용어가 단지 속력에 붙여진 이름일 뿐이라고 생각하고 있지 속력이 어떻게 계산되는지는 생각하지 않는다. 이 장의 처음 부분 문제를 해결했던 6학년 학생 벤과 모니카는 꽤 똑똑한 학생들이다. 이 학생들은 거리-시간-속력의 관계를 몇 주에 걸쳐 배웠다. 벤의 해결방법은 세련된 방법이었다. 처음에 그는 4분 동안 각각 얼마만큼의 거리를 운행했는지를 생각했다. 그 후 비에 관한 표를 활용해서 한 바퀴 돌 때마다의 운행 시간을 분으로 기록했다. 그리고 자기만의 개념 구조를 이용해서 그 남자의 위치를 4분 간격으로 트랙에 표시했다. 모니카는 이 트랙이 2마일 정도의 거리일 것

3) composite quantity: 2개의 양이 합쳐진 속성을 의미한다.

이라 가정했고 남자들이 5바퀴 도는 동안의 시간을 계산하기 위해 이 가정을 사용했다. 하지만 시간에 대한 총 이동 거리를 그래프로 그렸을 때 그녀는 이 사람들이 트랙 위에 있다는 사실을 무시하고 일반적인 도로에서 자전거를 타는 것이라 생각했다. 모니카는 이 남자들이 절대 서로 만날 수 없으며 뉴만이 항상 앞에 있게 된다고 그래프를 해석했다. 그녀의 말만으로는 그녀가 그래프의 의미를 이해했는지 아니면 못했는지 명확하게 알 수는 없다. 우리는 그녀가 좀 더 설명해주길 바란다. 모니카는 깊이 있는 사고를 하고 있는가? 그리고 '앞에 있다'는 것이 '더 멀리 있다' 또는 '더 빠르다'는 의미인가?

거리-시간-속력 각각의 속성에 대한 구조를 이해한다는 것은 어떤 의미인가? 사실을 열거하거나 $D=R \cdot T$라는 공식을 아는 것이 해답이 될 수는 없다. 비록 이 공식이 어느 정도 관념적인 수준에서 세 가지 '양' 사이의 관계를 포착해내고 있지만 실제 상황에서 벌어지는 사건들의 관계는 이보다 훨씬 다양하다. 이 공식을 안다고 해서 문제를 해결하는 데 필요한 이해의 수준을 모두 충족했다고 볼 수는 없다. 우리는 학생들이 특정 상황에 대한 탐구로부터 이러한 관계들의 구조를 이해하고 그 이상으로 발전하길 원한다. 충분한 경험이 주어진다면 학생들은 다음과 같이 일반화할 수 있을 것이다. 거리가 2배일 때 속력이 동일하다면 거리는 2배가 될 것이다. 또는 거리가 2배일 때 시간이 동일하다면 속도는 2배가 될 것이다. 즉, 양들 사이의 관련성에 대해 깊이 이해하기 위해서는 다양한 상황에서 분석해보고 문제를 풀어보아야 한다.

11.10 속력의 특징 »

다른 비율과 마찬가지로 속력도 범위를 가진다. 즉, 논의 과정 안에서 속력은 명확한 부분(전체 여정이 될 수도 있고 아닐 수도 있다)에 적용된다. 추가적으로 모든 여정에서 속력이 등속인지 아닌지를 고려하는 것은 매우 중요하다. 만일 당신이 어떤 거리를 정속 주행하고 있다면 속력은 그 거리에서 등속이라고 말할 수 있다. (기술적으로 보면 정속 주행을 한다고 해서 등속을 유지할 수는 없다. 하지만 우리는 이 속도를 등속이라고 말하기에 충분하다는 점에 동의한다.) 현실적인 상황에서 이런 미묘한 어감 차이에 대한 논의는 학생들이 거리-속력-시간 관계를 풍부하게 이해할 수 있도록 해준다. 이들이 자명한 것이라 생각하지 않는 게 중요하다. 다음의 모든 시간 거리-속력-시간 상황에 대한 질문에 대답해보자. 이 정보는 우리에게 어떤 것을 알려주고 있는가? 나는 이 상황에서 무엇을 가정할 수 있는가? 일정하다는 것은 무엇인가? 어떤 양이 변하는가? 그 변하는 양들이 서로 어떤 식으로 관계되는가?

예 1 팀은 다른 도시에 가기 위해 거리의 절반을 55mph 속력으로 정속 주행했다. 그리고 나머지 절반의 거리를 50mph 속력으로 정속 주행했다. 우리가 알 수 있는 정보는 무엇인가?

여정의 전반부에서 팀의 속력은 55mph로 일정했으며, 후반부의 속력은 50mph로 일정했다. 여정의 전반부와 후반부의 속력이 다르기 때문에 각 부분에서의 시간은 서로 다르다.

예 2 잭이 65mph 속력으로 정속 주행하고 있다. 만약 2일간 주행한다면 얼마나 이동하는 것인가?

잭이 정속 주행하여 거의 등속에 가까울 수는 있지만 48시간 동안 운전하기 위해서는 중간에 휴식이 필요하며 그로 인해 전체 이동 거리에 영향을 줄 수 있다. 따라서 2일 동안 그가 얼마만큼 이동했는지는 알 수 없다.

예 3 잭은 3시간 동안 65mph 속력으로 정속 주행했다. 이 정보가 말해주고 있는 것은 무엇인가?

잭의 속력은 3시간 동안 일정했기 때문에 3시간 동안 총 195마일을 이동했다고 말할 수 있다. 또 중간의 어떤 특정한 시점에서 그 전까지 지나온 거리를 말할 수도 있다. 예를 들어 1.5시간 후에 그는 97.5마일을 이동할 것이며 2.25시간 후에는 146.25마일을 지날 것이다.

예 4 마르시아는 65mph 속력으로 195마일을 정속 주행했다. 이 정보가 말해주고 있는 것은 무엇인가?

마르시아는 3시간 동안 운전했을 것이다.

11.11 학생들의 속력에 대한 오개념 »

학생들은 여러 오개념들을 가질 수 있으며 우리는 항상 그것들에 주의를 기울여야 한다. 하지만 언급하고 넘어가야만 하는 매우 보편적인 오개념들도 있다. 이런 오개념은 '양'과 '변화'에 대한 논의가 유리수 이해에 중요한 지원이 되는 추론의 일부분이다.

학생들은 묶음 양(chunked quantities)을 다룰 때마다 매우 큰 어려움을 겪는다. 묶음 양은 특별한 이름을 가지고 있는 것을 의미한다. 그리고 이런 특별한 이름은 서로 다른 두 양의 '비'라는 본래의 성질을 알 수 없게 만든다. 예를 들어 속력과 밀도는 모두 비이다. 학생들은 속력이 직접적으로 측정되지 않는다는 사실과 서로 다른 두 양을 비교함으로써 나타나는 운동의 측정이라는 사실을 알아야 한다. 많은 학생들이 비에서 숫자와 단위를 어디에 놓든 상관없이 서로 바꾸어 놓곤 한다. 이러한 문제는 학생들이 비를 순서쌍으로 이해하고 있는 것과 연관되어 있으며 '양'에 대한 관심 부족(그냥 수를 조작하기만 하는 나쁜 습관)과도 연관되어 있다. 5mph는 5마일 : 1시간 또는 $\frac{5\text{마일}}{1\text{시간}}$을 의미한다. $\frac{5\text{마일}}{1\text{시간}}$은 $\frac{1\text{시간}}{5\text{마일}}$이나 $\frac{5\text{시간}}{1\text{마일}}$으로 바꿔 쓸 수 없다.

모든 오개념 중 가장 일반적인 것을 살펴보자. 학생들은 평균속도를 구하려면 각 부분의 속도를 더해서 각 부분의 개수로 나누면 된다고 생각한다. 즉, 학생들은 평균속도를 구하는 것과 시험 성적의 평균을 구하는 것이 같은 것이라 생각한다. 시험 성적은 범자연수일 뿐이지만 속력은 두 양 사이의 비교를 수반하고 있으며 평균속력을 알기 위해선 각 부분에서의 시간의 길이가 고려되어야만 한다. 다음 문제들과 방금 언급한 문제들은 모두 연관되어 있으므로 수업 중에 이 모든 것들을 명확하게 다루어 주어야 한다.

11.12 평균속력 »

속력과 연관시켜서 평균을 사용할 때에 평균은 비례적으로 나눔을 의미한다. 이는 산술평균을 의미하는 것이 아니다. 즉, 평균은 각 부분들의 속력의 평균과 같지 않다. 평균속력은 여행할 때 걸린 총 시간에 대한 총 이동거리를 의미한다. 따라서 평균속력은 동일한 거리를 동일한 시간 동안 등속으로 이동했을 경우에 어떤 속력이 되는지를 의미하게 된다.

예 1 만일 비행기가 3시간 동안 500mph로 등속 이동하였다면 처음 2시간 동안의 평균속력은 어떻게 되는가?
속력이 처음 2시간 동안 일정했기 때문에 500mph가 처음 2시간 동안의 평균속력이 된다. 500mph는 전체 3시간 동안의 평균속력이며 동시에 이 여정의 어떤 부분에서도 평균속력는 500mph이다.

예 2 60mph로 1시간 동안 운전하고 동일한 거리를 20mph로 여유롭게 경치를 구경하면서 운전했다고 생각해보자. 평균속력은 얼마인가? (힌트: 40mph는 아니다.)
전체 여정을 동일한 시간 간격으로 살펴보자. 20mph로 운전했을 경우 60마일을 돌아오기 위해선 3시간이 걸린다.

거리	60마일	20마일	20마일	20마일
시간	1시간	1시간	1시간	1시간

이런 식으로 살펴보면 총 거리는 120마일이며 총 걸린 시간은 4시간이다. 그러므로 평균속력은 30mph가 된다.

예 3 고속도로에서 80mph로 5마일을 운전한 뒤 집으로 가기 위해 국도를 타고 40mph로 5마일을 운전했다. 이 여정의 평균속력은 얼마인가? (힌트: 60mph은 아니다. 각각의 속력으로 이동할 때 걸린 시간은 서로 다르다.)
이 여정을 동일한 시간 간격으로 분석해보자. 80mph로 5마일을 3.75분 동안 이동했다. 3.75분 묶음으로 이 여정을 살펴보면 40mph로 움직일 때 3.75분 동안 절반밖에 이동할 수 없다.

거리	5마일	2.5마일	2.5마일
시간	3.75분	3.75분	3.75분

따라서 전체 여정의 총 거리는 10마일이고 총 걸린 시간은 11.25분이다. 이는 마일당 $\frac{10}{11.25}$분 또는 $\frac{10}{11.25} \cdot 60\text{mph} = 53.33\text{mph}$이다.

예 4 자전거 운전자가 30분 동안 10mph로 운전하다가 바퀴에 구멍이 나서 자전거를 이끌고 4mph의 속력으로 집에 돌아왔다. 이 여정의 평균속력은 얼마인가?
평균속력은 $\frac{10+4}{2} = 7\text{mph}$가 아니다. 왜냐하면 자전거 운전자가 4mph로 이동한 시간이 10mph로 이동한 시간보다 훨씬 작기 때문이다.
여정의 전반부에서는 30분이 걸렸다. 후반부에서는 얼마나 걸렸는가? 바퀴에 구멍이 나기 전까지 간 거리가 5마일이므로 5마일을 걸어 돌아 왔을 것이다. 4mph의 비율로 돌아오려면 1시간 15분이 걸린다.
이제 전체 여정을 30분 간격으로 살펴보자. 여정의 전반부에서는 30분이 걸렸다. 하지만 후반부에서는 2번의 30분과, 30분의 절반이 추가로 걸렸다.

거리	5마일	2마일	2마일	1마일
시간	30분	30분	30분	15분

이것은 그가 10마일을 1.75시간 동안 여행했음을 의미한다. $\frac{10}{1.75} = 5.7\text{mph}$.

11.13 거리-속력-시간 그리고 그래프 »

오토바이 운전자 A가 3시간 동안 40마일을 운전했다. B는 2시간 동안 20마일을 운전했다. 이들이 등속으로 운전했다고 가정했을 때 거리-시간 그래프는 다음과 같다.

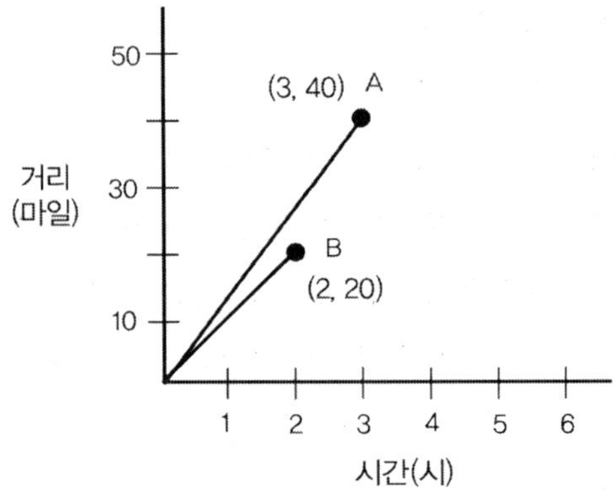

거리=속력(또는 비율)×시간, 즉 $d = s \cdot t$라는 것을 기억하자. 우리는 각각의 시간과 거리를 알고 있으므로 이들의 속력을 알 수 있다.

$$s = \frac{d}{t}$$

A의 속력은 $\frac{40}{3} = 13.3\text{mph}$이고 B의 속력은 $\frac{20}{2} = 10\text{mph}$이다.

이제 그래프에서 각각의 직선의 기울기를 계산해보자. A의 기울기는 $\frac{40-0}{3-0} = \frac{40}{3} = 13.3$이고 B의 기울기는 $\frac{20-0}{2-0} = \frac{20}{2} = 20$이다. 아마 알고 있겠지만 거리-시간 그래프에서 직선의 기울기는 속력을 의미한다. 그래프를 보면 A가 더 가파르게 올라가는데 이는 A가 더 빠르다는 것을 말해준다.

학생들에게 한 사람이 경험한 여행을 다음과 같은 그래프로 표현했다고 말했다. 그리고 이 그래프를 통해 무엇을 알 수 있는지 물어보았다.

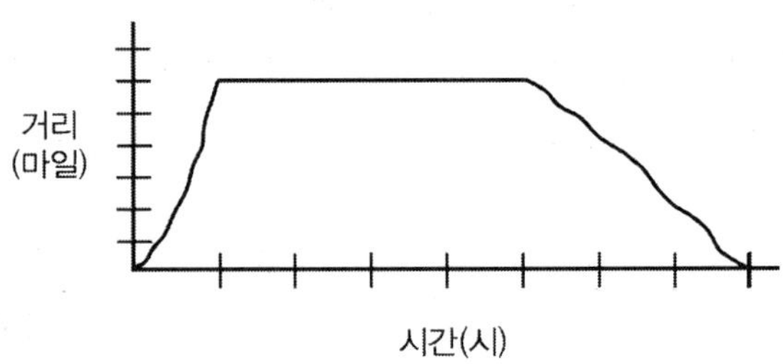

학생 A	이 사람은 산에 올라갔고, 거기서 피크닉을 했어요. 그리고 그 후에 다른 길로 집에 갔어요.

이 학생은 그래프를 제대로 읽지 못했다. 그는 그래프를 그림이라고 생각했다. 그래프를 읽기 위해선 하나의 변수를 다른 변수와 비교해서 생각해야만 한다. 학생들이 그래프를 정확하게 읽도록 만들려면 그래프의 각 부분들을 보게 하는 것이 좋다. 다음 그래프에 표시된 3개의 직사각형 부분을 살펴보자.

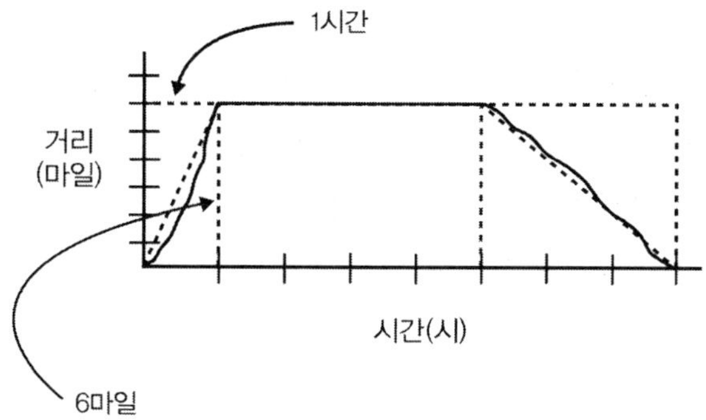

가장 왼쪽에 있는 된 직시각형을 보면 1시간 동안 6마일을 움직였다는 걸 알 수 있다. 이 사람은 아마 시간당 6마일 정도의 평균속력으로 움직였을 것이다. 속력은 그래프에서 어떻게 찾을 수 있는가? 원점 (0, 0)과 가운데 직사각형의 왼쪽 위 꼭짓점 (1, 6) 사이의 기울기를 확인해보자. 기울기는 가로의 변화량에 대한 세로의 변화량이다.

$$\text{기울기} = \text{평균속력} = \frac{\text{거리의 변화량}}{\text{시간의 변화량}} = \frac{6-0}{1-0} = 6$$

시작점과 도착점을 점선으로 연결하는 직선은 등속으로 이동했을 경우 각각의 시간에서의 이동거리를 의미한다. 비록 이 여행에서 등속으로 이동한 것이 아니라 할지라도 평균속력을 통해 이 여행을 특징지어 줄 수 있는 속도를 알 수 있다.

가운데 있는 직사각형 부분을 다시 살펴보자. 이때 가로의 길이는 흘러간 시간이 4시간임을 말해준다. 직사각형의 높이는 집으로부터의 거리가 6마일임을 말해주며 이는 4시간 동안 이 사람이 움직이지 않았음을 의미한다. 점 (1, 6)과 점 (5, 6) 사이의 평균속력은 0이다.

이제 마지막 부분을 살펴보자. 집으로부터의 거리는 이 사람이 집으로 다시 돌아올 때까지 계속 줄어들고 있다. 목적지까지의 거리와 집으로 돌아오는 거리는 서로 같지만 오고 가는 동안의 시간은 서로 다르다. 이 사람은 3시간당 6마일의 속력 즉, 2mph로 움직였을 것이다. 이 부분에서의 평균속력, 즉 점 (5, 6)과 점 (8, 0)을 잇는 점선의 기울기는 다음과 같다.

$$\frac{\text{거리의 변화량}}{\text{시간의 변화량}} = \frac{0-6}{8-5} = \frac{-6}{3} = -2\text{mph}$$

음수 값의 속력은 무엇을 의미하는가? 여기서 우리는 속력이 아니라 속도에 대해서 이야기해야 하며 시작점으로부터의 순 이동 거리와 총 이동 거리를 이야기하기 위해서는 새로운 개념을 도입해야 한다. 속도는 속력과 방향성을 가지는 벡터 값이다. 이 문제에서 돌아올 때의 속력이 −2mph라는 것은 처음 움직인 방향의 반대 방향으로 2mph의 속력을 가지고 움직였음을 의미한다. 변위는 시작점으로부터 얼마만큼 떨어져있는지를 말해준다. 총 이동거리는 12마일(갈 때 6마일, 올 때 6마일)이지만, 시작점으로 다시 돌아왔으므로 변위는 0이다.

활동

01 다음 문장들을 비를 표기하는 방법으로 표현하시오.

(1) 여학생 3명당 남학생 2명이 짝지어졌다.

(2) 농부 존은 돼지의 $\frac{4}{5}$만큼의 소를 가지고 있다.

(3) 메리는 그녀의 엄마에 비해 $\frac{2}{3}$만큼 크다.

(4) 댄은 베키보다 $2\frac{1}{2}$만큼 무겁다.

02 다음 그림을 부분과 전체의 비교, 비율 두 가지 방식으로 해석하시오.

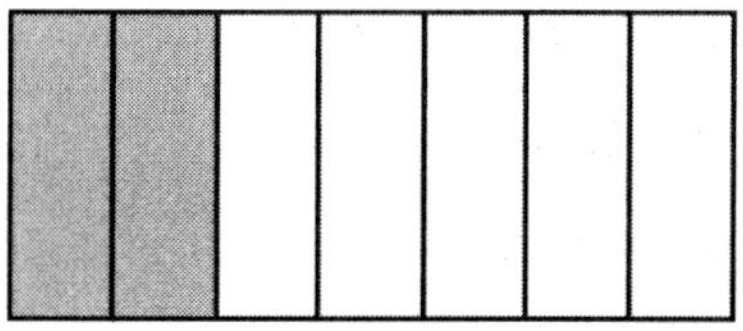

03 극장에 총 100개의 좌석이 있으며 2층에는 30개의 좌석이 있고 1층에는 70개의 좌석이 있다. 오전 공연에 80개의 입장권이 팔렸으며 1층은 모두 팔렸다.

(1) 팔린 좌석은 분수로 얼마나 되는가?

(2) 2층 좌석에 대한 1층 좌석의 비는 얼마인가?

(3) 빈 좌석에 대한 팔린 좌석의 비는 얼마인가?

(4) 1층의 빈 좌석에 대한 팔린 좌석의 비는 얼마인가?

04

(1) 큰 기어가 1바퀴 돌 때 작은 기어는 몇 바퀴 도는가?

(2) 작은 기어가 5바퀴 돌 때 큰 기어는 몇 바퀴 도는가?

(3) 작은 기어가 4바퀴 돌 때 큰 기어가 $1\frac{1}{3}$바퀴 돌려면 큰 기어에 톱니가 몇 개 있어야 하는가?

(4) 큰 기어가 4바퀴 돌 때 작은 기어가 $3\frac{2}{3}$바퀴 돌려면 작은 기어에 톱니가 몇 개 있어야 하는가?

05

한 반에 27명의 학생이 있고 여학생과 남학생의 비는 3 : 6이다. 다음 중 옳은 것은?

(1) 이 반에는 정확히 여학생이 몇 명 있는지 알 수 있다.

(2) 36명이 있는 반에는 남학생이 몇 명 있는지 알 수 있다.

(3) 이 반에 정확히 남학생이 몇 명 있는지 알 수 있다.

(4) 이 반에서 무작위로 9명의 학생을 뽑았을 때 여학생은 3명일 것이다.

(5) 이 반의 절반이 여자이다.

(6) 남학생과 여학생의 비는 6 : 3이다.

06

킴은 3 : 4와 5 : 9를 비교했고 그 그림은 다음과 같다.

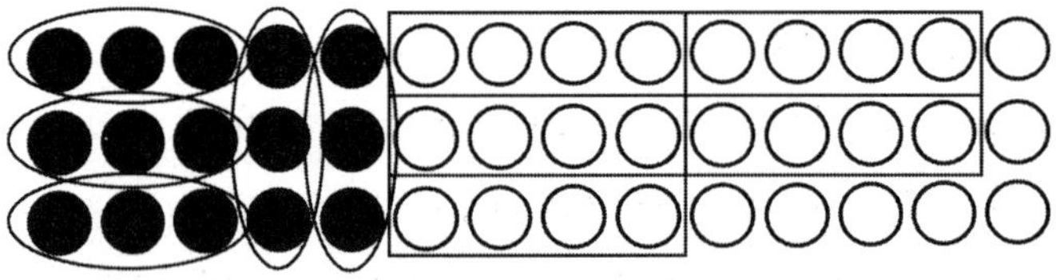

(1) 그녀는 어떻게 결론을 내리겠는가?

(2) 사각형 밖에 있는 7개의 동그라미는 어떤 의미인가?

(3) 뺄셈의 관점에서 이 그림을 재해석해보고 기호적으로 표현하시오.

07 다음 비 또는 분수를 비교하는 점의 그림을 그려보고 기호를 사용하여 연산하시오.

(1) 5 : 6과 11 : 12 (2) 12 : 16과 3 : 4 (3) 5 : 8과 7 : 9

(4) $\frac{7}{8}$과 $\frac{9}{10}$ (5) 7 : 8과 9 : 10 (6) $\frac{4}{9}$와 3 : 10

(7) 4 : 5와 8 : 15

08 각각의 상황에서 정보의 손실 없이 비를 일반적인 상황으로 확장시키거나 축소시킬 수 있는지 알아보시오.

(1) 극장에 어른 3명당 6명의 아이들이 있다.

(2) 기계의 작은 기어에는 6개의 톱니가 있으며 큰 기어에는 45개의 톱니가 있다.

(3) 어떤 반에 애완동물을 키우는 학생과 키우지 않는 학생의 비는 12 : 14이다.

(4) 사각형의 둘레의 길이 비는 12 : 9이다.

(5) 사탕 주머니에 빨간 사탕과 초록 사탕의 비는 3 : 6이다.

(6) 내 나이와 어머니의 나이의 비는 4 : 6이다.

(7) 데이브의 키는 6피트이고 그의 아들의 키는 2피트이다. 이들의 키에 대한 비는 6 : 2이다.

(8) 라떼 하우스에서는 커피를 2.60달러에 4온스씩 판다.

(9) 윌슨에게는 6명의 자녀가 있다. 자녀들의 남녀 비는 4 : 2이다.

09 학교 행정 기록원에 학생과 선생님의 비가 30 : 1이라고 적혀있었다. 이 비를 25 : 1로 줄이기 위해선 몇 명의 선생님이 더 필요한가?

10 아이들은 비에 대해 점점 알아가면서 그들 자신만의 쉬운 방법이나 전략을 개발하곤 한다. 이런 것들은 어떤 경우에는 매우 좋은 전략이 되지만, 어떤 경우에는 결함이 있거나 수정을 필요로 한다. 각각의 학생들이 어떻게 결론에 도달했는지 연구해보고 어떤 전략이 좋은 전략인지 알아보시오.

(1) 학생 A는 3 : 4와 5 : 8을 비교하였다.

A	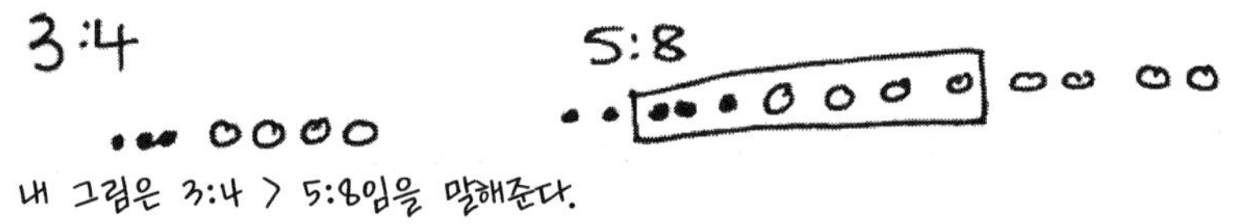

(2) 학생 B는 3 : 4와 5 : 6을 비교하였다.

B	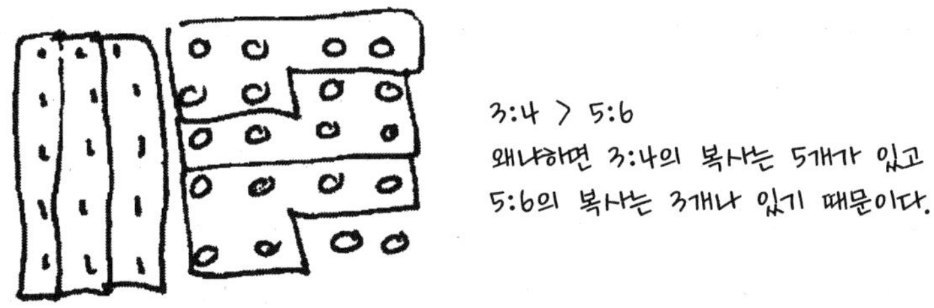

11 어떤 사탕 가게에서 찰스가 가장 좋아하는 사탕을 1그램당 4센트에 팔고 있다. 찰스는 다른 사탕 가게에서 똑같은 사탕을 $\frac{1}{4}$그램당 1센트에 샀다. 찰스는 좋은 거래를 했는가?

12 비와 관련된 연산을 활용하여 다음 문제를 풀어보고 그 결과를 해석하시오.

(1) 골든 극장에는 7명이 59달러를 내고 입장했고 스타극장에는 3명이 26달러를 내고 입장했다. 두 극장 중 어느 극장의 가격이 더 저렴한가?

(2) 5승 7패와 7승 9패 중 어느 기록이 더 좋은 기록인가?

(3) 6인승 차량에 5명이 탄 것과 14인승 차량에 11명이 탄 것 중 어느 것이 더 붐비는가?

13 어떤 반의 남자 아이와 여자 아이의 비가 3 : 8이었다. 남자 아이가 9명이라면 이 반에 있는 여자 아이는 몇 명인가?

14 세 남자 A, B, C가 사무실을 공유하고 있다. A는 주 2일을 사용하고 B는 주 4일, C는 주 6일을 사용한다. 사무실 이용료가 60달러라면 각자 얼마의 금액을 지불해야 하는가?

15 머릿속으로 다음 문제를 풀어보시오. $\frac{1}{2}$리터의 주스가 1.89달러이다. 같은 비율이라면 1리터당 가격은 얼마인가? (힌트: ~당 양을 생각하시오.)

16 머릿속으로 다음 문제를 풀어보시오. 존은 한 걸음에 0.75m만큼을 움직인다. 10m를 움직이려면 10걸음 이상 움직여야 하는가? 아니면 10걸음 미만으로 움직여야 하는가? (힌트: ~당 양을 생각하시오.)

17 2개의 기어 A와 B가 서로 맞물려 있다. 기어 A는 시계 방향으로 돌며 54개의 톱니를 가지고 있다. 기어 B는 반시계 방향으로 돌며 36개의 톱니를 가지고 있다. 기어 A가 5.5바퀴 돌았을 때 기어 B는 몇 바퀴 돌게 되는가?

18 다음 정보들은 무엇을 말해 줄 수 있는가?

(1) 7시간에 7마일　(2) 28mph로 7마일　(3) 20분에 7마일

(4) 35mph로 7마일　(5) 5초만에 $\frac{1}{5}$마일

19 당신이 공무원이라면 운전자의 속력을 어떻게 비교할 것인가?

(1) 3시간 자동 주행

(2) 50km 자동 주행

20 차에 있는 속도계의 정확도를 알아보기 위해 고속도로에 있는 도로 표지판 사이의 시간을 재어 보았다. 한 표지판에서 그 다음 표지판까지 가는 데 50초가 걸렸다면 어떤 점을 알 수 있는가?

21 도시에 있는 상점까지 40mph의 속력으로 운전하면 20분이 걸린다. 동일한 거리를 고속도로를 타고 50mph의 속력으로 돌아왔다. 돌아올 때 얼마만큼의 시간이 걸리겠는가?

22 전투 비행기 1은 225초에 75마일을 이동한다. 전투 비행기 2는 90초에 30마일을 이동한다. 110마일 떨어진 곳에 가려고 할 때 어떤 비행기가 먼저 도착하는가?

23 경찰 헬리콥터에서 교통측정을 위해 고속도로를 관찰하던 중 어떤 자동차가 $\frac{1}{5}$마일당 10초에 가는 것을 보았다. 이 자동차는 어떤 비율로 이동하고 있는가?

24 짐은 4시간 동안 잔디를 깎았다. 그의 형은 똑같은 잔디를 3시간 만에 깎을 수 있다. 이 두 형제가 같이 일한다면 잔디를 깎는 데 걸리는 시간은 어떻게 될까?

25 맥과 톰은 기차를 타고 가다가 역과 역 사이의 거리를 알고 싶어졌다. 그들이 알고 있는 정보는 A역과 B역 사이의 거리가 40km라는 것이다. A역과 B역 사이는 16분이 걸렸고 B역과 C역 사이는 36분이 걸렸다. 이 기차가 등속으로 이동한다고 가정했을 때 A역과 C역 사이의 거리는 얼마인가?

26 일꾼 A와 B는 9시간 일해서 243개의 부품을 만들었다. 일꾼 A는 한 시간에 13개의 부품을 만든다. 일꾼 A와 B가 일정한 속도로 부품을 만든다면 일꾼 B는 한 시간에 몇 개의 부품을 만드는가?

27 어떤 회사의 월급은 1년차에 한 시간당 2.5달러씩 인상되며 추후 2년간은 일정하게 유지된다. 처음 3년 동안 평균 월급 인상률은 얼마인가?

28 운전 중에 도로 표지판을 지나갈 때의 시간이 다음과 같았다.

시간	도로 표지판
오후 2:00	42
오후 2:29	66
오후 3:01	105

(1) 42마일과 62마일 사이의 시간당 마일의 평균 변화율이 얼마인가?
(2) 66마일과 105마일 사이의 시간당 마일의 평균 변화율이 얼마인가?
(3) 42마일과 106마일 사이의 평균속력은 얼마인가?

29 A와 B는 6마일 거리의 길에서 매일 운동을 한다. 다음은 두 사람을 10분마다 위에서 내려다보았을 때 그들의 위치를 나타낸 것이다.

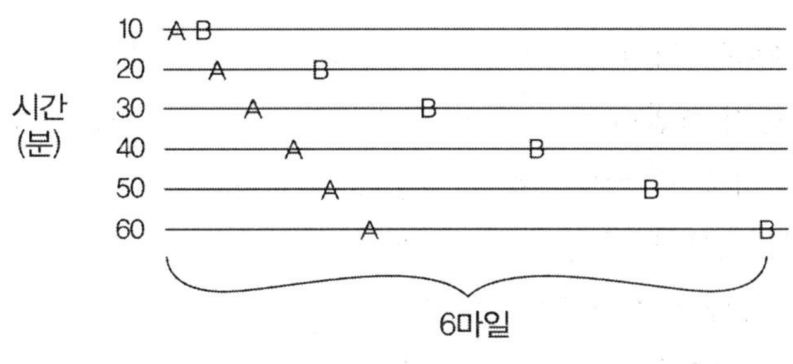

(1) 누가 더 빠른가?
(2) 각각이 얼마나 빠르게 움직였는지 어떻게 하면 정확하게 알 수 있는가?
(3) 평균속력 혹은 일정한 페이스가 있는가? 어떻게 말할 수 있는가?

30 제이크는 자전거를 타고 60km를 갔다. 3시간 후 그는 출발점으로부터 40km 지점을 지나는데 지쳐서 속도를 줄였다. 그리고 남은 20km를 2시간 동안 이동하였다.

(1) 첫째 구간에서 그의 평균속도는 몇인가?

(2) 둘째 구간에서 그의 평균속도는 몇인가?

(3) 전체 구간에서 그의 평균속도는 몇인가?

31 나와 친구는 매일 같이 새로운 산의 경치를 보며 운동을 하곤 한다. 그래서 버스를 타고 새로운 산이 보이는 곳까지 나갔다가 걸어 돌아온다. 버스는 9mph의 속력으로 운행하며 우리는 3mph의 속력으로 걷는다. 토요일에 우리가 같이 운동할 시간은 8시간뿐이다. 이때 우리는 버스를 타고 몇 시간까지 갈 수 있는가?

32 트로이와 그의 누나 타라가 달리기 시합을 했다. 평균적으로 트로이는 초당 3m를 뛰고 타라는 초당 5m를 뛴다. 100m 시합에서 트로이가 조금 느리기 때문에 40m 앞서서 출발했다. 누가 이기겠는가?

33 모리스와 제니는 각자의 집에 가기 위해 같은 역에서 기차를 탔다. 모리스가 탄 기차가 먼저 출발하고 제니가 탄 기차가 뒤따랐다. 모리스는 집으로 돌아오는 50km 거리를 25분이 걸려 도착했다. 제니는 동일한 속력으로 150km를 더 가서 그녀의 집에 도착할 수 있었다.

(1) 제니는 집까지 가기 위해 모리스보다 얼마나 더 멀리 가야 하는가?

(2) 어떤 양이 비례적인가? 비례상수를 활용해서 이 문제를 풀어보시오.

34 두 자동차 A, B의 정보와 그들이 갔던 여정을 다음과 같이 거리-시간 그래프로 표현했다. 각각의 경우에 이 자동차들에 대해서 어떤 것을 말할 수 있는가?

(1)

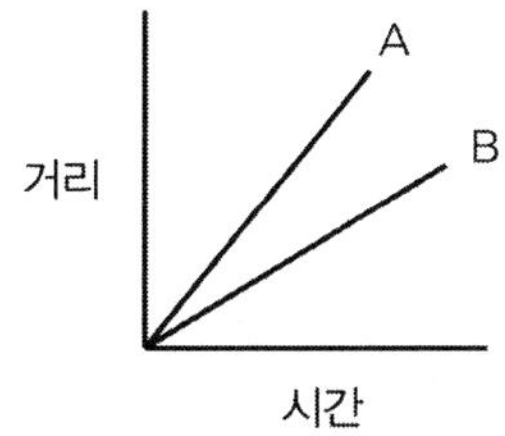

(2)

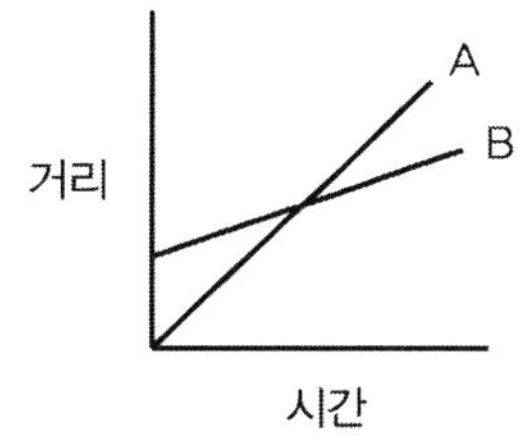

(3)

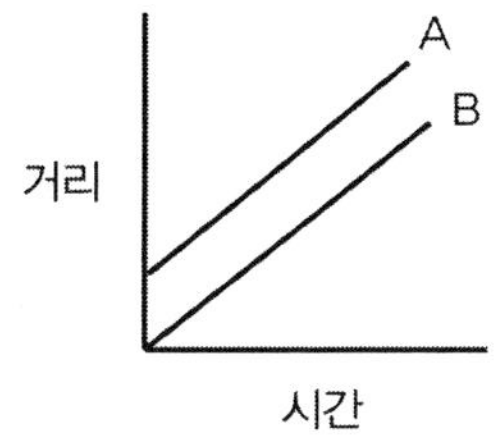

35 다음 그래프는 실험용 비행기가 시간에 따라 이동한 거리를 표현한 것이다. 어떤 시간에서의 평균속력이 가장 빠른가?

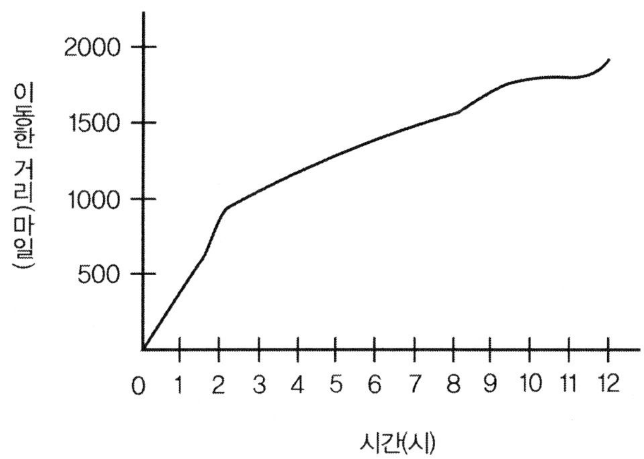

36 데니는 메리에게 핸디캡을 주고 달리기 경주를 했다. 데니는 평균 1초당 7미터의 속도로 뛰는데 나중에 출발하였다. 메리는 평균 1초당 5미터의 속도로 뛰며 7미터 앞서 출발했다. 그들은 서로 만나는가? 만일 만나게 된다면 언제 만나게 되는가?

제12장 교수법의 변화

학생의 진술: 6학년

A: 우리 수학 선생님 수업에서는 생각을 많이 해야 한다. 머리가 잘 돌아가지 않는다. 내 13년 인생에서 이렇게 깊이 생각해 본 적은 없다.

B: 수학 수업이 정말 재미있어서 하루 종일 수업할 수 있을 것 같다. 시간이 잘 간다.

C: 나는 수학 수업에 대한 좋은 인상을 받아서 수학과 관련된 직업을 가질까 생각 중이다.

D: 우리 가족은 매일 저녁 식사 시간에도 수학 이야기를 한다. 아버지 말씀으로는 우리 가족 모두 생각하는 방법을 배우는 중이라고 하신다.

12.1 왜 변화해야 하는가? »

현재의 교수법이 학생들에게 적합하지 않다는 사실은 분수를 가르쳐 본 선생님이라면 그 누구보다도 잘 알 것이다. 하지만 분수교수법의 변화에 대한 필요성을 인지함과 동시에 변화에 대한 실행 가능한 지침들이 마련되어야 한다. 현재 우리의 연구는 학생들이 어려워하는 것들을 이해하는 것뿐만 아니라 새로운 활동들과 지도 방법을 밝히는 방향으로 연구를 하고 있다. 분수의 교수법이 변해야 하는 설득력 있는 이유는 다음과 같다.

(1) 분수와 비 그리고 다른 곱셈적인 생각들은 심리적으로나 수학적으로나 매우 복잡하며 서로 연관되어 있다. 교수 계획에서 사용할 수 있는 여러 주제들을 목차(범위와 순서표 등)로 제시하는 것은 불가능하다.

(2) 장기적인 학습 과정을 통해 학생들은 비례 추론과 관련된 다양한 생각을 이해해야만 한다. 부분-전체로서의 분수에 대해 간략하게 설명하고 나서 바로 계산 과정을 소개하고 있는 현재의 교수 방법은 학생들에게 생각을 구성할 시간을 충분히 주지 못하고 있으며 중요한 아이디어들에 대해 편안함을 느끼지 못한다.

(3) 부분-전체로서의 분수만을 집중적으로 배운 학생들은 유리수에 대한 이해가

빈약할 수밖에 없다. 유리수에 대한 다양한 해석이 있지만 이 해석들 모두 하나의 분수 기호로 표현된다$\left(\text{예를 들어, } \frac{3}{4}\right)$. 다양한 지도 방법을 통해 학생들에게 다음 사항들을 지도해야만 한다. 먼저 분수 기호의 의미에 대해 폭넓은 기초를 세울만한 기회를 제공해야 한다. 또 다양한 분수의 의미를 유연하게 사고할 수 있는 기회를 제공해야 하며 이 의미들을 서로 연결시키고 그 의미들이 연산에 어떤 영향을 미치는지 이해할 수 있는 기회를 제공해야 한다. 유리수의 기초를 세우기 위해서는 부분-전체로서의 분수만으로는 충분하지 않다.

(4) 상당수의 어른들은 비례 추론을 하지 못한다. 이를 통해서 특정 종류의 사고는 자발적으로 발생하지 않으며 비례 추론을 할 수 있는 사고를 촉진시키기 위해서는 적극적인 교수법의 활용이 필요함을 알 수 있다.

(5) 고등학교 입학생의 90% 이상이 고등학교 수학, 과학을 이해하고 배울 수 있을 만큼의 충분한 추론을 하지 못한다. 이는 현재의 교수법이 대부분의 사람들에게 세련된 수학적 추론을 발달시킬만한 충분한 경험이나 성숙의 과정을 제공하고 있지 않다는 것을 의미한다.

(6) 종적연구에 의해 교수법과 학습은 향상될 수 있다는 것이 밝혀졌다. 분수와 비의 연산과 관련해서 표준 알고리즘에 대한 지도 없이 4년에 걸쳐 자신만의 추론을 발전시켜온 학생들을 연구하고, 그 과정에서 비례 추론 능력과 같이 학생들의 극적인 추론 능력이 향상되는 것을 볼 수 있다. 이전 장의 학생 풀이는 그들이 만들어낸 효과적인 사고 과정들을 잘 보여주고 있다.

(7) 한 번도 수학이나 과학과 관련된 영역에서 일하고 싶어 하지 않던 학생들조차도 이 책에서 연구했던 내용들과 사고 방법들을 통해 놀라운 성장을 할 수 있었다. 실제로 소수, 백분율, 확률, 유사성, 조리법 만들기, 가스 소모량, 지도 읽기, 인플레이션, 척도, 기울기, 유체의 농도, 속력, 축소와 확대, 밀도, 비교 쇼핑하기, 통화 변환 등에 대한 활용 능력 없이 가사를 하거나 잡지나 신문 기사를 이해하는 것은 불가능하다.

12.2 분수 해석에 대한 요약 »

이 책을 통해 우리는 다섯 가지의 유리수 해석과 각각의 해석에 따른 분수 교수법의 접근 방식에 대해 살펴보았다. 다음 표는 분수 $\frac{3}{4}$을 활용하여 각각의 해석들을 요약한 것이다. 이 표를 보다 보면 자연스럽게 다섯 가지의 유리수 해석을 고루 이해할 수 있는 학습 경험이 무엇인가에 대한 궁금증이 생길 것이다. 다음 질문은 그런 궁금증들 중 하나이다. "한 가지 해석을 깊이 있게 가르쳐야 하는가? 아니면 모든 종류의 해석을 고루 가르쳐야 하는가?" 이런 질문은 옳지 못하다. 앞서 살펴보았듯이 각각의 모든 해석들이 동일한 수준의 깊이 있는 이해를 보장해 주는 것은 아니며 그렇다고 하나의 해석이 만병통치약이 되는 것도 아니다. 다시 말해서 이 다섯 가지 해석은 서로 긴밀하게 얽혀 있으며 하나의 학습 요소에 대한 적절한 관심은 다른 해석의 발달을 촉진시킬 수 있다. 다음은 종적연구를 통해 살펴본 교수법으로 각각의 해석들이 주로 활용될 때 발달되는 분수의 특성과 연결성에 대한 간단한 요약이다.

$\frac{3}{4}$에 대한 해석	의미	선택된 교실 활동
단위화를 통한 부분-전체의 비교 '동등한 네 부분 중 세 부분'	$\frac{3}{4}$은 전체 단위에서 같은 크기의 네 부분 중 세 부분을 의미하며 동치분수는 더 큰 수들의 묶음 혹은 더 작은 수들의 묶음으로 생각할 수 있다. $\frac{3}{4}$파이$=\frac{12}{16}\left(\frac{1}{4}\text{-파이}\right)=\frac{1\frac{1}{2}}{2}$(2-파이)	단위화를 통한 동치분수 만들기 그리고 분수 비교하기
측정 '$3\left(\frac{1}{4}\text{-단위}\right)$'	$\frac{3}{4}$은 수직선 0에서 $3\left(\frac{1}{4}\text{-단위}\right)$만큼의 거리를 의미한다. 또는 주어진 영역의 $3\left(\frac{1}{4}\text{-단위}\right)$만큼이다.	수직선의 연속 분할 길이나 계수 읽기
연산자 '어떤 것의 $\frac{3}{4}$'	$\frac{3}{4}$은 기본 단위(혹은 이전 연산자들의 결과)에 어떤 연산을 하는지 알려주는 규칙을 제공해준다. 3을 곱하고 그 결과에 4를 나누거나 4로 나누고 그 결과에 3을 곱하는 것이다. 이 연산은 다양한 의미가 된다. $3\left(\frac{1}{4}\text{-단위}\right)$, $1\left(\frac{1}{4}\text{-단위}\right)$, $\frac{1}{4}$(3-단위)	기계, 종이접기, 복사, 할인, 곱하고 나누는 넓이 모델
몫 '3 나누기 4'	$\frac{3}{4}$은 4명이 3-단위의 무언가를 나눌 때 1명이 받게 되는 양이다.	분할, 공유
비율 '3 대 4'	3 : 4는 덧셈적인 측면이 아닌 곱셈적인 측면에서 3개의 A와 비교해서 4개의 B가 있는 것이다.	두 색의 칩 활동

12.3 핵심적 구조 »

수학에는 어디에나 쓰이는 특정 주제들이 있다. 이 주제들은 대학의 미적분학 과정에까지 쓰인다. 일반적으로 이런 주제들은 수학적 사고에 있어서 매우 결정적이기 때문에 이것들을 **핵심적 구조**(central structure)라고 한다. 이 구조는 단순한 유리수 학습보다 더 큰 체계를 이룬다. 다음은 공생적 관계에 있는 아이디어들이다. (서로 다르지만 겹치는 부분도 있다.) 다음 다이어그램의 교점 중 하나가 발달하면 다른 교점들에도 간접적으로 영향을 미칠 수 있다.

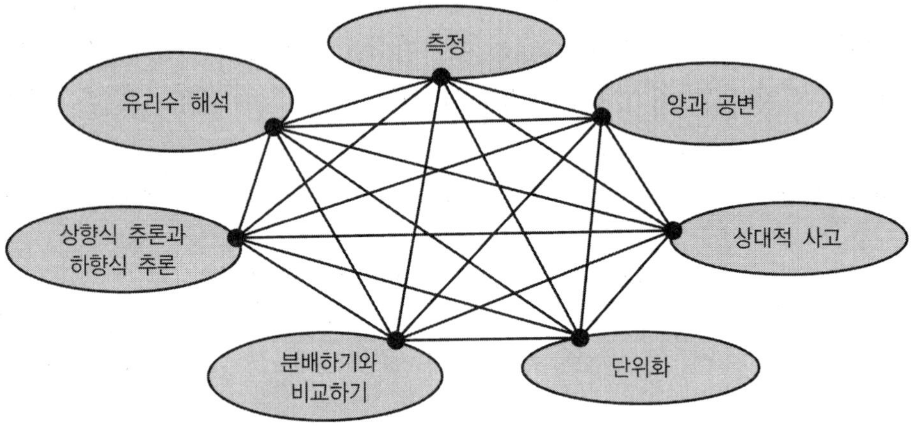

이런 아이디어는 다른 감각에서도 핵심적인 부분이 되며 학생들의 수학적 사고의 발달에도 중요한 역할을 한다. 이런 교차점은 추상 수학을 연구하는 과정에서 확인되었을 뿐만 아니라, 여러 해에 걸쳐 학생들이 실제 생활에서 생각하는 방식을 연구하는 과정을 통해서도 확인되었다. 소위 현상학적 연구에서 이런 종류의 경험과 상황들이 처음 연구되었지만 이후에는 학생들이 이런 상황을 어떻게 인지하고 이해하고 있는지에 대한 연구로 바뀌었다.

교차점들 모두에 초점을 맞추어 지도했을 때 학생들의 이해 수준은 고루 성장했다. 서로 다른 방법들에 대한 명시적인 지도를 받지는 못했지만 6학년이 되었을 때 다양한 해석을 활용했으며 어린 학생에게서는 볼 수 없는 추론을 했다. 그들의 분수 연산 능력은 훌륭했으며 분수 연산의 형식적인 알고리즘도 발달시켰고 스스로 발견해 낸 대체 알고리즘을 개발하였다. 결국 분수 지도의 부산물인 비례 추론 능력이 이 학생들에게 생긴 것이다.

12.4 비례적 추론 능력자들의 특징 »

학생들이 비례적으로 추론할 때 그들의 사고는 다음과 같은 특징을 갖게 된다. 아마 당신은 이 책의 전반적인 내용에서 다음과 같은 특징들을 인지했을 것이다.

(1) 비례적으로 추론하는 사람은 $\frac{13\text{마일}}{1\text{갤런의 기름}}$이나 $\frac{1.19\text{달러}}{1\text{파운드}}$와 같이 하나의 단위나 비율로만 생각하지 않는다. 그들은 3개나 10개의 복잡한 단위로도 생각할 수 있으며 가능하다면 단위를 합성하여 사용한다. 즉, 껌 한 묶음을 뜯어서 껌을 하나씩 세는 대신에 묶음 단위로 생각할 수 있다. 가능하다면 그들은 약분하지 않고 $\frac{26\text{마일}}{2\text{갤런의 기름}}$이나 $\frac{1.98\text{달러}}{3\text{파운드}}$와 같이 추론한다.

(2) 문제 해결에 있어서 매우 능률적이다. 복합 단위로 생각하는 능력이 매우 큰 이점이 된다. 예를 들어 단위 가격이 무한 소수가 되는 경우를 생각해보자. 3개에 0.68달러인 오렌지 12개를 사려고 할 때 0.68달러×(3개씩 4 묶음)= 2.72달러로 계산하는 것이 훨씬 효과적이다.

(3) 그들은 동치와 동일한 상대적인 양에 대한 개념을 이해하고 있다.

(4) 비례적으로 추론하는 사람은 다음과 같은 배열에서 단위를 볼 수 있다. 그리고 보는 순간 $\frac{1}{3}$, $\frac{1}{2}$, $\frac{1}{4}$, $\frac{1}{6}$, $\frac{1}{12}$, $\frac{2}{3}$, $\frac{3}{4}$, $\frac{5}{6}$ 등이 몇 개인지 알 수 있다.

(5) '양'을 유연하게 해석할 수 있다. 예를 들어 3개에 24센트인 사과를 1개에 8센트 혹은 1센트에 $\frac{1}{8}$개로 해석할 수 있다. 그들은 단위에 대한 개념을 잊지 않고 몇 번이고 단위화(머릿속으로 다시 그룹 짓기)를 할 수 있다.

(6) 소수나 분수를 두려워하지 않는다. 종종 학생들은 문제 해결을 위해 소수나 분수를 범자연수(편한 수)로 교체한다. 이런 학생들은 소수나 분수를 피하려는 경향을 보이지만 비례적으로 추론하는 사람은 분수와 소수의 세계를 유연하게 돌아다닐 수 있다.

(7) 종종 두 분수 사이에 있는 분수를 찾아내는 것과 같은 문제들을 해결할 수 있는 독특한 전략을 개발하기도 한다.

(8) 머릿속으로 정확한 제수를 마음껏 활용할 수 있으며 빠르게 계산할 수 있다. 예를 들어 $\frac{1}{8}$을 알면 $\frac{3}{8}$을 알 수 있으며 10%를 혹은 20%를 알면 80%를 알 수 있고 $\frac{1}{2}$을 알면 $\frac{1}{8}+\frac{1}{16}$을 알 수 있다.

(9) 공변에 대한 감각이 있다. 이는 같이 변화하는 양을 분석할 수 있으며 변화의 방향과 변화의 비율에 대해 이야기 할 수 있고 변하지 않고 남아있는 것과의

관계를 결정할 수 있음을 의미한다.

(10) 비례적으로 추론하는 사람들은 일상 상황에서 비례가 유용한지 아닌지를 구분할 수 있다. 비례에는 알고리즘을 어떻게 적용해야 하는지 알고 있는 수학적 대상이나 상황만 있는 것이 아니다. 그들은 비례적인 상황과 비례가 아닌 상황을 구분할 수 있으며 비례적인 관계가 아닌 상황에 맹목적으로 알고리즘을 적용하려고 하지 않을 것이다.

(11) 비례적인 상황에서의 자신의 생각을 설명할 수 있는 용어를 개발한다.

(12) 비례적으로 생각하는 사람들은 크기를 조절하는 전략에 뛰어나다. 예를 들어 양이 분수, 소수, 백분율인지 상관없이 미지수를 찾는 문제나 비교 문제에서 상향식 추론과 하향식 추론을 할 수 있다.

(13) 7～8학년이 되면 간단한 비와 반비례 상황에서 그들 스스로 교차 곱이나 교차분할 알고리즘을 이해할 수 있다.

12.5 변화의 장벽들 »

교수법의 **변화**와 수학 교육과정을 **추가**하는 것 간의 차이점을 강조하는 것은 중요하다. 교사들은 교육과정 안에 주제들을 추가할 공간이 없다고 하소연 한다. 그들은 교육과정의 모든 내용을 가까스로 '다룰' 뿐이다. 이 책의 바탕이 되는 연구들은 실제 교실에서 문화적 통합, 장애 통합을 충분히 반영하였으며 수업 계획이 확실히 짜인 교사에 의해 이루어졌다. 이런 교사들에게 그들의 교수법 변화는 매해 반복되는 알고리즘 계산 훈련이 아니라 학생들에게 분수나 비율의 추론에 참여시키는 것으로의 변화이다. 당신이 만약 학생들에게 추론과 문제해결을 가르친다면 그들의 수학적 사고력은 장기적으로 증진될 것이며 추후 학습에 있어서도 같은 결과가 나올 것이다. 다시 말해 알고리즘 반복 훈련 대신 학생들이 머리를 쓸 수 있게 해야 한다. 또한 교사는 학생이 진정으로 분수를 접하기를 원한다면 자습 시간, 과제, 모둠학습, 순환학습 등에서 추론을 위한 좋은 활동들을 사용해야 한다.

교사들에 의해 제기된 또 다른 문제는 국가적 표준 시험이다. 나의 대답은 상투적인 분수 교수를 지속하면 몇 해가 지나도 분수 계산 능력은 낮을 수밖에 없다는 것이다. 당신이 지금과 같이 가르치고서 어떻게 다른 결과를 기대 할 수 있겠는가? 나와 같은 방식으로 공부한 학생이 3, 4학년이 끝나도록 완벽하게 분수 계산을 못하는 것은 사실이다. 또한 표준 시험에서의 계산 실력도 꽝이다. 그러나 큰 차이는 6

학년 때 나타났다. 다른 학생들이 여전히 시험에서 분수 문제로 헤매고 있을 때 이 학생들은 계산뿐 아니라 개념과 문제해결까지 그 실력이 예상을 훨씬 뛰어넘었다. 이 이야기의 교훈은 좋은 기초를 쌓고 시간을 갖고 기다리라는 것이다. 그렇지 않으면 당신은 낮은 성공률에도 불구하고 잘못된 학습법을 가르치고 또 가르칠 것이다.

12.6 연관 주제들 »

간단히 말해 의사결정은 항상 거래를 수반한다. 범위와 순서는 간단하면서도 연관성이 있는 내용의 목차를 구성하려는 작가의 결정에 달렸다. 순서를 짜는 데 두려울 필요는 없다. 다른 배열도 잘 구성될 것이다. 학습자가 심리학적으로 어떻게 주제를 분석하는지에 대한 충분한 연구는 없으며 학습 순서는 걱정 없이 학생들이 매일의 경험에서 주제를 만나고 사고에 관한 걱정 없이 하는 잘 정리된 수학 주제들에 의해 결정된다.

어른들이 학생들을 가르치려 하는 것은 그들이 특정 나이에 다룰 수 있다고 생각되어지는 것들에 기반을 두고 있는 것이 사실이다. 우리는 이런 생각이 학생들을 고무시킬 뿐만 아니라 얼마나 학생들의 성취를 제한하고 있는지 생각해야 한다. 우리는 때로 학생들의 동시 작업 능력에 놀라는 반면, 교수법은 한 번의 작업에 너무 제한된 주제만으로 구성되어 있다. 삶이란 복잡하지만 수학 시간은 특정 주제가 너무 어려워 중학교 교육으로 넘겨서 마치 우리가 학생들을 복잡함으로부터 보호하려는 것처럼 보이기도 한다. 하지만 만약 인위적으로 학생들에게 사고를 제한하려하면 아이들은 수학이란 실제의 삶과는 괴리된 학문으로 여기게 될 것임을 알아야 한다.

비의 예를 들어보자. 우리는 실질적으로 부분과 전체, 부분과 부분의 비교가 실제 삶에서 구분이 어렵다는 것을 보아 왔다. 비에 대한 사고는 일상적인 삶과 밀접한 관련이 있고 우리는 동시에 두 개념을 왔다 갔다 한다. 7~8세 아이들은 살면서 이미 이 두 개념을 겪었지만 분수 학습이 시작되면 누군가 중학생 때까지 비를 배우지 못하도록 막는다. 이것은 이미 비의 성향을 알고 있는 학생들의 사고를 부분과 전체로 제한하고 성과를 줄이는 나쁜 결정이다.

핵심적 구조는 순서가 따로 있지 않음이 명백하다. 학생들의 사고를 여러 해 동안 연구한 결과 학습이란 똑같은 방식으로 이루어지지 않으며 우리가 아무리 어렵다고 생각해도 우리는 학생들을 특정 범위와 순서로 이끌 수 있다. 또한 범자연수에서 분수로 이동할 때 수학은 거대하고 복잡한 도약이 필요하며 미묘한 분수 개념의 이해에 극적인 발전도 분명히 있다.

12.7 변화를 위한 지침 »

지난 10년간 교과서 집필진들은 분수 교육의 새로운 접근법에 대해서 지속적으로 협조해주었다. 그러나 변화에는 항상 긴 시간이 필요한 법이다. 이는 여전히 지도방법과 수학 교실 문화에서의 상당한 변화를 받아들이고자 하는 교사들에게 달려있다. 이런 교사들은 변화를 위해 불특정하고 순서도 없는 주제를 다룰 수 있어야 한다. 이 책을 읽은 독자라면 아마 가장 우선시되는 중요한 변화의 요구(현재의 분수 학습에서 쌓인 학생들의 불만)를 발견했을 것이다. 당신이 이 변화에 협조하는 과정에서 얼마나 편하게 받아들이고 자신감을 얻을지는 모르지만 당신을 응원한다. 물론 분수 학습에서의 괄목할 만한 변화를 위해서는 수년에 걸쳐 분수를 지도하는 교사들의 헌신이 필요할 것이다. 만약 당신이 교수법을 개선하길 원하지만 정작 큰 변화가 시행되지 않는다면 개별적으로 할 수 있는 일이 엄청나게 많이 있을 것이다.

이 장을 읽으면서 아마 더 선호하는 활동이나 편안함을 느끼는 생각들이 있었을 것이다. 그것들을 당장 분수 지도에서 활용해보자.

- 이 책에 있는 문제들을 학생들에게 숙제로 내보자. 그리고 집에서 가족들과 그 문제에 대해 토론하도록 해보자.
- 활동하기를 이용하여 매일 워밍업 활동을 해보자. 그리고 교실에서 학생들이 이것들에 대해 토론하도록 만들자.
- 학생들이 문제를 공부시간이나 자유시간에 언제든지 풀 수 있도록 하자.

찾아보기 index

ㅅ

ㅇ

ㅈ

ㅊ

ㅋ

ㅍ

ㅎ

교사를 위한 필수 지식과 학습 전략

분수 지도법

지은이 수전 J. 라몬
옮긴이 이광호 · 김형원
펴낸이 조경희
펴낸곳 경문사
펴낸날 2017년 8월 1일 1판 1쇄
등 록 1979년 11월 9일 제313-1979-23호
주 소 04057, 서울특별시 마포구 와우산로 174
전 화 (02) 332-2004 팩스 (02) 336-5193
이메일 kyungmoon@kyungmoon.com
facebook facebook.com/kyungmoonsa

값 23,000원

ISBN 979-11-6073-000-5